高等职业教育"十二五"规划教材

教育部高等学校高职高专汽车类专业教学指导委员会推荐精品课程教材

汽车发动机电控系统的
诊断与修复

曾显恒　苗全生　主编

上海交通大学出版社

内 容 提 要

本书全面介绍了现代汽车维修技术人员所应掌握和了解的发动机电控技术相关知识和内容，系统地介绍了现代汽车发动机的控制原理、维护、诊断、修理等方面的知识和技能；着重体现对职业素养的培训和知识与技能的结合。本书以技能操作为主线展开，满足理论实践一体化教学的需要。

本书构建了崭新的课程体系，以典型故障为引导，设计工作情境。内容包括电控发动机诊断技术基础；混合气质量故障的检修；发动机点火系统故障检修；发动机排放控制系统故障检修；发动机怠速不稳故障检修；发动机管理系统和 TSI 发动机故障检修。

本书的主要读者对象为汽车服务、维修专业的职业院校的师生以及从事汽车维修和服务的人员。

图书在版编目(CIP)数据

汽车发动机电控系统的诊断与修复/曾显恒,苗全生主编.—上海：上海交通大学出版社，2012 (2014重印)
ISBN 978 - 7 - 313 - 08603 - 7

I. ①汽… Ⅱ. ①曾… ②苗… Ⅲ. ①汽车-发动机-电子系统-控制系统-故障诊断②汽车-发动机-电子系统-控制系统-车辆修理 Ⅳ. ①U472.43

中国版本图书馆 CIP 数据核字(2012)第 220124 号

汽车发动机电控系统的诊断与修复
曾显恒　苗全生　主编
上海交通大学出版社出版发行
(上海市番禺路 951 号　邮政编码 200030)
电话：64071208　出版人：韩建民
上海华业装潢印刷有限公司印刷　全国新华书店经销
开本：787mm X1092mm　1/16　印张：16.25　字数：397千字
2012年9月第1版　2014年7月第2次印刷
印数：2031～4060
ISBN 978 - 7 - 313 - 08603 - 7/U　定价：35.00元

序

我国作为世界汽车生产和消费大国,汽车产业的高速发展和汽车消费的持续增长,为国民经济的增长产生了巨大拉动作用。近年来,我国汽车专业职业教育事业取得了长足发展,为汽车行业输送了大量的人才。随着汽车产业的迅猛发展,社会对汽车专业人才提出了更高的要求。进一步深化人才培养模式、课程体系和教学内容的改革,提高办学质量,培养更多的适应新时代需要的具有创新能力的高技能、高素质人才,是汽车专业教育的当务之急。

作为汽车专业教育的重要环节,教材建设肩负着重要使命,新的形势要求教材建设适应新的教学要求。职业教育教材应针对学生自身特点,按照技能人才培养模式和培养目标,以应用型职业岗位需求为中心,以素质教育、创新教育为基础,以学生能力培养、技能实训为本位,使职业资格认证内容和教材内容有机衔接,全面构建适应 21 世纪人才培养需求的汽车类专业教材体系。

本系列教材的作者既有来自汽车专业教学一线的老师,也有来自行业和企业的专家,他们根据自己长期从事实际工作的经验,对人才培养模式和教学方法进行了新的探索和总结,并形成这一系列特点明显的创新教材。我觉得本系列教材有以下两个值得关注的亮点:

一是教材编写形式新颖。本系列教材按照理实一体化教学模式进行编写,在整个教学环节中,理论和实践交替进行,让学生在学中练、练中学,在学练中理解理论知识、掌握技能,达到学以致用的效果。

二是教材内容生动活泼。书中提供了大量详细、实用的案例,也穿插讲述了相关知识和技巧,引导学生积极参与教和学的过程,激发学生学习的热忱,增强学生学习的兴趣。

我衷心希望通过本系列教材的出版为我国高等职业教育汽车类专业教材的编写探索一个新的模式,也期待本系列教材的出版为我国汽车类专业人才培养和教育教学改革起到积极的推动作用。

北京大学中国职业研究所所长

中国就业促进会副会长

中华职业教育社专家委员会副主任

中国就业培训技术指导中心学术委员会主任

陈宇

(教授,博导)

2011 年 5 月

前　言

我国 2011 年累计生产汽车 1 841.89 万辆,销售汽车 1 850.51 万辆,成为全球最大的汽车生产国和销售国,汽车保有量的快速增长必将催熟我国的汽车市场,汽车市场的利润重心将向汽车服务行业转移,对汽车维修等相关服务也提出了更高的要求,促使汽车维修及相关服务业更加快速的规范化和规模化。汽车维修服务业会成为极具吸引力的就业领域,同时也对从业人员的技能水平、职业素养提出了更高的要求。

《汽车发动机电控系统的诊断与修复》从汽车检测与维修技术专业人才培养目标和职业岗位需求分析出发,以工作任务为目标,以真实汽车维修行业的工作过程为依托,以典型车型的典型故障为载体,设计了 7 个学习情境。学习情境源于对企业经营过程、生产过程的总结和提炼,具有较强的针对性和适用性。突出了技能操作在学习中的重要性,适用于理论和实践一体化教学。

本书贴近实际,以市场上常见的车型为研究对象,更多地引入新技术、新设备、新方法。本书内容详尽,图文并茂,针对性强,具有较强的实践性,可作为高职、高专汽车运用,汽车检测与维修等专业的教材,也可作为汽车检测、维修等企业的培训教材。内容包括电控发动机诊断技术基础;混合气质量故障的检修;发动机点火系统故障检修;发动机排放控制系统故障检修;发动机怠速不稳故障检修;发动机管理系统和 TSI 发动机故障检修。

本书编写全面体现了高职高专教学改革、教材建设的需求,融入国内著名院校先进的教学成果,系统、全面地研究和借鉴德国职业教育模式,图文并茂、通俗易懂、针对性强、理论与实践统一,便于实施一体化教学和行动导向教学,为实现工作过程系统化课程改革和培养高技能人才起到积极推动作用。

　　本书由河南职业技术学院曾显恒、河南工程学院苗全生担任主编,河南职业技术学院娄学辉担任副主编,参与编写的人员有云南交通职业技术学院钟彦雄、闫忠孝等。

　　由于编者水平有限,书中存在不妥与疏漏之处,恳请读者批评指正。

目 录

电控发动机诊断技术基础

学习目标

掌握汽车电子控制系统的基本结构和功能。

掌握常规工具、仪器的使用方法。

掌握电控发动机诊断技术的基本思路。

任务载体

发动机故障灯常亮,使用检测仪读取故障码。通过故障码找到故障点,排除故障,并清除故障码。

相关知识

1878 年巴黎世界博览会上 Nikolaus August Otto 展示了第一台四冲程煤气压缩发动机。这种使用外源点火的内燃机,可以连续不断地将燃料燃烧的热能转换成动能,这个热力过程便是著名的奥拓循环,为四冲程汽油机的发展奠定了理论基础。

火花点燃发动机使用一个置于燃烧室以外的混合气配制装置来形成可燃混合气。当活塞下降时,混合气被吸入燃烧室,然后随着活塞的上升被压缩。一个外部点火源以特定的间隔点火,利用火花塞点燃混合气。燃烧过程释放的热能使得气缸内的压力升高,活塞向下推动曲轴做功。在每一个燃烧行程之后,废气被排出气缸,新鲜的可燃混合气又被吸入。此循环周而复始地进行,发动机便产生了连续的动力。

一、四冲程内燃机的工作过程

活塞在气缸内往复四个行程完成一个工作循环的发动机,称为四冲程发动机。四冲程发动机每个工作循环中的四个活塞行程分别为进气行程、压缩行程、做功行程和排气行程。四冲程如图 1-1 所示。

进气行程中,进气门开启,排气门关闭。曲轴带动活塞从上止点向下止点运动,活塞上方气缸容积增大。从而气缸内压力降到大气压以下,即在气缸内造成真空吸力。这样可燃混合

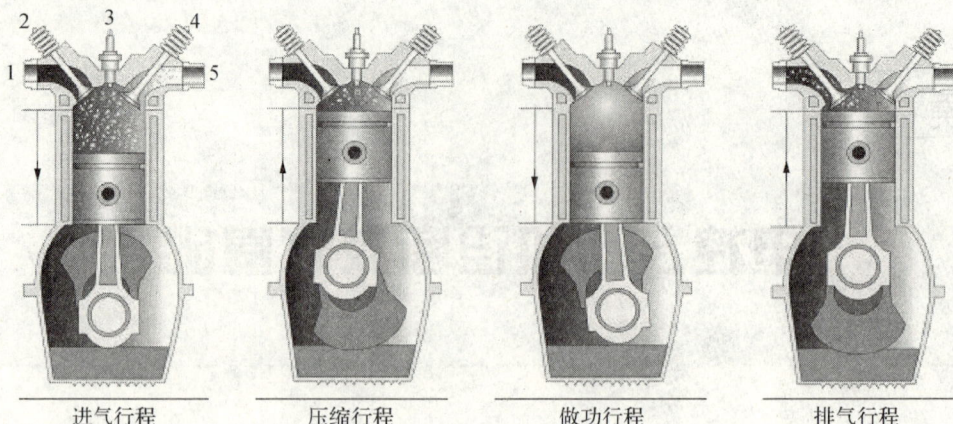

进气行程　　　　压缩行程　　　　做功行程　　　　排气行程

图 1-1　内燃机工作行程

1—排气道　2—排气球门　3—火花塞　4—进气气门　5—进气道

气便经进气管道和进气门被吸入气缸。

由于进气系统有阻力进气终了时气缸内气体压力约为 0.075～0.09 MPa。流进气缸内的可燃混合气，因为与气缸壁活塞顶等高温机件表面接触并与前一循环留下的高温残余废气混合，所以温度升高到 370～400 K。

压缩行程中，进、排门均关闭，曲轴推动活塞由下向上移动。随着活塞运动气缸的有效容积减小，压缩混合气。当活塞到达上止点时，火花塞点燃被压缩后的混合气，燃烧开始。

压缩比用气缸工作容积 V_h 和最小压缩容积 V_c 来计算：

$$\varepsilon = (V_h + V_c)/V_c$$

压缩比 ε 的范围根据不同发动机的设计从 7：1 到 13：1。通过奥拓循环的特性曲线可以看到，燃烧速度越快，内燃机的热效率越高。提高压缩比可以有效地提高压缩终了时的温度和压强，燃烧速度更快，可以提高发动机的热效率，更有效地利用燃油。例如，将压缩比从 6：1 提高到 8：1 会使热效率提高 12%。压缩比的增加受汽油抗爆性等因素的影响，会导致爆燃和表面点火等不正常燃烧现象的出现，从而造成发动机过热、功率下降、油耗增加等一系列不良后果。因此，在提高汽油机压缩比时，必须防止爆燃和表面点火现象的发生。

做功行程中，火花塞产生电火花点燃混合气，此时进、排气门仍关闭。由于混合气的迅速燃烧，使缸内气体的温度和压力迅速升高，最高压力可达 5～9 MPa，最高温度可达 2 200～2 800 K。在高温高压气体的作用力推动下，活塞向下运动，活塞的下移通过连杆使曲轴旋转运动，产生转矩而做功。发动机至此完成了一次将热能转变为机械能的过程。

排气行程使混合气燃烧后成为废气从气缸内排出，以便下一个工作循环得以进行。因此，当做功行程接近终了时，排气门打开，进气门仍关闭，因废气压力高于大气压而自动排出，此外，当活塞越过下止点上移时，还靠活塞的推挤作用强制排气。活塞到上止点附近时，排气行程结束。

综上所述，四冲程汽油发动机经过进气、压缩、燃烧做功、排气四个行程，完成一个工作循环。这期间活塞在上下止点间往复移动了四个行程，相应地曲轴旋转两圈，进、排气门各打开一次，发动机有一次做功。

二、发动机电控系统的功能

根据汽油机的四个工作循环，与之相配合的控制内容主要包括：燃油混合气的控制、配气控制、点火控制和排放控制。

1. 燃油混合气的控制

1) 进气系统的控制

(1) 可变进气道控制　发动机在不同工况下，电控单元控制通过控制真空电磁阀或电动马达来控制动力阀的开闭，从而改变充气效率，改善发动机的输出扭矩与动力。

(2) 涡轮增压控制　电控单元根据发动机的负荷和转速信号，控制涡轮增压器提高进气压力，从而改善发动机充气效率，提高发动机输出功率。

2) 燃油供给系统的控制

燃油供给系统的控制主要包括喷油量、喷射正时、减速断油及超速断油的控制。

(1) 喷油量控制　电控单元将发动机空气流量（或进气压力）信号作为主控信号，确定基本喷油量。在不同的工况下，根据其他有关输入信号加以修正，最后确定总喷油量。

(2) 喷油正时控制　当采用与发动机曲轴旋转同步的顺序喷射方式时，电控单元不仅要控制喷油量，还要根据发动机各缸的发火顺序，将喷射时间控制在进气行程内的最佳时刻。

(3) 减速断油控制　汽车减速行驶时，驾驶员快速松开加速踏板，电控单元将会切断喷油器的控制电路，使喷油器停止喷油，以降低减速时 HC 及 CO 的排放量。当发动机转速降至特定转速时，又恢复供油。

(4) 超速断油控制　发动机加速时，发动机转速超过安全转速或汽车车速超过设定的最高车速，电控单元将会在临界转速时切断喷油器控制电路，使喷油器停止喷油，防止超速。

2. 配气控制

"进气门关闭"时刻对一定曲轴转速下的气缸充量有着很大的影响。进气门关闭时刻早，在低速时吸入气体量最大；进气持续期延长会使最大进气量移向发动机高速区。

气门重叠相位决定了内部残余气体再循环量。进气门提前打开会引起气门开启的持续期延长，由于增加了回流到进气管的废气量，从而提高了再循环废气比例。这样在一定节气门开度下的新鲜充量会减少；因此在任意给定的工作载荷点，必须增加节气门开度来进行补偿。这种减少节流的效应，减少了回流和再吸入的废气量。

在换气过程中，固定的气门正时和升程只能对某个特定的发动机运行状态达到最优。相比之下，由 ECM 控制的可变配气机构可以与不同发动机工况相适应。

3. 点火控制

点火系统的控制主要包括点火提前角控制、火花能量的控制、恒流控制以及爆燃控制等。

1) 点火提前角控制

点火提前角控制发动机电控单元的存储器内存储着发动机的初始点火提前角。发动机运转时，电控单元根据发动机的转速和负荷信号，确定基本点火提前角，并根据其他有关信号进行修正，最后确定点火提前角，并向电子点火控制器输出点火控制信号，控制点火系的工作。

2) 火花能量的控制

火花能量的控制通过通电时间和恒流控制，保证点火线圈初级电路有足够大的断开电流，以产生足够高的次级电压，同时也要防止通电时间过长使点火线圈过热而损坏，电控单元可根据蓄电池电压及转速等信号,控制点火线圈初级电路的通电时间。

　　3)恒流控制

　　在高能点火装置中,还增加了恒流控制电路,使初级电流在极短时间内迅速增长到额定值,减小转速对次级电压的影响,改善点火特性。

　　4)爆燃控制

　　爆燃控制当电控单元收到爆燃传感器的信号后,对爆燃信号进行滤波处理并判定是否在设定范围内,当判定发生爆燃时,立即推迟点火时刻。当判定接收的信号不在设定的范围内时,则采用提前角反馈控制形式。此项控制是点火时刻控制中的追加功能,在装有废气涡轮增压器的发动机上常采用此种控制。

　　4. 排放控制

　　排放控制为了适应越来越严格的排放法规,汽车上安装了多种排放控制装置。这些装置主要有:排气再循环控制装置,氧传感器及三元催化转化器、二次空气喷射控制装置,燃油蒸气排放控制装置等。

　　排气再循环控制当发动机温度达到一定温度时,根据发动机负荷和转速,由电控单元控制EGR阀的开度,使排放的气体进行再循环,以降低 NO_x 排放量。

　　开环与闭环控制在装有氧传感器及三元催化转化器的发动机中,电控单元根据发动机的工况及氧传感器反馈的空燃比信号,进行开环控制与闭环控制。

　　二次空气喷射控制电控单元根据发动机的工作温度,控制新鲜空气喷入排气歧管或三元催化转化器中,以减少排气污染。

　　燃油蒸气排放控制电控单元根据发动机工作温度、转速、负荷等信号,控制活性燃油蒸气排放装置的工作,以降低燃油蒸发污染。

三、车载诊断系统

　　从1980年开始,车辆上配置了车载诊断系统(On-Board Diagnostic)。它可以在发动机控制系统发生故障时警告驾驶员;在维修时还可以用特定的方式读取故障码,以快速诊断故障原因,缩短维修时间。到了1985年,美国加州大气资源局(CARB)开始制定法规,要求在加州销售的车辆,必须配备OBD系统,这就是OBD-Ⅰ。

　　现今的发动机管理系统都具有自诊断功能。在汽车发动机运行过程中,电子控制模块对系统各部件进行监测。当监测到故障时,发动机控制模块ECM一方面将故障以故障诊断代码DTC(Diagnostic Trouble Code)的形式存储在存储器中,另一方面启用故障保护功能对控制系统进行保护,同时点亮故障指示灯以提示驾驶员系统出现故障。在维修时,技师可以按照一定的步骤将故障代码从ECM的内存中调出,根据故障代码的含义进行快速地确诊和排障。故障一旦消失,故障指示灯就会熄灭。故障代码仍会保存在ECM的内存中,除非采取了特定的措施加以清除。

　　1. 自诊断系统的工作原理

　　发动机工作时,故障监视回路不停地监测系统的各个输入、输出信号。正常情况下,这些信号应该在一定范围内变化。当某一电路出现超出规定范围的信号时,自诊断系统就判定为该信号线路出现异常。例如,水温传感器正常工作时的输出电压应在0.1~4.8 V范围内变化,如果电脑发现水温传感器输出电压小于0.1 V或大于4.8 V(分别相当于水温高于139℃和低于-50℃,这在汽车上一般来说是不可能出现的),就认为水温传感器不正常。

故障认定的另一个原则是：对于偶然出现的异常信号，ECM 并不判定为故障，异常信号必须要持续一段时间，故障诊断代码才会被存储到存储器中。例如，当曲轴转速在 1 000 r/min 时，即使转速信号丢失 3～4 个脉冲，故障自诊断系统也不判定它为故障，MIL 灯也不亮，也不会存储转速信号的故障代码。

应当指出的是：故障的出现不只与传感器或执行器有关，而与出现故障的整个电路有关。例如，即使水温传感器自身正常，若线束断路，自诊断系统同样会显示水温传感器电路有故障。因此在根据故障代码查找故障原因时，除了应检查传感器或执行器外，还要检查该电路的线束、连接插头、控制电脑以及与该信号电路相关的其他元件。

由上述可知，自诊断系统对某些传感器性能不佳的故障不能确认。例如当水温传感器输出信号电压在正常范围，而由于其性能不佳、产生的电压信号不能准确反映水温时，采用上述诊断电路的 ECM 是无法识别的。此时，如怀疑水温传感器性能不良，通常须使用万用表，由人工检查传感器的温度—电阻特性，来确定其性能好坏。自诊断系统对执行机构非闭环控制部分的一些故障也不能确认。此外，机械故障也可能使传感器输送错误的信息（例如空气流量计之后的进气管路漏气）。因此，这几类故障只能通过人工检查进行诊修。

为了能够诊断出这几类故障，近年来出现了逻辑推理的方法。例如采集分析发动机起动一定时间后的水温传感器信号，如果其指示值没有达到规定温度，则判定为性能不良故障。

2. 第二代车载诊断系统（OBD-Ⅱ）

OBD-Ⅰ没有统一的结构标准，不同生产商所开发的车载诊断系统差别较大，不具有通用性。不同的车型，其诊断插座、触发故障码的程序和进入诊断模式的方法、故障码显示的方法和内容都可能不同，给维修人员带来了极大的不便。

OBD-Ⅱ在 20 世纪 90 年代中期产生，美国汽车工程师协会（SAE）制定了一套标准规范，要求各汽车制造企业按照 OBD-Ⅱ的标准提供统一的诊断模式。20 世纪 90 年代末期，进入北美市场的汽车都按照新标准设置 OBD。

OBD-Ⅱ诊断插座有着统一的形状和尺寸，且都安装在驾驶员一侧的仪表板下方。该插座为一个 16 端子插座，其外形如图 1-2 所示，其中各端子的代号和含义如表 1-1 所示。

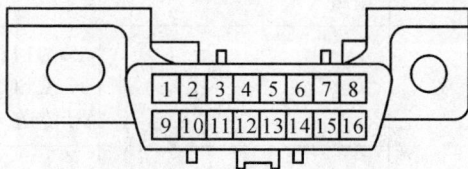

图 1-2 OBD-Ⅱ诊断插座外形

表 1-1 OBD-Ⅱ诊断插座各端子代号与含义

端子代号	含　义	端子代号	含　义
1	供制造厂使用	9	供制造厂使用
2	SAE-J1850 资料传输	10	SAE-J1850 资料传输
3	供制造厂使用	11	供制造厂使用
4	车身搭铁	12	供制造厂使用
5	信号回路搭铁	13	供制造厂使用
6	供制造厂使用	14	供制造厂使用
7	ISO-9141 资料传输	15	ISO-9141 资料传输
8	供制造厂使用	16	接蓄电池正极

笔记

在 OBD-Ⅱ诊断插座中,总共有 7 个关键性的端子如电源、搭铁、资料传输线都做出了明确的规定。其中资料传输线有 ISO(国际标准)和 SAE(美国汽车工程师协会标准)两种。OBD-Ⅱ诊断插座中的另外 9 个端子为汽车生产商使用,厂家可以根据自己的需要选用。虽然这些端子有所不同,但可以通过程序进行调整。世界上部分汽车生产商选用 OBD-Ⅱ诊断插座中的端子情况如表 1-2 所示。

表 1-2　一些生产商使用 OBD-Ⅱ诊断插座的端子情况

车种　端脚	通用	福特	克莱斯勒	丰田	三菱	现代	沃尔沃	大宇
1		点火控制			发动机故障码输出			
2	"M"自动变速器故障码输出	BUS(+)SCP串行数据		SDL				"M"自动变速器故障码输出
3			CCD总线(+)			发动机故障码输出		
4	"A"搭铁	车架搭铁	搭铁	底盘搭铁	搭铁	搭铁		搭铁
5	"A"搭铁	信号搭铁	搭铁	信号搭铁	搭铁	搭铁		搭铁
6	"B"发动机、自动变速器故障码输出		发动机SCI信号接收	发动机自动变速器故障码输出	自动变速器故障码输出			"B"发动机故障码输出
7		ISO9141-K线	ISO9141-K线SCI信号传送		发动机资料输出	发动机		
8	防盗				ABS故障码输出			防盗
9	BCM数据							BCM数据
10		BUS(-)SCP串行数据			发动机资料输出			
11	悬架		CCD总线(-)SRS故障码输出					
12					SRS故障码输出			
13		发动机、自动变速器故障码输出			C/C定速巡航故障码			

续　表

车种\端脚	通 用	福 特	克莱斯勒	丰 田	三菱	现代	沃尔沃	大 宇
14	音响空调							音响空调
15		ISO9141 - L 线	ISO9141 - L 线 自动变速器 诊断信号					
16	B+ 12 V 电源	B+ 12 V 电源	B+ 12 V 电源	B+ 12 V 电源	B+ 12 V 电源	B+ 12 V 电源	B+ 12 V 电源	B+ 12 V 电源

OBD-Ⅱ故障码由五位数字组合而成。例如：

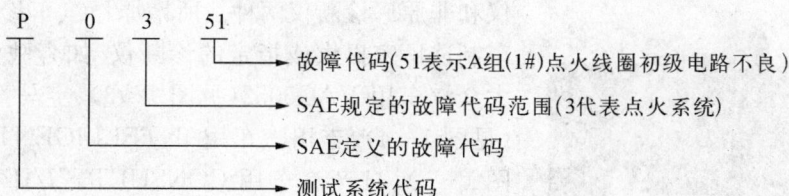

```
P   0   3   51
```
故障代码(51表示A组(1#)点火线圈初级电路不良)
SAE规定的故障代码范围(3代表点火系统)
SAE定义的故障代码
测试系统代码

分述如下：

（1）第一位为英文字母，它是系统代码，例如：

P—代表由发动机和变速器组成的动力传动系统（Power Train）；

B—代表车身电控系统（Body）；

C—代表汽车底盘控制系统（Chassis）；

U—未定义，待 SAE（美国汽车工程师协会）另行发布。

（2）第二位为数字，它表示该 DTC 由谁定义。目前有 0 和 1（或 2、3），其中：

"0"—代表 SAE 定义的故障代码；

"1"—代表汽车生产商自定义的故障代码。

（3）第三位为数字，它表示 SAE 定义的故障代码范围，如表 1-3 所示。

表 1-3　SAE 定义的故障范围代码

代 码	故 障 范 围	代 码	故 障 范 围
1	燃油和空气系统测定不良	5	怠速控制系统不良
2	燃油和空气系统测定不良	6	电脑或输入/输出控制系统不良
3	点火系统不良或发动机间歇失火	7	变速器控制系统不良
4	废气控制和辅助装置系统不良	8	非 EEC 动力传动系统不良

（4）第四、五位为数字，它们代表所设定的故障码（当第二位上的数字为"1"时，则为生产商规定的编码）

笔 记

笔 记

技能操作

一、汽车诊断仪

电子控制技术已经全面融入现代汽车的每个系统。当车辆出现故障时,电控系统可以将故障信息自动存储在汽车电脑(ECU)中,以数字代码的形式存储在模块内部的专门区域,如随机存储器 RAM 或者保存在电流存储器 KAM 中。当汽车维修技术人员在诊断车辆故障时,可以通过人工调取或外接专用诊断仪器的方式从存储器中调取出这些数字代码。通过对这些代码所对应的故障信息而对症下药,从而提高故障诊断的准确性和维修效率,并可减少无谓的拆解。

1. 汽车诊断仪的介绍

简单来说,汽车诊断仪是利用配套连接线和车上电脑数据输出 DLC(检测接头)相连,从而达到与各种电控系统控制单元 ECU 进行数据交流的专用仪器。诊断仪通常分为原厂诊断仪和非原厂诊断仪两种。所谓原厂汽车诊断仪即指由汽车制造厂家提供或指定的诊断仪,如奔驰汽车用 HHT、大众汽车用 VAG5052(见图 1-3)、宝马汽车用 MODIC(见图 1-4)、丰田汽车用 INTELLIGENT TESTER(见图 1-5)、日产汽车用 CONSULT-I/II 等等。一般来讲,每个汽车制造厂家都有针对自己所生产的各种车系的原厂检码器以便能为自己生产的汽车提供更好的售后检测服务。而非原厂仪器则不是汽车制造厂家提供或指

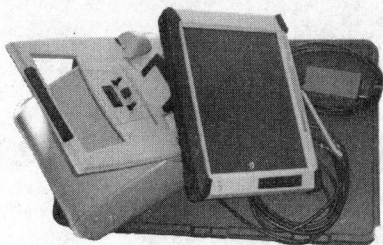

图 1-3 大众专用诊断仪 VAG5052

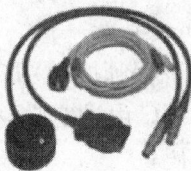

主机+底座   诊断线+延长线+OBD-II线   界面盒

图 1-4 宝马汽车专用诊断仪 MODIC

图 1-5 丰田汽车专用诊断仪 INTELLIGENT TESTER   图 1-6 金德(BOSCH)KT600 汽车诊断仪

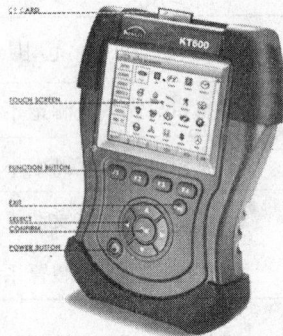

定,而由其他仪器设备厂商生产的汽车诊断仪,如德国博世公司的 KT600(见图1-6),美国的红盒子 SCANNER MT2500,瑞典的 AUTODGAGNOS,国内公司生产的电眼睛、修车王、车博士(见图1-7)等。

原厂诊断仪是汽车制造厂家去为自己所生产的汽车来提供服务的,一般只能诊断自己的车系,不能检测其他公司生产的汽车,就像 INTELLIGENT TESTER 只能检测丰田汽车公司生产的包括凌志、佳美、皇冠、亚洲龙、丰田大霸王、花冠等一系列丰田车系,而对宝马、奔驰、福特、日产等车系就无能为力了。和原厂诊断仪相比,非原

图 1-7　车博士解码器 2600+

厂诊断仪一般可以检测多种不同汽车制造厂家所生产的各款汽车,如 KT600 就可以诊断欧洲的奔驰、宝马、大众(奥迪)、保时捷、欧宝等多款不同厂家生产的车系。但以上两种诊断仪就总体功能来说(如果单针对同一种车系),非原厂诊断仪是比不上原厂诊断仪的,就好像对于检测宝马车系,KT600 是比不上 MODIC 的,因为某些车系的部分电控系统非原厂诊断仪是无法检测的。

2. 汽车诊断仪的功用

汽车诊断仪能提供汽车故障码检测、清除故障码、数据流、元件测试、保养灯归零、读电脑版本、基本设定、匹配调整,甚至还提供汽车故障诊断流程和电路资料,为汽车维修提供了方便。而部分诊断仪自带了示波器功能,从而更准确地提供发动机工作参数。对于熟悉标准波形数据的检修者,通过对实际波形数据的分析,能使维修工作更加准确快捷。现在绝大多数诊断仪已经用网络升级、甚至还有汽车字典、客户档案管理等功能。

1) 读取与清除故障码

诊断仪通常会说明故障码的含义,要注意的是对故障码的定义说明要清楚,是传感器或执行器自身故障(信号不正常等),还是线路故障,线路故障要分清楚是短路还是断路,是短路或断路到电源,还是短路或断路到接地等等,只有清楚明白故障码的定义说明,才能更好地利用故障码排除故障,维修起来也可以少走弯路,达到快捷的目的。

有的诊断仪对故障码有比较详细的说明,比如是历史性故障码还是当前的故障码,故障码的次数出现几次。如果是历史性故障码就表示故障较早之前出现过。现在不出现了,但在控制单元 ECU 里面有一定的存储记忆。而当前故障码则表示是最近出现的故障,并且通过出现的次数来确定此故障码是否经常出现,当前故障码绝大部分和目前出现的系统故障有很大关系。

当我们根据故障码参考排除故障后,要利用诊断仪来清除故障码,也就是从控制单元 ECU 内部记忆体中清除其故障码记忆,并在发动机运转一段时间后(有条件的话可以进行路试),再通过诊断仪来测试是否还存在故障码。

2) 传感器和执行器的数据流分析

相当部分的诊断仪都具有一定的数据流提供。所谓数据流简单来说就是将电控系统的一些主要传感器和执行器的目前工作参数值(如目前转速、电池电压、空气流量、喷油时间、节气门开度、点火提前角、水温等)提供给维修者进行参考,维修实践当中可以通过阅读数据流来分析发现故障所在,特别是当电控系统无故障码进行参考时,数据分析更显得重要了。其实每个

笔记

传感器和执行器在一定条件下的工作参数值是有一定标准范围的，我们可以通过实际值与标准值的比较来判断某一传感器和执行器是否存在异常。例如，一台日产风度 VQ20DE 发动机出现机后怠速不平稳的故障，我们可以通过阅读诊断仪在发动机怠速时的数据流里的相关参数值来判断故障原因在，如空气流量传感器电压是否在 1.0～1.7 伏；水温是否达到 70℃ 以上；节气门传感器电压是否在 0.35～0.65 伏，其怠速接点是否处于 ON 的位置；喷油嘴喷油时间是否控制在 2.4～3.2 毫秒；点火提前角是否在 15 度左右；怠速电机是否运作在 2～10 步幅等，当我们在以上数据流中如果发现某一参数值不符合标准，那可能就是故障的原因。如果诊断仪还具有打印功能，还可以将以上各项数据值打印出来。

每种车系电控系统的各项传感器和执行器的标准参数值是不尽相同的，我们要查找相关正确的资料来进行分析比较，有的诊断仪中附带正确的指标参数，操作起来就更简便了。如果没有资料，我们可以用诊断仪在另外一台系统正常的相同款车上读取数据流各项参数值，从而进行参考。另外，对于一些间断性故障，参照以上数据流分析方法也是可行的。

3）执行器作动测试功能

利用诊断仪对一些执行器，像喷油嘴、怠速电机、继电器、电磁阀、冷却风扇等进行人工控制，用以检测该执行器是否处于良好的工作状况，当我们在发动机怠速运转的时候对怠速电机进行作动测试，可以控制其开度的大小，随着怠速电机处于不同的开度，发动机怠速转速应该产生相应的高低变化，通过以上的作动测试就可以证实怠速电机本身及其控制线路处于正常状况。同样我们还可以在发动机运转时对燃油泵继电器进行控制，当断开燃油泵继电器时，发动机应会很快的熄火。

当然不同的诊断仪所能支持的作动测试功能是不一定相同的，有的支持较多的作动测试功能，有的就可能比较少，但不管是哪一种诊断仪，我们都应尽量利用其功能对工作情况异常执行器进行动测试，以便判断其是否属于正常工作状态。

4）示波器功能

因为在诊断仪的数据流功能中，很多传感器和执行器的信号是采用电压、频率或其他并以数字的形式表示的，在发动机实际运转过程中，由于信号变化很快，我们很难从这些不断变化的数字中发现问题所在，所以我们可以利用诊断仪自带的示波器功能对电控发动机系统里的曲轴传感器信号、凸轮轴传感器信号、氧传感器信号、某些型号的空气流量计信号、喷油嘴信号、怠速电机控制信号、点火控制信号等一系列信号，用图示波形的方式直观地提供我们作参考。当我们拿所测信号波形与标准信号波形相比较，如有异常之处则表示该信号的控制线路或电子元件本身出现了问题，需要进一步详细检查。但利用示波器来检查电子信号，也对维修技术人员提出了较高的汽车维修理论知识要求，需要维修技术人员能较熟悉被测传感器或执行器的工作、控制原理，并对示波器具有一定的操作技巧，能正确地观察波形（波峰、波幅等），否则很难利用好此项功能。

二、电控发动机其他常用工具介绍

1. 点火正时灯

用于检测发动机点火提前角，检查发动机的点火正时状况（见图 1-8）。

2. 汽车万用表

在发动机电控系统检测及故障诊断中，除经常要检测电压、电流、电阻等参数，还需要检测转速、闭合角、百分比、频率、压力、时间、电容、电感、温度等参数。这些参数对于发动机电控系统的故障检测与诊断具有重要意义。但是这些参数用一般数字式万用表无法检测,需用汽车万用表(见图1-9)。

图1-8 点火正时灯

图1-9 汽车专业万用表

3. 燃油压力表

在发动机燃油喷射系统中,燃油压力是决定喷油量的关键因素,也是重要的相关参数之一。燃油压力表(见图1-10)就是用来测量燃油压力的专用工具,是燃油喷射系统检查中使用的重要工具。

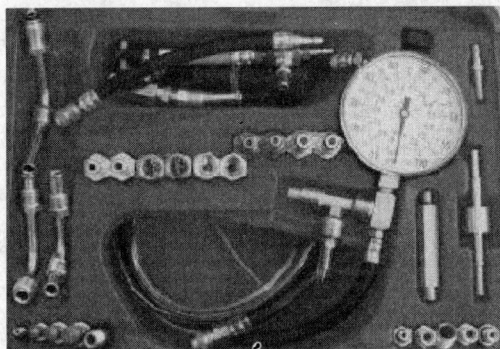

图1-10 燃油压力表

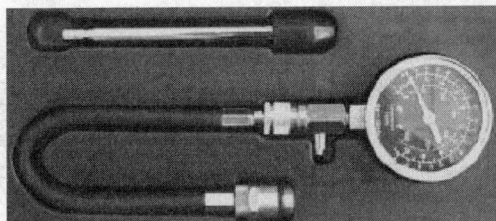

图1-11 气缸压力表

4. 气缸压力表

用于检测缸内压缩后的压力,可以反映气缸的密封性(见图1-11)。

5. 真空表

在发动机管理系统中,很多执行器是利用进气歧管的真空度作为动力源,用真空式膜片执行器来实现控制动作的(见图1-12)。因此在诊断时,需要利用真空测量仪给执行器施加标准的真空信号,来检查它们是否工作良好,从而判断故障所在。

6. 尾气分析仪

检查车辆尾气排放情况,可以通过检测尾气中各成分的含量,反映发动机的燃烧状况和排放控制(见图1-13)。

图 1-12　真空表

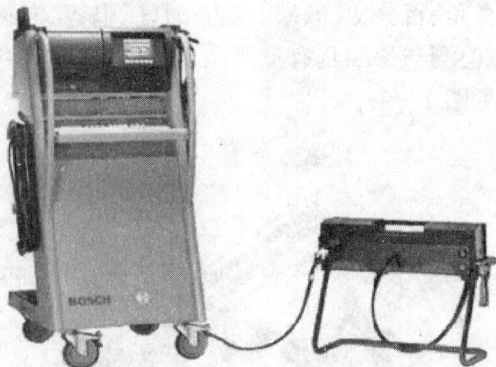

图 1-13　尾气分析仪

7. 喷油器清洗分析仪

发动机喷油器堵塞后，将会造成混合气变稀，喷射形状变差，影响发动机的工作性能。因此必须定期对其检查和清洗（见图 1-14）。

图 1-14　喷油器清洗分析仪

三、电控系统维修基本注意事项

1. 电控系统维修基本须知

（1）只允许使用数字万用表对电喷系统进行检查。

（2）维修作业若更换零部件时，应选择正品配套部件，否则可能造成电控系统无法正常工作。

（3）维修过程中，只能使用无铅汽油。

（4）严格遵守规范的维修诊断流程进行维修作业。

（5）维修过程中禁止对电喷系统的零部件进行分解拆卸作业。

（6）维修过程中，拿电子元件（电子控制单元、传感器等）时，要非常小心，不能让它们掉到地上。

（7）树立环境保护意识，对维修过程中产生的废弃物进行有效的处理。

2. 电控系统维修过程注意事项

（1）不要随意将电喷系统的任何零部件或其接插件从安装位置上拆下以免意外损坏，或使水分、油污等异物进入接插件内，影响电喷系统的正常工作。

（2）当断开和接上接插件时，一定要将点火开关置于关闭位置，否则会损坏电器元件。

（3）在进行故障的热态工况模拟和其他有可能使温度上升的维修作业时，绝不要使电子控制单元的温度超过 80℃。

（4）电喷系统的供油压力较高（350 kPa 左右），所有燃油管路都是采用耐高压燃油管。即使发动机没有运转，油路中也保持较高的燃油压力。所以在维修过程中要注意不要轻易拆卸油管，需对燃油系统进行维修时，拆卸油管前应对燃油系统进行泄压处理，泄压方法如下：起动发动机使其怠速运转，连接诊断仪，进入"执行器测试"关闭燃油泵，直到发动机自行熄灭。油管的拆卸和燃油滤清器的更换应在通风良好的地方由专业维修人员进行。

（5）从燃油箱中取下电动燃油泵时不要给油泵通电，以免产生电火花，引起火灾。燃油泵不允许在干态下或水里进行运转试验，否则会缩减其使用寿命。另外，燃油泵的正负极切不可接反。

（6）对点火系统进行检查时，只有在必要的时候才进行跳火花检测，并且时间要尽可能短，检测时不能打开节气门，否则会导致大量未燃烧的汽油进入排气管，损坏三元催化器。

（7）由于怠速的调节完全由电喷系统完成，不需要人工调节。节气门体的油门限位螺钉在生产厂家出厂时已调好，不允许用户随意改变其初始位置。

（8）连接蓄电池时蓄电池的正负极不能接错，以免损坏电子元件，本系统采用负极搭铁。

（9）发动机运转时，不允许拆卸蓄电池电缆。

（10）在汽车上实施电焊前，必须将蓄电池正极、负极电缆线及电子控制单元拆卸下来。

（11）不要用刺穿导线表皮的方法来检测零部件输入、输出的电信号。

案例分析

故障现象：一辆雪佛兰子弹头汽车，行驶时偶尔会出现发动机故障灯亮的现象。故障灯亮起后，如果重新熄火，再起动故障灯熄灭。在行驶过程中又偶尔会亮。

故障检测：该车来厂后，首先用诊断仪调取故障码。故障码显示为凸轮轴传感器故障。首先对凸轮轴传感器进行检查，该车凸轮轴传感器为霍尔效应式，检查凸轮轴传感器的间隙以及线路接触情况并无异常现象出现。

故障分析：根据实际维修经验判断此类传感器本身也是很难损坏的。于是又对该传感器的线路进行检查，该传感器有三相线，一根为 12 V 电源线，一根为搭铁线，一根为传感器产生信号并输出到控制单元的信号线。电源线和搭铁线正常。从发动机控制单元插座上找到传感器输出的信号线，用示波器测量有规则的脉冲信号输出，也就是说从以上检查，基本可以判断凸轮轴传感器及其线路是正常的。于是怀疑发动机控制单元本身有问题，由于控制单元价格较高，未确定之前不敢轻易更换（当时找不到同类车型进行换件测试）。根据行驶时产生的故障现象，可判断故障点应不是在故障码显示范围之内，可能是产生的一个误码，由于电喷系统中点火系统的问题最容易产生此种情况。于是重点检查火花塞、点火线圈、高压线、点火系统线路，也未发现任何问题。由于该车故障码出现时要反复试车，在晚上，光线很暗的时候再次起动发动机时，无意中发现着车时高压线对发动机机体上存在漏电（有火花跳火）情况。

故障排除：更换一组高压线，试车故障排除。交车后，过一段时间回访，客户反映再无上述故障现象出现。

课后练习

1. 电子诊断仪的主要功能是什么？
2. 数据流分析在汽车维修工作中的意义有哪些？
3. 常用的汽车检测工具有哪些？

情境 2

混合气质量故障的检修

电控发动机可以直接或间接测出空气量,并以此为基础,计算出发动机燃烧必需的汽油量,通过控制喷油器的开启给发动机提供适量的燃油,从而实现混合气的精确控制。有效地提高了发动机的经济性、动力性,降低了发动机的废气排放。

学习单元 1 电子节气门的清理与匹配

学习目标

掌握电子节气门的构成及工作原理。
掌握电子节气门积炭的清理方法。
掌握电子节气门的匹配方法。

任务载体

2008 年产桑塔纳轿车,冷车起动怠速抖动,怠速转速忽高忽低,油耗比平时明显增加,怀疑电子节气门太脏引起。

相关知识

一、空气—燃油混合气

汽油机属于火花点火燃烧做功的内燃机,汽油机良好的运行工况依赖于燃料在气缸内的合理燃烧,不同工况下恰当的混合气浓度对汽油机来说显得尤为重要。空气、燃油理论上理想的质量比为 14.7∶1,称作理论空燃比。完全燃烧 1 kg 燃油需要 14.7 kg 的空气,我们将空燃比为 14.7∶1 的混合气称为理论混合气,与此对应的容积比为 9 500 L 空气比 1 L 燃油。要实现真正安全燃烧且燃油消耗最少,只有提供过量的空气才能实现,同时混合气的燃烧又受到可燃性和燃烧时间的限制,调节合理的空燃比是降低燃油消耗率的有效手段。

空气、燃油混合气对排放控制也有影响。标准的三元催化转化器,在理论空燃比下工作效率最高,能减少废气排放 98％以上。因此现在只要发动机工况允许,就要求以理论空燃比工作。

发动机的某些工况要求混合气调节到偏离理论空燃比,例如,对起动工况,暖机工况等要求专门的空燃比。这就意味着,混合气形成系统必须有能适应各种变化的空燃比范围。

二、过量空气系数

在对空气、燃油混合气的研究中通常用过量空气系数(A/F)来表示混合气的浓度。过量空气系数(或空气系数)λ 表示实际的空燃比和理论空燃比(14.7：1)之间的关系:

λ＝实际进入的空气质量/理论上完全燃烧所需要的空气质量。

λ＝1,表明实际进气质量与理论上所需的空气质量相等,称为标准混合气。

λ＜1,表明空气不足,形成浓混合气。混合气的 λ＝0.85～0.95 时可得到最大的功率。该浓度的混合气称为功率混合气。

λ＞1,表明空气过量而混合气为稀混合气,燃油消耗少且功率减小。注意,λ 的最大值称作“稀燃极限”。超过稀燃极限,混合气着火困难,会产生失火,发动机会出现抖动,甚至熄火的现象。

有些发动机喷射系统中,燃油将直接喷入燃烧室,由于燃烧过程在不同浓度的混合气层中进行,因此发动机可以在很高的过量空气系数下工作(可达 λ＝4)。

在发动机工作实际中,由于时间和空间的限制,理论混合气并不能完全燃烧。欲使燃油完全燃烧得到最小的燃油消耗率,应供给空燃比值约为 16～18(λ＝1.1～1.2)的经济混合气。但是稀混合气会因为燃烧速度慢而造成发动机功率不足,为使发动机达到最大功率,则需要供给空燃比值约为 12～13(λ＝0.85～0.95)的功率混合气(见图 2-1)。

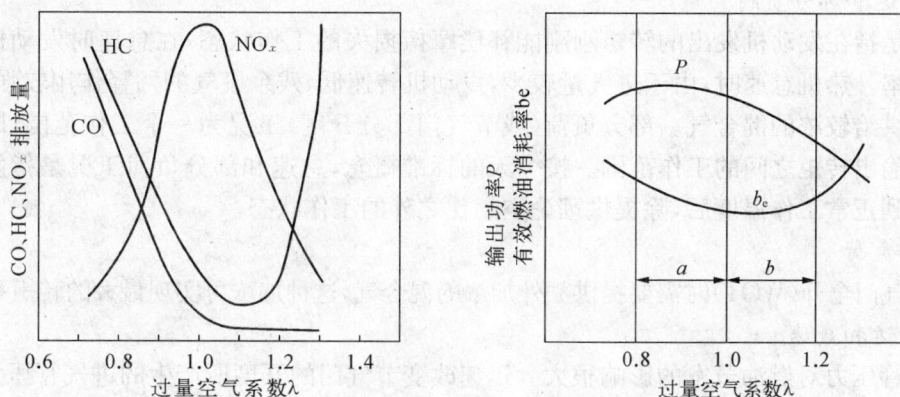

图 2-1　过量空气系数对发动机性能的影响

浓混合气因氧气含量少而燃烧不充分,最高燃烧温度低,因此 CO 和 HC 的排放都较多,而 NO_x 的排放却较少。在浓混合气区间,随着过量空气系数向理论值靠近,含氧量增加使燃烧速度加快,因此 NO_x 的排放增加,而 CO 和 HC 的排放减少。理论空燃比附近的燃烧速度最快,NO_x 的排放达到最高。稍稀混合气由于燃烧比较充分,CO 和 HC 的排放都较少,NO_x 的排放却较多。随着稀空燃比的进一步增大,燃烧速度变慢,最高燃烧温度降低,燃烧也更充分,因

此 NO_x、CO 和 HC 的排放都减少。对于特稀混合气而言，由于伴随着失火，会使 HC 的排放激增（见图 2-1）。

三、特殊工况下的过量空气系数

发动机的实际工况比较复杂，温度、压力、气流流速等的变化都会对混合气的形成产生影响。针对汽车的不同工况要求，需要混合气形成系统做出适当的调整。下面论述的方法应用于进气管喷射发动机中。

1. 冷起动

在冷起动期间，进气温度较低，燃油蒸发率降低，空气和燃油混合不充分、燃油在进气管壁上凝结，混合气中带入的燃油量相对减少，混合气"变稀"。为了克服这些负面作用，使冷起动更容易，必须向发动机喷入过量的燃油。根据冷起动时温度不同提供过量空气系数 3~9 的浓混合气。

2. 后起动状态

低温起动之后，补充燃油供给还要维持一个短暂的时期以促进内部混合气形成，直到燃烧室温度上升。加浓的混合气可增加转矩使发动机平稳地过渡到给定的怠速转速。这个工况在起动后很快完成，可以看到起动后发动机的转速瞬间跳到 1 500 r/min 左右，然后又回到 1 200 r/min 的暖机转速。

3. 暖机状态

暖机状态紧跟着起动和后起动状态。此时，发动机仍然需要加浓的混合气以弥补燃油在进气管壁上凝结造成的损失。较低的温度同样降低了油气混合的效率（空气和燃油混合变差、燃油蒸发量减少）。进入的燃油在进气管中冷凝聚积下来，冷凝的燃油只有当温度升高后才会蒸发，这些因素要求混合气继续维持加浓状态。

4. 怠速和部分负荷

怠速是指在发动机发出的转矩刚刚能补偿摩擦损失的工作状态，在怠速时发动机不向飞轮输出功率。热机怠速时，由于进气量较少，发动机转速低，残余废气的稀释作用较强，因此应向发动机供给较浓的混合气。部分负荷（或节气门部分开度）工况为一个工作范围，即从怠速到最大可输出转矩之间的工作范围。按今天的标准概念，怠速和部分负荷工况是指发动机已经暖机达到正常工作温度后，除提供理论空燃比之外的工作状态。

5. 全负荷

在节气门全开（WOT）时需要提供额外加浓的混合气，这种加浓可实现最大的转矩和功率。

6. 加速和减速

进气管压力对燃油蒸发的影响很大。迅速改变节气门的开度所产生的进气管压力的突然变化，会对进气管壁的油膜产生影响。急加速会使进气管产生较高的压力，从而使燃油蒸发率下降和进气管中的油膜扩张，于是一部分喷入的燃油重新在壁面上凝结。在油膜重新达到稳定前，发动机混合气浓度瞬间变稀，与此相反，突然减速会使混合气加浓。温度-密度校正功能（过渡补偿）能使混合气保持最佳的工作响应，并使发动机得到合适空燃比的混合气，以保证催化转化器的有效工作。

7. 发动机反拖

在反拖期间应切断燃油。尽管车辆下长坡时保持供油是有利的，断油措施的主要目的是保护催化转化器,因为燃烧恶化和不完全燃烧(失火)将会导致催化转化器过热。

四、电子控制节气门的控制

气缸充量控制在以电子节气门控制(ETC)为特征的发动机管理系统中,"气缸充量控制"子系统确定所需的进气质量,并以此调节节气门开度,由驱动器直接控制节气门开度。

1. 节气门的作用

汽油发动机所产生的功率,主要由进入发动机的空气质量决定,发动机输出功率和各种转速下所对应的转矩控制是通过对流经节气门的进气量的调节来实现的。节气门部分关闭则限制吸入发动机的空气量,进而减小了输出的转矩。节流作用的范围取决于节气门位置所形成的通道,即开度的大小。当节气门全开时,发动机输出的功率最大。如图 2-2 所示,在不同的节气门开度下,新鲜空气充量与发动机转速的关系。使用了电子节气门控制系统,节气门通过电机进行操纵。这样就取消了位于加速踏板和节气门之间的拉索。驾驶员的输入通过加速踏板位置传感器传递到发动机控制单元,发动机控制单元将相应的命令发布到节气门定位器上。通过节气门定位,即使在驾驶员没有踏下加速踏板的情况下,发动机控制单元也可以调整节气门的开度,改变发动机的功率。结果是在发动机管理系统之间的协作更完善,如图 2-3 所示。

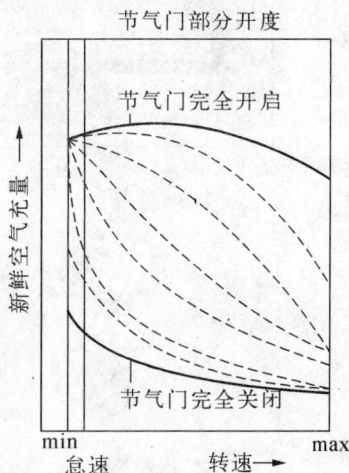

图 2-2　火花点火发动机的节气门脉谱图

2. 节气门的定位

1) 机械式节气门的定位

机械式节气门定位系统中驾驶员踏下加速踏板,通过气门拉索对节气门进行机械定位,如图 2-4(a)所示。

当驾驶员踏加速踏板时,发动机管理系统不能控制节气门的位置,为了调整发动机的扭矩,发动机管理系统必须通过控制其他变量实现,比如推迟点火提前角,在一定范围内降低混合气浓度等(这些方法在变速器的换挡控制、驱动防滑系统得到应用)。

图 2-3　节气门体、加速踏板和控制单元协同工作

在怠速时进气通过怠速电磁阀或怠速电机控制,发动机控制单元可以根据发动机的工况,调整进气量保证发动机的正常工作。

2) 电子节气门定位

在该系统中,节气门在整个调整范围内都是由节气门电机控制,如图 2-4(b)所示。

驾驶员根据所需要的发动机动力踏下加速踏板,传感器记录下加速踏板的位置并将该信息传递给发动机控制单元,发动机控制单元控制节气门定位器,将节气门调节到与加速踏板相对应的角度,如图 2-5 所示。

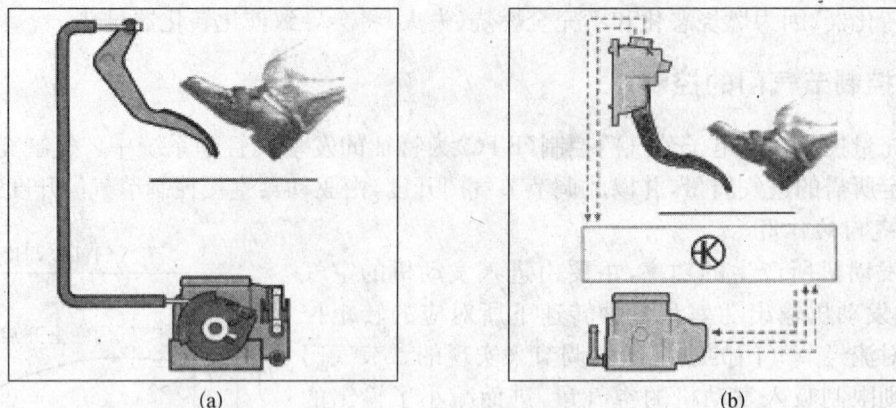

图 2-4 节气门定位系统

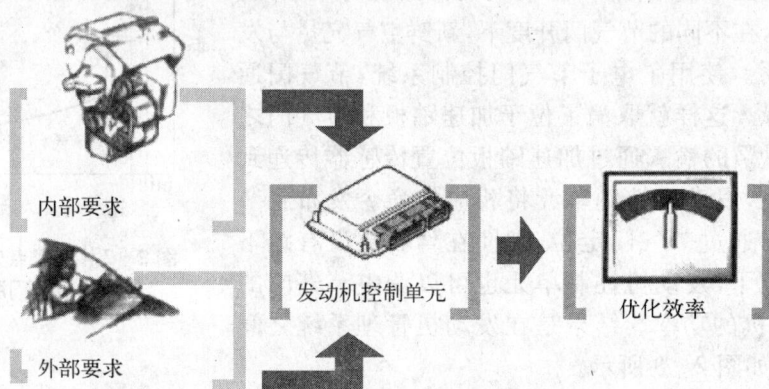

图 2-5 电控节气门的控制

电子节气门控制系统并不是简单的作为节气门拉索的替代品,在一些特定的工况下,处于安全或燃油消耗因素的考虑,发动机控制单元可以独立于加速踏板的位置进行气门调整。这种控制在发动机控制和底盘的控制中都得到了应用。

该系统使用以扭矩为导向的发动机管理模式,它的意义在于:发动机控制单元收集所有内部和外部的扭矩信号(见表 2-1),然后计算出必需的控制动作,从而提高控制的精确度和有效性。

表 2-1 内部扭矩需求因素和外部扭矩需求因素

内部扭矩需求因素	外部扭矩需求因素
起动	自动变速箱(换档点)
三元催化装置预热	制动系统(ABS)
怠速控制	牵引力控制系统(TCS)
动力限制	发动机制动控制
速度限制装置	空调系统
Lambda 控制	巡航控制系统

笔记

发动机管理系统根据内部和外部扭矩的需求计算一定的目标扭矩。实际的扭矩由发动机转速、负载信号和点火提前角确定。如果目标扭矩与实际扭矩有差距，就需要发动机电控系统进行调整使这些数据达到匹配。发动机电控系统的调节主要有以下两个途径（见图 2-6）：

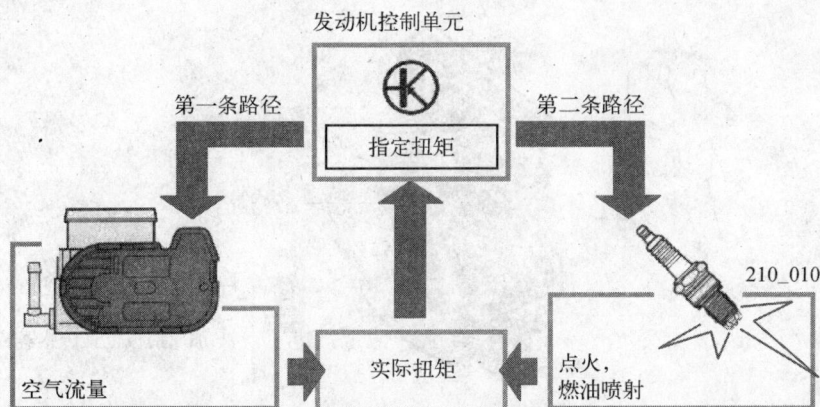

图 2-6 发动机电控系统的调节途径

（1）通过对节气门的控制或改变增压压力（增压发动机），来控制进气量。这些变量也被当做长期扭矩需求的控制变量。例如进气门有积炭影响进气量时电脑的自动调节。

（2）通过调节点火提前角和燃油喷射时间，用于短期扭矩的控制变量。

3．电子节气门的构成

电子节气门控制系统的组成，如图 2-7 所示，由带加速踏板位置传感器的加速踏板模块、发动机控制单元、节气门控制单元和电子节气门系统的故障指示灯组成。

加速踏板模块用传感器确定当前加速踏板的位置，并将相应的信号传递到发动机控制单元，发动机控制单元根据该信号计算出驾驶员需要的发动机动力，并将此信息转换为发动机的扭矩数值。为此，发动机控制单元激活节气门驱动装置以进一步开启或关闭节气门。在激活节气门驱动装置时，发动机控制单元也考虑满足其他装置的扭矩要求。

节气门控制单元负责提供所需要的空气质量，节气门驱动装置根据发动机控制单元发出的指令激活节气门。同时向发动机控制单元提供节气门的位置信号。

电子节气门控制系统的故障指示灯，当节气门出现故障时亮起，提示驾驶员电子节气门已处于故障状态。

4．加速踏板模块

加速踏板模块包括加速踏板和两个踏板位置传感器，可以将驾驶员操作加速踏板的信号转化成电信号传递发动机控制单元，

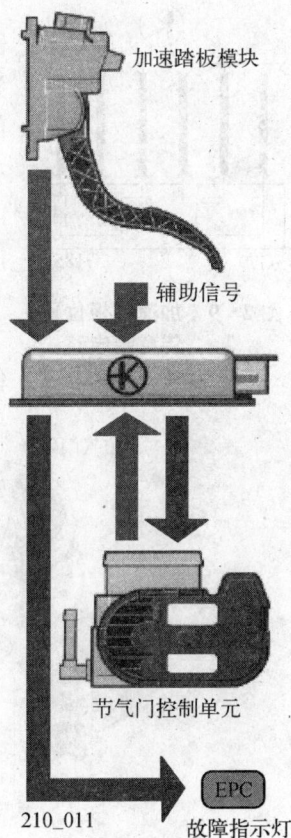

图 2-7 电子节气门控制系统组成

笔记

如图 2-8 所示,两个踏板位置传感器,通过两个滑动触点式电位计,安装在加速踏板的转轴上,随着加速踏板的运动,滑动触点在滑线电阻上滑动,电阻的变化使其分担的电动势发生相应的变化,从而把踏板的踩踏量转变为一个与之相对照的电压信号,传递给发动机控制单元。

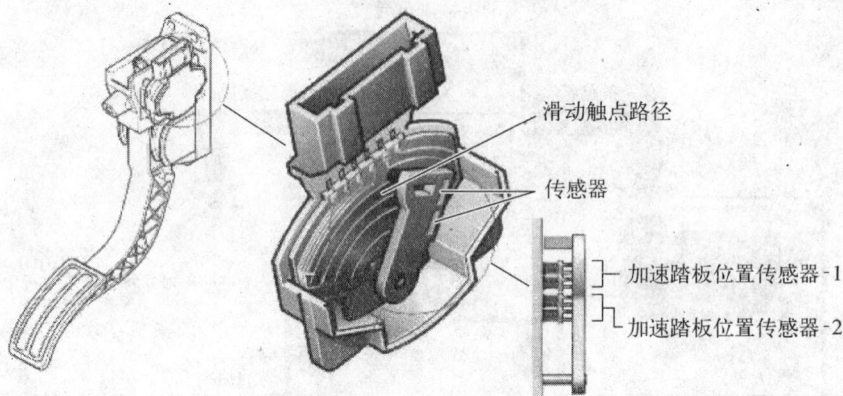

图 2-8 加速踏板模块

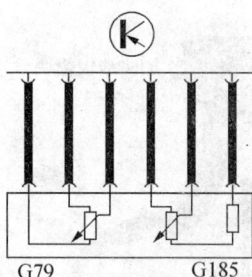

图 2-9 加速踏板位置传感器电路

如图 2-9 为踏板传感器 G79、G185 的控制电路,使用两个传感器主要的目的是为了最大程度保证安全性,这种现象在设计上被称为冗余系统,正常状态下只需要一个传感器的信号,但是如果有一个传感器故障时,另外一个可以保证系统正常工作。

两个传感器均提供 5 V 基准电动势,两个传感器有相互独立的供电、信号和搭铁电路。在 G185 的电路中串入了一个电阻,使两个传感器的特性不同,对安全性和测试功能是必需的。

5. 节气门控制单元

节气门控制单元由节气门体、节气门、节气门驱动装置和节气门位置传感器组成,如图 2-10 所示。

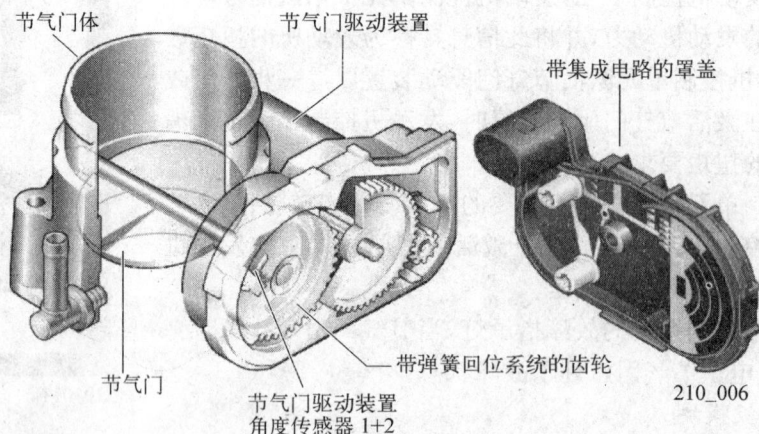

图 2-10 节气门控制单元

<<<< --

　　发动机控制单元根据加速踏板位置传感器信号,控制节气门驱动装置中的电机,控制节气门的打开和关闭。同时节气门位置传感器将节气门的转角信号反馈给发动机控制单元,如图2-11所示。

　　1) 节气门驱动装置

　　节气门驱动装置是一个电机,它由发动机控制单元所控制,通过一个小齿轮驱动节气门。节气门可以在怠速位置和节气门全开位置之间无级定位,如图2-12所示。

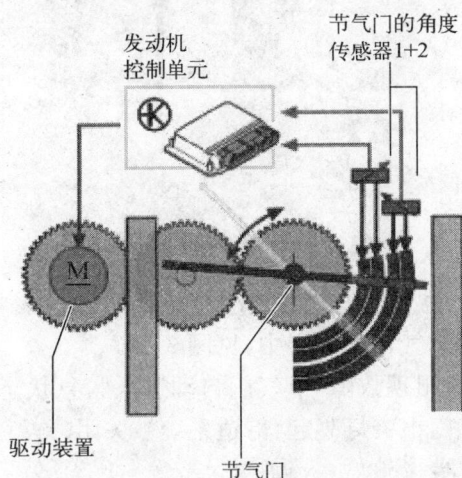

图 2-11　节气门位置传感器信号

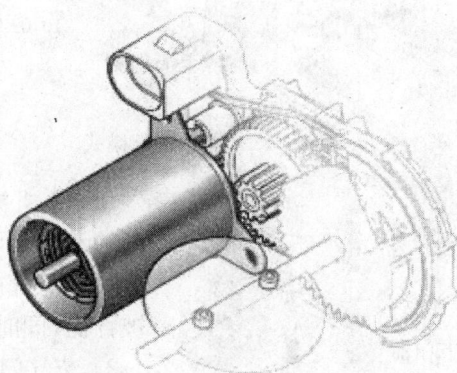

图 2-12　电子节气门曲轴装置

　　(1) 下机械停止位。在该位置,节气门关闭,需要对节气门控制单元进行基础设定,如图2-13所示。

　　(2) 下电子停止位。在发动机控制单元中定义,位于下机械停止位的下部,在工作中,节气门的关闭位置不会超过下电子停止位。这样可以防止节气门伸入壳体,如图2-14所示。

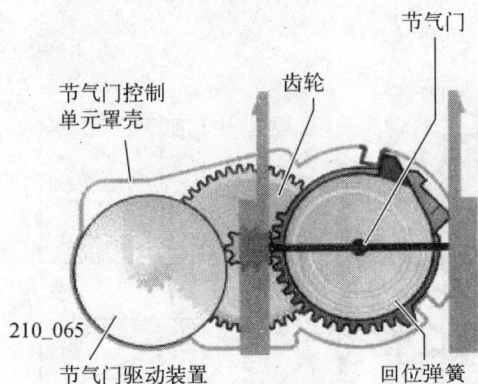

图 2-13　下机械停止位

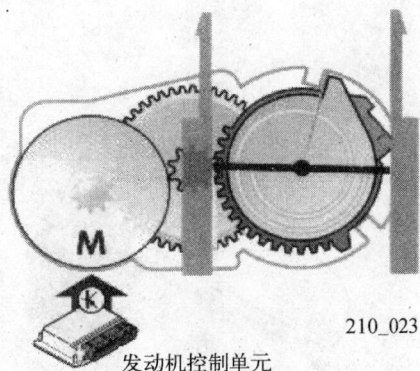

图 2-14　下电子停止位

　　(3) 紧急运行模式。当节气门驱动装置上没有电压时,弹簧回位系统把节气门设置在紧急运行模式上,在该位置,车辆只能在高怠速状态下行驶,并且功能受到限制,如图2-15所示。

（4）上电器停止位。在发动机控制单元中定义，它是车辆在运行时节气门所能到达的最大角度位置，如图 2-16 所示。

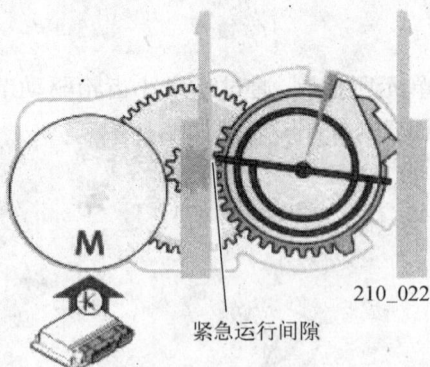

图 2-15　紧急运行模式

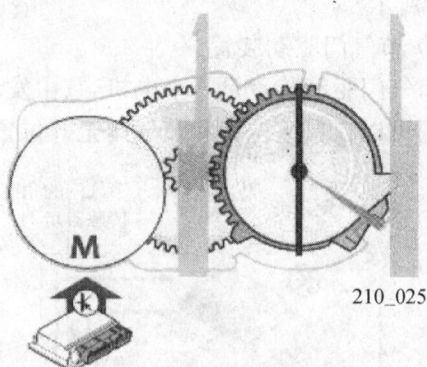

图 2-16　上电器停止位

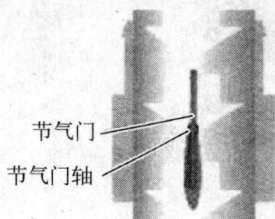

图 2-17　上机械停止位

（5）上机械停止位。位于上电气停止位的上部，它不会影响发动机的动力，因为它位于节气轴的阴影中，见图 2-17。

如果节气门驱动装置出现故障，节气门自动进入紧急状态，故障被存储，同时电动节气门报警灯亮起，舒适系统被关闭。

2）节气门位置传感器

节气门位置传感器由碳膜电阻和滑动指针构成，是一个具有线性输出的角度传感器，由两个圆弧形的滑触电阻和两个滑触臂组成。滑触臂的转轴跟节气门轴连接在同一个轴线上，如图 2-18 所示。滑触电阻的两端加上 5 V 的电源电压。当节气门转动时，滑触臂跟着转动，同时在滑触电阻上移动，并且将触点的电位 UP 作为输出电压引出。所以它实际上是一个转角电位计，电位计输出与节气门位置成比例的电压信号。

使用两个传感器，同样是为了提高其可靠性。如图 2-19 所示，通常两个节气门位置传感

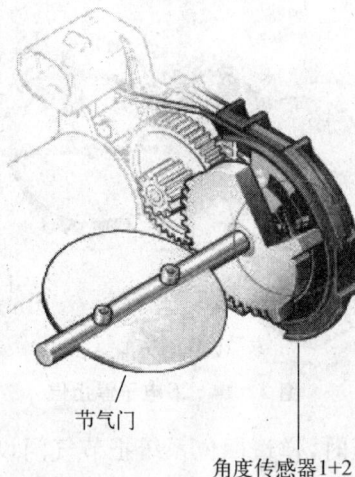

图 2-18　节气门位置传感器

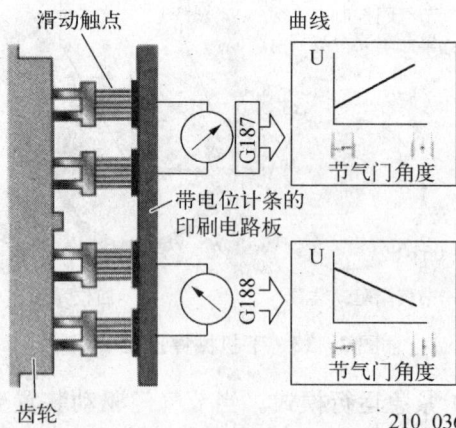

图 2-19　滑动触点式电位计

器所输出的信号线性是相反的,这样便于发动机控制单元对传感器的确认和传感器的动测试。

3)电子节气门电路

电路如图 2-20 所示,两个位置传感器共用供电和搭铁,但有各自独立的信号线。电机可以通过控制单元控制其转动方向和转动角度。

4)电子节气门故障报警灯

仪表盘中黄色的"EPC"为电子节气门的故障报警灯,"EPC"指的是 Electronic Power Control。起动时在点火档时起亮,起动后熄灭。电子节气门存在故障时常亮。

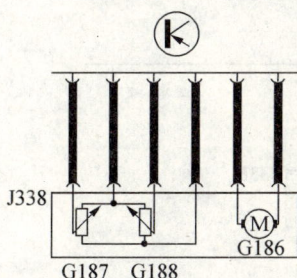

图 2-20　电子节气门电路

图 2-21　电子节气门故障报警灯

6. 电子节气门功能图

电子节气门控制线路如图 2-22 所示。加速踏板位置传感器 G79、G185,将加速踏板位置信号传递给发动机控制单元 J,发动机控制单元计算节气门的开启角度,并控制节气门驱动装置打开节气门,使之达到对应的目标开启角度。同时通过节气门位置传感器 G187、G188 将节气门的实际开度信号反馈给发动机控制单元。

技能操作

一、电子节气门的检测

1. 电子节气门的插接器

电子节气门的线路连接如图 2-23 所示。

电子节气门插接器各端子的连线:1、4 号端子为节气门控制执行电机连线,3 号端子为节气门位置传感器电源,2 号端子为节气门位置传感器接地,5 号端子为节气门位置传感器 1,6 号端子为节气门位置传感器 2。

2. 元件检测

节气门位置传感器简易检测方法,卸下接头,如图 2-24 所示,把数字万用表打到欧姆档,两表笔分别接传感器 1#、2# 针脚,常温下其电阻值为 2 kΩ±20%。两表笔分别接 1#、3# 针脚,转动节气门,其电阻值随节气门打开而阻值线性变化,而 2#、3# 针脚则是相反的情况。接上接头,打开点火开关但不起动发动机,把数字万用表打到直流电压档,黑表笔接地,红表笔接 2# 针脚,此时应该有 5 V 参考电压;接 3# 针脚,节气门全闭时,其电压值为 0.3 V 左右,节气门全开位置时,其电压值为 3 V 左右。

注意:电子节气门为密封体,且内部无法维修,服务站在维修过程中禁止拆卸阀体。

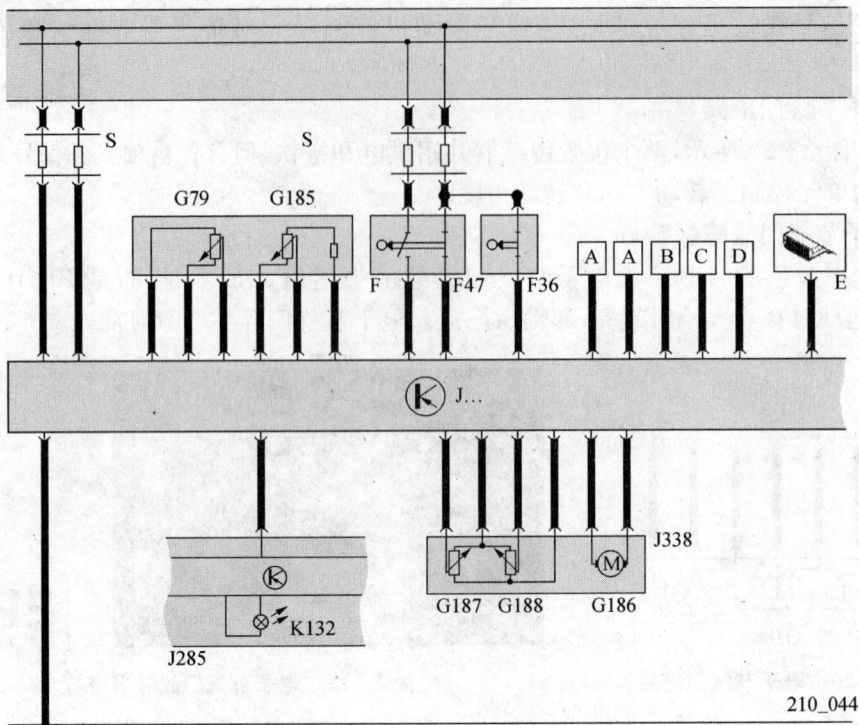

F	制动灯开关	F36	离合器踏板开关
F47	制动踏板开关	G79	加速踏板位置传感器-1
G185	加速踏板位置传感器-2	G186	节气门驱动装置
G187	节气门驱动装置角度传感器-1	G188	节气门驱动装置角度传感器-2
J	发动机控制单元	J285	仪表板内带显示单元的控制单元
J338	节气门控制单元	K132	电气门控制系统的故障指示灯
K132	电子节气门控制系统的故障指示灯	S	保险丝
A	CAN 数据总线	B	车速信号
C	巡航控制系统	D	空调压缩机
E	诊断接口		

图 2-22　电子节气门电路

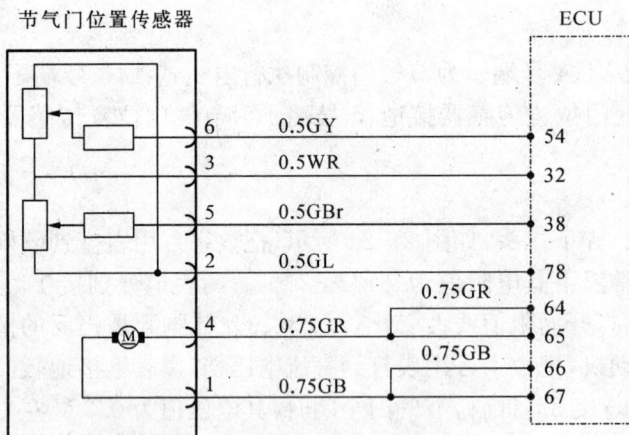

图 2-23　电子节气门插接器端子

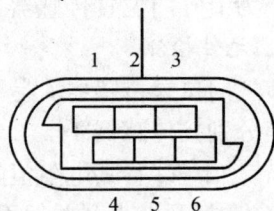

图 2-24　电子节气门插接器针脚

节气门位置传感器自诊断条件：ECU 通过检测两个节气门位置传感器的转角是否超过其信号输出的上限值或下限值,当输出信号超过其上、下限值时,或者两个节气门位置传感器的输出信号不相同时,ECU 就判定节气门位置传感器故障,发动机进入故障模式运行,发动机故障灯亮。

二、节气门的清洗

EPC 故障灯点亮,车出现冷车起动怠速抖动,油耗比平时增加,用电脑检测发现节气门开度超过 5 度的时候,需要进行节气门清洗。引起这个故障主要是由于电子节气门怠速为节气门直控式,当节气门内壁集留积炭时,影响了发动机的进气量,怠速时由于气门开度比较小,进气量少,同时气流的流速也比较低,所以在怠速时表现得比较明显。如果只有少量积炭存在,发动机控制单元为保证怠速的稳定性,自动调整节气门开度,并记录调整后的数值。通过这种自学习的功能,发动机可以在少量积炭时保障发动机的怠速稳定性,但是随着积炭的增加,超出控制单元的调节范围之后就会出现上述所描述的故障,必须清理节气门以恢复发动机的性能。同时由于清洗后改变了节气门的位置,所以要对电子节气门进行匹配。

电子节气门的清洗按照以下步骤进行：

（1）打开引擎盖,拆下曲轴箱废气收集管、空气滤清器组件,注意用力和角度,不要损伤气管,取下空气滤芯组件。

（2）断开蓄电池,拆下节气门的连接电缆（注意电缆卡扣）,清理节气门附近的脏污,松开节气门固定螺栓,取下螺栓,拆下节气门,用干净的布盖在进气歧管入口,防止异物掉入。

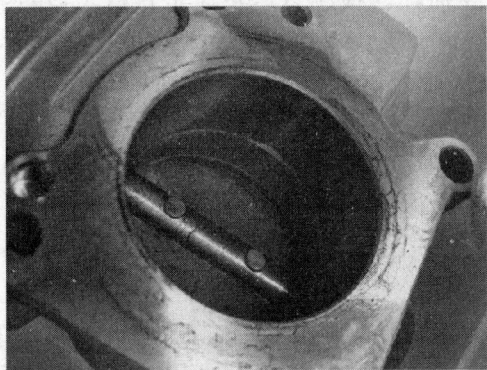

图 2-25　拆下节气门体

图 2-26　节气门体的清洗

（3）清洗开始,选用罐装的带喷嘴的化油器清洗剂或专用的节气门清洗剂,化油器清洗剂会影响节气门轴的润滑剂,建议清洗后在节气门轴上涂覆润滑油。清洗剂具有腐蚀性,操作时带护目镜。用清洗剂冲洗,等污水慢慢流出,可以辅助用柔软的布擦拭内壁,不可用坚硬的工具刮擦;内壁一旦出现划痕,整个节气门体可能就要报废了。

（4）节气门清洗干净。

（5）安装节气门。取下进气歧管上的布盖,安装节气门,将紧固螺钉以 1.5～2.5 Nm（不同车型

图 2-27　清洗后的节气门体

有异,参照维修手册)的安装力矩拧紧。

三、电子节气门的匹配

在节气门出现积炭后,发动机控制单元通过自学习功能,已经改变了节气门的怠速位置,节气门清洗后需要对发动机控制单元恢复初始位置,有的车型能通过自学习复位,不需要匹配,汽车行驶一段时间后即可恢复正常。有的车辆在清洗后要求进行匹配,下面以大众polo为例介绍电子节气门的匹配过程。

(1)连接电脑诊断仪,读取发动机水温信号,将发动机起动,使水温达到85℃(车型不同时水温要求稍有不同),将发动机熄火,点火开关打到点火档,开始匹配过程,注意整个过程中不允许踩油门踏板。

(2)进入电脑诊断仪界面,选择"01 发动机电器",选择"02 故障查询",选择"05 清除故障码"。

(3)返回到"发动机电器"主页面,选择"10 匹配调整",在"通道号码"格中输入"00"先选择"读取原数值",再选择"测试新数值"电脑提示测试成功后,选择"保存匹配数据"回到"发动机电器"主页面。

(4)在"发动机电器"主页面,选择"04 基本设定"在组号中输入"060"(大众系列不同车型,此项不同),点"GO"继续。检测仪显示"自适应运行中",完成后,显示自适应成功。

(5)起动发动机水温达到85℃以上时,检测节气门的开度,如果开度大于5°说明没有清洗干净,如果节气门开度小于2°,说明节气门已经损坏。检测怠速转速是否稳定,转速是否正常。

四、电子节气门的清洗周期和预防方法

影响节气门清洗的周期有油品质量、驾驶习惯、行驶环境等。通常在 3 000～15 000 km 左右,感觉发动机油耗上升时清洗。

1. 引起节气门脏污的原因分析

节气门脏污的主要成分是进气时带入的灰尘、机油蒸气回收管收集的曲轴箱窜气和机油蒸气。当怠速或节气门开度小的时候,节气门门缝气流的流速是很快的,造成温度相对较低。灰尘和机油蒸气遇冷凝结,很黏稠的胶状物黏结在节气门门缝,就形成了油泥。所以当汽车的行驶环境尘土比较多或经常处于低速、怠速工况工作就更容易产生油泥,相应的气门的清洗周期要缩短。

油泥多了,进气会产生涡流,产生气阻。节气门脏,会造成怠速不稳,低速油门不准确,起动困难,油耗升高等症状,严重时会产生电控单元报警、没有带速等后果。所以,当节气门过脏时,就要进行清洗。但是,经常清洗会使清洗液渗到节气门里边的电机或者其他电子元件里,容易造成节气门的损坏。

2. 减少节气门脏污产生的措施

(1)用合适的机油,夏天,一定要用 15W40 以上标号的机油,避免产生过多的机油蒸气。

(2)尽量减少怠速工况,减少曲轴箱窜气量。

(3)安装机油冷却装置,减少机油蒸气的产生。

(4)安装机油透气壶,把曲轴箱窜气回收起来,防止它进入节气门。

（5）使用优质的空气滤清器，空气过滤装置要勤换勤洗。

案例分析

故障现象：一辆 2008 年福特福克斯轿车，怠速转速在 700～900 r/min 之间很有节拍地往复运转，加速时一切正常。

故障诊断：先后检测了怠速信号、怠速阀执行器、节气门位置传感器，未发现异常，又清洗了怠速阀及节气门体，故障现象依旧。接着检测进气压力传感器信号，发现信号值不稳定。于是用真空表进行进气歧管真空度的测量。怠速下真空度在 47～55 kPa 之间有规律地变化。

故障分析：正常时真空度是一个较稳定的数值，一般应在 56～66 kPa 之间。此车出现真空度有规律的变化，而且数值较正常值偏低，于是认真检查了各真空软管，无漏气现象。在用化油器清洗剂检查各接口密封处时，发现节气门底座密封不严。现象为用清洗剂喷涂此座时有小气泡产生，与此同时游车现象突然消失，怠速在 800 r/min 左右波动。

故障排除：在汽车维修中，真空漏气的故障常发生，但漏气所造成的结果大都是怠速过高，为什么此车会游车呢？是否还有进气调节问题呢？根据这一思路又检查了怠速控制阀，果然怠速控制阀体及怠速气道孔脏堵较重，清洗后，怠速稳定。故障彻底排除。

由于真空低，压力传感器信号增大，此时混合气量增加，导致怠速转速上升。电控单元为了维持目标转速必然指令怠速控制阀关闭其开量来阻止转速的提升，但由于怠速控制阀过脏，动作迟滞，在转速提升不太高时，其控制电流变化较小，不足以使怠速阀克服脏的阻力而动作；当转速提升较大时，其控制电流也变化较大，方能使怠速控制阀动作，而此时较大电流往往使怠速控制阀超量动作，关闭过量，转速开始下降。当下降较小时，怠速控制阀不动作，只有过大的转速变化，怠速阀才重新开大。由于怠速的动作不灵敏，只有较大电流时做超量调节。所以造成怠速进气量忽大忽小，从而使发动机转速忽高忽低——游车。

课后练习

1. 简述过量空气系数的概念及其对发动机性能的影响。
2. 简述节气门清洗的注意事项。
3. 简述电子节气门的检测方法。
4. 简述可变进气系统工作的基本理论。

学习单元 2　可变进气系统故障检测与修复

学习目标

理解可变进气系统的组成及功能。

理解可变进气系统的工作原理。

掌握可变进气系统的检修方法。

能够排除可变进气系统故障。

笔记

任务载体

奔腾 B70 轿车,行驶里程 11 000 km。行驶时间断发生熄火现象,高速时动力不足,加速无力。

相关知识

一、可变进气系统工作的基本理论

1. 惯性效应

在进气行程中,新鲜空气在进气管内外压差的作用下,向气缸内流动,并在进气管内得到加速。当活塞运动到下至点时,这个速度达到最大值,在压缩行程的初期,气缸压力比较低,推迟进气门关闭,可以有效地利用气流的惯性增加进气量,由于此时气流流速比较高,所以有大量的新鲜空气进入,所以进气门的迟闭角成为影响充气效率最主要的因素,根据这个原理也可以看出,影响进气迟闭角的主要是进气气流的流速,而影响气流流速的主要是节气门的开度和发动机的转速。进气过程的这种现象称为惯性效应。

2. 进气波的效应

发动机工作时,由于活塞是运动的,在进气行程中,进气管内会产生周期性的压力波动。进气行程开始时,活塞下行使缸内和进气门口处产生一定的真空度,形成负压波,它以膨胀波的形式沿进气管以(a−u)的速度向进气口端传播(a 为音速,u 为气流速度)。当膨胀波到达稳压室等空腔的开口端时,又向气缸方向反射回传播速度为(a+u)的压缩波。理想的状况是,根据气门正时调节进气通道长度和直径,使得压力峰值到达进气门时,正值进气门关闭的前夕,这种附加的压力能使缸内压力处于一个比较高的状态,换句话说就是提高了进气终了时气缸内的压力,提高了实际进入气缸的新鲜空气质量,从而提高了发动机的充气效率。

3. 谐振增压

由以上分析可知,进气波的充分利用可以提高充气效率,如果能增加进气波的压力,就可以进一步增加进气波的增压效果。

谐振增压系统用短通道将有相同点火时间间隔的气缸组和相应的谐振室连接在一起。如图 2-28 所示,谐振室依次经谐振管连接到大气或充气室,相同的点火间隔,使他们的振动波形重叠,通过二次、三次波谐振提高进气波压力。

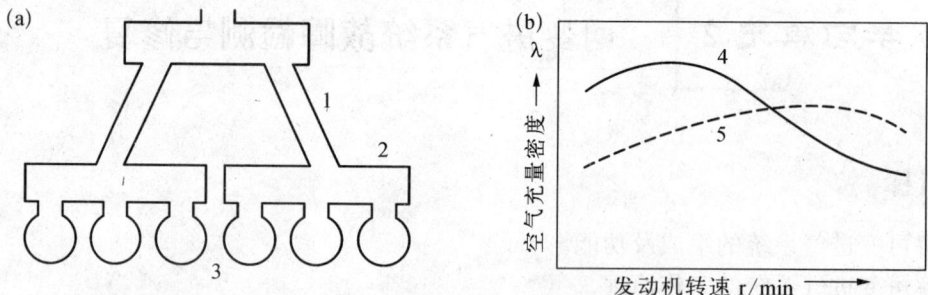

图 2-28　谐 振 增 压

1—谐振管　2—谐振室　3—气缸　4—谐振增压　5—标准进气

由空气动力学实验及理论计算的结果可知,为了有效地利用进气管内的动力效应来增加充气量,高速时应使用短而粗的进气管,低速时应使用长而细的进气管。可变进气系统能根据发动机的转速自动地变换进气管的形状,以有效地利用进气管道内的动态效应。因此,它可以在较大的转速范围内增加气缸充量,提高发动机的输出转矩和功率。

二、可变进气系统的结构

1. 进气管长度可变的进气系统

随着发动机转速的升高,气流的流速也随之提高,同时气门开启时间缩短,高流速时影响进气量的主要因素是进气阻力的迅速增加,通过增大进气管直径和缩短进气管长度可以减少进气阻力。然而在发动机低转速时,气流流速低,气门开启时间长,影响进气量的主要因素是气流的流速,可通过缩小进气管直径和增加进气管长度,提高进气管两端的压力差,得到较高的进气气流。

随着发动机转速的提高,发动机的配气正时周期变短,使用较短的进气管,与之对应可以提高对进气波的利用率,提高进气充量。同理,当发动机转速低时使用长一些的进气管,提高进气波的利用率。

1) 进气管长度有级可变的系统

大众公司的 1.8 L ANQ 发动机中有一个具有双进气道的进气歧管,如图 2 - 29 所示,它能够通过进气转换阀在长进气道和短进气道之间进行切换。发动机在低转速时,空气经过长的进气道进入气缸,使气缸充气最佳,且转矩增大。发动机在高转速时,空气流经短进气道,可提高效率,如图 2 - 30 所示。

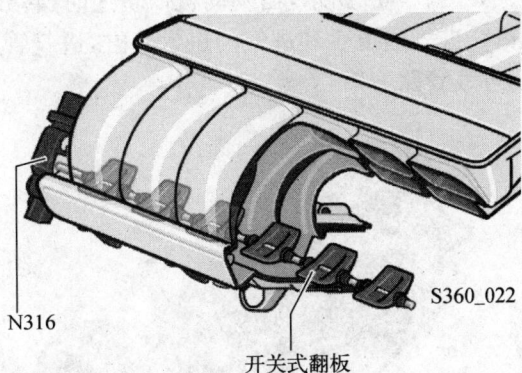

N316 　　 开关式翻板 　　 S360_022

图 2 - 29　进气管长度有级可变系统结构

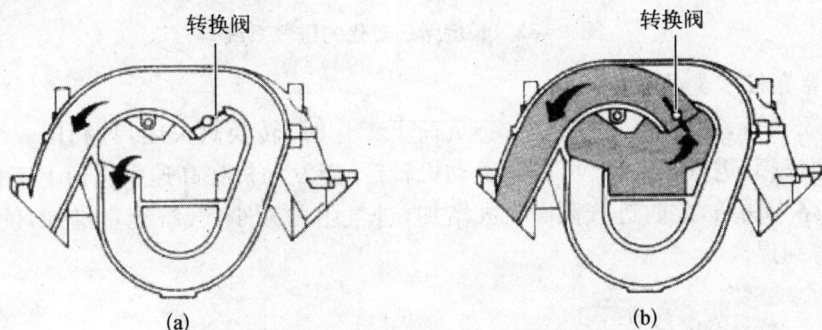

转换阀　　　　　　　　　转换阀

(a)　　　　　　　　　　　(b)

图 2 - 30　进气管长度有级可变系统工作状况

进气系统的工作如图 2 - 31 所示,当发动机处于中低速运转时,三通电磁阀断电。膜片气室与大气之间的通路被切断,而与真空罐之间形成通路。真空作用在转换阀膜片气室,膜片带动拉杆,关闭进气转换阀门,空气通过路径较长而截面较小的进气管道进入气缸,提高了进气气流流速。当发动机处于高速运转时,三通电磁阀通电。膜片气室与真空罐之间的通道被切断,转而与大气接通。大气压作用在转换阀膜片气室。膜片带动拉杆将进气转换阀打开,形成了路径较短而截面较大的进气管道。此时空气通过较短的路径流入气缸,降低了进气阻力。

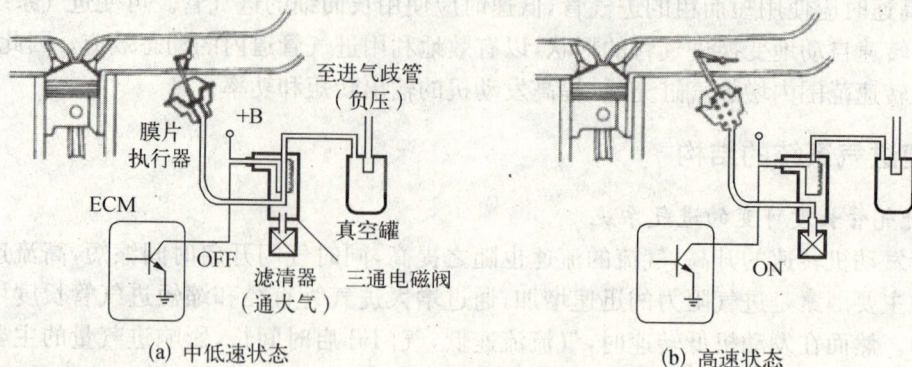

(a) 中低速状态　　　　　　　　(b) 高速状态

图 2-31　进气管长度有级可变控制系统

2) 长度无级变化的进气系统

如图 2-32 所示,当发动机低转速时,转鼓 2 处于图示位置,空气经过进气口 3—转鼓 2 的开口—进气通道 1 和进气门进入气缸,进气管路较长。当发动机转速升高时,转鼓 2 逆时针转动,进气管路变短。

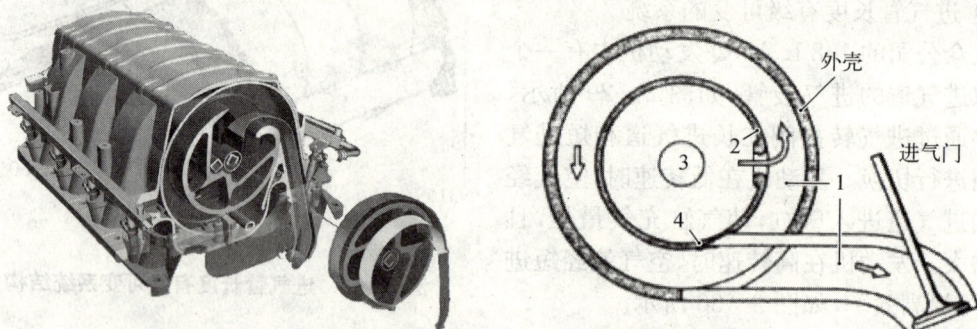

图 2-32　长度无极变化的进气系统

2. 进气管直径可变的进气系统

如图 2-33 所示,发动机在低速中、小负荷下工作时,转换阀关闭,只利用一个进气通路,此时进气流速提高,进气惯性大,可提高发动机转矩;当发动机在高速大负荷下工作时,转换阀开启,进气通路为两条,此时进气截面大大增加,进气阻力减小,气缸充量增加,使高速大负荷时的动力性得到提高。

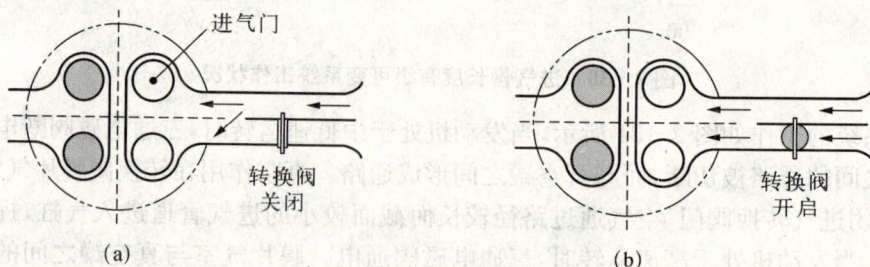

(a)　　　　　　　　　　(b)

图 2-33　进气管直径可变的进气系统

3. 进气谐振控制系统

进气谐振控制系统有两阶段和三阶段进气歧管长度的变化。

两阶段变化的进气谐振控制系统的工作原理如图 2-34 所示,发动机控制单元根据发动机转速和节气门开度信号控制真空电磁阀的开闭,从而控制真空罐内的真空经过真空电磁阀通往进气空气控制阀的驱动膜片气室内,驱动进气空气控制阀的开关。

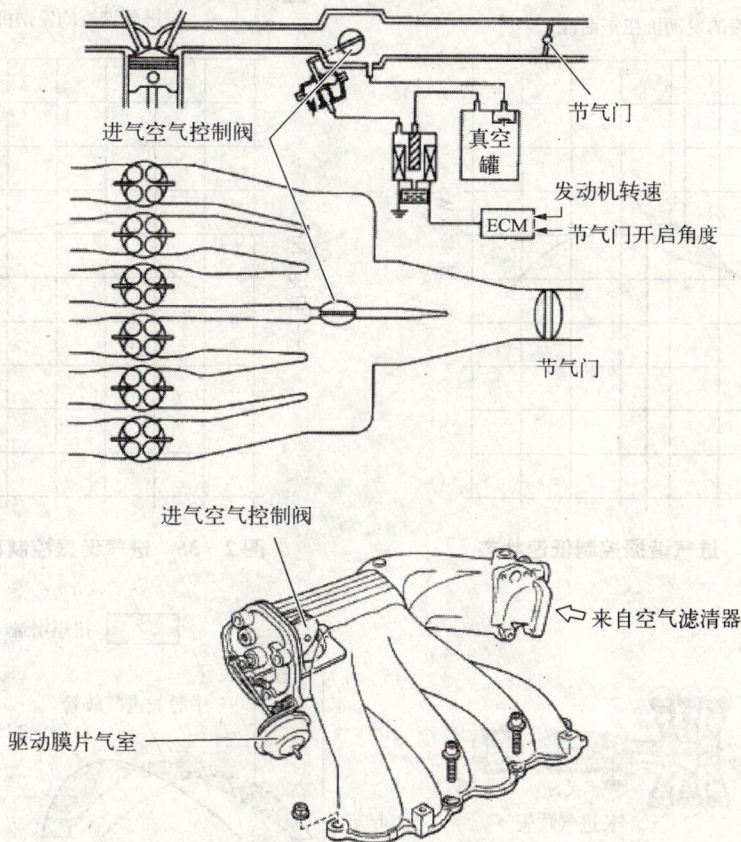

图 2-34　两阶段变化的进气谐振控制系统的工作原理

低速时真空电磁阀开启,真空罐内的真空通过真空电磁阀进入进气空气控制阀的驱动膜片气室内,进气空气控制阀关闭,进气歧管的通道变长,变化延伸了进气歧管的有效长度,改善了进气效率、提高了发动机在低、中转速范围内的扭矩输出,如图 2-35 所示。

高速时真空电磁阀关闭,真空罐内的真空不能经真空电磁阀进入进气空气控制阀的驱动膜片气室内,进气空气控制阀开启,进气歧管的通道变短,达到最大进气效率以提高转速范围内的功率输出,如图 2-36 所示。

三阶段变化的进气谐振控制系统采用两个真空电磁阀,如图 2-37 所示,当两个电磁阀全关闭是气流通过细长的进气管进入气缸,适合于低速工况。一个电磁阀打开时,在电磁阀处连接了两条进气管路,形成谐振室(谐振室同时受到多个气缸工作的影响,压力基本保持稳定),从而缩短了振动波的传播距离,适合于中速工况。当两个电磁阀全打开时,整个进气管道形成一个大的谐振室,进一步缩短了进气的行程,适合于高速工况。

进气空气控制阀
（关闭）

节气门

进气空气控制阀
（开启）

■ 扭矩增量

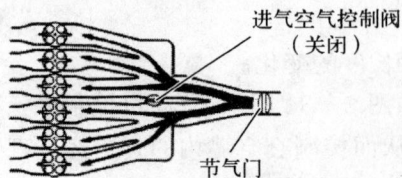

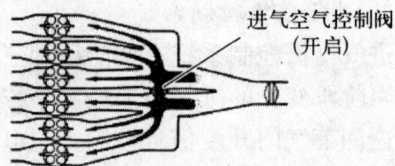

带进气谐振的发动机扭矩曲线

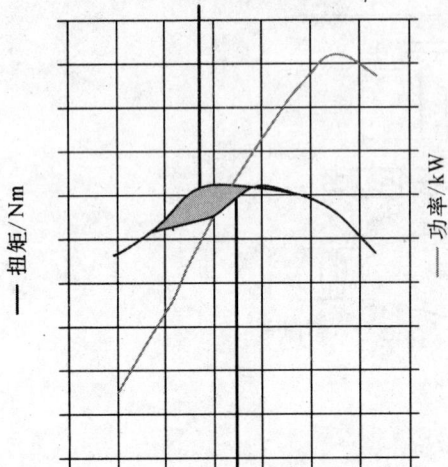

扭矩/Nm

功率/kW

■ 功率输出增量

带进气谐振的发动机功率曲线

扭矩/Nm

功率/kW

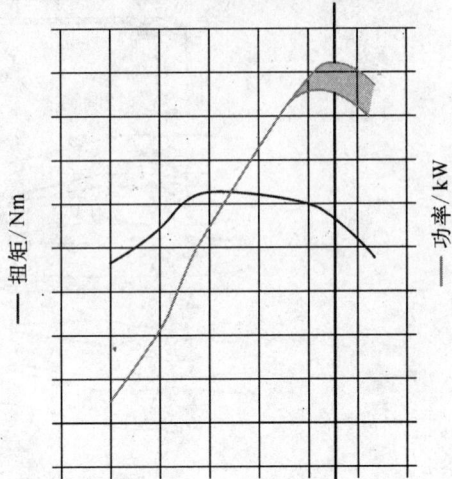

图 2-35　进气谐振控制低速状态　　　**图 2-36　进气谐振控制高速状态**

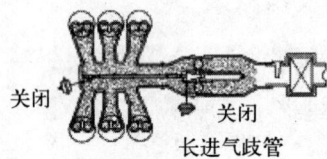

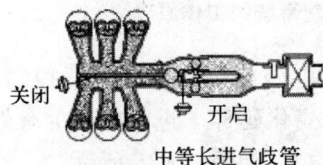

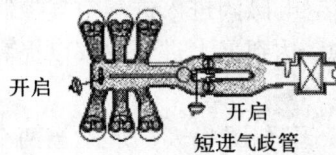

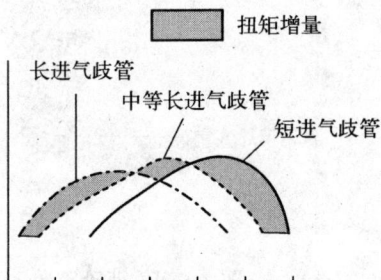

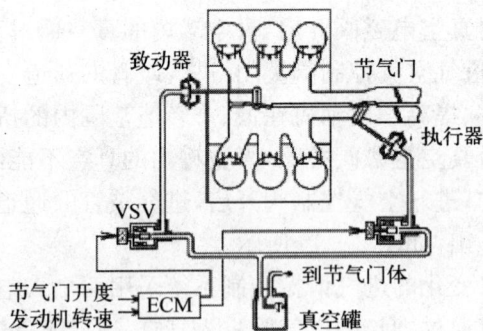

关闭

关闭

长进气歧管

关闭

开启

中等长进气歧管

开启

开启

短进气歧管

■ 扭矩增量

长进气歧管

中等长进气歧管

短进气歧管

致动器

节气门

VSV

执行器

节气门开度
发动机转速

ECM

到节气门体

真空罐

进气歧管长度

进气室

图 2-37　三阶段变化的进气谐振控制系统

技能操作

以一汽大众奔腾 B70 为例介绍汽车进气系统的检测与修复,不同车型具体参照维修手册。奔腾 B70 进气系统包括可变进气控制、可变进气涡流控制、可变进气道(VAD)控制。

可变进气控制指当发动机转速低于 4 500 r/min 时,发动机控制单元接通可变进气电磁阀,打开可变进气截止阀,从而提高在发动机的低转速范围内的惯性充气效果。当发动机转速为 4 500 r/min 或更高时,PCM 使可变进气电磁阀断电,关闭可变进气截止阀,从而提高在发动机的高转速范围内的惯性充气效果。

可变进气涡流控制指在发动机冷起动时,为了改善发动机冷起动的废气排放性能,会出现由于关闭可变涡流截止阀门,改进喷油器旁的进气速度,在燃烧室内产生强烈的空气扰动,加快燃油雾化,使混合气更均匀。

可变进气道(VAD)控制,在发动机转速较高时,VAD 控制系统会将空气滤清器中的 VAD 截止阀打开,这样发动机性能就不会由于转速较高时空气流量不足而下降。

一、可变进气系统的拆解

1. 进气系统的位置索引

进气系统主要有空气滤清器、可变进气电磁阀、可变涡流电磁阀、VDA 截止电磁阀、VDA 电磁阀、可变进气截止电磁阀、可变进气涡流截止电磁阀、加速踏板构成,其安装位置如图 2 - 38 所示。

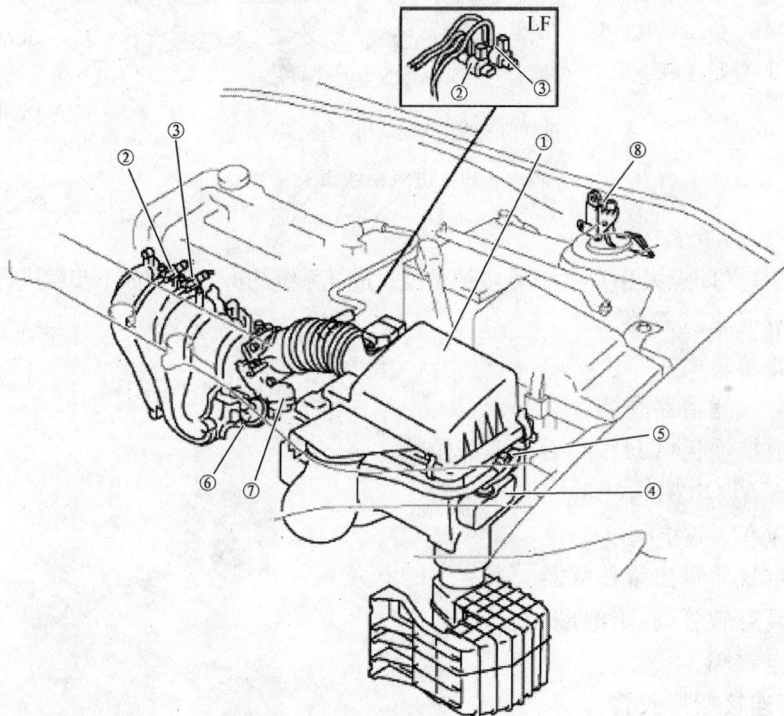

图 2 - 38　进气系统位置

1—空气滤清器　2—可变进气电磁阀　3—可变涡流电磁阀　4—VDA 截止电磁阀
5—VDA 电磁阀　6—可变进气截止电磁阀　7—可变进气涡流截止电磁阀　8—加速踏板

2. 进气系统真空管路的连接

进气系统真空管路连接如图 2 - 39 所示。

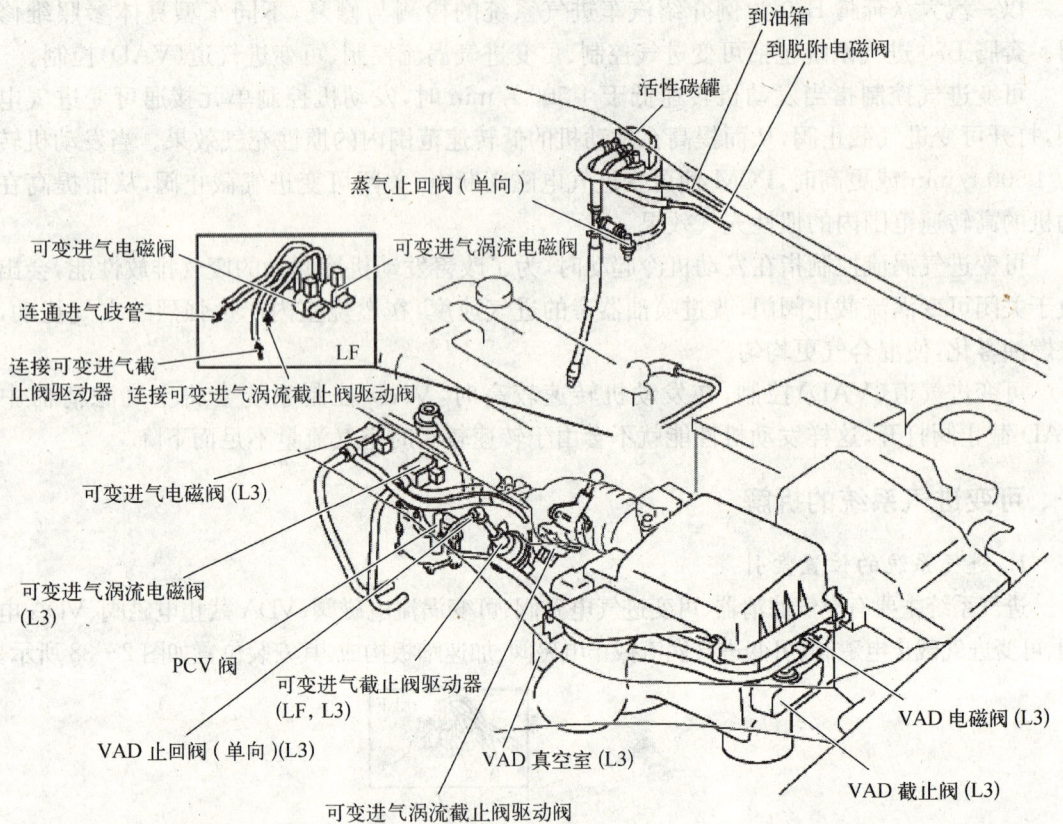

到油箱
到脱附电磁阀
活性碳罐
蒸气止回阀（单向）
可变进气电磁阀
可变进气涡流电磁阀
连通进气歧管
LF
连接可变进气截止阀驱动器
连接可变进气涡流截止阀驱动阀
可变进气电磁阀 (L3)
可变进气涡流电磁阀 (L3)
PCV 阀
可变进气截止阀驱动器 (LF, L3)
VAD 止回阀（单向）(L3)
可变进气涡流截止阀驱动阀
VAD 真空室 (L3)
VAD 电磁阀 (L3)
VAD 截止阀 (L3)

图 2 - 39　进气系统真空管路

3. 进气系统的拆装

拆装之前首先关闭点火开关,拆卸蓄电池负极。进气系统的拆装按照如下步骤进行(见图 2 - 40)：

(1) 拆卸空气滤清器盖。

(2) 取出滤芯总成。

(3) 拆卸空气滤清器壳体。

(4) 拆下前挡泥板(LH),然后拆下谐振腔。

(5) 拆卸 VAD 电磁阀(L3)。

(6) 拆卸 VAD 截止阀(L3)。

(7) 拆卸空气质量流量传感器。

(8) 拆卸真空软管(脱附电磁阀)。

(9) 拆卸电磁阀。

(10) 拆卸连接弯形胶管。

(11) 拆卸节流阀体。

(12) 拆卸可变进气涡流电磁阀。

(13) 拆卸可变进气电磁阀(LF,L3)。

（14）拆卸喷油嘴线束端子。

（15）拆卸塑料燃油软管。

（16）拆卸燃油分配器。

（17）拆卸进气歧管。

（18）拆卸 VAD 止回阀。

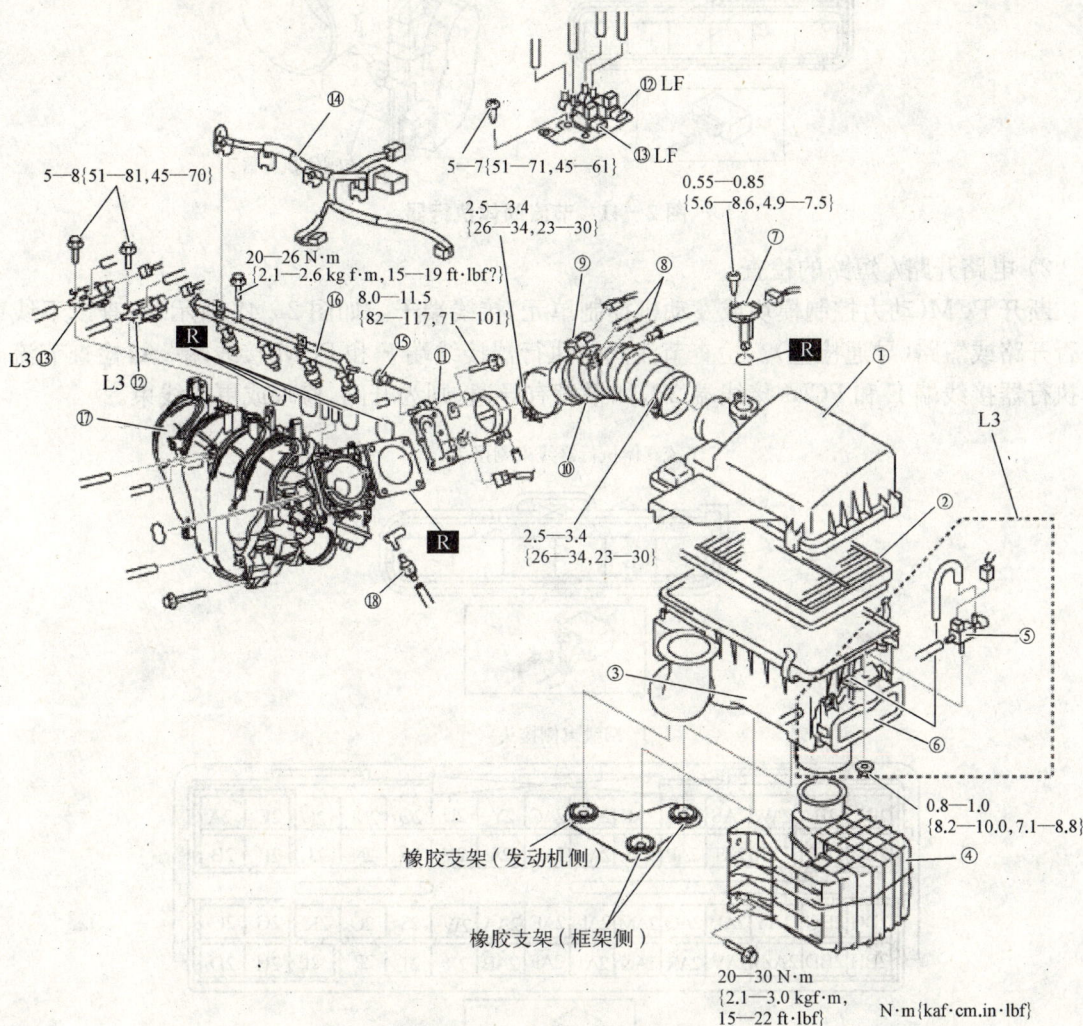

图 2－40　进气系统装配图

1—空气滤清器盖　2—滤芯总成　3—空气滤清器壳体　4—谐振腔　5—VAD 电磁阀　6—VAD 截止阀　7—空气质量流量传感器　8—真空软管(脱附电磁阀)　9—脱附电磁阀　10—连接弯形胶管　11—节流阀体　12—可变进气涡流电磁阀　13—可变进气电磁阀　14—喷油嘴线束端子　15—塑料燃油软管　16—燃油分配器　17—进气歧管　18—VAD 止回阀

二、可变进气系统的检查

1. 节流阀体的检查

1）电阻检查

断开蓄电池负极导线。拔下节流阀体线束。如图 2－41 所示，测量节流阀体执行器接线

笔记

端 E 和 F 之间的电阻。电阻应该在 $0.3 \sim 100\,\Omega$ 之间,如果超出此范围,更换节流阀体。如果与指定值相符,请进行"电路开路/短路检查"。

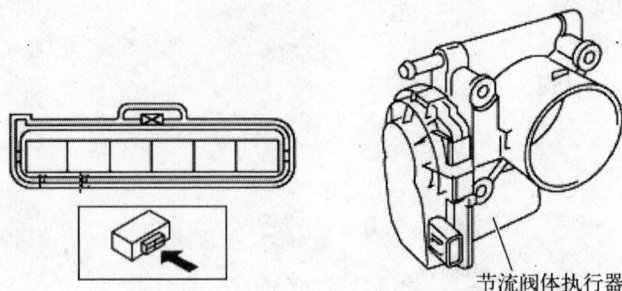

节流阀体执行器

图 2-41　节流阀体执行器

2) 电路开路/短路的检查

断开 PCM(动力控制模块或发动机控制单元)接线端子。如图 2-42 所示,检查以下线束是否开路或短路(导通检查)。检查节流阀体执行器接线端 F 和 PCM 接线端 2A,检查节流阀体执行器接线端 E 和 PCM 接线端 2B,如果没有导通,则为开路,修理或更换线束。

节流阀体执行器线束侧接头

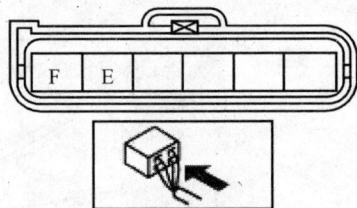

PCM 线束侧接头

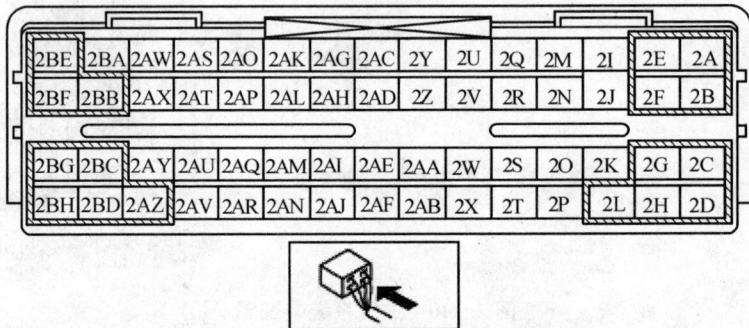

图 2-42　发动机控制单元接线端子

检查节流阀体执行器接线端 F 和电源、F 和搭铁,检查节流阀体执行器接线端 E 和电源、E 和搭铁,如果导通,则为短路,修理或更换线束。

2. 可变进气道(VAD)截止阀的检查

拆下空气滤清器盖。将 VAD 截止阀执行器中拆下真空软管。将一个真空泵连接至 VAD 截止阀执行器。如图 2-43 所示,真空度 $-10\,kPa$ 以下连杆开始移动,当达到 $-35\,kPa$ 以上连杆完全拉出。如果连杆不移动,需更换空气滤清器。

3. 可变进气道（VAD）电磁阀的检查

可变进气道（VAD）电磁阀结构如图2-44所示，A端子为供电，B端子为搭铁。不通电时阀A与B通，通电时A与C通。如果电磁阀动作符合，则说明电磁阀工作正常，做短路开路实验。

检查VAD电磁阀接线端B和PCM接线端1K，VAD电磁阀接线端A和主继电器接线端C，如果没有导通，则为开路，维修或更换线束。

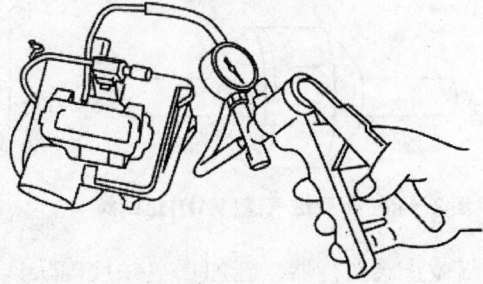

图2-43 真空泵连接至VAD截止阀执行器

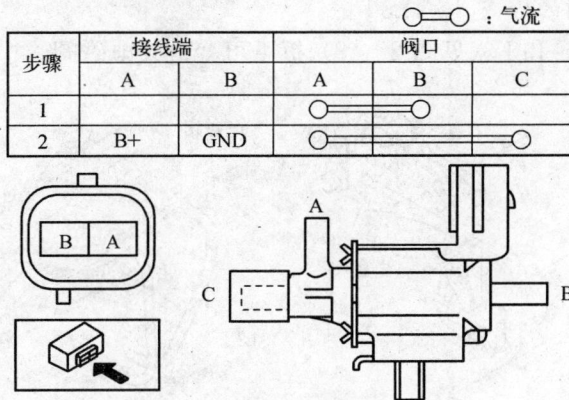

步骤	接线端		阀口		
	A	B	A	B	C
1					
2	B+	GND			

图2-44 可变进气道（VAD）电磁阀

检查VAD电磁阀器接线端B和接地体，如图2-45所示，VAD电磁阀接线端A和电源，如果导通，则为短路，维修或更换线束。

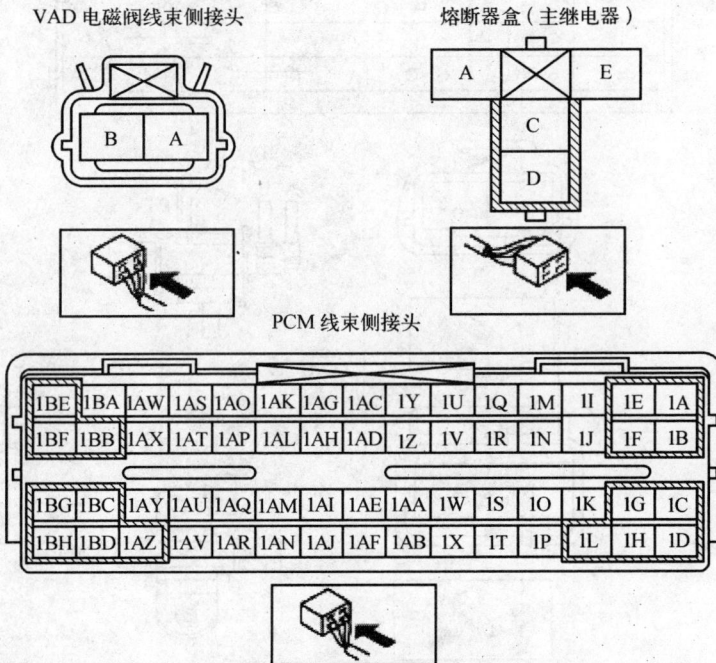

VAD电磁阀线束侧接头

熔断器盒（主继电器）

PCM线束侧接头

1BE	1BA	1AW	1AS	1AO	1AK	1AG	1AC	1Y	1U	1Q	1M	1I	1E	1A
1BF	1BB	1AX	1AT	1AP	1AL	1AH	1AD	1Z	1V	1R	1N	1J	1F	1B
1BG	1BC	1AY	1AU	1AQ	1AM	1AI	1AE	1AA	1W	1S	1O	1K	1G	1C
1BH	1BD	1AZ	1AV	1AR	1AN	1AJ	1AF	1AB	1X	1T	1P	1L	1H	1D

图2-45 检查VAD电磁阀器接线端

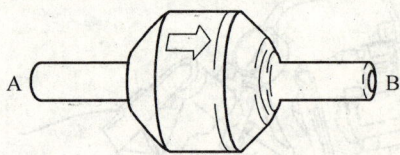

图 2-46 可变进气道(VAD)止回阀

4. 可变进气道(VAD)止回阀的检查

可变进气道(VAD)止回阀为单向阀,如图 2-46 所示,通过 B 端抽气,如果 A 端有气流进入说明正常,否则更换。

5. 可变进气截止阀执行器的检查[LF,L3]

如图 2-47 所示,拆下空气软管。从可变进气截止阀执行器中断开真空软管。将一个真空泵连接至可变进气截止阀执行器。施加真空并且确认连杆移动。真空度 -2.7 kPa 以下开始移动,真空度 -34.7 kPa 以上完全拉出。如果连杆不移动,需更换进气歧管。

6. 可变进气电磁阀的检查[LF,L3]

可变进气电磁阀 LF 和 L3(见图 2-48),拆下可变进气电磁阀。检查阀口之间的气流量。

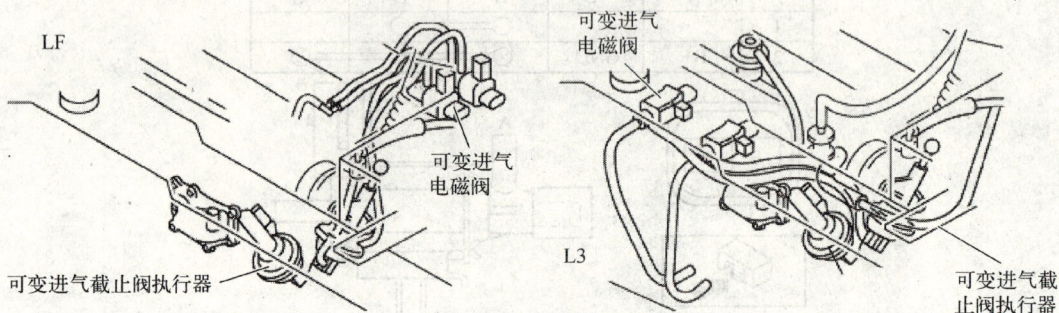

图 2-47 可变进气截止阀执行器

步骤	接线端		阀口		
	A	B	A	B	C
1				○——○	
2	B+	GND	○——○		

○——○ : 气流

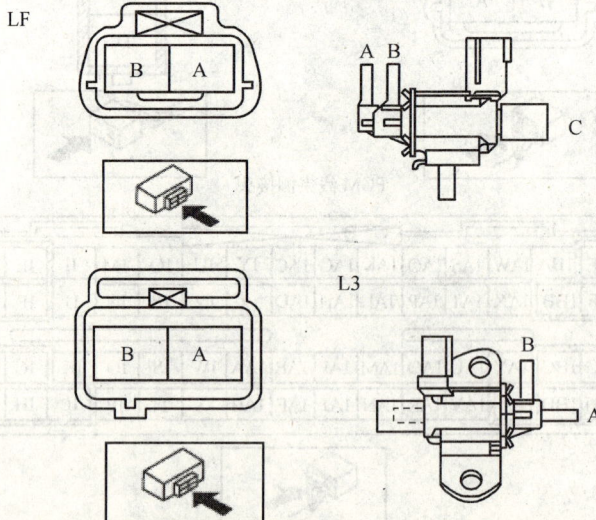

图 2-48 可变进气电磁阀

应符合图所示要求,如果不符,更换可变进气电磁阀。如果相符,进行"电路开路/短路检查"。

测量可变进气电磁阀接线端 B 和主继电器接线端 C,测量可变进气电磁阀接线端 A 和 PCM 接线端 2J(见图 2-49),如果没有导通,则为开路,维修或更换线束。

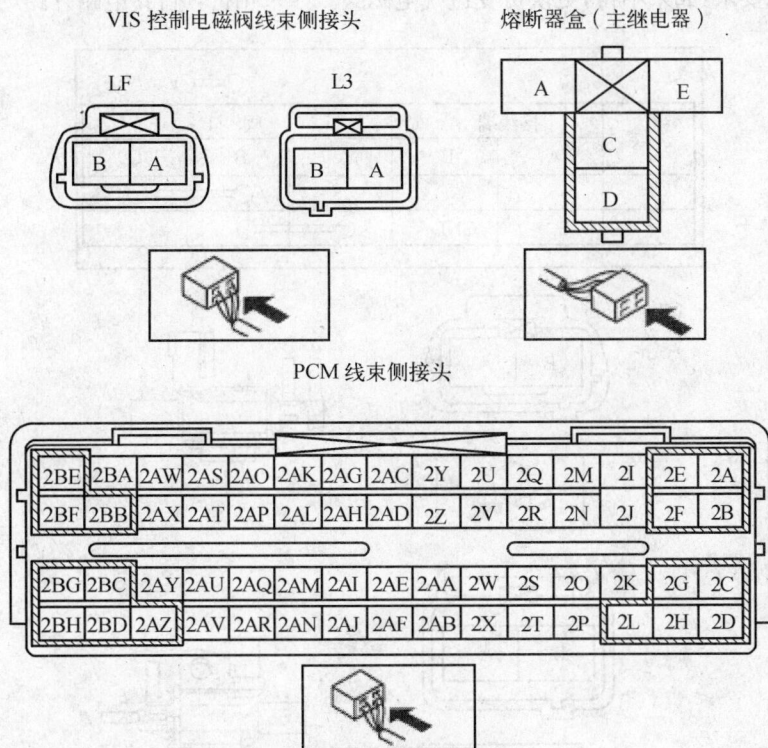

VIS 控制电磁阀线束侧接头　　　　熔断器盒(主继电器)

LF　　　　L3

PCM 线束侧接头

2BE	2BA	2AW	2AS	2AO	2AK	2AG	2AC	2Y	2U	2Q	2M	2I	2E	2A
2BF	2BB	2AX	2AT	2AP	2AL	2AH	2AD	2Z	2V	2R	2N	2J	2F	2B
2BG	2BC	2AY	2AU	2AQ	2AM	2AI	2AE	2AA	2W	2S	2O	2K	2G	2C
2BH	2BD	2AZ	2AV	2AR	2AN	2AJ	2AF	2AB	2X	2T	2P	2L	2H	2D

图 2-49　PCM 接线端子

测量可变进气电磁阀接线端 B 和电源,测量可变进气电磁阀接线端 A 和接地体,如果导通,则为短路,维修或更换线束。

7. 可变进气涡流截止阀执行器的检查[LF,L3]

如图 2-50 所示,拆下空气软管。从可变进气涡流截止阀执行器中断开真空软管。将一个

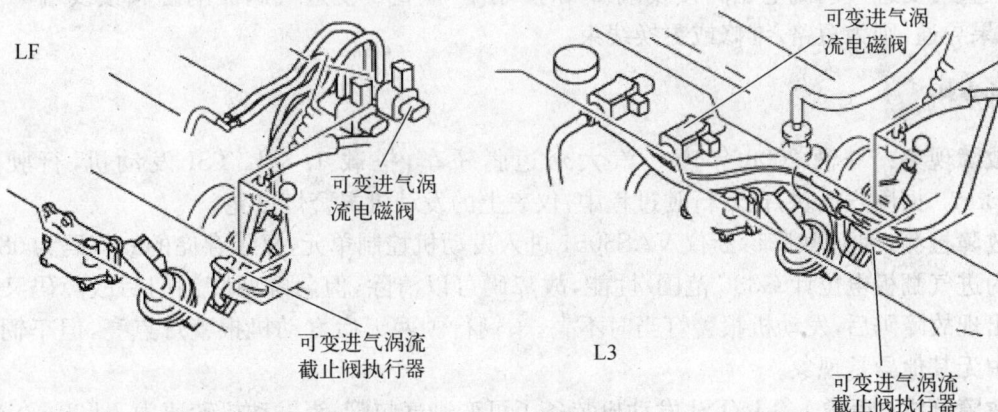

LF

可变进气涡流电磁阀

可变进气涡流截止阀执行器

可变进气涡流电磁阀

可变进气涡流截止阀执行器

L3

图 2-50　可变进气涡流截止阀执行器 [LF,L3]

笔记

真空泵连接至可变进气涡流截止阀执行器。施加真空并且确认连杆移动。真空度-2.7 kPa以下开始移动,真空度-34.7 kPa以上完全拉出。如果连杆不移动,请更换进气歧管。

可变进气涡流电磁阀 LF 和 L3(见图2-51),拆下可变进气涡流电磁阀。检查阀口之间的气流量。应符合图示要求,如果不符,更换可变进气电磁阀。如果相符,进行"电路开路/短路检查"。

步骤	接线端		阀　口		
	A	B	A	B	C
1				●—●	
2	B+	GND	●—●		

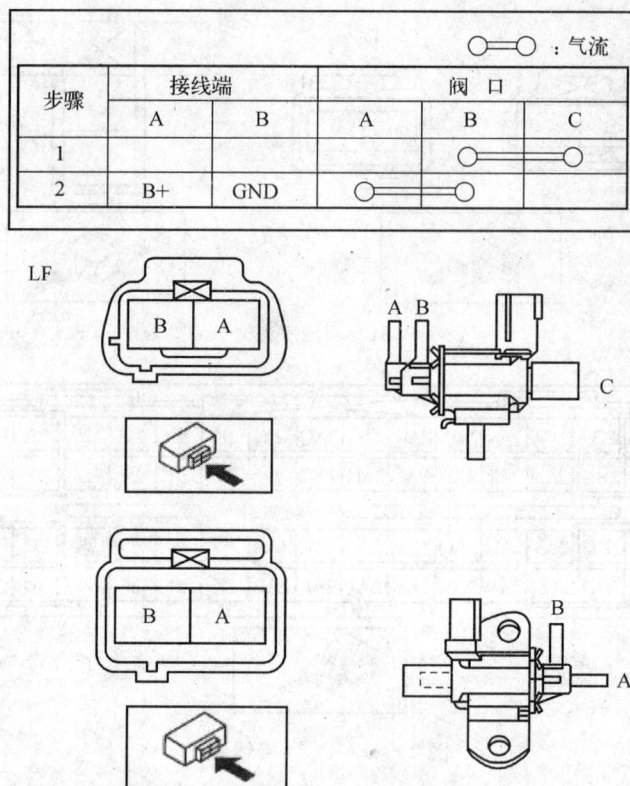

图 2-51　可变进气涡流截止阀

检查可变进气涡流电磁阀接线端 B 和 PCM 接线端 2I,如图2-52所示,检查可变进气涡流电磁阀接线端 A 和主继电器接线端 C。如果没有导通,则为开路,维修或更换线束。

检查可变进气涡流电磁阀接线端 B 和接地体,检查可变进气涡流电磁阀接线端 A 和电源,如果导通,则为短路,维修或更换线束。

案例分析

故障现象:一辆2008年产一汽大众迈腾轿车,搭载1.8 L TSI发动机,行驶里程1 800 km。据用户反映,正常行驶过程中,仪表上的发动机报警灯点亮。

故障检测:使用故障诊断仪 VAS5051 进入发动机控制单元,显示存储的故障码为08213,含义为进气翻板电位计 G336 范围/性能,故障码可以清除,但急踩两脚油门后故障码又会出现。出现故障码后,发动机报警灯当时不亮,车辆行驶两天后发动机报警灯点亮,但车辆正常行驶中无其他异常现象。

故障分析:迈腾1.8 L TSI发动机装备了可变进气歧管,当发动机转速为3 500 r/min以上时,发动机控制单元控制进气翻板动作来改变进气道的形状,以达到低速增扭和高速时提高

VIS 控制电磁阀线束侧接头   熔断器盒（主继电器）

LF   L3

PCM 线束侧接头

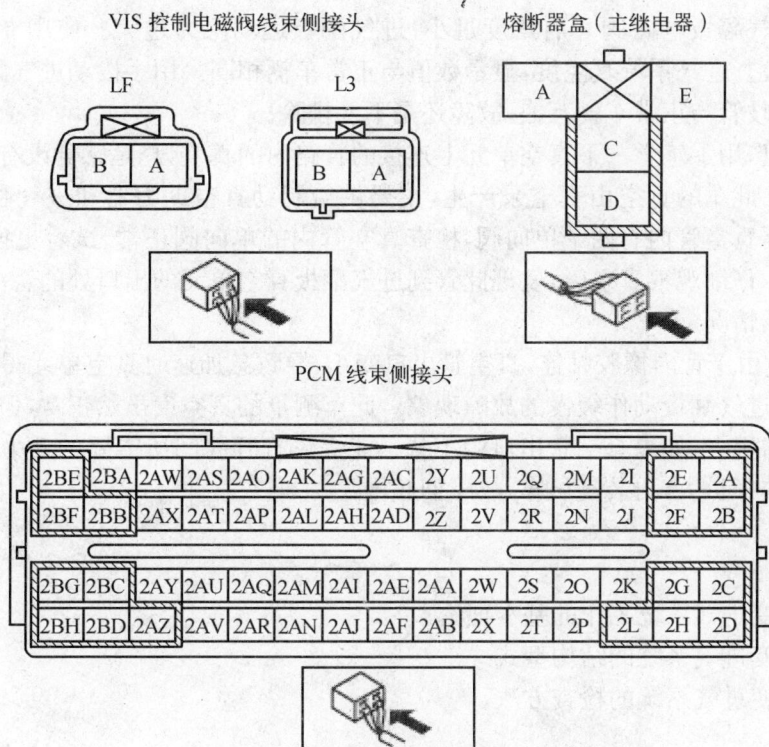

图 2-52   PCM 线束接头

输出功率的目的。发动机转速达到 3 500 r/min 时,发动机控制单元向可变进气道电磁阀 N156 供电,N156 供电后电磁阀打开,为进气翻板真空单元提供真空。真空单元在真空的控制下将翻板转到全开位置,进气翻板位置的变化由进气翻板电位计 G336 将信号反馈给发动机控制单元。

根据存储的进气翻板电位计故障码,拔出进气歧管下的进气翻板电位计线束插头 T6,检测其与发动机控制单元 J623 之间的线路,线路正常,测量 T6/1 线路上的电压为 5 V,T6/3 线路对地电阻为零;当进气翻板在关闭位置时,测量 T6/2 线路上的电压为 3.7 V;当进气翻板完全打开时,T6/2 线路上的电压为 1.3 V,这些数据都是正常的。更换进气翻板电位计 G336,故障依旧。

进一步分析进气翻板电位计 G336 是将进气翻板的状态反映给发动机控制单元的,如果与其关联的部件(例如真空单元)出现故障导致翻板不能正常开启,也有可能存储 G336 的故障码。仔细观察此车发动机在各工况下的状态,发现急踩加速踏板时,进气翻板真空单元立即动作,进气翻板立即完全打开。而此车打开明显滞后,有时还不能完全打开,只有踩住油门踏板不动时才能完全打开。

当发动机转速达到 3 500 r/min 时,发动机控制单元向进气翻板电磁阀供电,目的是使进气翻板完全打开,但此车的进气翻板并没有完全打开,于是进气翻板电位计向发动机控制单元传递了一个翻板未完全打开的信号,所以发动机控制单元认为是进气翻板电位计出现了故障,就存储了进气翻板电位计故障码。

进气翻板的真空单元能够动作,这说明进气翻板电磁阀控制线路无故障,那么故障原因可能与以下几种情况有关:进气系统真空度过低;真空管路存在漏气现象;进气翻板真空单元存在漏气现象;进气翻板电磁阀开启角度过小;进气翻板运动阻力过大。使用专用工具 V. A. G1368 真空表检查进气系统真空度,显示数值与正常车辆相同。用手拨动进气翻板,感觉阻力并不大,将进气歧管与正常车辆互换,故障还是不能排除。

起动发动机,用手感觉一下真空单元上连接的管路内的真空,总是感觉没有其他车的真空吸手的力度大。此车的真空由真空泵产生,主要供给制动真空助力器和进气翻板真空单元。制动真空助力器真空管内有两个单向阀,检查真空管内的单向阀正常,试着更换真空管,试车发现故障消失。仔细观察真空管,发现此管到进气翻板真空单元的出口处的管内径过小,管内的橡胶有粘连的情况。

故障排除: 由于管内橡胶粘连,真空管出口变小,导致急加速时真空单元得不到足够的真空,因此出现了进气翻板动作缓慢的故障现象。此车测量的真空度虽然正常,但进气翻板打开时所需要的阻力很大,如果真空管出口稍小就不能提供打开瞬间所需的动力。用细针将黏连处的真空管内径扩大,再装复试车,故障彻底排除。

课后练习

1. 简述可变进气系统工作的基本理论。
2. 简述可变进气系统的结构型式。
3. 简述可变进气系统的检查方法。

学习单元 3 | 可变配气系统故障检测与修复

学习目标

掌握可变配气系统的功用。

掌握可变配气系统的类型。

掌握各种可变配气系统的结构及工作原理。

任务载体

一辆 2008 年凯美瑞轿车,配备自动变速器,行驶里程为 10 万公里。发动机在 2、3 挡加速时有发动机爆燃声音,但发动机的动力并没有受到什么影响,原地加速发动机声音一切正常。

相关知识

配气机构按照发动机各缸工作循环和点火次序的要求,控制相应的气门打开或关闭以完成进排气动作,使新鲜空气及燃烧后的废气及时、充分地进入并排出气缸。可变配气系统可以根据发动机的工况,实时调整配气正时和气门的升程,提高发动机的充气效率。

一、配气正时

配气正时指气门打开、关闭的时刻与活塞运动位置之间的关系,通常用配气相位表示,配气相位就是进、排气门的实际开闭时刻,对应的曲轴转角,如图2-53所示。

进气门在排气行程中活塞上至点前21°(具体的开启角度与发动机有关)开启,这个角度被称为进气提前角(从进气门开启到活塞运动到上止点对应的曲轴转角)。气门完全开启需要一定的时间,气门提前开启可以在活塞下行进气时,气门已经有较大的开度,可以减少进气阻力,提高新鲜空气的进入量。此时排气行程并没有结束,废气是否从开启的进气门流出,取决于排气气流的流速和进气门的开度,排气气流的流速越高,其惯性就越大,气体的流动方向不容易被改变,从进气门溢出的可能性就小;进气门的开启角度大,节流效果就降低,废气更容易从进气门溢出。当发动机处于高速状态时,可以适当地增加进气提前角。

图2-53　配气相位

1—上止点(TDC)
2—进气气门开启
3—进气气门闭合
4—下止点(BDC)
5—排气气门开启
6—排气气门闭合

进气门在进气行程下至点后51°(具体的开启角度与发动机有关)关闭,这个角度被称为进气迟闭角(从进气下至点到进气门完全关闭对应的曲轴转角)。进气门推迟关闭可以有效地提高充气效率,是影响进气量的最重要的因素。活塞运动到下至点时,进气气流流速达到最大,此时进气门完全开启,进气速度最快,同时发动机在压缩行程初期压力接近大气压,对气流的减速效果有限,进气门迟闭可以充分地利用进气气流的惯性。如果进气门关闭过迟,气缸压力上升,有可能引起进气的反流。进气迟闭角的大小与进气气流的流速有关,较高的发动机转速对应较高的进气流速,可以适当地增大迟闭角。

排气门在燃烧行程提前打开,是因为汽油机的燃烧速度非常快,混合气在压缩上至点前点燃,在上止点后15°达到最高压力,气体迅速膨胀给活塞加速,上止点后30°活塞的运动速度通常已经大于气体的膨胀速度,此时气体不再为活塞做功,但其自身仍然保留较高的压力,此时打开排气门,废气可以依靠自身的压力,迅速从气缸内排除。但过早的排气会降低发动机的热效率。

排气门在排气上至点后15°关闭,这个角度称为排气门迟闭角。目的是为了利用废气的惯性使废气排放更彻底。

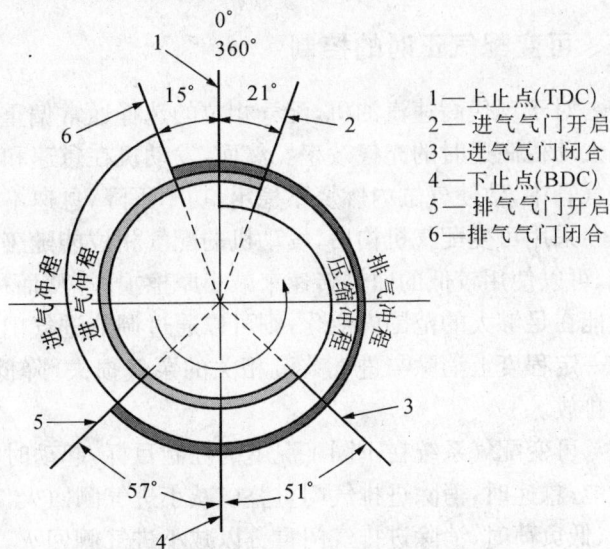

二、气门的升程

气门的升程取决于凸轮的形状,凸轮本身的形状为椭圆形(见图2-54)。长轴长度称为凸轮突起部高度,长轴和短轴长度之差称为凸轮升程。

凸轮升程不一定等于气门升程,但两者是正比的关系。凸轮升程越大,气门升程越大,增加气流的流通截面,减小进气阻力,在发动机高速工况下可以有效地提高进气量。如果发动机转速较低时,活塞运动速度较慢,气流的流速降低,较

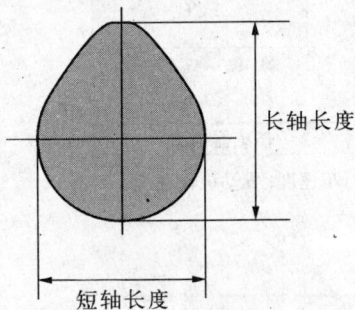

图2-54　凸轮

大的进气截面积会导致气流流速的进一步降低,实际进气量减少。

三、可变配气正时的控制

对于现代高速汽油机,配气相位的选择通常偏重于高速区,进气门迟闭角较大,有助于提高发动机高速时的充气效率。然而,发动机在怠速和低速运行时,气缸内的混合气容易回流到进气管中,致使气缸内燃烧不稳定,功率下降,怠速不稳。

采用可变配气机构后,发动机的配气相位能随工况相应变化。发动机的低速转矩得到改善,可以使用较低的曲轴转速来减小摩擦损失,从而提高燃油经济性。此外,如果进气门迟闭角能在足够大的范围内变化,则可以通过调节进气门迟闭角,取代常规的节流调节负荷,这能在一定程度上消除与进气节流相关的泵气损失,降低发动机的燃油消耗率,减少 NO_x 和 HC的排放。

可变配气系统在不同工况下的控制目标,起动时,进排气门处于最大延迟状态以提高起动性能;怠速时,消除进排气门重叠以减小进气侧回火,稳定怠速转速,提高燃油经济性;低温、低速、低负荷时,消除进排气门重叠以减小进气侧回火,确保发动机稳定性;中负荷时,增加进排气门重叠来提高内部 EGR,以减小泵气损失,提高燃油经济性,改善排放控制性能;高负荷时,在低速到中速范围内,减小进气门迟闭角以提高充气效率,提高低速到中速范围内的扭矩;高负荷时,在高速范围内,增大进气门迟闭角以提高充气效率,提高输出功率。

1. 电控液压式可变配气系统

电控液压式的配气正时控制的控制方式相差不大,这里以本田 VTC 为例做介绍,如图 2-55 所示,由控制单元根据车速、发动机转速、负荷等信息,判断当时工况下最佳的配气正时,与VTC 凸轮角度传感器的角度信号对比,计算相应的修正值,由 VTC 驱动机构驱动凸轮轴转动相应的角度。

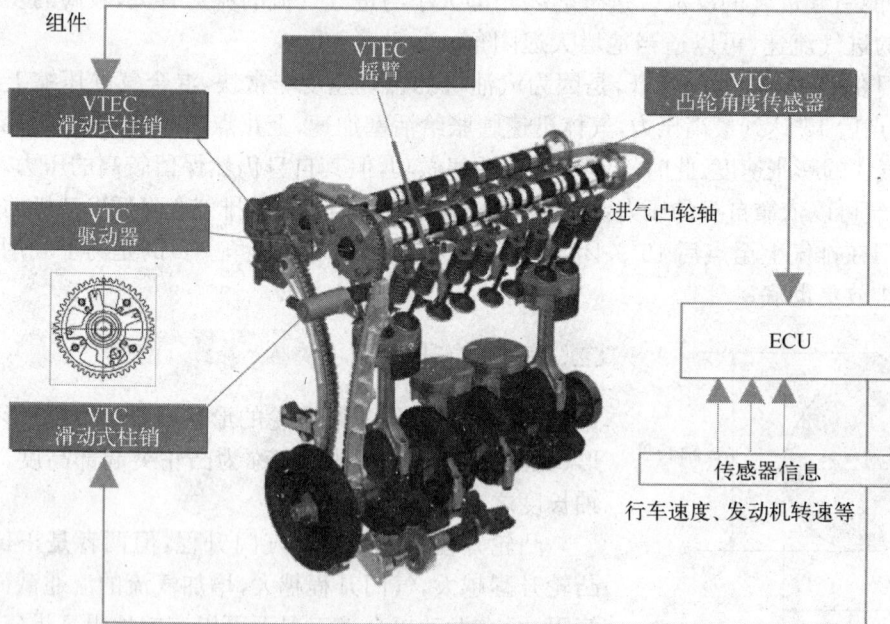

图 2-55　本田 VTC 系统

　　VTC驱动器壳体内有4个槽,如图2-56所示,阀转子固定在凸轮轴上嵌装在槽内,阀转子叶片的宽度小于壳体内圆上槽的宽度,与壳体装配后,阀转子可在壳体的叶片槽内来回转动。每个叶片将壳体上的每个槽隔成两个工作腔,即提前工作腔和延迟工作腔。链轮与壳体接合端内侧加工有与工作腔对应的油槽,一端与相应的工作腔连通,另一端通过凸轮轴上的2条油道与凸轮轴正时机油控制阀连通。链轮与壳体通过螺栓连接为一个整体,由曲轴正时链轮通过正时链条驱动。由以上描述可知,由于凸轮轴与曲轴之间不再是直接通过正时链条相连,凸轮轴可相对于正时链轮转动,即相对于曲轴位置改变凸轮轴位置,从而实现配气正时的改变。

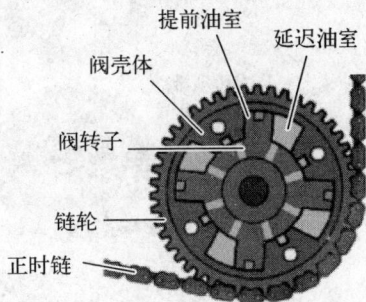

图 2-56　VTC 驱动链轮

　　1) 起动工况

　　起动时由于发动机的转速非常低,此时可变配气系统应处于延迟最大的状态,同时由于刚起动机油压力较低,为防止阀转子与壳体之间发生碰撞,在起动时应将其锁止,如图2-57所示。

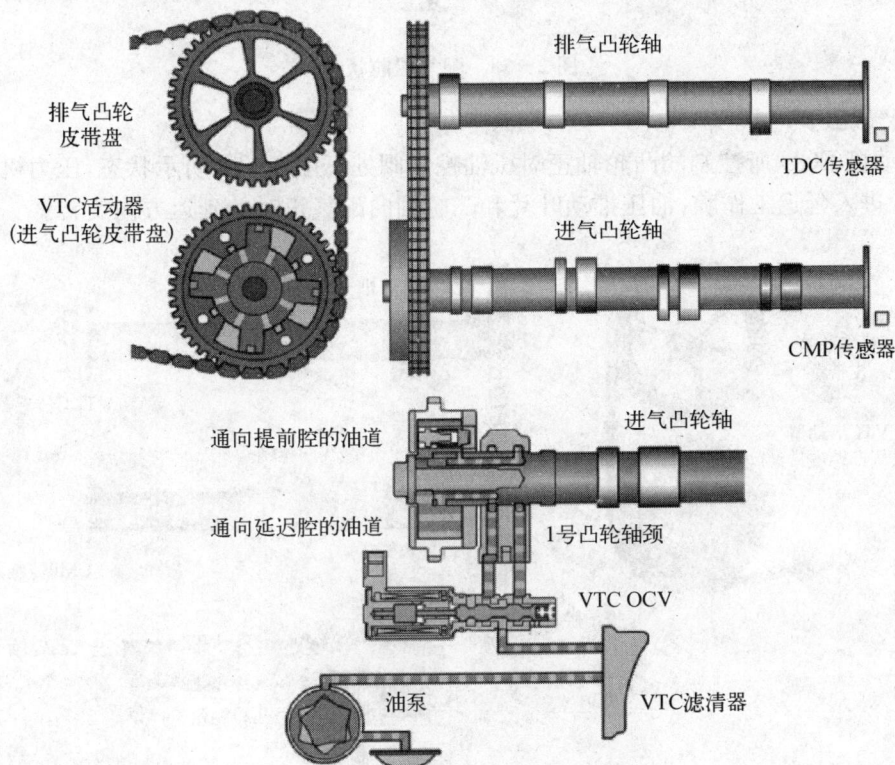

图 2-57　起 动 工 况

　　2) 配气提前

　　由发动机 ECU 所控制的凸轮轴正时机油控制阀处于图2-58所示状态,压力机油通过凸轮轴、叶片进入提前工作腔,油压推动叶片和凸轮轴向配气正时的提前方向旋转。

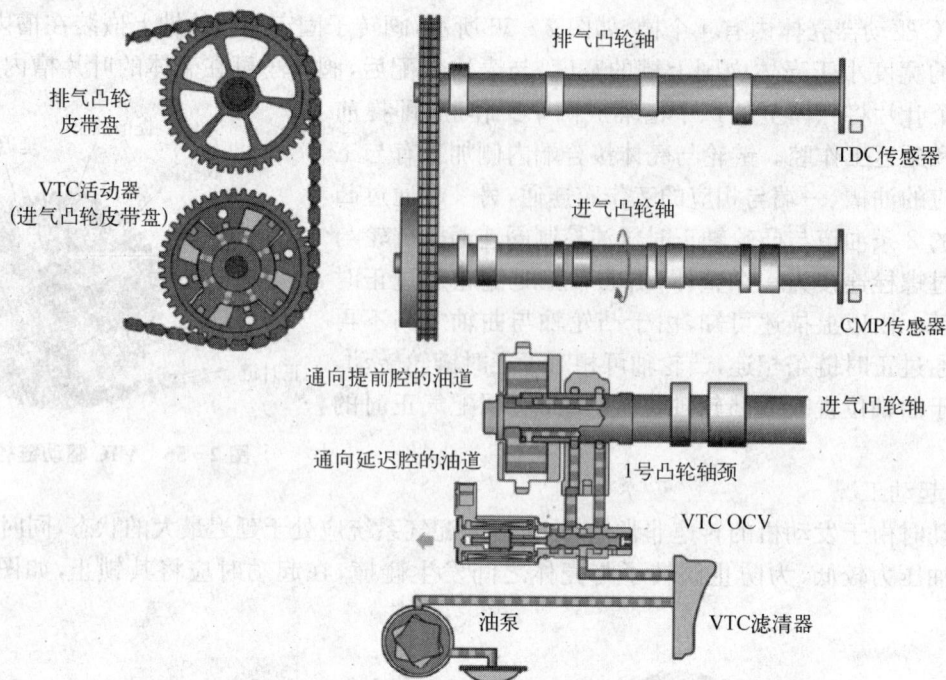

排气凸轮
皮带盘

VTC活动器
(进气凸轮皮带盘)

排气凸轮轴

TDC传感器

进气凸轮轴

CMP传感器

通向提前腔的油道

通向延迟腔的油道

进气凸轮轴

1号凸轮轴颈

VTC OCV

油泵

VTC滤清器

图 2-58　配气提前状态

3）配气延迟

由发动机 ECU 所控制的凸轮轴正时机油控制阀处于图 2-59 所示状态，压力机油通过凸轮轴、叶片进入延迟工作腔，油压推动叶片和凸轮轴向配气正时的延迟方向旋转。

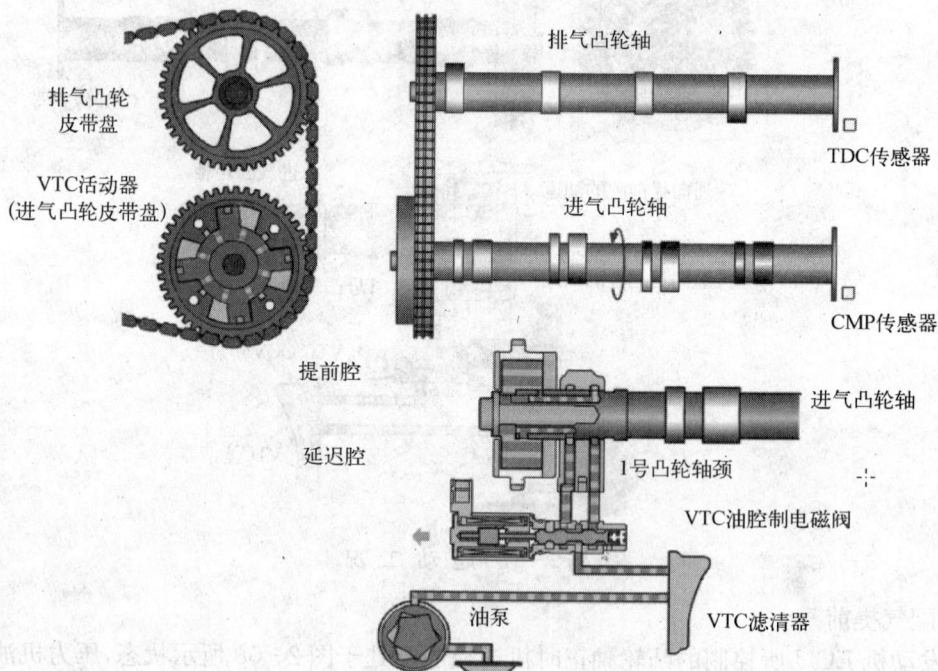

排气凸轮
皮带盘

VTC活动器
(进气凸轮皮带盘)

排气凸轮轴

TDC传感器

进气凸轮轴

CMP传感器

提前腔

延迟腔

进气凸轮轴

1号凸轮轴颈

VTC油腔制电磁阀

油泵

VTC滤清器

图 2-59　配气延迟状态

4) 保持

达到目标正时后,发动机 ECU 控制凸轮轴正时机油控制阀处于中间位置,关闭正时控制器油道保持油压,从而保持当前的配气正时状态直至发动机运行状态改变。

2. 机械式可变配气系统

BMW7 系车用发动机所采用的可变配气机构,包括如图 2-60 所示的 VANOS 可变凸轮轴正时机构。

VANOS 是德文"可变凸轮轴控制系统"的简写。BMW 的 VANOS 机构用于修正凸轮轴相对于曲轴的位置,也就是凸轮轴正时。

VANOS 机构由 VANOS 电磁阀、传动链条和链轮、杯形活塞等部件组成。如图 2-61 所示,可移动的杯形活塞的内、外表面都有螺旋齿轮,分别与链轮的内齿轮和凸轮轴外齿轮啮合。这

图 2-60 VANOS 可变凸轮轴正时机构

样当杯形活塞沿轴向移动时,还会产生一个旋转运动,进而改变内、外齿轮的相位,使气门配气相位产生连续改变。这个旋转运动被加到凸轮轴的转动上使凸轮轴"提前"12.5°。

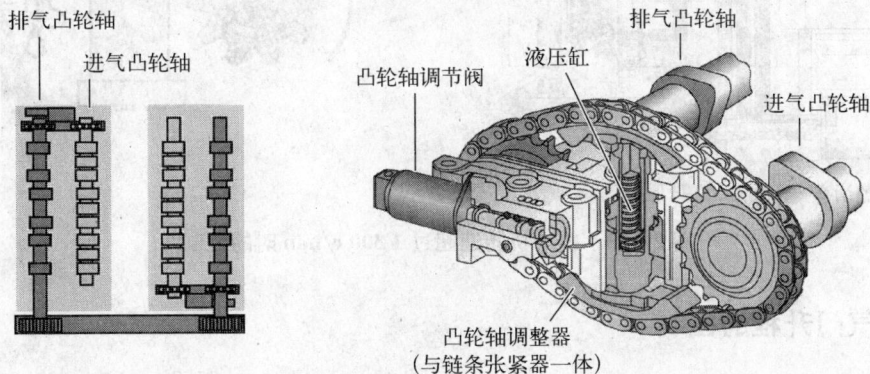

图 2-61 VANOS 可变凸轮轴正时机构

发动机工作时,电脑根据实时工况信息去操纵 VANOS 电磁阀,电磁阀控制发动机机油进入杯形活塞腔的流向与流量,使杯形活塞移动到相应的位置。

发动机怠速运转时,电磁阀无电流通过,控制管 A 打开,机油压力会将链条张紧器压至功率调整位置(基本位置),如图 2-62 所示。

当发动机转速超过 1 300 r/min 时,如图 2-63 所示,控制管 B 打开,链条张紧器被向下压至转矩调整状态,链条引导点改变了位置,此时进气凸轮轴可提前打开及关闭气门。当发动机转速超过 3 700 r/min 时,又切换回功率调整状态。

双 VANOS(Double-Variable Camshaft Control)系统能够根据油门位置及发动机的转速同时改变进气及排气凸轮轴正时,进气门与排气门的正时都可以在大部分转速范围内连续地变化,这能更多地增大发动机的转矩。双 VANOS 系统要求有非常高的油压,来快速精确地调整凸轮轴。

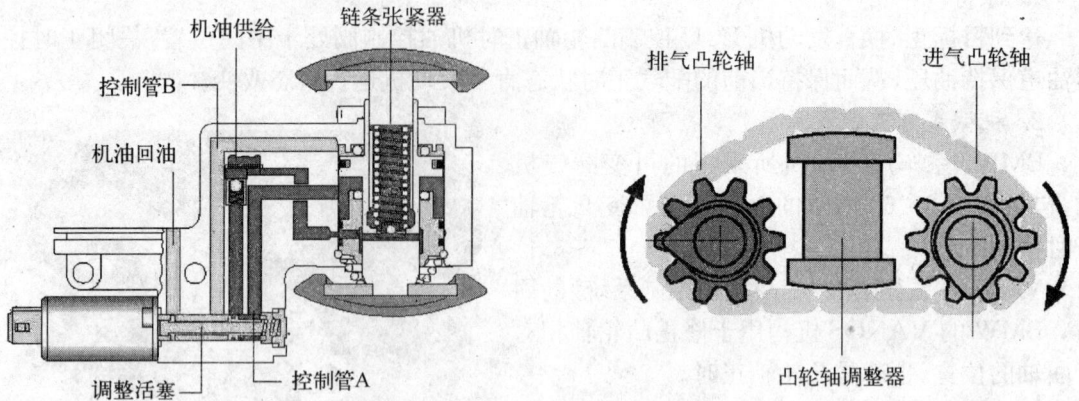

图 2-62　发动机怠速时的控制

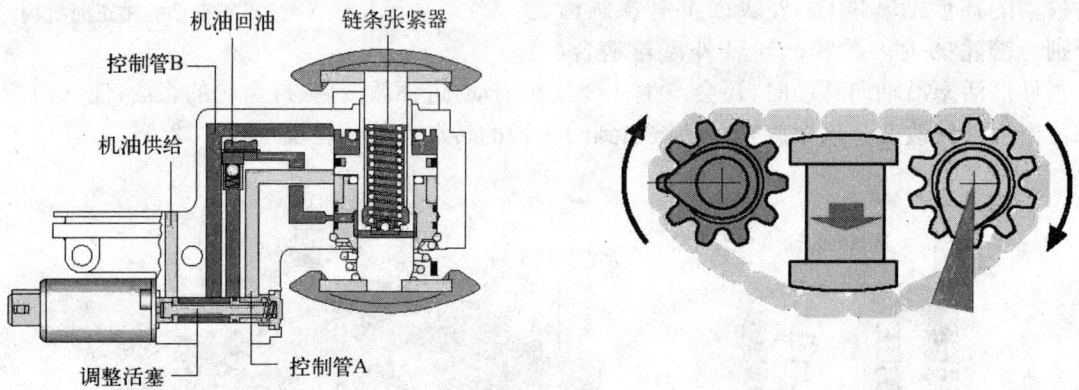

图 2-63　发动机转速超过 1 300 r/min 时的控制

四、可变气门升程的控制

发动机在低速工况下，需要较小的气门升程，可以利用气门的节流效果增加，气缸内外的压力差，提高气流的流速，增加进气量。发动机在高速工况时，活塞的运动速度大，进气气流有足够的流动速度，希望通过提高气门的升程，减少进气阻力，增加进气量。可变气门升程的控制可以解决转速不同时对气门升程要求不同的问题。

1. VTEC 可变配气系统

VTEC 可变配气系统的凸轮轴如图 2-64 所示。

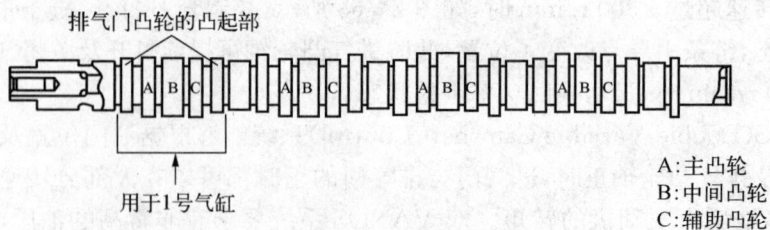

A：主凸轮
B：中间凸轮
C：辅助凸轮

图 2-64　VTEC 可变配气系统的凸轮轴

每个气缸的两个气门由 3 个单独的凸轮控制,在低转速和中转速时,两个气门分别由主凸轮和辅助凸轮操纵。两个凸轮的高度略有不同,可以实现最佳的燃烧。在高转速时,两个气门均由中间凸轮操纵。

VTEC 可变配气系统的摇臂轴结构如图 2-65 所示。

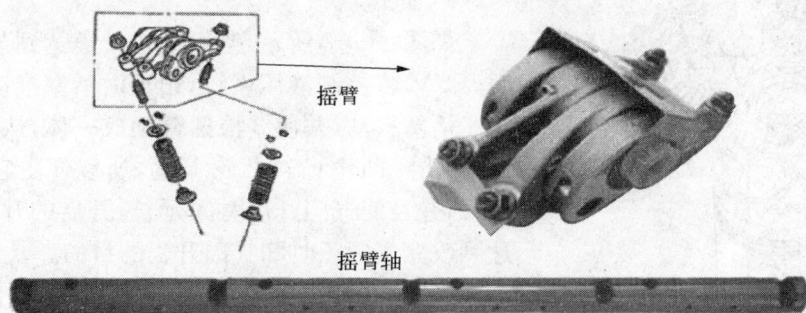

图 2-65　VTEC 可变配气系统的摇臂轴

VTEC 发动机上的两个进气门配备 3 个气门摇臂,分别被称为主气门摇臂、中间摇臂和辅助气门摇臂。主气门摇臂和辅助气门摇臂与气门实际接触。气门摇臂总成将同步活塞、一个止动活塞和一根弹簧组合在一起,所以在发动机运转期间气门摇臂可以被连接和被分开,如图 2-66 所示。

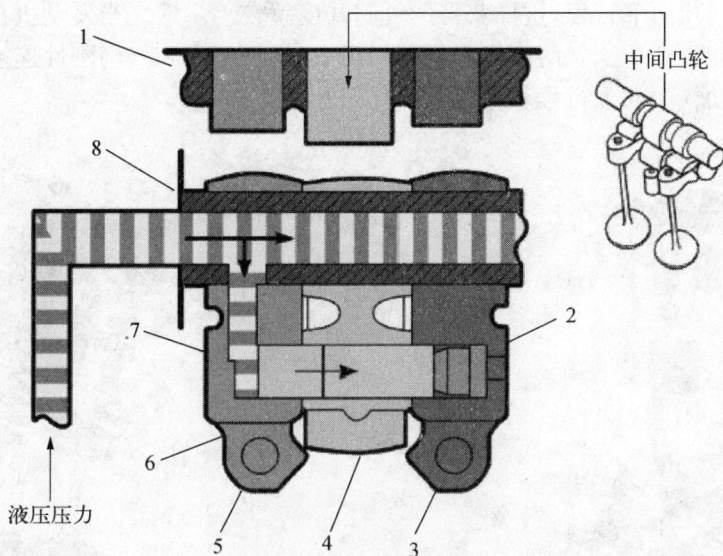

图 2-66　VTEC 控制原理

1—凸轮轴　2—限位活塞　3—次摇臂　4—中间摇臂　5—主摇臂
6—同步活塞 B　7—同步活塞 A　8—摇臂轴

VTEC 的总体结构如图 2-67 所示。

1) 低速状态

发动机低转速的主摇臂、中间摇臂和辅助摇臂是彼此分离独立动作的。此时,凸轮 A 与凸轮 B 分别驱动主摇臂和辅助摇臂以控制气门的开闭。由于凸轮 B 的升程很小,因而进气门

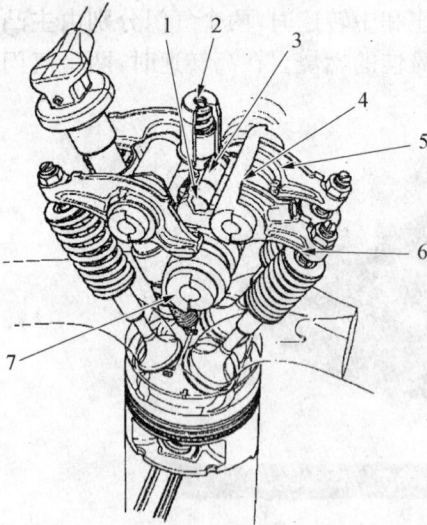

图 2-67 VTEC 的总体结构

1—同步活塞 A　2—空动总成　3—同步活塞 B　4—中间气门摇臂　5—辅助气门摇臂　6—主气门摇臂　7—凸轮轴

只稍微打开。虽然此时中间摇臂已被凸轮 C 驱动,但由于中间摆臂与主摇臂、辅助摇臂是彼此分离的,故不影响气门的正常开闭。即在低速状态,VTEC 机构不工作,气门的开闭情况与普通顶置凸轮轴式配气机构相同。

2) 高速状态

如图 2-67 所示,当发动机转速达到某一特定转速时,ECM 将控制液压系统,由正时活塞推动三摇臂内的同步活塞移动,并使 3 根摇臂锁成一体,从而一起动作。此时,由于凸轮 C 较凸轮 B 高,所以便由它来驱动整个摇臂,并且使气门开启时间延长,开启的升程增大,从而达到改变气门正时和气门升程的目的。

当发动机转速降低至设定值时,摇臂中的同步活塞端的油压也将由 ECM 控制而降低,同步活塞将回位弹簧推回原位,3 根摇臂又将彼此分离独立工作。

2. 保时捷 Variocam 可变配气系统

保时捷 Variocam 可变配气系统结构如图 2-68 所示,当引擎在低转速工况时,气门座顶端的控制活塞落在气门座内。这样高速凸轮只能驱动气门座向下行程而不能带动整个气门动作,整个气门由低速凸轮驱动气门顶向下行程,这样获得的气门开度就较小。反之当发动机在高转速工况时,控制活塞在液压的驱动下从气门座推入到气门顶中,把气门座和气门刚性连接,高速凸轮驱动气门座时就能带动气门向下行程获得较大的气门开度。

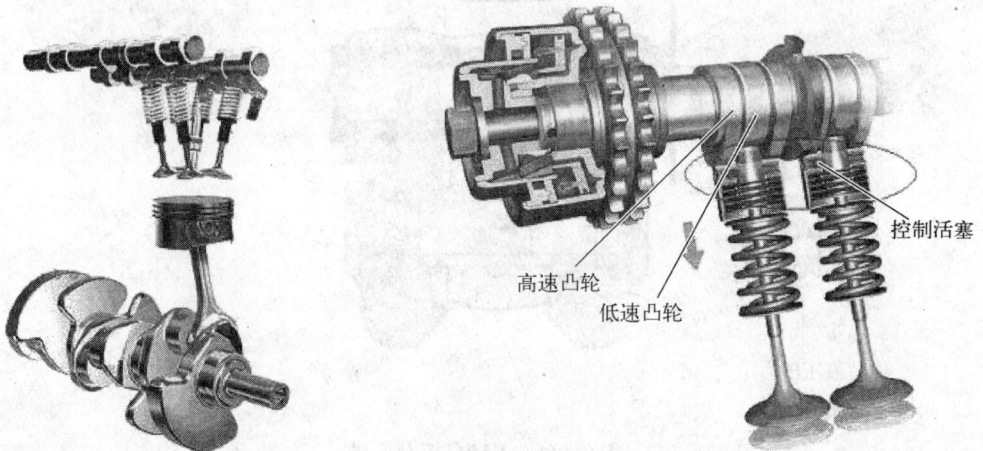

控制活塞

高速凸轮

低速凸轮

图 2-68 保时捷 Variocam 可变配气系统

五、宝马 Valvetronic 系统

采用 Valvetronic 控制的 BMW 发动机取消了传统的节气门机构,发动机进气量的大小由 Valvetronic 可变进气门行程机构控制。

Valvetronic 机构安装在进气凸轮轴上。该机构由传统的气门机构加上电动机、蜗杆蜗轮传动部分、偏心轴、中间轴及中间摇臂、回位弹簧等组成,如图 2-69 所示。

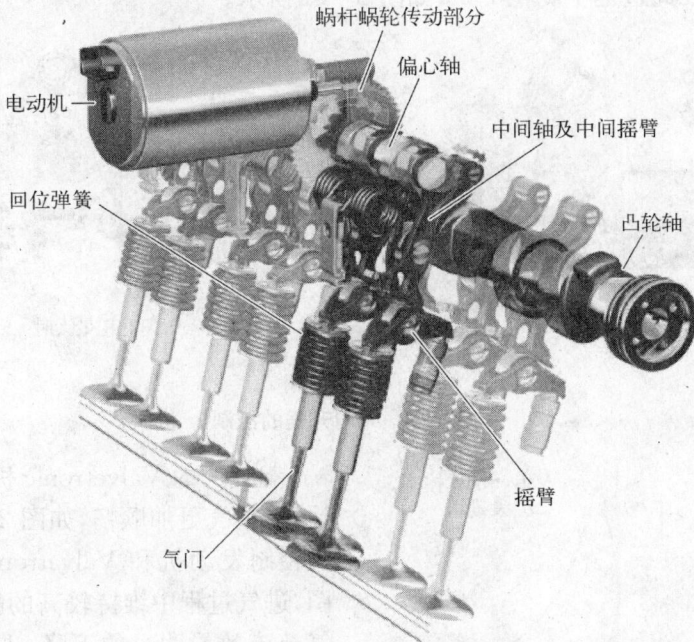

图 2-69 宝马 Valvetronic 系统结构

发动机工作时,控制电脑根据油门(踏板)位置、曲轴转速、凸轮轴位置、冷却水温度等信号,以 16 Hz 频率信号控制电机动作。电动机通过蜗杆蜗轮机构带动偏心轴转动,偏心轴推动中间摇臂上部运动,使之绕中间轴产生转动效果,下部推动摇臂,增大或减小气门的升程。整个过程中中间摇臂始终与凸轮轴接合,凸轮轴凸轮推动中间摇臂开启或关闭气门。如图2-70所示。

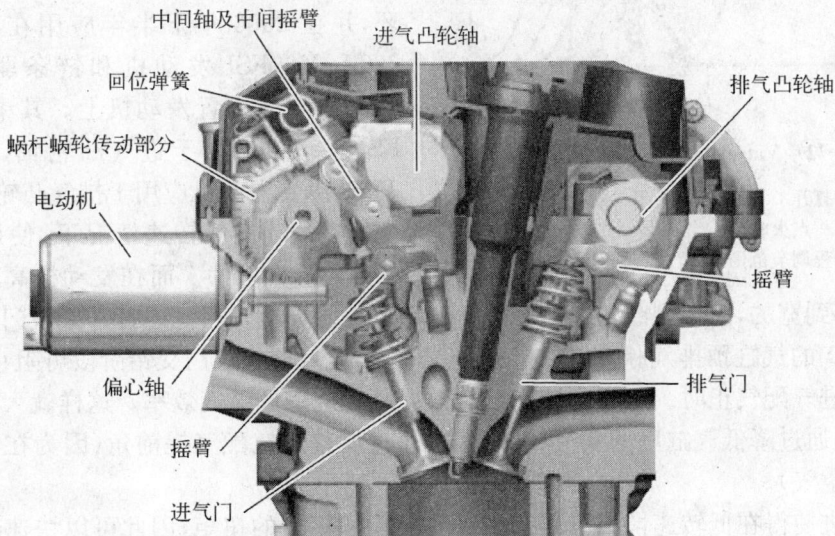

图 2-70 宝马 Valvetronic 系统的工作原理

气门行程由电机驱动在 0.3～9.7 mm;之间连续变化,可以在 300 ms 内由最小行程转至最大行程,偏心轴在此过程中旋转 170°,如图 2－71 所示。

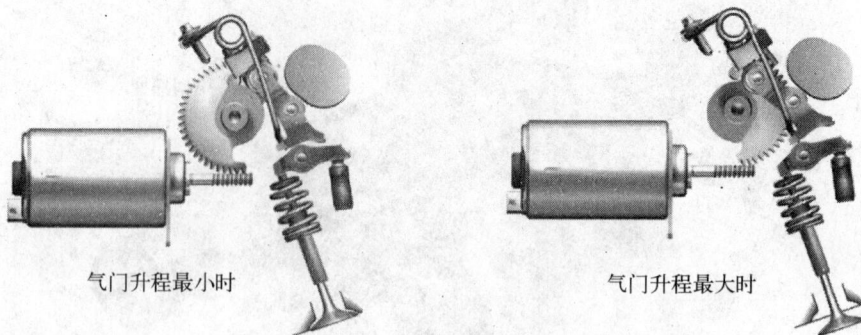

气门升程最小时　　　　　　　　　气门升程最大时

图 2－71　气门升程的控制

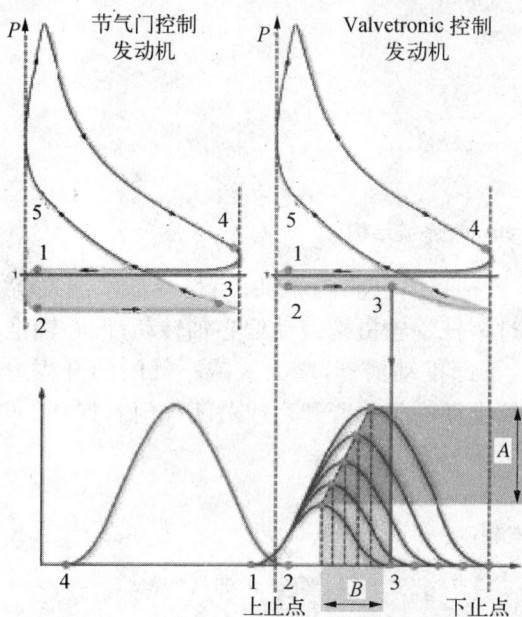

图 2－72　Valvetronic 发动机的示功图

1—进气门打开　2—排气门关闭　3—进气门关闭　4—排气门打开　5—点火时刻
A—气门升程调节范围　B—可变配气调节范围

BMW 的 Valvetronic 机构的无节气门设计,使进气更加顺畅,如图 2－72 所示为节气门控制发动机和 Valvetronic 发动机的示功图,进气过程中维持较高的缸内压力,说明进气节流效果明显的下降,进排气过程中的能量损失降低。并配合着双 VANOS 连续可变气门正时机构,做到了"正时与重叠时间,还有升程"都可以"连续性"变化的效果,如图 2－72 所示。

六、奥迪可变气门升程系统(AVS)

奥迪可变气门升程系统用于优化进气循环,并在 2006 年下半年应用在奥迪 A6 的 2.8 L V6 FSI 发动机和链条驱动的 4 缸 2.0 L TFSI 纵置发动机上。其中 2.8 L V6 FSI 发动机应用于进气凸轮轴,4 缸 2.0 L TFSI 纵置发动机应用于排气凸轮轴。

在发动机低转速情况下,使用一个较窄的凸轮导向叶片。而在发动机高转速的情况下,系统切换到宽的,基本型凸轮导向叶片。窄型凸轮导向叶片可延迟打开排气门。由于曲轴转角偏差 180°的气缸预排气脉冲(在排气门打开时),该效应在气门交错阶段可阻止废气回流,这样可提前进气配气正时。正压力坡度可有效提高燃烧室的吸气效率。这样就大大增强了雾化作用,首先通过降低气缸里的残留气体,其次通过调整进气配气提前角(因为在下止点后只能吸进少量空气)。

这些改进使得在低转速情况下具有良好的性能和更大的扭矩,因此可以快速建立起增压压力。扭矩曲线越陡峭,驾驶员在加速时越注意不到涡轮迟滞。

笔记

1) 奥迪可变气门升程系统(AVS)的构成

以4缸2.0 L TFSI发动机为例,可变气门升程系统(AVS)的总体结构如图2-73所示。

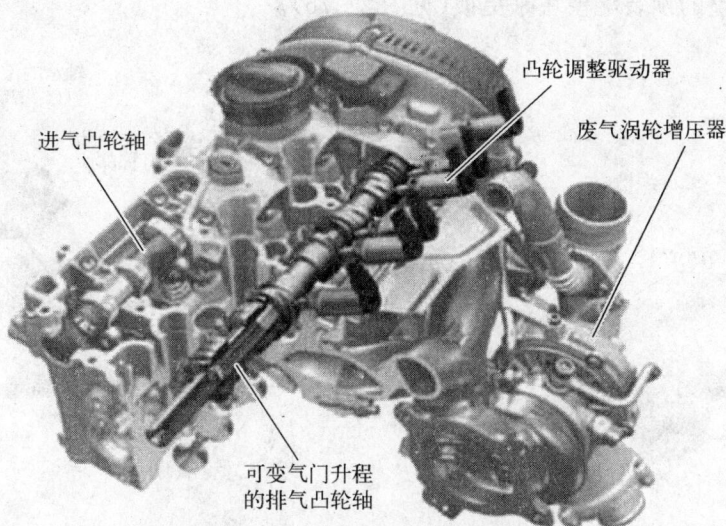

图2-73 奥迪可变气门升程系统(AVS)构成

AVS对凸轮轴和气门摇臂做了改进,凸轮轴由带外花键的轴和带内花键的凸轮节组合而成,如图2-74所示。

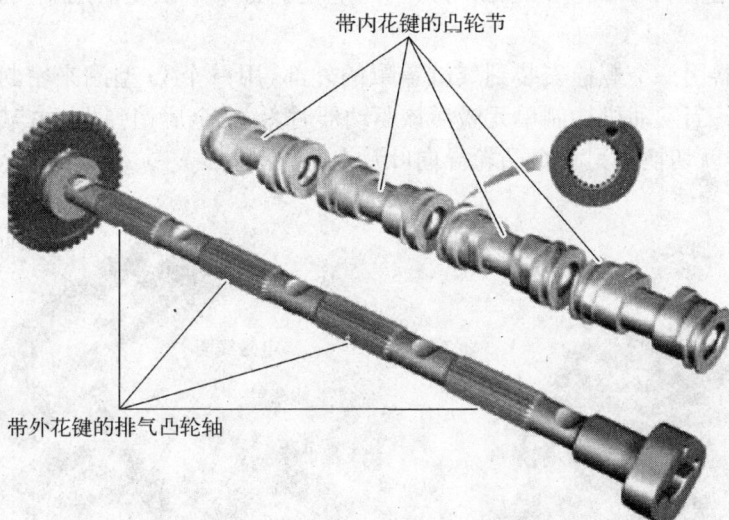

图2-74 奥迪可变气门升程系统(AVS)凸轮轴

凸轮导向叶片凸轮节上每个气门有两个凸轮导向叶片。如图2-75所示,凸轮正时根据发动机的特性要求而配置。小凸轮转动获得气门升程为6.35 mm,打开角度为180°曲轴转角,排气门在上止点后2°关闭。大凸轮转动获得最大升程为10 mm,打开角度为215°曲轴转角,排气门在上止点前8°关闭。

凸轮轴的滚子式气门摇臂也做出改进,以达到每个凸轮节有两个凸轮气门升程。为此,滚子的直径更大,宽度却更窄了。同时,滚子式气门摇臂通过使用改进后的轴承做了降低摩擦优化处理。为阻止滚子式气门摇臂向下倾斜,其通过不可拆部件连接到支撑件。因此,滚子式气门摇臂只能用完整的预装配模块来更换(见图2-76)。

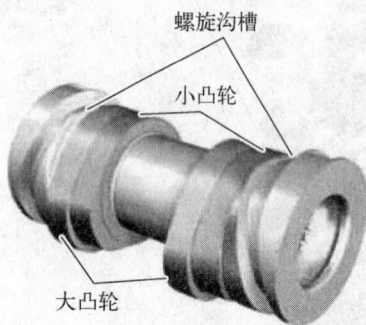

图 2-75　带内花键的凸轮节

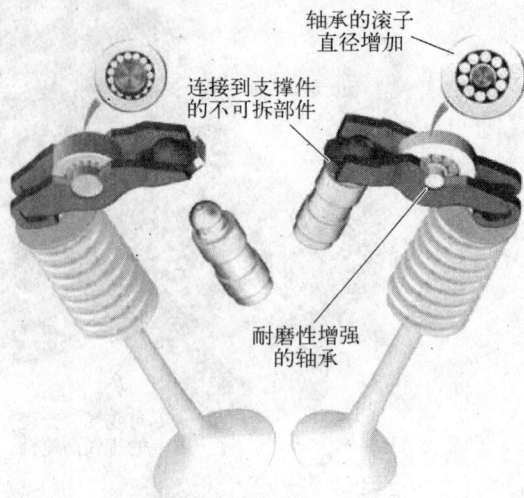

图 2-76　滚子式气门摇臂

凸轮调整驱动器是电磁式驱动器。每个气缸使用两个驱动器,如图2-77所示。一个驱动器用于移动凸轮轴上的凸轮节,以获得大气门升程。另一个驱动器用于切换到凸轮节的小气门升程。

每一个驱动器用一个螺栓安装到气缸盖罩的外部,用一个O型圈来密封,与凸轮节上的螺旋沟槽相对应。当发动机控制单元激活该驱动器时,一个金属销弹出,并与凸轮节上的螺旋沟槽相啮合,这样就切换到另一个凸轮导向叶片上了。

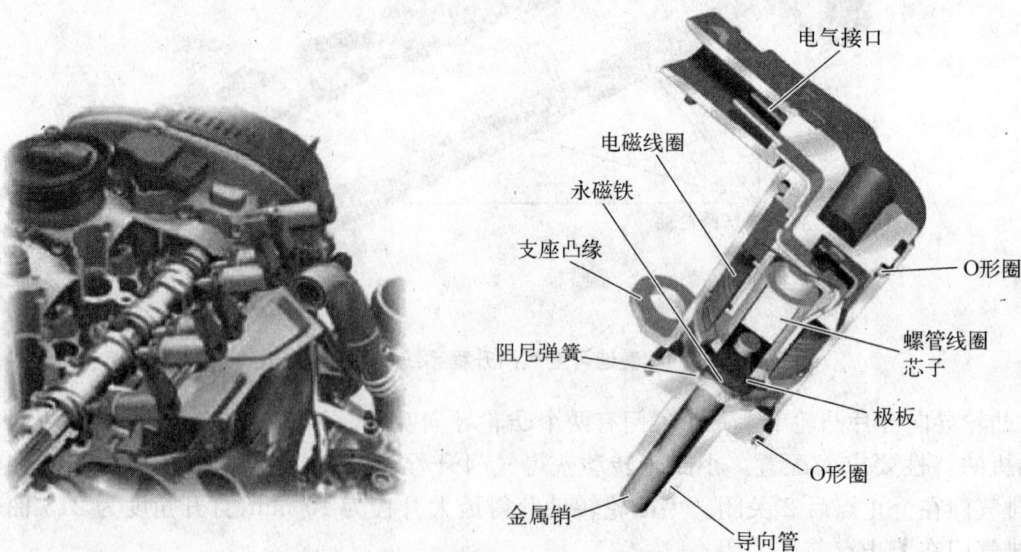

图 2-77　电磁式凸轮调整驱动器

2）奥迪可变气门升程系统(AVS)的工作原理

如图2-78所示，凸轮调整驱动器上集成有一个电磁铁。当发动机控制单元激活电磁铁时，弹出一个金属销。电磁铁通过蓄电池短暂加载电压而被激活。当金属销弹出时，其通过驱动器壳体上的永久磁铁保持在该位置。

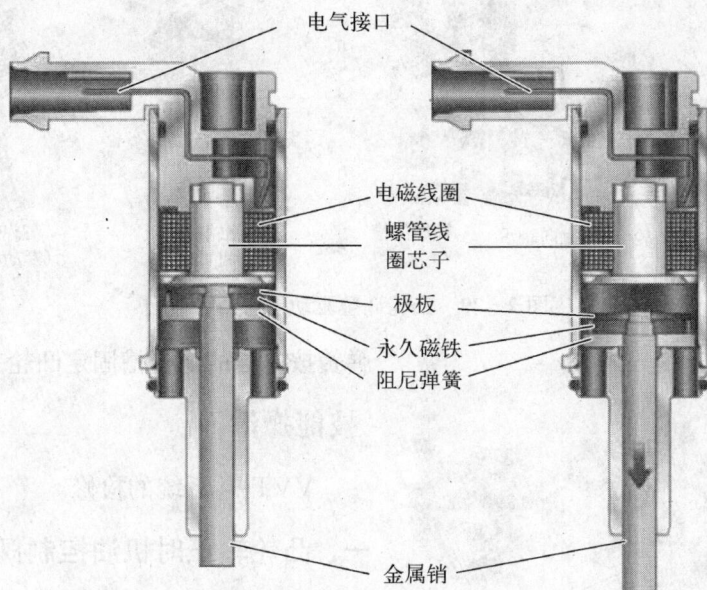

电气接口
电磁线圈
螺管线圈芯子
极板
永久磁铁
阻尼弹簧
金属销

图2-78 凸轮调整驱动器

由于快速伸张时间(18～22 ms)，所以金属销的加速也非常快。在永久磁铁附近的阻尼弹簧确保金属销不会反弹或遭受损坏。

伸张到螺旋沟槽的金属销在凸轮轴旋转时移动凸轮节。螺旋沟槽的轮廓设计成在凸轮轴旋转一圈后可推回驱动器的金属销。这样，永久磁铁也可确保金属销保持原位。当永久磁铁推动金属销时，一个电压加在电磁铁的电磁线圈上。

这个信号由发动机控制单元发出(反馈信号)。在凸轮节被移动之后，只有螺旋沟槽推回金属销时，它才可能产生。发动机控制单元借此来评估调整是否成功。

每个气缸在排气侧都有一个可移动的凸轮节，所以每个排气门都有两条气门升程曲线。如图2-79所示，通过凸轮节的纵向移动可在大小凸轮导向叶片之间进行切换。当一个驱动器从小气门升程切换到大气门升程时，另外一个驱动器也从小气门升程切换到大气门升程。第二个驱动器将大气门升程切换到小气门升程。当发动机控制单元激活一个驱动器时，一个金属销弹出，并与凸轮上的螺旋沟槽相啮合。

凸轮节被设计成在凸轮轴旋转的时候可以自动移动，这样就可使两个排气门都转换到另外一个凸轮导向叶片。但是凸轮节的螺旋沟槽必须定型，以便完成切换后金属控制销可以推回。

发动机控制单元不能使金属销自动弹回。为确保在调整时凸轮节不会过多移动，需要使用一个挡块来限制调整行程。如图2-80所示，这种情况下，使用气缸盖罩上的凸轮轴轴承来充当挡块。另外在它们被调整后，必须确保凸轮节仍保持在原位置上。为此，通过凸轮轴上带

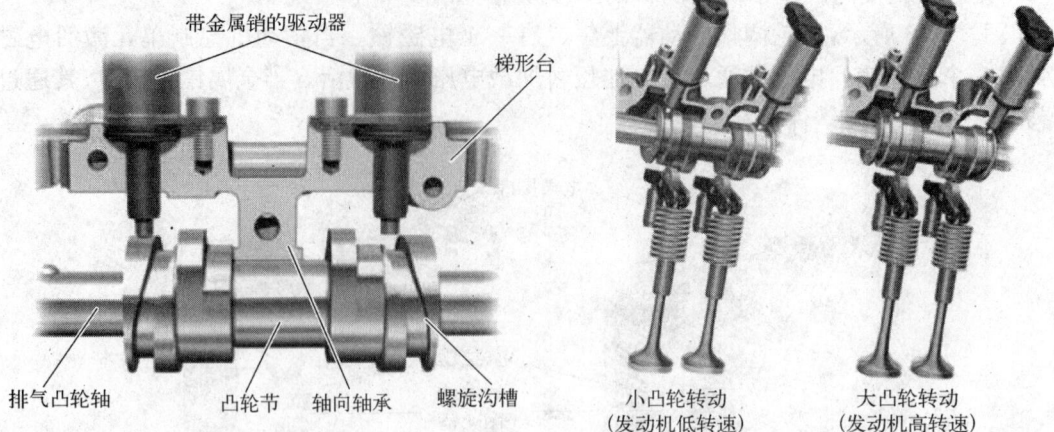

带金属销的驱动器　梯形台

排气凸轮轴　凸轮节　轴向轴承　螺旋沟槽　小凸轮转动（发动机低转速）　大凸轮转动（发动机高转速）

图 2 - 79　凸轮调整驱动器与凸轮节

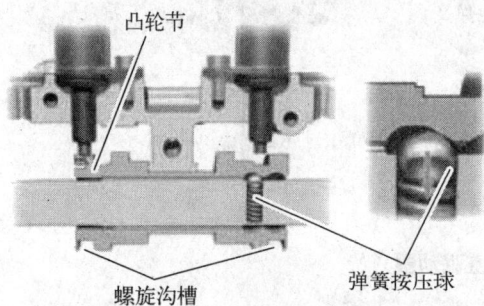

凸轮节

螺旋沟槽　弹簧按压球

图 2 - 80　凸轮节限位装置

弹簧按压球的定位槽固定凸轮节。

技能操作

VVT - i 系统的检修。

一、凸轮轴正时机油控制阀检查

1. 检查电阻

使用万用表欧姆挡测量凸轮轴正时机油控制阀端子间电阻,在 20℃时,电阻值为 6.9～7.9 Ω。

2. 机油控制阀阀芯移动情况检查

将蓄电池正极(＋)、负极(－)分别用引线连接至凸轮轴正时机油控制阀两端子,并检查阀芯的运动情况。确认阀芯能在所有位置自由移动,没有卡滞现象。若有卡滞,则更换凸轮轴正时机油控制阀总成。检查阀芯是否有异物,异物累积会使阀芯不能完全关闭,轻微的压力泄漏可能造成凸轮轴正时提前,并产生故障代码。

二、VVT - i 控制器检查

(1)用虎钳夹住凸轮轴,然后检查凸轮轴正时齿轮的锁紧情况。

(2)释放锁销。对于 VVT - i 控制器中的锁销,将发动机机油压力施加在延迟侧便可解锁,检查时可使用压缩空气代替发动机油压。

(3)用一个橡胶垫塞住凸轮轴上每道控制油路径中的一个油孔。

(4)向每道控制油路径中未被塞住的油孔充入大约 150 kPa 的压缩空气。

(5)将压缩空气同时施加在提前侧和延迟侧。注意:将压缩空气同时施加在提前侧和延迟侧,可防止当锁销被释放时正时齿轮突然移动。

(6)减少延迟侧的压缩空气,正时齿轮向提前侧移动。当凸轮轴正时齿轮到达最提前的位置时,断开正时延迟侧压缩空气,然后,断开正时提前侧压缩空气。注意,如果未遵循切断压缩空气的顺序,正时齿轮便会突然向延迟侧移动,并可能损坏正时齿轮。

（7）锁销解锁后,保证正时齿轮能够用手在除最延迟端以外的任何位置平滑转动。

（8）将正时齿轮转到最延迟侧,确保其锁定。

（9）检查确认凸轮轴正时齿轮在允许转动的范围内能转动顺滑。

（10）检查确认凸轮轴正时齿轮能在最大延迟位置锁紧。

三、与 VVT-i 系统有关的故障代码

丰田 VVT-i 系统有关的故障码如表 2-2 所列:

表 2-2 VVT-i 系统故障代码

故障代码	故障代码检测条件	故 障 部 位
P0010	凸轮轴正时机油控制阀电路断路或短路	凸轮轴正时机油控制阀电路断路或短路、凸轮轴正时机油控制阀损坏、发动机 ECU 损坏
P0011	提前凸轮正时:发动机暖机后,发动机以 500 r/min—4 000 r/min 的转速运转时,气门正时保持在当前气门正时不变	气门正时错误、凸轮轴正时机油控制阀损坏、凸轮轴正时齿轮总成损坏、发动机 ECU 损坏
P0012	延迟凸轮正时:发动机暖机后,发动机以 500 r/min—4 000 r/min 的转速运转时,气门正时保持在当前气门正时不变	气门正时错误、凸轮轴正时机油控制阀损坏、凸轮轴正时齿轮总成损坏、发动机 ECU 损坏

案例分析

故障现象: 2003 年生产的宝来 1.6 L 轿车,在对气缸盖上的积炭进行清洗并对进排气门进行研磨后,车辆加速无力。

故障诊断: 连接汽车故障电脑诊断分析仪,读取故障代码:故障代码 16725（凸轮轴位置传感器 G40 信号异常）。清除故障代码,起动发动机,再次读取故障代码,故障代码 16725 再次出现。

故障分析: 用汽车故障电脑诊断分析仪对凸轮轴传感器 G40 进行波形分析,结果其 5 V 方波标准,这说明凸轮轴传感器 G40 工作正常。问题可能出在可变凸轮轴调整器的安装链条上,因为在拆卸时如果没有作装配记号,就很有可能出现装配错误。大众宝来轿车的进气凸轮轴和排气凸轮轴上的凹槽之间的标准距离为 16 个链辊。拆卸气门室盖,把第一缸摇到上止点位置,检查进气凸轮轴和排气凸轮轴上的凹槽距离为 15 个链辊。

故障排除: 进行调整后再次起动发动机,故障代码 16725 不再出现。进行路试检查,车辆加速顺畅,动力性恢复正常,故障排除。

故障由机械装配错误而造成配气相位失准导致,而发动机管理系统并不能判断出机械错误,只是认为传感器故障,因此产生 16725 的故障代码。

课后练习

1. 简述配气正时的概念。

2. 可变配气正时的控制内容有哪些？

3. 可变气门升程的控制内容有哪些？

4. 宝马 Valvetronic 系统的控制功能有哪些？

5. 简述凸轮轴正时机油控制阀检查方法。

学习单元 4　电控多点燃油喷射系统检测与修复

学习目标

掌握电控多点燃油喷射系统的结构及工作原理。

掌握燃油压力的检测分析方法。

掌握传感器的检测维修方法。

掌握喷油器的检测方法。

任务载体

桑塔纳 3000 轿车，起动机工作正常，车辆无起动迹象。

相关知识

汽油喷射系统的功能就是根据发动机某个特定的工况的需要，适时地将一定量的汽油提供给各个气缸。这就要求尽可能多地考虑影响燃油供给的各种因素，然而由于发动机的运行工况变化很快，所以燃油控制系统的高速适应性显得尤为重要。如图 2-81 所示，电控

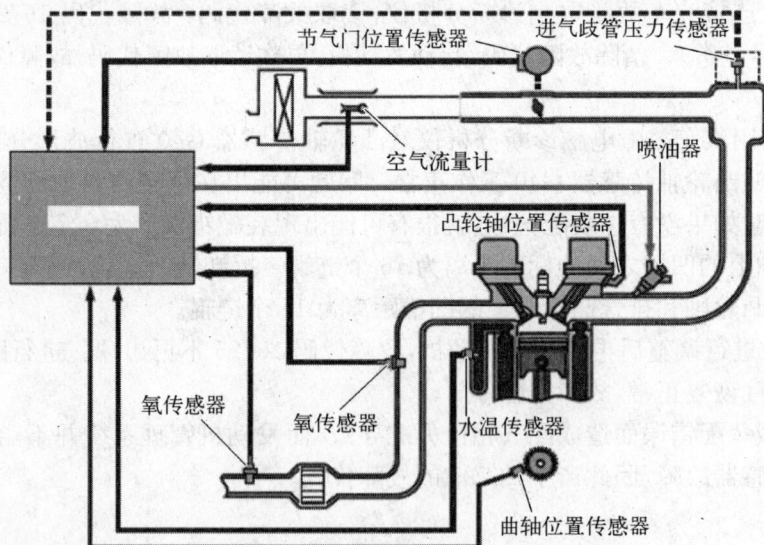

图 2-81　电控燃油喷射系统

燃油喷射系统利用各种传感器采集车辆的工况数据,并把它们转换成电信号传送到燃油喷射系统的控制单元,经运算处理后,确定出实际要喷射的燃油量。通过控制喷油器喷油的时间,实时调整喷油量。电控燃油喷射系统能很好地适应工况的变化,混合气的控制精度更高,有效地提高发动机的动力性、经济性和舒适性,减少了排放污染,是现在主要的混合气生成系统。

一、电控燃油喷射系统

1. L 型电控燃油喷射系统

L 型电控燃油喷射系统通过空气流量计计量进入发动机的空气质量,依据空气质量参考标准混合气浓度,确定基本供油量,根据各种传感器反馈的工况信息(如车速信号、节气门开度信号、进气温度信号、水温信号等)修正基本供油量,得到该工况下最佳的供油量,控制喷油器将适量的燃油在适当的时间喷入节气门后方的进气歧管中,如图 2-82 所示。

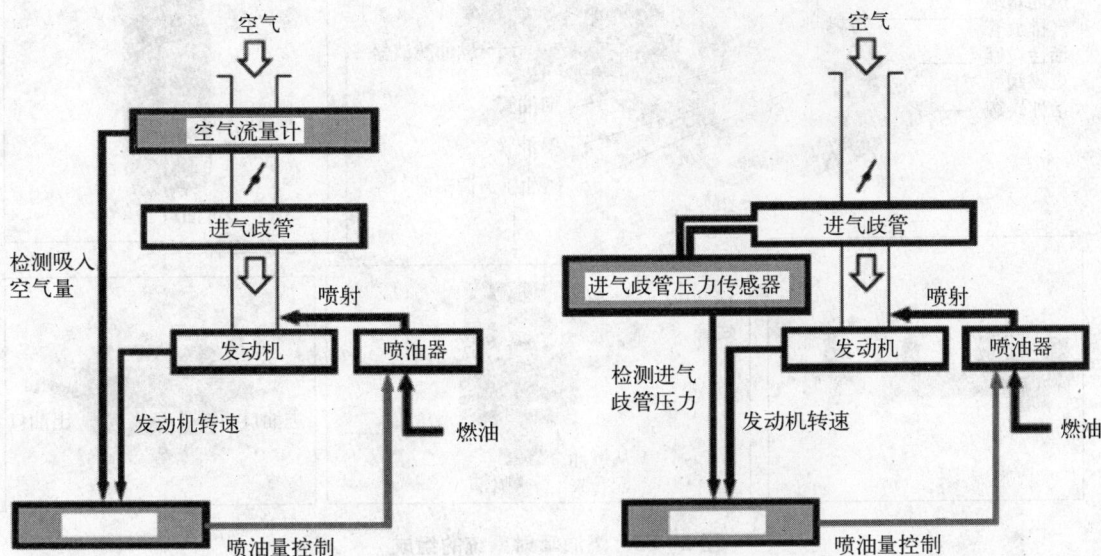

图 2-82　L 型、D 型电控燃油喷射系统对比

L 型电控燃油喷射系统主要由以下几个功能模块组成:燃油了供给系、工况信息数据采集系统和喷油控制系统。燃油供给系的功能是将燃油箱中的燃油输送给各喷油器,建立喷油所需的压力并使其保持相对恒定。工况信息采集系统实时收集所有和混合气生成相关的发动机工况信息,如空气流量、发动机转速、节气门开度等。喷油控制系统根据各传感器采集到的发动机工况信号计算供油量,并调制脉冲信号控制喷油器喷油。

2. D 型电控燃油喷射系统

D 型电控燃油喷射系统与 L 型电控燃油喷射系统的区别在于进气的计量方式不同,L 型电控燃油喷射系统利用空气流量计直接测量单位时间内发动机吸入的空气流量,这种方法称作质量流量法。D 型电控燃油喷射系统通过速度密度法间接计量进气量。速度密度法利用进气管绝对压力传感器测知进气管的压力,再根据进气管压力和发动机的转速测定循环进气量。需要指出的是,进气管压力与吸入的空气量之间并非呈简单的函数关系,在检测过渡状态的吸

笔记

入空气量时,需进行修正。

二、燃油供给系统

　　发动机的燃油供给系统(如图 2-83 所示)包括下列主要部件:燃油箱、燃油管、电动燃油泵、燃油滤清器、油轨(燃油分配器,仅用于多点燃油喷射)、燃油压力调节器。燃油供给系的任务是不论发动机在什么工况下工作,都能向发动机提供适量的燃油(这些工况涉及到冷起动、怠速和全负荷)。电动燃油泵将燃油从燃油箱泵出,通过燃油滤清器到达喷油器。电磁控制的喷油器将精确计量的燃油喷入进气管,多余的燃油通过燃油压力调节器返回油箱。燃油压力调节器保证系统中的燃油压力为一个常数。

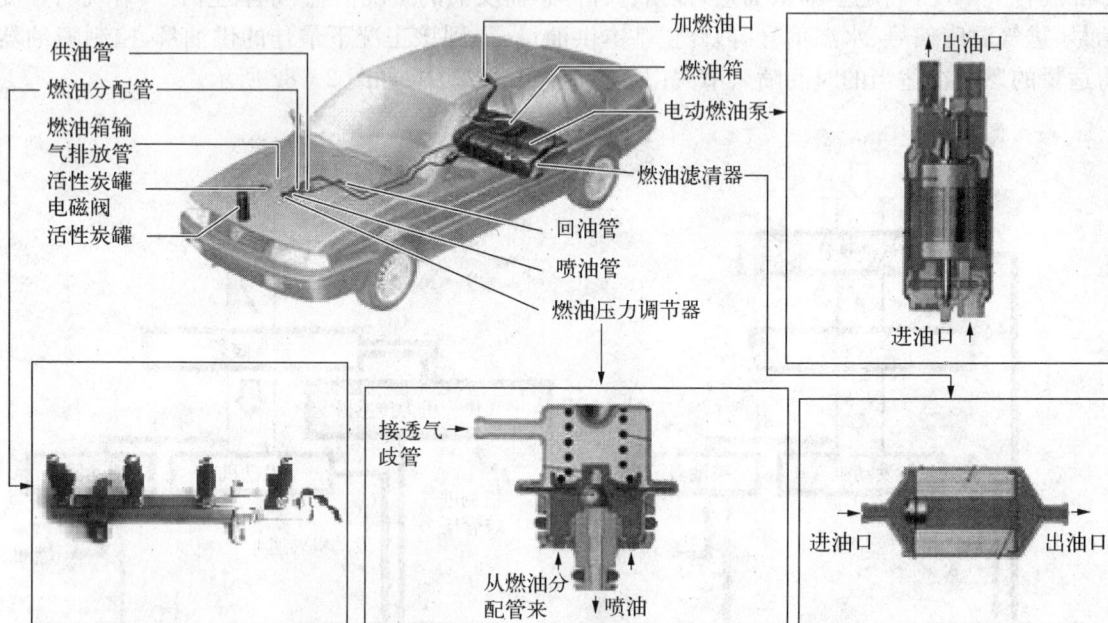

图 2-83　燃油喷射系统的组成

　　电控燃油喷射系统中,每个气缸分配一只喷油器,这些喷油器直接装在各缸进气门的前方,燃油通过油轨向各只喷油器供油。这种燃油喷射系统属于多点燃油喷射系统。

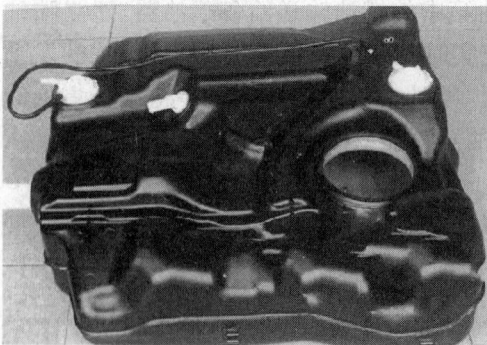

图 2-84　福特福克斯油箱总成

1. 燃油箱

　　燃油箱用来存储燃油,如图 2-84 所示,油箱必须防腐蚀,并且在两倍正常工作压力或比正常工作压力高出 0.3 bar 的压力条件下,不应发生泄漏。必须配置加油口、安全阀等,可以超压放气。任何正常行驶条件下,燃油都不许从滤清器罩或压力平衡装置中溢出。即使发生意外,油箱从汽车上移开也不能让燃油点燃。

2. 燃油泵

　　从发动机曲轴转动开始,油泵就不停地运转,连续不断地将燃油从油箱通过油管输送到发动机。燃油压力调节器保证喷射系统的压力稳定（燃油压力和进气管压力之间稳定的压力差），多余的燃油流回燃油箱。为了在各种工作状况下都保持稳定的燃油压力，输送的燃油量总是要超过发动机所需要的最大燃油量。

燃油泵的开关由发动机管理系统控制，有一个保护电路，可防止发动机不运转而点火开关仍然接通时供油。

电动汽油泵有两种安装方式：一种是在汽油箱外，安装在输送管路中的外装串联式；另一种是安装在油箱中的内装式。目前电动汽油泵一般都安装在汽车的油箱内，如图 2-85 所示。装在燃油箱内的泵，入口端固定在燃油箱内的专门支架上。支架上装有滤清器、油面高度传感器和用作蓄油的油室。电路、液路通过连接件接到油箱外，油箱内安装的电动汽油泵安装管路简单，不容易产生气阻和漏油现象。

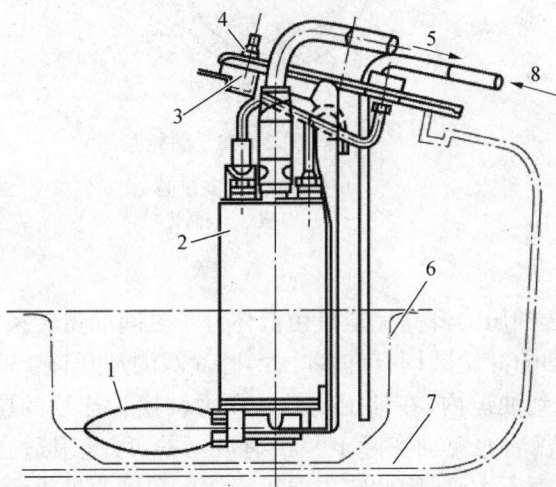

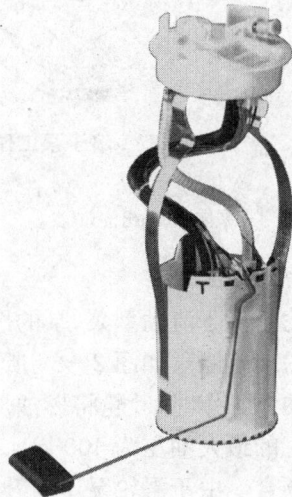

图 2-85　油箱内安装的电动汽油泵

1—进油滤网　2—电动汽油泵　3—隔振橡胶　4—支架　5—汽油出油管　6—小油箱　7—油箱　8—回油管

电动燃油泵由电动机、燃油泵体、单向阀、安全阀和泵壳构成，如图 2-86 所示。电动机带动燃油泵将燃油从进油口吸入，经过电动机组件，从出油口压出。

电动机包含一个永磁系统和一个电枢，其结构由系统压力来确定。电动机和泵件装在同一个室中，周围浸满油。这样保证了它们的散热性能并有较高的动力输出。

单向阀防止在燃油泵停止工作时燃油回流，保证系统中有一定的燃油压力。安全阀在系统油压过高时打开泄油油路，防止由于堵塞等原因造成油路系统中压力过高，造成油管破裂或油泵损坏等事故。

燃油泵体从结构形式分有滚柱式、旋涡式和次摆线式 3 种。

1）滚柱泵

如图 2-87 所示，滚柱泵有一个偏心的泵室，周围开槽的转子在里面旋转，每道槽里装有一个活动的滚柱。当转

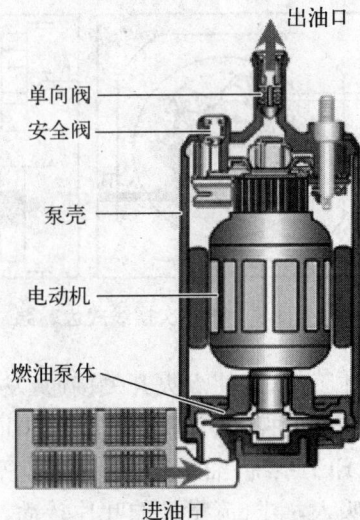

图 2-86　燃油泵工作原理

子转动时,在离心力的作用下形成油压,并把滚柱推向滚柱槽的外端。于是滚柱成为旋转密封件,在相邻的滚柱和滚柱外的凹槽之间就形成了一个油室。在泵的作用下,随着椭圆形进油口的关闭,油室的容积不断减小,当出油口打开时,燃油流经电动机从油泵盖的压力端流出。

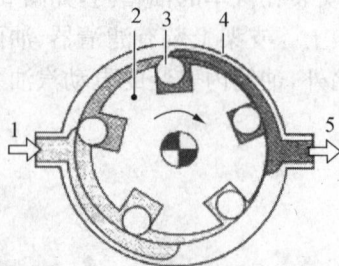

图 2-87　滚子泵工作原理

1—进油口　2—转子　3—滚子
4—泵体　5—出油口

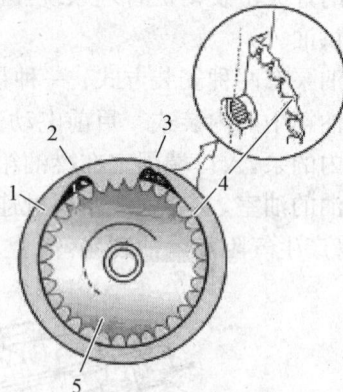

图 2-88　涡轮泵

1—泵壳　2—高压腔　3—低压腔
4—叶片沟槽　5—涡轮

2) 涡轮泵

涡轮泵属于流动型泵,泵的燃油输送和压力升高完全是由液体分子之间动量转换实现的。涡轮泵的结构原理如图 2-88 所示,转动的叶轮圆周有许多叶片,叶片两侧是开有合适流道的泵壳。油泵工作时,叶轮将燃油加速,甩到油道内,在油道内脉冲压力转换为连续的压力。涡轮泵产生的最大油压为 400 kPa。由于燃油的流动实际上是没有波动的,因此很适合低噪声要求的场合。由于涡轮泵压力升高的效率不太高,因此它主要用于低压和输油量较大的场合。叶轮与泵壳之间的轴向间隙以及密封进、出油口通道的径向间隙都应很小,否则会造成内部泄漏而导致输出损失。

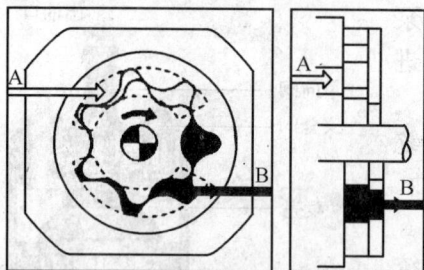

图 2-89　次摆线式齿轮泵

3) 次摆线式齿轮泵

次摆线式齿轮泵也属于正排量泵,其出油压力约为 400 kPa。它由主动的内齿轮、从动的外齿轮和泵套组成,如图 2-89 所示。偏心安装的主动齿轮靠电动机驱动,在齿轮啮合转动的过程中,内外轮齿所封闭的腔室容积发生变化。齿轮泵正是利用这种容积的变化,将燃油以一定的压力泵出。

电动汽油泵的控制包括油泵开关控制和油泵转速控制两种。在 EFI 系统中,只有发动机运转时,油泵才工作,即使点火开关接通,发动机没有转动,电动汽油泵也不工作。D 型和 L 型 EFI 系统油泵开关控制有所不同,D 型 EFI 系统是由 ECU 根据发动机的转速信号控制油泵开关;而 L 型 EFI 系统,油泵是由装在空气流量计中的油泵开关控制,当发动机转动时,空气经空气流量计吸入,空气流量计的叶片转动,使油泵开关接通。如图 2-90(a)所示是采用内部装有电动汽油泵开关触点的空气流量计时,电动汽油泵电源供给电路图。发动机起动时,点火开关的起动装置端(ST)接通,继电器内的线圈 WZ 通电,触点闭合,电源向电动汽油泵供电。发动机起动后,吸入的空气使空气流量计的叶片转动,空气流量计内的油泵开关接通,继电器内的线圈 Wl 通电,这时,即使起动装置的端子断开,触点仍呈接通状态。当发动机由于某种原因停止工作时,空气流量计内的电动汽油泵开关断开,线圈 Wl 断电,触点断开,于是电动汽油泵停止工作,燃油停止压送。当采用卡门旋涡式或热线式空气流量计,或者采用速度密度方式时,都是用如图 2-90(b)所示的采用 ECU 来控制电动汽油泵控制电路。这时采用输入 ECU 的发动机转动信号来检测发动机的运转状态。若断开该晶体管,即可停止向电动汽油泵供电。

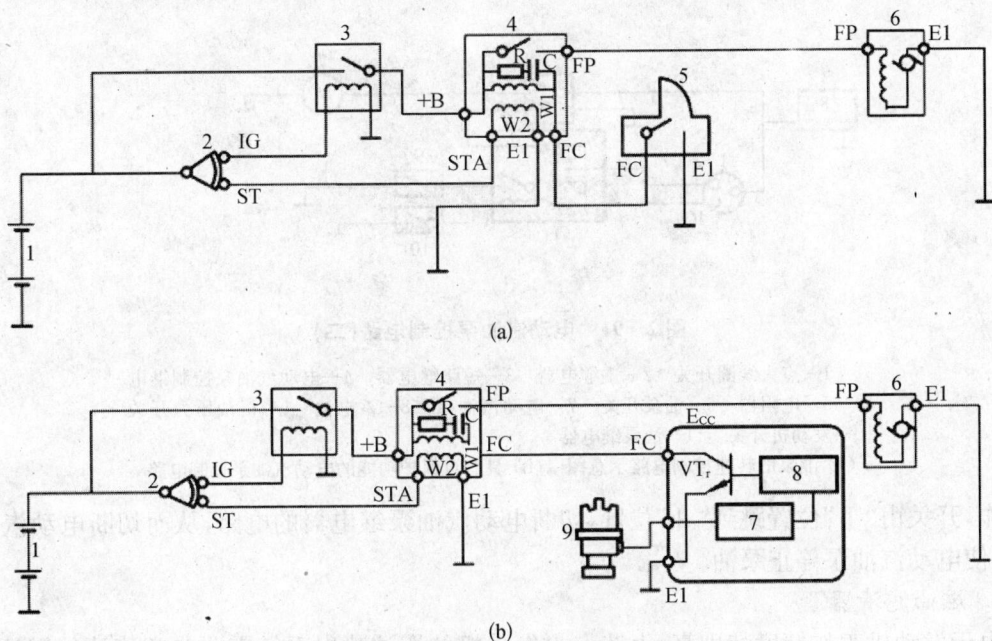

图 2-90　电动汽油泵控制电路(一)

1—蓄电池　2—点火线圈开关　3—主继电器　4—短路继电器　5—空气流量计　6—电动汽油泵　7—输入回路　8—后备集成电路　9—分电器
(a) 采用内藏泵触点空气流量计时的电动汽油泵控制电路　(b) 采用 ECU 控制方式时的电动汽油泵控制电路

　　电动汽油泵转速控制是指发动机在高速、大负荷时电动汽油泵转速高,以增加供油量。发动机在低速、中小负荷时需降低油泵转速,以减小油泵的磨损及不必要的电能消耗。电动汽油泵控制电路如图 2-91(a)所示。ECU 根据发动机转速和负荷控制油泵继电器工作,当发动机转速低、中小负荷时触点 B 闭合,油泵电路中串入电阻器 5 使泵转速降低;当大负荷高转速时,ECU 发出信号切断油泵控制继电器,A 点闭合,使油泵转速升高。如图 2-91(b)所示为具有自动保护功能的电动汽油泵控制电路,该电路能在点火开关处于"断开"位时,发动机的机油压力为零或发电机不转动时,电动汽油泵不工作,从而防止汽油喷出而引起火灾。其控制电路的工作过程是:当把点火开关置于"起动"位置(图中的"S"位)时,电动汽油泵继电器工作(此时开关处于"Ⅱ"位置),接通电动汽油泵电路,电动汽油泵开始泵油,直至发动机起动为止。当起动发动机后点火开关位于"开"的位置,此时发电机也正常发电,机油压力开关也处于接通状态。油泵继电器工作(开关处于"Ⅰ"位置),由于油泵继电器仍将电动汽油泵电路接通,故此时电动汽油泵正常工作。假如此时由于某种原因发电机停转或机油压力为零,油泵继电器则停

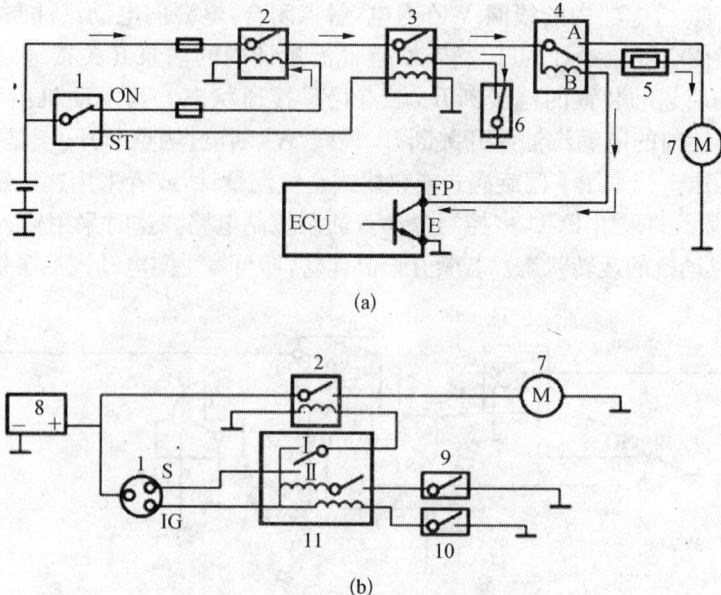

(a)

(b)

图 2‑91　电动汽油泵控制电路(二)

1—点火线圈开关　2—主继电器　3—短路继电器　4—电动汽油泵控制继电
器　5—电阻器　6—油泵开关　7—电动汽油泵　8—蓄电池　9—机油压力开关
10—发动机开关　11—油泵继电器
(a)油泵的转速控制电路示意图　(b)具有自保护功能的电动汽油泵控制电路

止工作,开关由"Ⅰ"位置跳到"Ⅱ"位置,切断电动汽油泵继电器的电路,从而切断电动汽油泵
电路,使电动汽油泵停止泵油。

3. 燃油滤清器

由于发动机工作精度特别高,火花点火发动机的燃油喷射系统需要非常清洁的燃油:燃
油中的颗粒会产生磨损,燃油中水分会引起腐蚀和膨胀。因此必须由专门的滤清装置或由油
路中的滤清器(见图 2‑92)过滤掉这些杂质。

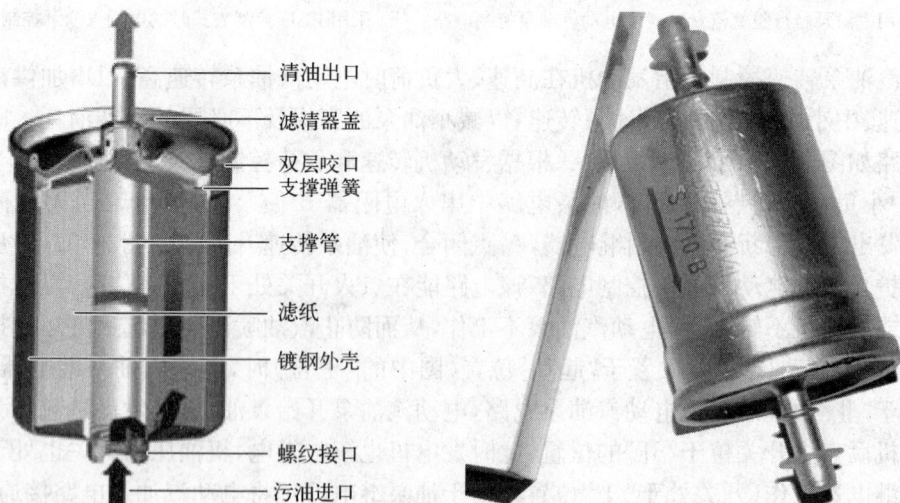

清油出口
滤清器盖
双层咬口
支撑弹簧
支撑管
滤纸
镀钢外壳
螺纹接口
污油进口

图 2‑92　燃油滤清器

可以运用的去除方式包括筛滤、扩散、碰撞和阻滞等。各种过滤、阻滞方式的效率取决于颗粒的大小和通过的速度。滤芯的厚度(以及颗粒在过滤材料中滞留的时间)与这些因素相匹配。当被污染的液体流过滤清器时,污染的颗粒物沉淀在滤芯的表面,经过一定时间的堆积而形成一层结构细致的"过滤块",过滤块与滤清材料有同样的阻滞(或滤清)作用。因此,燃油滤清器只有当过滤块形成后才能达到最高的滤清效率。

滤芯材料以纸质的为主,纸质滤芯由纸纤维和充满其间的树脂材料制成,滤芯整体置于油路的滤筛中,在油路中使通过滤芯每个表面的燃油流动速度都相同。必须定期更换燃油滤清器,防止污染和磨损,以保证燃油喷射系统的有效工作。

4. 燃油分配管(油轨)

燃油分配管(见图2-93)用来将燃油均匀地、等压地分配给各喷油器。它同时还有贮油作用,以防止燃油压力的波动,并使分配给各喷油器的燃油压力相等。

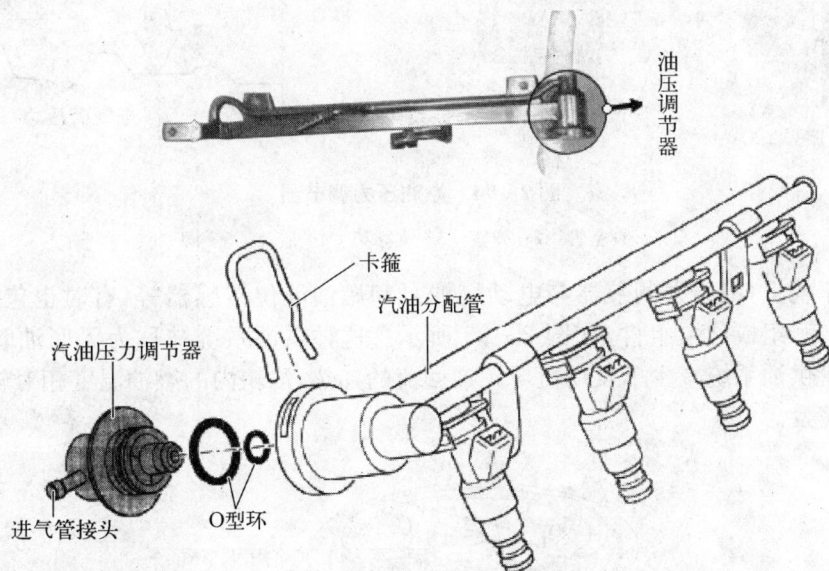

图2-93 燃油分配管(油轨)

油轨被精确地定位以防止喷油器打开/关闭时发生谐振而引起局部压力的变动。这防止了在负荷和转速变动时可能出现的燃油质量波动。根据实际车型的特殊需要,油轨由钢材、铝材或塑料等材料制成。

油轨上通常装有燃油压力调节器,也可能安装有压力波动衰减器。有些车的油轨上还安装有测试阀,便于测量燃油压力,也可以作泄压用。

5. 燃油压力调节器

喷油器的喷油量取决于喷油器设计、喷油脉宽和喷油压力,因为喷油器上端安装在分配油管,下端安装在进气歧管,所以喷油器的喷油压力等于分配油管的油压加进气管真空度。因进气管真空度随发动机转速和负荷的变化而变化,所以要求分配油管的油压随进气管真空度的变化而同步变化,以保持喷油压力的稳定。电脑通过控制喷油脉宽来精确地控制喷油量。为确保有效供油,压力调节器一般安装在油轨的远端。

压力调节器的结构如图2-94所示。膜片将金属壳体的内腔分为弹簧室和燃油室。通过软管连接到进气歧管的弹簧室内,装有一预紧力为 250 kPa 的弹簧。在进气管压力保持不变的情况下,当系统油压超过规定值时,膜片上曲,多余的燃油通过回油阀流回油箱,因而使系统油压保持在预定值。当进气管压力变化时,膜片变形,回油量改变,使系统压力与进气管压力之间的压差保持不变,该压差等于弹簧力,如图 2‑94 所示。发动机正常工作时,燃油压力在 0.25~0.3 MPa 之间变化。

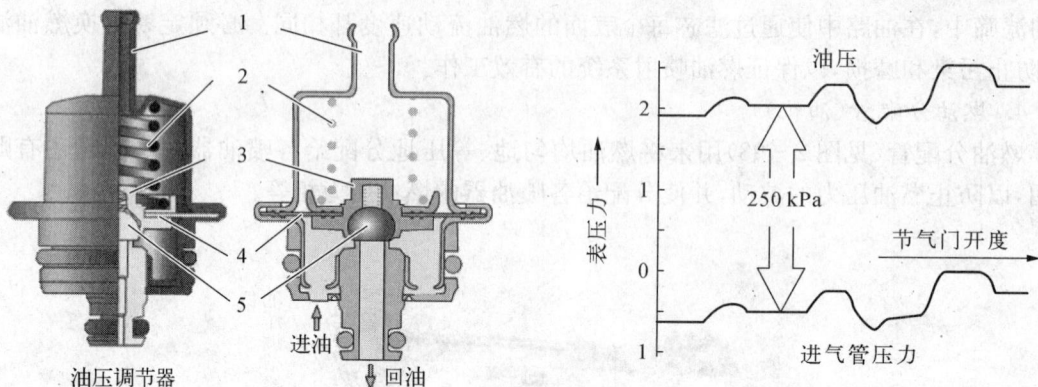

图 2‑94 燃油压力调节器

1—真空管 2—弹簧 3—支撑架 4—膜片 5—阀

在一些车辆上,将压力调节器与电动燃油泵和燃油液位传感器等(有时也包括燃油滤清器)装配在一起,组成油泵组件,如图 2‑95 所示。这种供油系统被称为无回油管供油系统。由于无回油管供油系统减少了发动机对燃油回流的加热,油箱内的燃油温度相对较低,从而减少了燃油的蒸发。

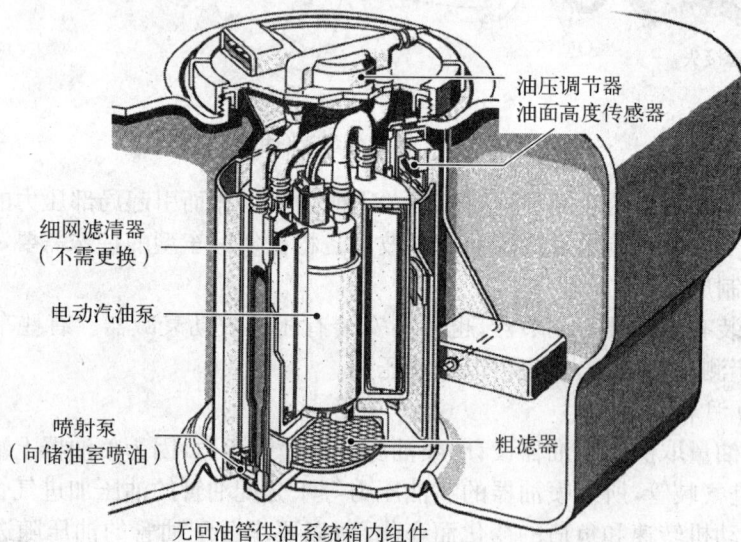

图 2‑95 含油压调节器的油泵组件

无回油管供油系统提供恒定的 350 kPa 燃油压力。在发动机工作时,油轨与进气管之间的压力差始终在改变,ECM 必须根据进气管压力信号对喷射时间作相应的修正。

6. 燃油压力脉动减震器

喷油器周期性的喷油和正排量泵周期性的泵油,均能引发燃油系统中的压力波动。若电动燃油泵安装位置不佳,油管和油轨就会将这种波动传到油箱和车身,并产生噪声。通过特殊的设计、装配和加装压力衰减器可消除这种噪声。燃油压力衰减器与压力调节器的设计结构大致相似,如图 2-96 所示。装有弹簧的膜片将衰减器内腔分成两部分:燃油腔和大气腔。当燃油压力超过工作压力时,膜片将克服弹簧力从阀座上抬起,燃油腔容积增大,从而消除了压力的峰值。当压力下降时,膜片恢复,将压力释放出来维持工作压力。

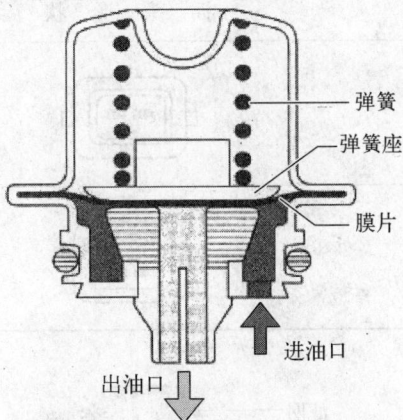

弹簧
弹簧座
膜片
进油口
出油口

图 2-96 燃油压力脉冲减震器

7. 喷油器

喷油器是燃油系统中最重要的部件,它接受来自电脑的喷油脉冲信号,精确地计量燃油喷射量。因此,它是一种加工精度非常高的精密器件,不可拆卸与维修。

根据喷油器喷口型式不同,可分为针阀型和孔型两种(图 2-97)。针阀型喷油器的喷口不易堵塞,而孔型喷油器的喷口喷出的燃油雾化好,它一般有 1~2 孔,由于制造厂家不同,有的做成球阀,有的做成锥形阀;以喷油器的阻值来区分,有低阻喷油器和高阻喷油器两种,低阻喷油器的电阻值约为 2~3 Ω,高阻喷油器的电阻值约为 13~16 Ω;按插头的形状来区分,喷油器的喷口形式和阻值如表 2-3 所示。

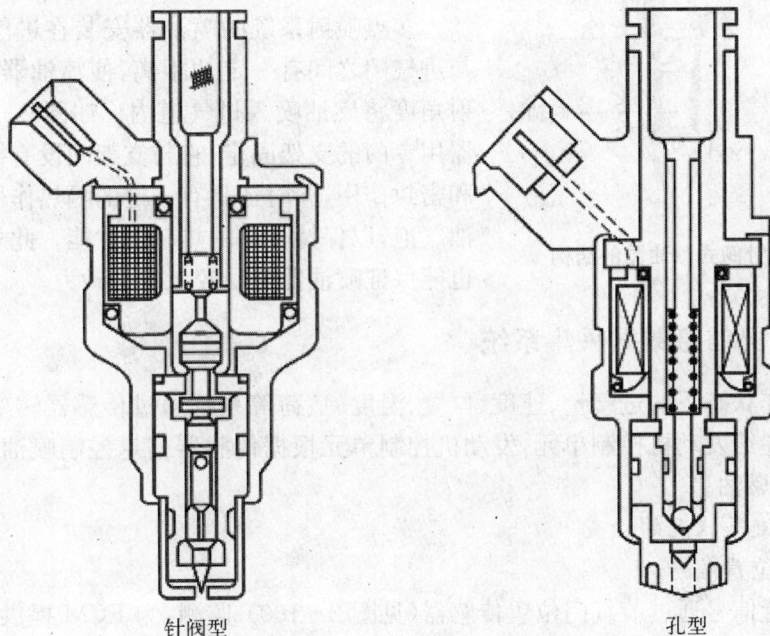

针阀型   孔型

图 2-97 喷油器的形式

表 2-3　喷油器喷口型式和插头形状

插　头　形　状	喷　口　形　状
	针阀型
	孔　型

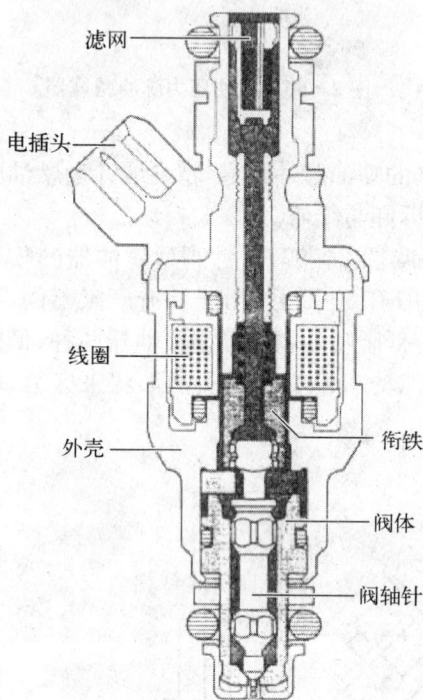

图 2-98　针阀式喷油器的结构

滤网
电插头
线圈
外壳
衔铁
阀体
阀轴针

虽然喷油器的种类及结构略有差异,但其工作原理都基本相同。图 2-98 是针阀式喷油器的结构。柱塞和针阀装成一体,在回位弹簧压力作用下,针阀紧贴阀座,将喷孔封闭。另外,为防止油中所含杂质影响针阀动作,设有滤清器,为适应不同的应用场合,设有调整针阀行程的调整垫片。

当 ECU 将开启针阀的电信号通过驱动电路作用于电磁阀线圈时,柱塞和针阀在电磁线圈吸力作用下移动,针阀上升约 0.1 mm,燃油从喷孔喷出。通常,喷油器工作时应有轻微的振动感和"叽、叽"的微喷声。这是人工检验喷油器工作与否的表征。喷射结束后,电磁线圈断电,回位弹簧将针阀关闭,喷油器停止喷油。

多点喷射系统的喷油器安装在进气门后,喷油器与进气门之间有一定的距离,使喷油器能以一定的喷射角度将燃油喷入进气道内。如图 2-99 所示,喷油器用专门的支架固定,它与支架间设有橡胶垫,起支承和密封作用,同时还具有一定的隔热作用,防止产生燃油气泡,以保持良好的热起动性能。此外,这些橡胶垫也能保证喷油器免受较大的振动力。

三、发动机工况信息数据采集系统

发动机工作状态下的进气量、速度、位置、温度、负荷等系统通过传感器转变为电信号,并将这些信号传递给发动机控制单元,发动机控制单元根据传感器信息控制喷油器为发动机提供适时、适量的燃油。

1. 发动机进气状况的检查

1) 节气门位置信号

进气门位置信号通过节气门位置传感器(见图 2-100)监测,为 ECM 提供节气门开度信号。节气门位置信号反映驾驶员对车辆的操控,提供一个动态的功能信息(急加速、加速、减速等);节气门位置信号反映发动机的负荷工作状态(提供怠速、全负荷或部分负荷),作为第二级

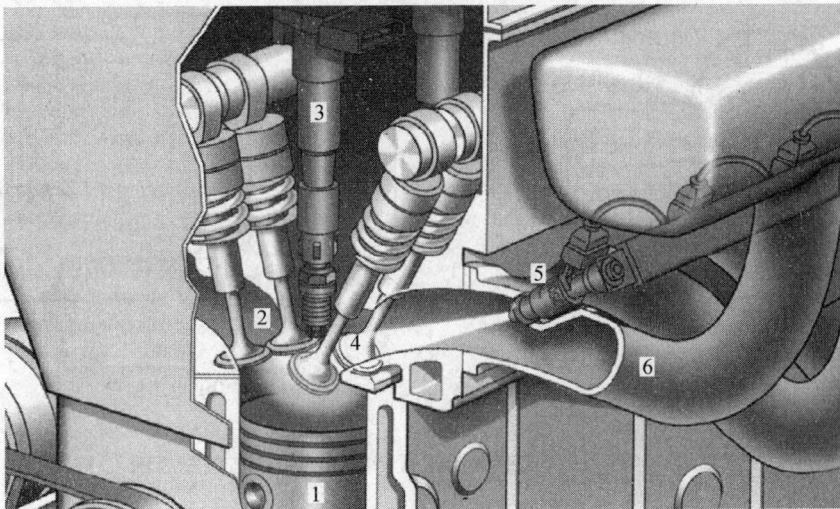

图2-99　喷油器的安装位置

1—活塞　2—排气门　3—火花塞　4—进气门　5—喷油器　6—进气歧管

负荷信号,在主负荷传感器(空气流量计)失效时,节气门位置传感器作为后备传感器。如果需要节气门位置传感器作测量发动机负荷,电控单元通过节气门开度信号和发动机转速信号,确定吸入发动机的空气质量。从温度传感器传给控制单元相关的信息,使系统根据温度的变化对空气的质量做出修正。

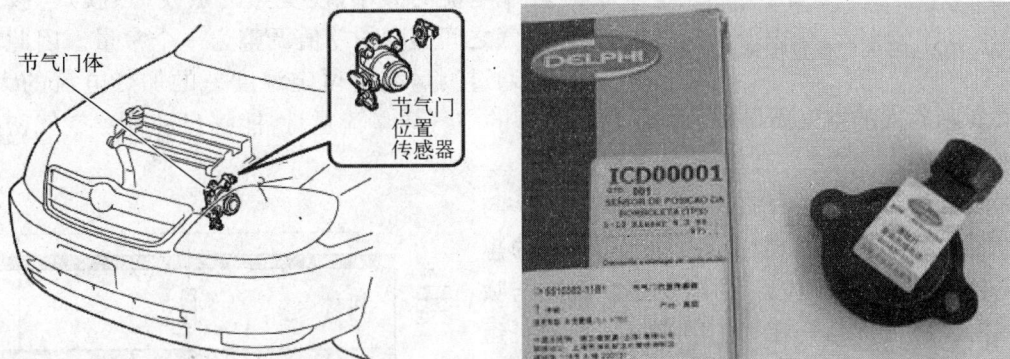

图2-100　节气门位置传感器安装位置

图2-101为线性式节气门开度传感器的结构图,传感器有两个同节气门联动的可动电刷触点,一触点可在基板上滑动,它与VTA相连,当节气门开度变化时,VTA端输出连续变化的电压信号。另外设一个怠速触点IDL,它只在节气处于全关闭状态时才被接通,输出低电平,其他工况下则输出高电平。Vcc端子为传感器提供5V基准电动势,E端子搭铁。节气门位置传感器的输出特性如图2-102所示。

有的车型节气门位置传感器由两个电位计构成,可以提高节气门位置传感器的检测精度和可靠性。

2) 空气质量流量的检测

空气计量装置用来测定发动机的进气量。进气量是计算基本喷油量的基础信号之一。

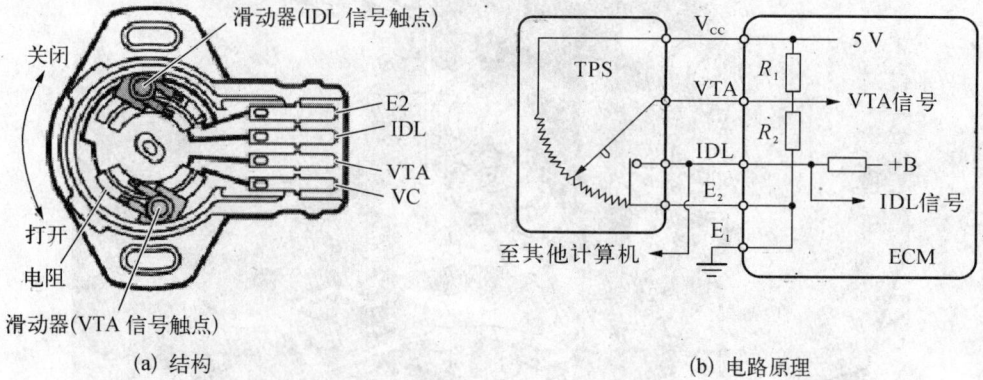

(a) 结构　　　　(b) 电路原理

图 2‑101　综合式节气门位置传感器的结构与电路原理

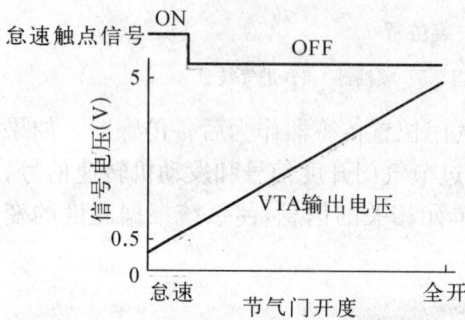

图 2‑102　节气门位置传感器的输出特性

L 型燃油喷射系统通过热式空气质量流量计计量进气量，热线式和热膜式空气质量流量计都属于"热式"负荷传感器。它们被安装在空气滤清器和节气门之间，监测进入发动机的空气质量（kg /h）。这两种型式的空气质量流量计的工作原理相同。一个电热元件安装在进气空气流中，它被吸入的空气流冷却。由控制回路调整加热电路中电流的大小，使受热的热线（热膜）与吸入的空气之间温度的差值调整为一个常量。因此就可以通过测量维持恒定温度差的加热电流的大小，来反映实际流入的空气质量的大小。这种原理的空气质量流量计，能够自动补偿空气密度变化带来的影响。

如图 2‑103 所示，由铂丝（热线）电阻 R_H 与温度补偿电阻 R_K、测量电阻 R_M 和 R_A 构成的惠氏通电桥放置在进气道内。通电使热线温度与吸入空气温度差值保持一定（约 100℃）。发动机运行时，热线因进气气流的冷却而变冷，其阻值发生变化，使电桥失去平衡。为了保持电桥的平衡，混合集成电路将加大通过热线的电流，使热线温度升高，阻值恢复。与此同时，热线电流流过测量电阻 R_M，输出电压 U_M 随之升高。信号电压 U_M 的变化反映了空气流量的变化，ECM 监测到此信号后，控制喷油量相应的变化。

（1）热线式空气质量流量计　在热线式空气质量流量计中，加热元件是一根铂丝，它的直径约为 70 μm，温度传感器集成在热线式空气质量流量计中，对吸入空气温度提供补充数据。控制回

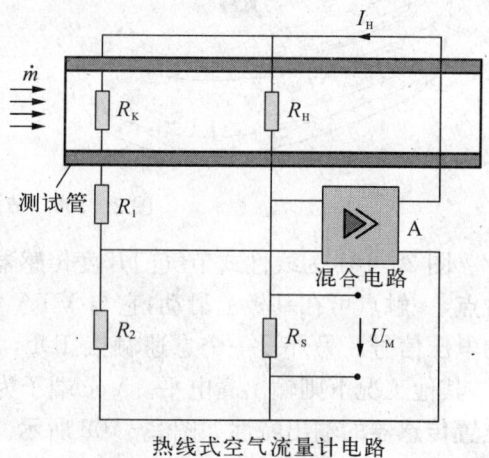

热线式空气流量计电路

图 2‑103　热式空气流量计工作原理

R_H—铂丝热线　R_K—温度补偿电阻（冷线）
R_M—精密电阻　R_A—电桥电阻　A—混合集成电路　U_M—输出信号

路中的主要部件包括一个电桥电路和一个放大器。受热铂丝和进气温度传感器，都是电桥电路上的温度敏感电阻。这种结构型式的流量计，由于铂丝较细，进气道中的气流流速变化大，因而热线易断。为了防止沉积在铂丝上的污染物引起"零点漂移"，热线式空气质量流量计设置烧净电路。在每次关闭发动机时，ECM输出一控制信号使三极管T导通，电桥失去平衡，控制放大器将输出一极限电压，将热丝加热到1 000℃，以烧掉黏附在其上的污染物。也有一些系统将热线的保持温度提高到200℃，防止热线被污染。

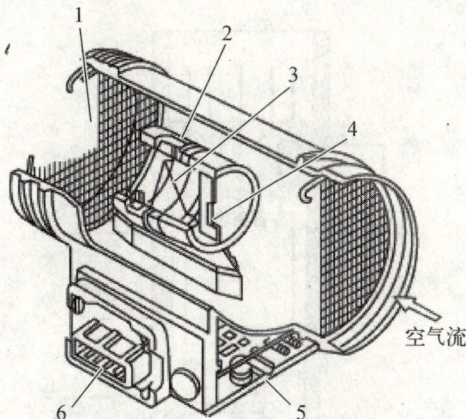

图2-104　热线式空气流量计

1—防护网　2—取样管　3—铂丝热线　4—温度补偿电阻(冷线)　5—控制线路板　6—电插头

　　(2) 热膜式空气质量流量计　在热膜式空气质量流量计中，加热元件是一个铂制的膜片电阻(加热电阻)，它与电桥电路中的其他元件一起置于一块陶瓷基板上。加热膜片的温度由安装在电桥中的温度敏感电阻测定。加热电阻与流量传感电阻的分离有利于控制电路的设计。电路设计成锯齿状以确保加热元件和进气温度传感器之间不发生热耦合。整个控制电路位于同一陶瓷基体上：加热电阻两端电压的大小反映了流过的空气质量的大小，热膜式空气质量流量计的电子回路，将电压转变为一个适合于ECU进行处理的电平(见图2-105)。这种装置不再需要依靠烧灼来确保系统在很长一段时间的测量精度。因为大多数的沉积污染物主要沉积于传感器的边缘，所以主要的传热部件安装在位于气流下游的陶瓷基板上(见图2-106)。传感器元件的设计应能确保沉积污染物不影响传感器周围的气流。

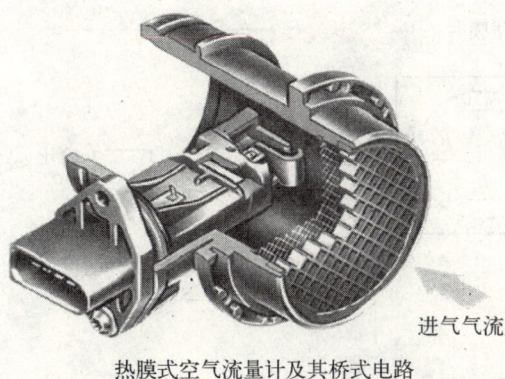

热膜式空气流量计及其桥式电路

图2-105　热膜式空气流量计

　　(3) 进气管绝对压力传感器(见图2-107)是"速度—密度法"电控系统(D型汽油喷射系统)中最为重要的传感器，它的作用是检测进气管内的压力变化，并将信号传递给发动机控制单元。发动机控制单元参考进气温度、发动机转速、节气门开度等信息计算进气质量，并以此作为基本喷油量的依据。

　　进气管绝对压力传感器通常安装在进气管上或振动较小的车体上，它也可以做成一个装

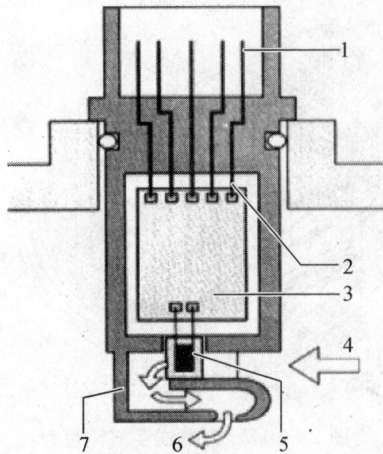

图 2-106　热膜式空气流量计的结构

1—电气接头　2—电气接头内部引出端　3—评估电路
4—空气进口　5—传感元件　6—空气出口　7—外壳

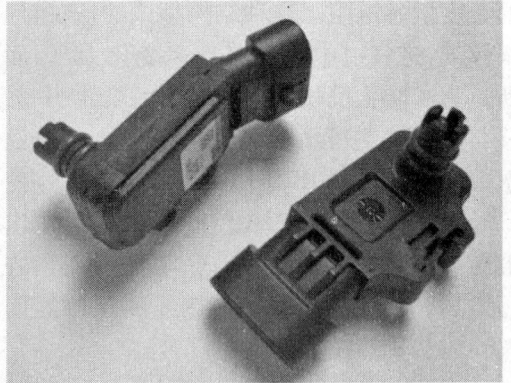

图 2-107　进气管绝对压力传感器

在 ECM 上的元件。它的类型很多,根据信号产生的原理不同分为半导体压敏电阻式、电容式、膜盒传动的可变电感式和表面弹性波式等。目前以半导体压敏电阻式和电容式传感器应用最为广泛。

①半导体压敏电阻式。半导体压敏电阻式进气压力传感器由压力转换元件、真空室和混合集成电路组成。压力转换元件是利用半导体的压电效应制成的硅膜片。硅膜片的一侧是真空室,另一侧则导入进气歧管压力,如图 2-108 所示。

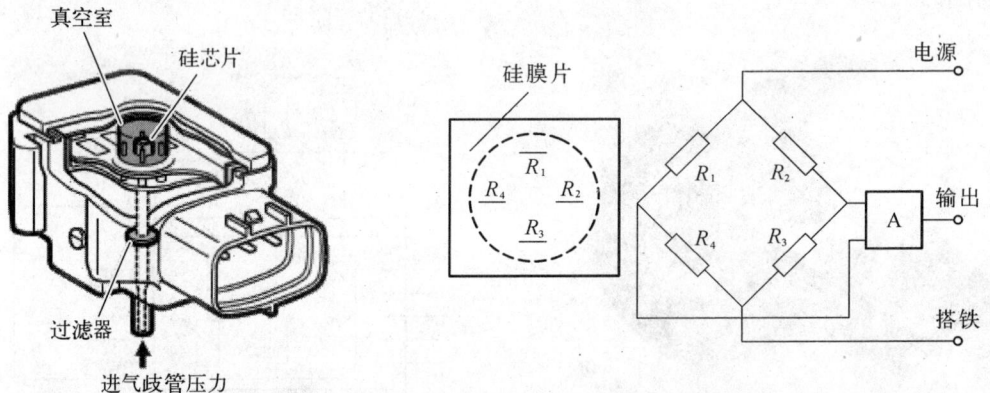

图 2-108　半导体压敏电阻式进气管绝对压力传感器的结构与工作原理

硅膜片是一个约 3 mm 的正方形,在其中部经光刻腐蚀形成直径约 2 mm、厚度约 0.05 m 的薄膜。在膜片表面有四个应变电阻,它们以惠氏通电桥方式相连接。在进气歧管压力作用下,硅片上的薄膜将会产生一定的变形,使扩散在硅片上的电阻阻值改变。进气歧管压力越大,硅膜片产生的变形越大,其电阻阻值变化越大。惠斯通电桥将这种压力变化转换成变化的电压信号输出。由于压力转换元件输出的电信号很微弱,须经过传感器中的集成电路进行放大处理后再输出,以提高抵抗干扰的能力。

由此可见,进气管绝对压力传感器是集传感、放大于一体的部件。其输入借助于橡胶软管与进气管相连接,输出与进气管压力呈线性关系的电压信号。

图 2 - 109 所示的是一种信号电压随进气管压力增大而增大的传感器特性,而另外一些型号的半导体压敏电阻式传感器则可能具有相反的输出特性。由于传感器内部有放大电路,故其电插头有三个端子,分别为搭铁、电源和信号线。ECM 的 VCC 端为集成电路提供 +5 V 的电源,传感器将信号输出至 ECM 的 PIM 端,如图 2 - 110 所示。

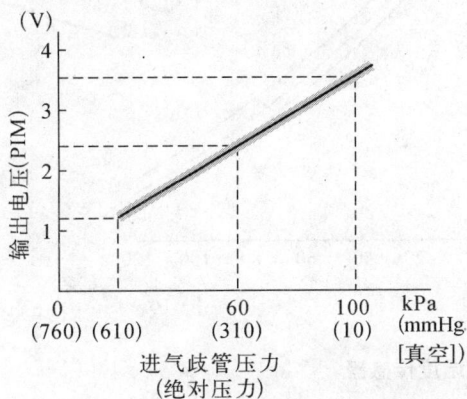

图 2 - 109　进气管绝对压力传感器的输出特性

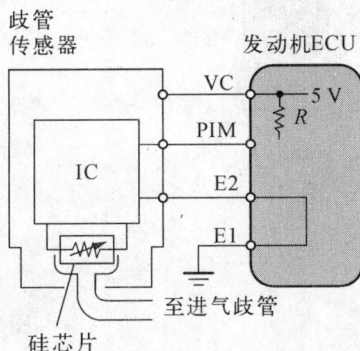

图 2 - 110　进气管绝对压力传感器的电路

② 电容式。FORD 公司的一些车辆上使用电容式进气压力传感器。它将可变电容(压力转换元件)连接到传感器混合集成电路的振荡电路中,由于可变电容的电容值随着进气管压力的大小而变化,所以传感器输出与进气管压力成正比的频率信号。当发动机处于怠速工况时,进气管的真空度约为 61 KPa,传感器输出的信号频率约为 95 Hz;而在节气门全开的情况下,进气管的真空度约为 7 KPa,传感器输出的信号频率约为 160 Hz。

3) 进气温度检测

由于温度的变化会引起空气密度的变化,所以在 D 型系统和采用体积式空气流量计的喷射系统中,喷油量应该能够响应进气温度的变化。进气温度传感器(ATS)用来检测发动机进气的温度,ECM 根据它的信息对基本喷油量进行修正。进气温度越低,加浓量越大。当进气温度大于 40℃ 时,ECM 停止加浓。

在 D 型 EFI 系统中,进气温度传感器安装在空气滤清器之后的进气软管上或进气压力传感器内,在 L 型 EFI 系统中,常安装在空气流量传感器上。进气温度传感器内部,是一个具有负温度电阻系数的热敏电阻,外部用环氧树脂密封。随温度的升高,热敏的电阻阻值降低,其所分担的电动势也随之降低,发动机控制单元通过检测此电动势的变化可以检测出进气温度的变化,如图 2 - 111 所示。

2. 发动机运转状况检测

1) 发动机转速信号和曲轴位置信号的检测

曲轴的位置信息由曲轴转速与位置传感器检测得到,曲轴位置是发动机的时钟,它所表征的是活塞在发动机气缸中的运动位置,发动机的点火时刻和供油时刻的确立都以此作为基准值。曲轴的位置信号用曲轴的转角表示,曲轴位置的变化的速度就是发动机的转速,通常用每分钟转的圈数表示。发动机的转速是表征发动机工况的重要参数,而这个转

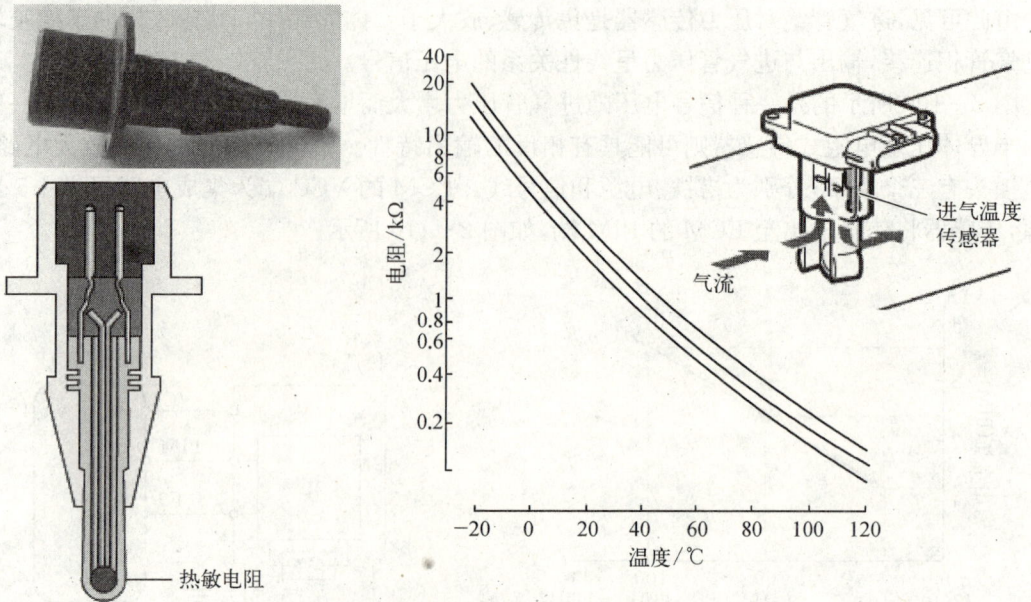

图 2‑111　进气温度传感器

速信号是通过计算曲轴位置信号获得的。尽管曲轴传感器发出的信号只是简单地表明曲轴的位置,但它在 ECU 中可以通过计算转换为发动机转速信号,因此它被用作发动机转速传感器。

　　曲轴位置传感器通常安装在曲轴靠近飞轮一侧(如图 2‑112 所示),也可能安装在飞轮前端或分电器内。由安装在曲轴上的磁性材料做的齿圈和安装在发动机机体上的与之对应的传感器头构成。磁感应式传感器,传感头由永磁铁极轴及线圈组成。永磁铁由磁通通过极轴延伸到齿圈并与齿圈构成磁路,当齿圈随发动机曲轴一起转动时,齿顶与齿隙交替对向极轴,磁

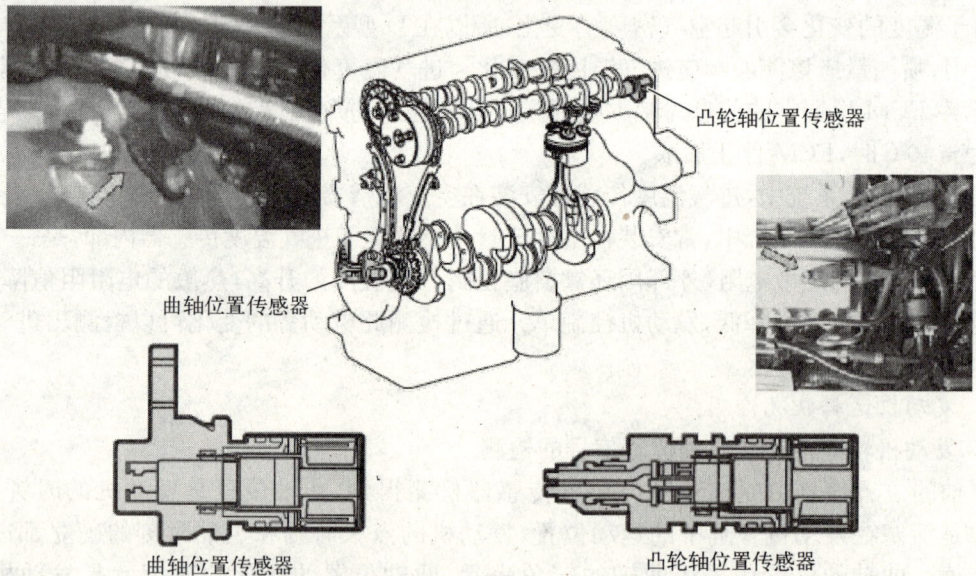

图 2‑112　曲轴位置传感器和凸轮轴位置传感器安装位置

路磁阻发生变化,通过线圈的磁通量发生变化,线圈便产生一个变化的感应电动势,电压变化的频率便精确反映出转速。齿圈上共有 58 齿,其中有一处缺 2 齿作为识别曲轴转角位置上的基准标记,即 1 缸上止点前 72°位置,如图 2-113 所示。

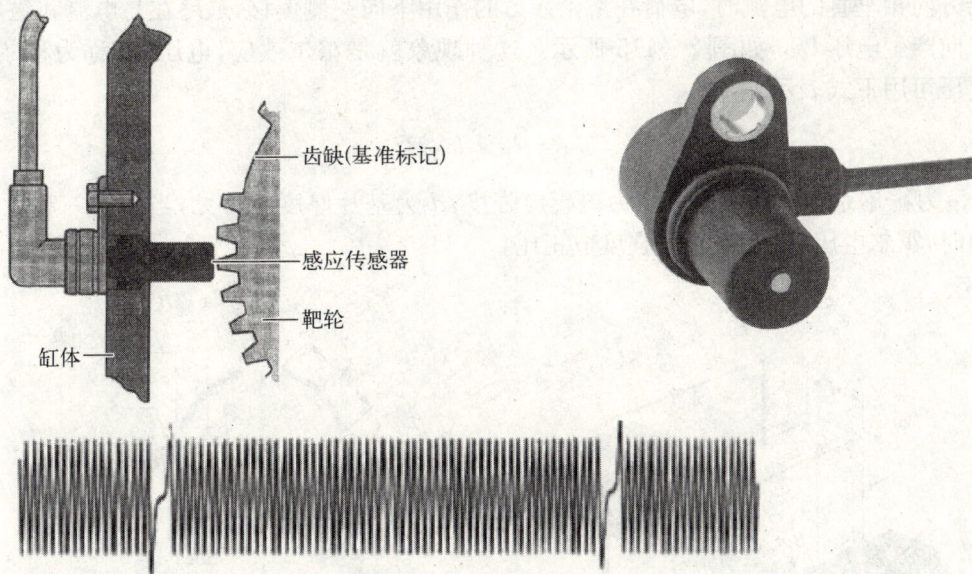

齿缺(基准标记)

感应传感器

靶轮

缸体

图 2-113　曲轴位置传感器

由于磁电式曲轴位置传感器信号比较弱,而且敏感,容易受高压点火线,车载电话、风扇、起动机等电子设备的电磁干扰,它会引起行驶性能故障或产生故障码,为了防止该现象的出现,在制造发动机线束过程中,曲轴位置传感器的两根信号线采用了双绞线结构形式(见图 2-114),采用这种形式可以有效地防止外界信号对曲轴位置传感器信号的影响,而且也降低了生产成本。

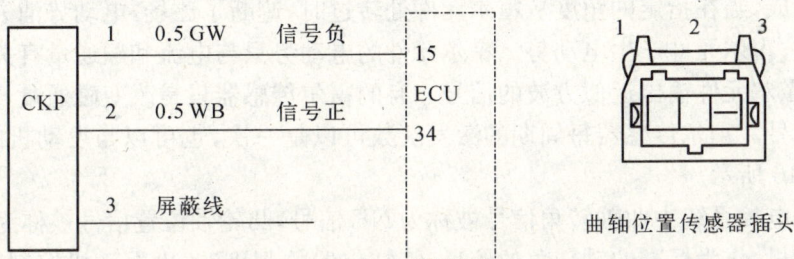

曲轴位置传感器插头

图 2-114　曲轴位置传感器插头

2) 凸轮轴位置的检测

四冲程的内燃机,一个工作循环活塞经历压缩终了和排气终了两个上止点。发动机曲轴运转两圈,有两个上止点信号,发动机控制单元无法准确判定压缩上止点的位置。

凸轮轴控制发动机的进排气门开和闭,它的转速只有曲轴转速的一半。当活塞运动到上止点时,凸轮轴根据进气门和排气门所处的位置,来确定气缸是处于压缩点火阶段还是处于排气阶段,而这个信息不能通过测量曲轴位置获得。在需要分别确定每个气缸的喷射正时的系统中(多点间歇喷射系统),凸轮轴的位置必须被监测,用于确定喷射的时间序列。

凸轮轴的位置通常用霍尔传感器来监测。所以在很多车辆上的霍尔传感器指的就是凸轮轴位置传感器,霍尔传感器利用霍尔效应原理工作。

1879 年,美国科学家 Edward Hall 发现,当给放在磁场中的半导体基片(霍尔元件)通过与磁场方向相垂直的电流时,电荷在洛伦兹力的作用下向一侧偏移,最终在与电流和磁场相垂直的方向产生电压 U_H,如图 2-115 所示。这种现象就是霍尔效应,电压 U_H 称为霍尔电压。霍尔电压可用下式表示:

$$U_H = R_H \cdot I \cdot B / d$$

式中,R_H 为霍尔系数;I 为电流;B 为磁感应强度;d 为基片厚度。可见,当结构一定且电流 I 为定值时,霍尔电压 U_H 与磁感应强度成正比。

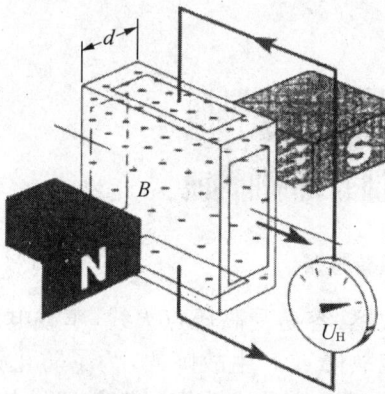

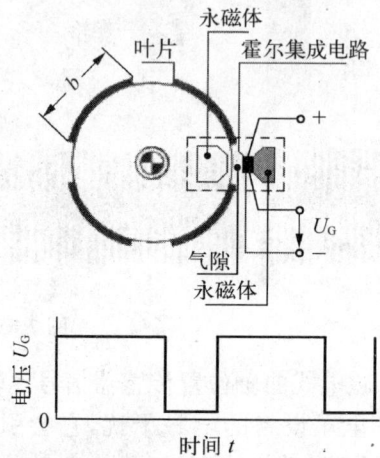

图 2-115　霍尔效应原理　　　　　图 2-116　叶片触发式霍尔传感器的结构原理

霍尔传感器由带通电半导体晶片的霍尔元件和与凸轮轴一起旋转的触发轮组成,触发轮由铁磁材料制成,当在指定的角度从霍尔元件处转过时,遮断了磁场,电动势消失,当转动到触发轮的空隙时,霍尔元件产生电动势。霍尔元件的电动势只与电流和磁通量有关,当磁通量被完全阻断时,霍尔元件输出近似方波的信号。有的霍尔传感器只是改变磁通量,则输出类似电磁传感器的信号。霍尔传感器每周期的激发次数可以是一次,也可以与发动机的气缸数目相同,如图 2-116 所示。

在发动机电控系统中曲轴转角信号被称为 NE 信号,凸轮轴位置信号被称为 G 信号,G 信号被送至发动机,作为标准曲轴转角的信息(气缸位置的判别)。由发动机控制单元将其和曲轴位置传感器送来的 NE 信号合并,以确定每个气缸点火用的压缩"上止点"和探测曲轴转角的信息(气缸位置的判别)角度,如图 2-117 所示。发动机控制单元就用此来确定喷射正时和点火正时。

3) 冷却液温度的检测

水温传感器用来检测冷却水的温度,它通常安装在发动机冷却水通路上。多数汽车上的水温传感器采用负温度系数(NTC:Negative Temperature Coefficient)的热敏电阻。其特性为水温越高,电阻的阻值越低。水温传感器的结构、特性曲线以及与 ECM 的连接电路如图 2-118(a)、(b)、(c)所示。

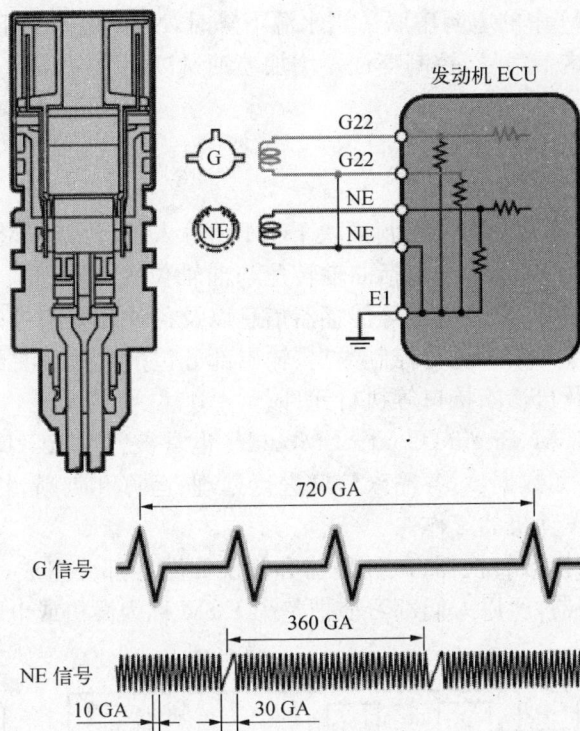

图 2‐117　曲轴转角信号(NE 信号)和凸轮轴位置信号(G 信号)

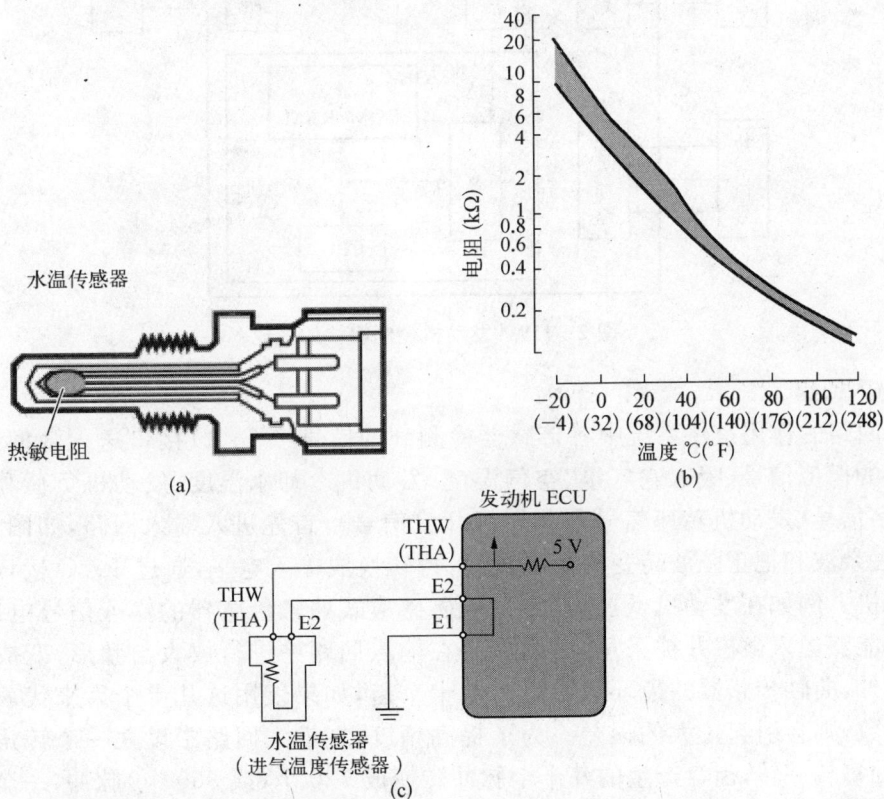

图 2‐118　水温传感器的结构、输出特性与电路连接

水温传感器与 ECM 中的电阻串联。当水温下降时，NTC 电阻的阻值变大，THW 端信号电压上升。ECM 根据这个信号，控制喷油器增加喷油量以加浓混合气。

四、喷油控制系统

1. 发动机控制单元的结构组成

发动机电子控制系统由发动机控制模块 ECM 和输入、输出以及将它们连接在一起的线束和连接器等部分组成。输入部分包括曲轴转速与曲轴位置、进气量、节气门位置、发动机温度、进气温度、氧传感器和蓄电池电压等传感器信息以及各种开关信号；ECM 是发动机管理系统的核心，它根据各种输入信息进行控制输出；输出部分包括电磁喷油器、点火执行器、怠速步进马达、油泵继电器以及自诊断接口等执行元件。

发动机控制模块 ECM(Engine Control Module)也常被称为 ECU、PCM。它的作用是根据其本身内存中的程序和数据，对各输入信息进行处理、运算和判断，然后输出指令来操纵有关执行器动作，以控制发动机的工作。

ECM 由输入回路、模数转换器、微处理器和输出回路四部分组成，如图 2-119 所示。由于其核心部件是微处理器，所以人们都习惯把整个 ECM 称为微机或电脑。

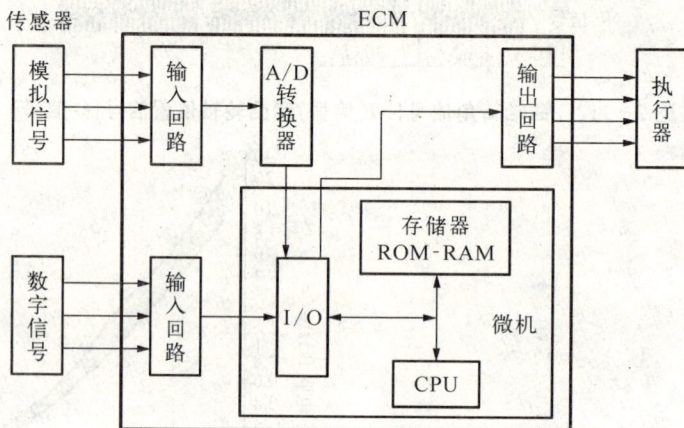

图 2-119　发动机控制模块的构成

1) 输入回路

输入回路的作用是将系统中各传感器检测到的信号经 I/O 接口送入微型计算机，从传感器来的模拟信号(吸入空气量、空气温度、发动机冷却水温度、发动机负荷和电源电压等)和数字信号(发动机转速信号和节气门开度信号)，首先进入输入回路，如图 2-120 所示，在除去杂波和把正弦波转变为矩形波后，再转换成输入电平，通过 I/O 接口直接进入微型计算机。例如在发动机低速运转时，电磁感应式曲轴传感器的输入信号电压很弱，为了使信号能够送入微机并被采用，必须将它在输入回路中进行放大与整形，变成整齐的矩形波。另外，曲轴传感器的齿环通常只有几十个齿，如果仅用这几十个齿来代表曲轴每一转中的步数，则会引起较大的误差。为了提高精度，在输入回路中设立一个转角脉冲发生器，把曲轴每转一转，齿盘产生的几十个脉冲转变成 720 个(或 360 个)脉冲，一个脉冲代表 0.5°(或 1°)的曲轴转角。

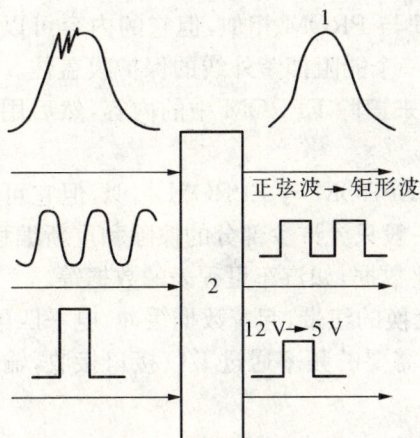

图 2－120　输入回路的作用

1—除去杂波　2—输入回路

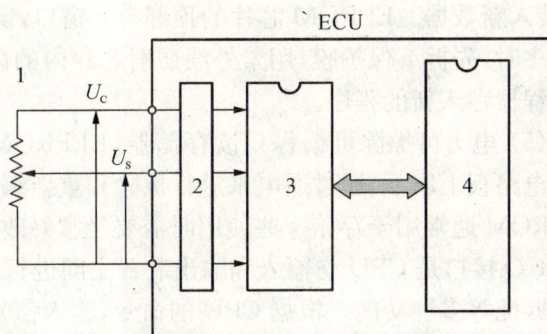

图 2－121　模拟信号输入处理回路

1—空气流量计　2—输入回路　3—A/D 转换器　4—微型计算机

2）模数转换器（A/D 转换器）

输入 ECM 的传感器信号有两种：一种是模拟信号（如温度传感器的信号、叶片式空气流量计的信号等）；另一种是数字信号（如起动信号、全负荷信号等）。数字信号直接送入微机的 I/O 接口；模拟信号则要经过 A/D 模数转换器转换，变成可识别的数字信号后送入微机，如图 2－121 所示。

3）微处理器（微机）

微机是发动机电子控制系统的核心，由中央处理器（CPU）、存储器、输入输出接口（I/O）和总线（BUS）等部分组成。

CPU 主要由进行算术和逻辑运算的运算器、暂时存储数据的寄存器、按照程序执行控制和信号传送任务的控制器等构成。微机内装有一个发出恒定时间脉冲的晶体振荡器（时钟），它使计算机的全部工作同步，保证同一时间内完成一定的操作，使控制系统各部分协调工作。

存储器用来存储数据、表格和指令，它有以下几种类型：

（1）随机存取存储器（RAM）　RAM 用来暂时存储计算机输入、输出和计算过程中产生的中间数据等。根据需要，可随时调出或更新 RAM 中的数据信息。当电源切断时，RAM 中的信息均完全丢失。为了能长期保存某些存入 RAM 中的信息（如故障代码、空燃比学习修正值等），RAM 都通过专用的电源后备电路与蓄电池直接连接。

（2）只读存储器（ROM）　ROM 用来存储永久的信息，这些信息用来指挥计算机应该随输入数据做些什么。在制作芯片的过程中，已将如喷油特性脉谱、点火控制特性脉谱等数据资料存入 ROM，在使用时无法改变 ROM 中的原始数据，新的数据也不能存入。即使在电源切断时，ROM 中的信息也不会丢失。

（3）可编程只读存储器（PROM）　PROM 和 ROM 一样只能进行一次编程，使用时其信息是不能改变的。这种存储器可由用户根据需要，用一种叫做 PROM 编程器的专用仪器对 PROM 编程，而无须生产 IC 的厂家完成编程。这样，汽车生产商可根据汽车型号和配置的不同，将信息资料存入 PROM 中。这种存储器有的制成专用芯片，可从微机上取下，当汽车生产商对发动机或底盘进行重新组合或更换时，可从微机上更换新的 PROM，使同一微机适用于不同的车型。

（4）可擦除可编程只读存储器（EPROM）　EPROM 与 PROM 相似,但它的内容可以擦除,装入新数据。EPROM 芯片的顶部有一窗口,窗口由一个能阻挡紫外线的保护膜盖住。更改程序时,先拆下保护膜,用紫外线照射芯片内的微电路来擦除 EPROM 中的内容,然后用专用编程器存入新的程序。

（5）电力可擦除可编程只读存储器（EEPROM）　EEPROM 与 EPROM 相似,但它可以不从电路板上取下,通过通电来进行擦除和重新编程。一般只允许少部分的擦除和重新编程。EEPROM 通常用于存储一些使用时需要经常修改的重要数据,如汽车里程表的数据等。

I/O 接口是 CPU 与输入和输出装置之间进行信息交换的纽带,起着数据缓冲、电平匹配、时序匹配等多种功能。根据 CPU 的命令,输入信号以所需要的频率通过 I/O 接口接收,输出信号则按发出控制信号的形成和要求通过 I/O 接口。

4）总线

在微型计算机硬件系统中,中央处理器、存储器 ROM 及 RAM、输入/输出(I／O)接口相连时,都用公共的总线。总线有数据总线、地址总线和控制总线。图 2 - 122 是中央处理器 CPU、存储器 ROM 及 RAM、I／O 接口之间连接总线,它包括 8 根数据总线、16 根地址总线和若干控制总线。数据总线:主要用于传递数据和指令。

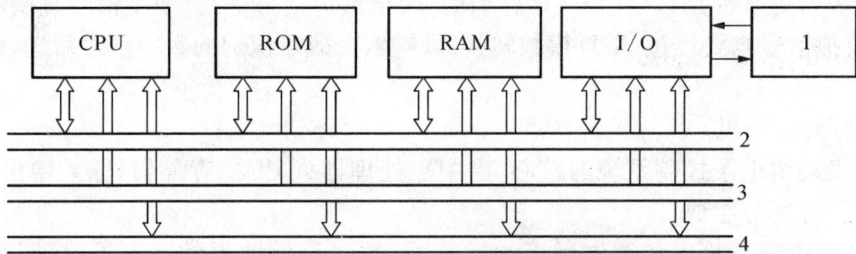

图 2 - 122　微型计算机系统总线

1—输入/输出设备　2—数据总线　3—地址总线　4—控制总线

地址总线:用于传递地址码。总线上各器件之间的通讯,主要是靠地址码准确地进行联系。例如需要对存储器内某单元进行读写数据时,必须先将该单元的地址码送到地址总线上,然后再送出写入或读出的数据,才能完成操作。

控制总线:CPU 可以通过它随时掌握各器件的状态,并根据需要随时向有关器件发出控制指令。

电源供给电路将汽车电源转变为标准的 5 V 电压以满足微机工作的需要。它还能在短时间的电源中断时,提供一定时间的后备电源,防止数据和工作程序的丢失。

5）输出回路

输出回路的作用是放大微机的输出信号(电压和功率放大),驱动执行机构。微机输出的是数字控制信号,而且输出的电流很小,这种信号一般不能驱动执行器工作,需要输出回路进行将其转换成可以驱动执行器工作的控制信号。

6）系统软件

控制系统中最主要的软件是主控程序,它主要负责对整个系统进行初始化,实现系统的工作时序、判定控制模式、控制点火角度和喷油脉冲信号的输出等。软件中还有转速与负荷的处理程序,中断处理程序及查表程序。针对发动机使用要求预先确定点火角脉谱及喷油量脉谱,

<<<< ---

以及其他为匹配各工况而选定的修正系数、修正函数和常数等,都以离散数据的形式存储在微型计算机的存储器中。

　　目前发动机的 ECM 除了上述基本装置外,还把电源装置、电磁干扰保护装置、自检装置和后备系统等组装在一起,装在一个可以防止水和热辐射的金属壳内,结构十分紧凑,使控制器的工作相当可靠。ECM 本身的使用温度不应超过 90℃,否则会损坏某些部件的功用。ECM 通常安装在驾驶舱内,也有安装在发动机舱或直接安装在发动机上的例子。

　　2. 喷油量的控制

　　发动机转速和进气量决定喷油器的开启持续时间,喷射脉冲的频率由发动机转速确定。ECU 还接收并处理来自点火装置的触发脉冲,它们先通过一个脉冲发生器产生一定频率的矩形脉冲,送入分频器后,把由点火次序决定的脉冲频率分成每个工作循环输出两个脉冲,而不需考虑气缸数。脉冲始点就是喷油器的喷射始点。对每一只喷油器来说,曲轴每转一周喷射一次,不必考虑进气门的开闭相位。在进气门关闭时,燃油已经喷射入内,进气门随后开启,已喷入的燃油将与空气同时被吸入气缸的燃烧室内。喷油的持续时间上要取决于测得的发动机吸入的空气量和发动机转速。

　　喷射脉冲的形成(见图 2 - 123)电控单元设有一个分路控制的多谐振荡器(DSM),借此

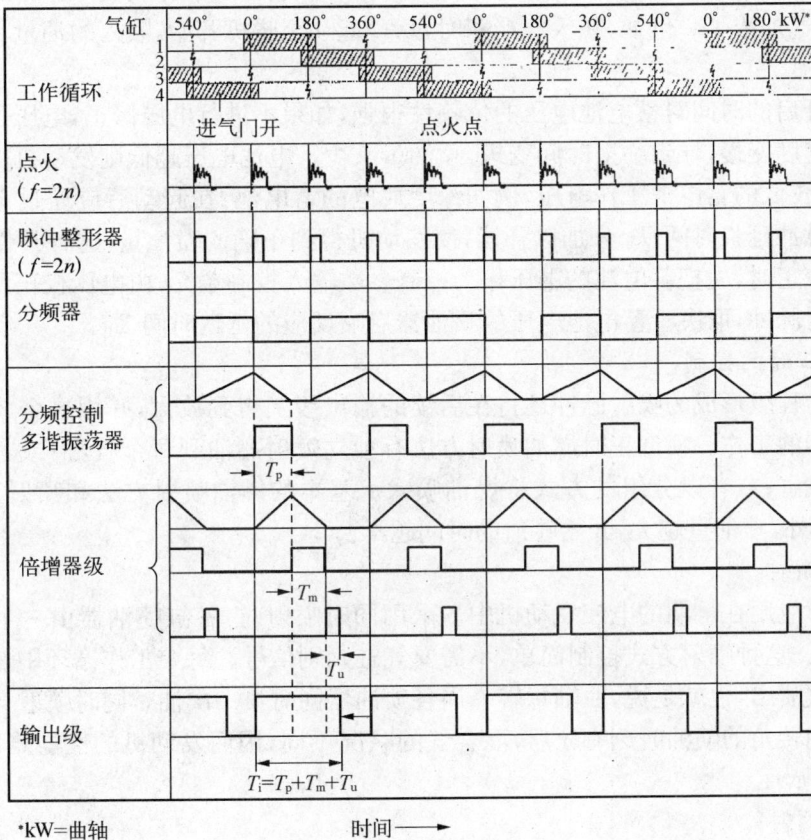

图 2 - 123　4 缸机中喷油脉冲的形成

n—发动机转速;T_p—基本喷油时间;T_m—修正引起的脉冲宽度延长量;T_u—蓄电池电压补偿引起的脉冲宽度延长量;T—脉冲控制时间(s)

来形成基本喷射时间。DSM 接收分频器中传来的转速信号 n，并将转速信号 n 同空气质量信号 U_s 一起进行处理。为了实现间歇喷油，DSM 将电压 U_s 转变为方波控制脉冲，由脉冲的持续时间 T_p 确定基本喷油量，也就是不考虑任何修正的情况下每个进气行程喷入进气道的燃油量。因而 T_p 被称为基本喷油时间。每个进气行程吸入空气越多，基本喷油时间越长。这里有两种可能的临界情况：若在吸入的空气量保持不变的条件下，气缸转速升高，节气门后的压力下降，使每一行程吸入气缸的空气量减少即气缸充量减少，因此燃烧所需的燃油量减少，与此相应的基本喷油时间 T_p 也应减少；若在转速保持一定的条件下，发动机功率增加，节气门开度的增加使吸入的空气量增加，需要喷入更多的燃油量，此时 DSM 的基本喷油时间就要增加。

在汽车行驶过程中，发动机的转速与功率是同时改变的，因而 DSM 必须不断计算基本喷油时间。T_p 一般在高速工况下，发动机的功率也较大，由此得到的基本喷油时间 T_p 也较长，使每个工作循环喷出的燃油量加大。为适应汽车发动机不同的运行工况，基本喷油时间将通过传感器输入的各个信号得到扩展。基本喷油时间与不同工况的匹配是通过控制单元中的脉宽扩程级得以实现的。扩程级得到来自分路控制多谐振荡器的 T_p 时间脉冲之后，继续采集发动机不同工况的附加信息，如冷起动、暖机、全负荷工况等，由此计算确定一个校正系数 k，并与由分路控制多谐振荡器计算出的时间 T_p 相乘得到时间 T_m，T_p 再与 T_m 相加即喷油时间延长了，混合气加浓了。例如，在天气严寒时，从冷起动至暖机开始，喷入的油量将是正常喷油量的 2～3 倍。

喷油器开启的时间对蓄电池电压的依赖性很强，如果不进行电压修正，电压过低会引起喷油器的打开速度变慢，导致喷射时间变短，喷油量减少。电池电压越低则发动机得到的喷油量越少。因此，较低的蓄电池工作电压，例如深度放电的蓄电池，在起动后应通过选定相应的预先计算好的脉冲延长时间 T_u 来加以补偿，使发动机得到正确的喷油量，这种补偿称为电压校正。在电压校正时，先把蓄电池的电压作为控制参数输入控制单元，由电压校正所得到的喷油器的延长喷射脉冲，取决于蓄电池电压的喷油器启喷反应的延迟时间 T_u。

3. 喷油正时的控制

由脉宽扩程级形成的喷射脉冲还将在后续的输出级上得到放大，并用这个放大后的脉冲来控制喷油器的工作。喷油正时燃油喷射方法有独立喷射燃油到每个气缸；或者同时喷射燃油进入所有气缸；或者以分组的方式将燃油喷入。基本的燃油喷射方法和喷射正时如图 2-124 所示。此外，喷油量越大，开始喷射的时间越早。

1）同时喷射

同时喷射应用在早期的电控发动机中。采用同时喷射时，各缸喷油器由一个电路共同驱动，同时喷油。这种喷射方式控制简单，不需要气缸判别信号。每个工作循环中燃烧所需要的燃油量分两次喷出，也就是说，曲轴每转一周各喷油器同时喷一次油。同时喷射会造成各缸之间相对于曲轴转角的喷油时刻有先后，混合气的状况不同，因而发动机的性能难以达到最佳，如图 2-125 所示。

2）分组喷射

分组喷射是将发动机所有缸的喷油器分成若干组，分别由相应的电路驱动。一个组内的喷油器同时喷射，组与组之间的喷油时刻不同，因此分组需要气缸判别信号。每个工作循环中，各组喷油器以 360°的曲轴转角间隔分别喷一次油。每个工作循环的喷油量一次喷完，一个

独立喷射式(按点火顺序)

组群喷射式

同步喷射式

360°　　　　　　720°

曲轴转角

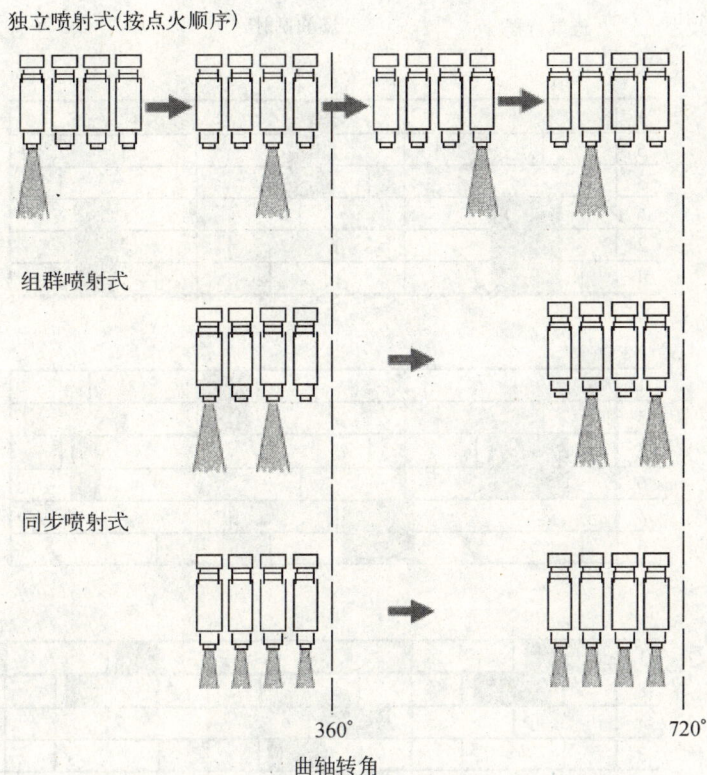

图 2 - 124　燃油喷射方法

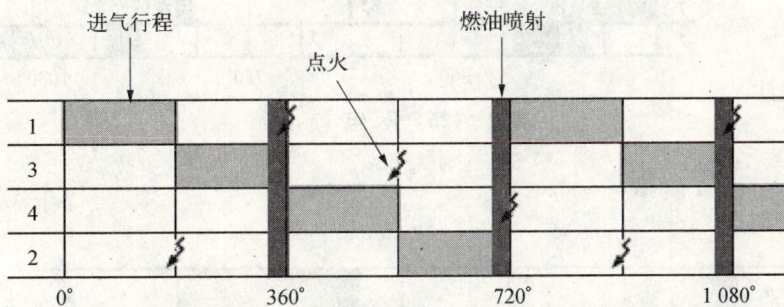

进气行程　　　　　　点火　　　　燃油喷射

1							
3							
4							
2							

0°　　　　360°　　　720°　　　1 080°

图 2 - 125　同 时 喷 射

缸的汽油直接进入气缸,另一缸汽油在贮存 1 080°后进入气缸。分组喷射在性能上优于同时喷射,如图 2 - 126 所示。

3) 顺序喷射(又称独立喷射)

发动机各个气缸的喷油器分别由独立的电路驱动。在一个工作循环中,各喷油器按照发动机的工作次序喷油一次。顺序喷射的喷油器控制电路最为复杂且需要气缸判别信号。但由于喷油时刻和喷油量的控制精确,因而展宽了稀空燃比的界限,使燃油经济性增加。顺序喷射能按照各缸的状况对喷油进行最佳控制,因此最为先进,这是当今的主流方式,如图 2 - 127 所示。

混合气形成在进气门和气缸里。在排气行程中喷油器直接将燃油喷到进气门附近,当进气门开启时,油雾便随空气一起被吸进气缸。在进气行程涡流的作用下,便形成了可燃混合气。

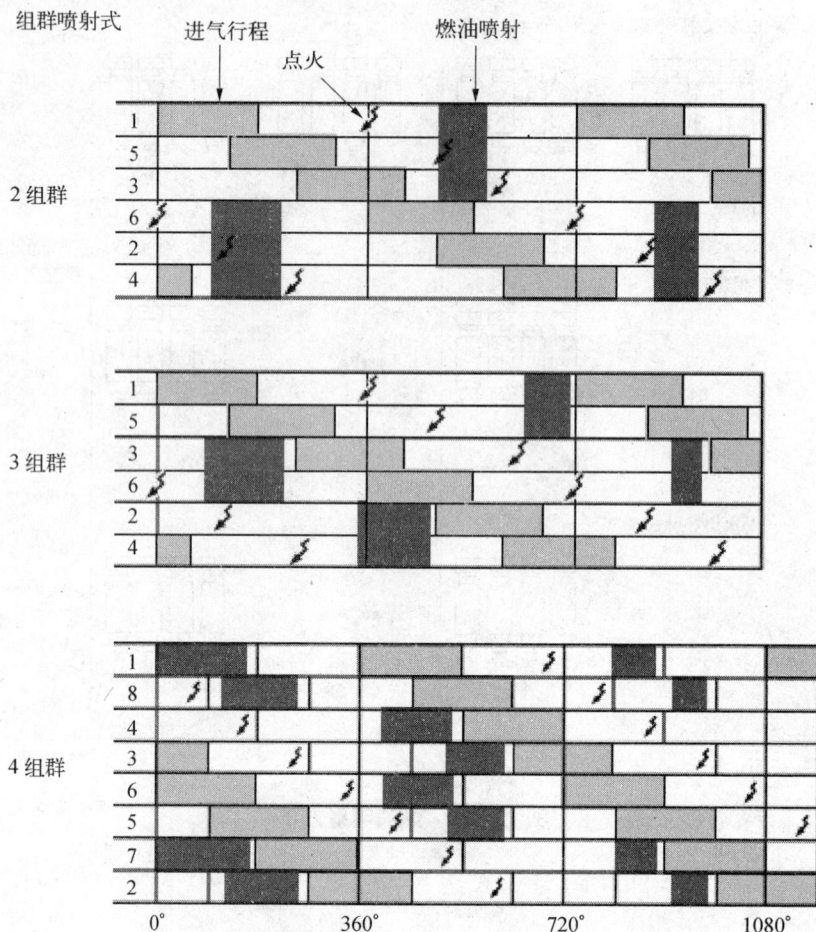

图 2 - 126　分　组　喷　射

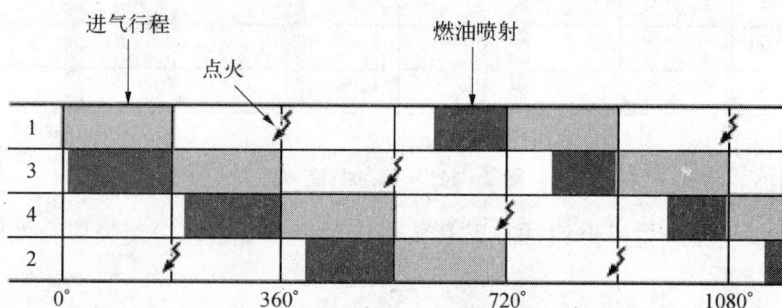

图 2 - 127　顺　序　喷　射

4. 特殊工况修正

喷油量的控制实际上是喷油器喷射持续时间的控制,其目的在于使混合气的空燃比符合发动机工况的要求。ECM 对喷射时间的管理策略与方法,各个厂家可能不一样。现仅就常见的基本方法做一介绍。

喷射时间的控制大致可分为两大类:一是发动机起动时的控制;二是发动机起动后运行时的控制。下面分别进行说明。

1）起动工况

低温下燃油会凝结在气缸壁上的现象，要求在冷起动时供给过量的燃油。ECM根据起动装置的开关信号或曲轴转速（如400 r/min以下）信号，来判定发动机处于起动工况。

由于起动时的转速波动较大，进气量难以精确计量。所以，起动时ECM一般不根据进气量来计算喷射时间。起动时的燃油喷射时间主要取决于水温、起动时的转速以及起动时间等。一般情况下，起动喷油时间由冷却水温度决定，水温越低，喷射的时间越长。一旦超过起动终端转速（该速度取决于发动机的温度），就认为发动机已经起动了，如图1-128所示。

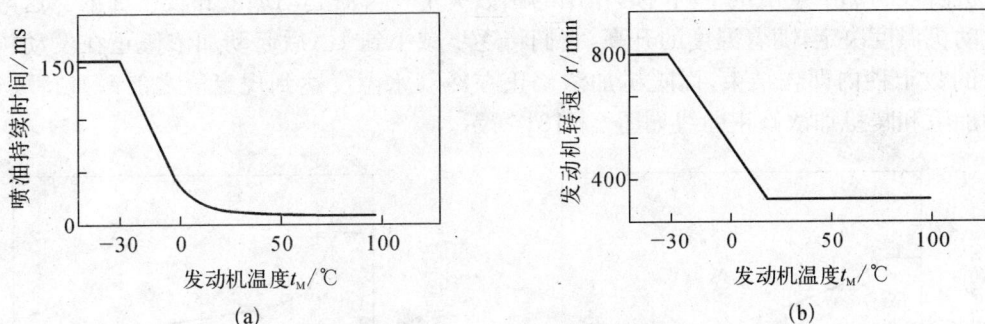

图2-128 起动时的喷射时间和起动结束时的曲轴转速

（a）开始起动时的喷射时间 （b）起动结束时的曲轴转速

起动时燃油凝结比例不仅与温度有关，同时还与进气管中的空气流动速度有关。气流速度越高，燃油凝结就越少。随着曲轴转速的增加，喷射时间也逐步缩短，如图2-129所示。为了防止起动时燃油过量聚集，随着起动时间的延长，喷射时间应逐渐减少，如图2-130所示。

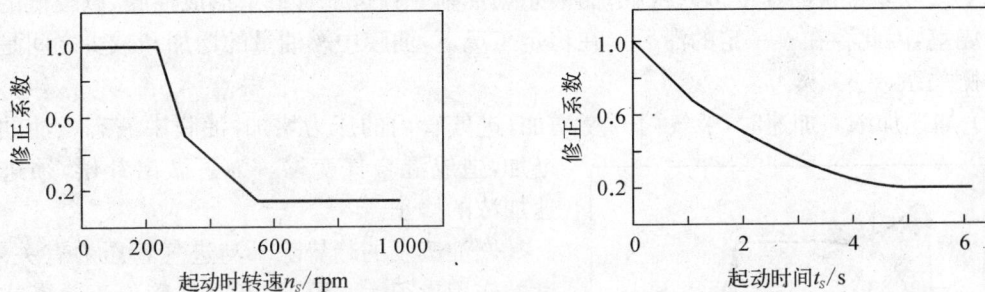

图2-129 起动时的速度修正

图2-130 起动时间对喷油量的影响

有时，ECM还需要根据电源电压的高低，对起动时的燃油喷射时间进行修正。实现起动加浓的具体方式有以下几种：一是利用冷起动喷油器和温度时间开关，在冷起动时向进气总管内喷入附加燃油；另一种是由ECM直接控制喷油器，在冷起动时延长喷射时间（或者提高喷射压力）。还有一种是在起动时，在同步喷射的基础上增加异步喷射。

如果起动时燃油过多，发动机将难以起动。为此，一些系统设有清除溢油功能：在起动的同时踩下加速踏板，使节气门开度在80%～100%之间时，ECM将控制供给稀混合气，以消除燃油过多现象，直到曲轴转速达到规定值（例如400 r/min）。目前，更多的系统在起动时如果

笔记

节气门开度超过80%，根本不喷油，其目的也是为了清除溢油。对于控制系统具有清除溢油功能的发动机来说，在正常起动的情况下，不应踩加速踏板。只有当怀疑混合气非常浓时，才可以踩下加速踏板使节气门处于大开度，以顺利起动。

2）后起动加浓和暖机加浓

后起动阶段（紧随着起动阶段的终点）比起动时的充量密度和喷油量进一步减少。这一阶段系统的响应由发动机温度的上升和从起动阶段结束后所耗费的时间来确定。同时，点火提前角也要调整，以适应喷油量的修正和工作状况的不同。当发动机平稳地过渡到暖机阶段之后，后起动阶段结束。

暖机阶段的加浓量由两个同时起作用的函数决定——后起动加浓和暖机加浓。这两个函数由发动机温度决定，随着温度的升高，它们将逐步减小到1。后起动加浓修正在发动机出现爆燃后的数十秒内即告结束，而暖机加浓修正在冷却水温度达到规定值之前一直持续进行。后起动加浓和暖机加浓修正曲线如图2-131所示。

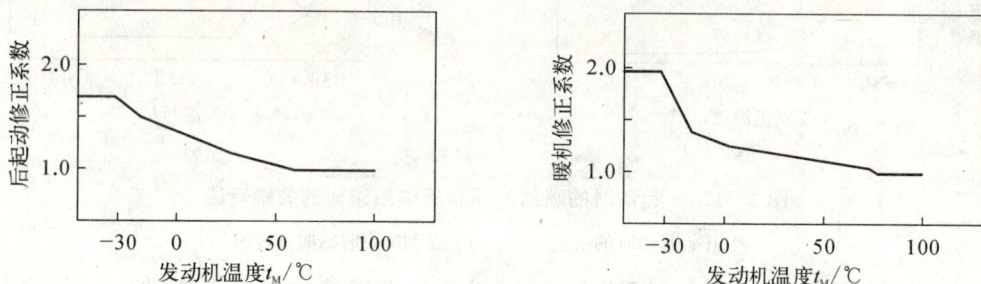

图 2 - 131　后起动加浓和暖机加浓

3）过渡工况的修正

燃油被喷射到进气管后，有三种形态：燃油蒸气、油雾和液态燃油。燃油蒸气和油雾随同吸入的空气以非常快的速度进入气缸；而液态燃油附着在进气管壁上形成油膜，以较低的速度流入燃烧室，因此存在着一定的滞后。在稳定工况下，油膜中燃油量的增加和减少之间是一种动态平衡关系。

（1）加速加浓　加速时，节气门开度增加，进气管内的压力增加，油膜中液态燃油的比例增加，造成混合气变稀。为了做出补偿，须进行加速加浓的修正。

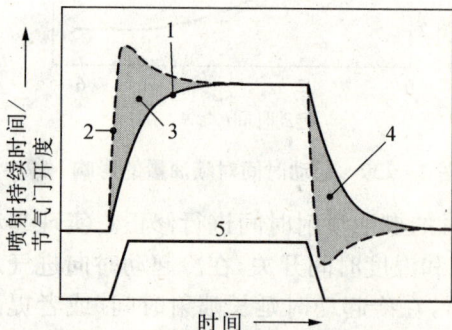

图 2 - 132　过渡工况的喷油持续时间

1—由充量密度得到的喷油信号　2—修正后的喷油持续期　3—补充喷油量　4—减少的喷油量　5—节气门开度

燃油蒸发的趋势除了与进气管压力有关外，温度的作用也很大。因此，在进气管处于冷态或进气温度较低时，要进一步增加燃油量。

（2）减速变稀　减速时，进气管内的压力降低，油膜中的燃油蒸发逸出，导致过渡过程中气缸内的混合气变浓，因此应进行减速变稀的修正。

（3）急加速时的异步喷射　急加速时，燃油的供应往往跟不上负荷的变化，因此需要增加异步喷射作为补偿。

图2-132所示是喷射持续时间曲线。

　　4) 大负荷加浓

　　发动机在部分负荷下工作时,考虑到排放和油耗,使用的是经济混合气。但在节气门全开的大负荷工况下,要求发动机输出更大的转矩,需要供给空燃比约为 12.5∶1 的功率混合气。ECM 根据节气门开度或进气量来确定发动机负荷。大负荷加浓修正量约是正常喷油量的 10%～30%。有些控制系统中,大负荷加浓修正量还与水温有关。

　　5) 理论空燃比的反馈修正

　　为了满足排放要求,大多数汽车上都装备了三元催化转换器(TWC)。但是,只有混合气在理论空燃比附近时,TWC 才能得到最好的净化效果。如果 ECM 仅仅依靠进气量的信息去控制喷油量,则难以达到这么高的控制精度。必须借助氧传感器的反馈信号,对理论空燃比进行反馈控制,这称为空燃比的闭环控制。空燃比闭环控制回路如图 2 - 133 所示。

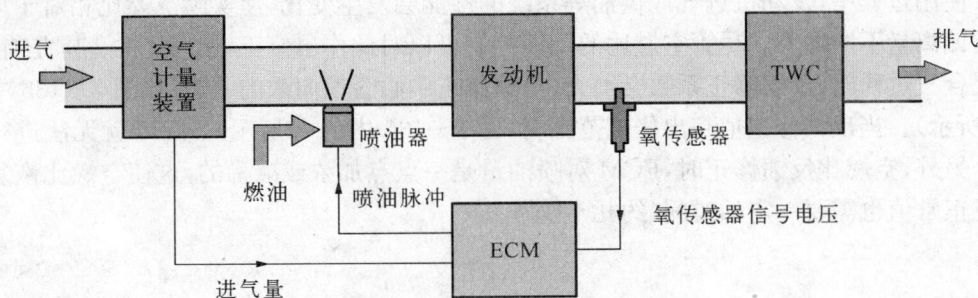

图 2 - 133　空燃比闭环控制回路

　　空燃比闭环控制的过程是:当氧传感器输出 0.8～1 V 的高电压信号时,表明混合气较理论混合气浓,ECM 缩短喷射时间;当氧传感器输出 0.1 V 左右的低电压信号时,表明混合气较理论混合气稀,ECM 增加喷射时间。当氧传感器电压发生阶跃时,空燃比立即按一个给定的值变化,然后按程序编制的函数来改变混合气,直到氧传感器的输出电压再次发生阶跃为止,如图 2 - 134 所示。空燃比闭环控制的修正值在 0.8～1.2 之间。

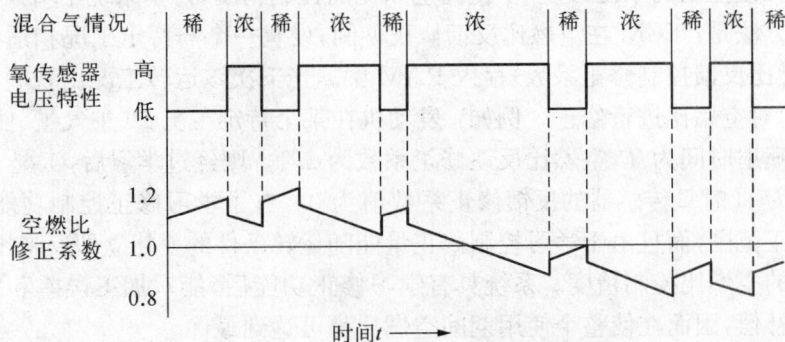

图 2 - 134　空燃比反馈修正控制过程

　　理论上可以将混合气的浓度调节至 $\lambda=1$,实际上从混合气的形成到氧传感器检测出排气中氧的浓度,需要经过一定的时间,包括混合气吸入气缸、排气流过氧传感器以及氧传感器的响应时间等。由于存在滞后时间,混合气的空燃比很难保持在 14.7∶1 处,只能将空燃比控制在理论值附近的一个狭窄范围内。

需要指出的是，并不是在所有工况下都进行空燃比的反馈修正控制。考虑到发动机的运转性能，以下工况 ECM 进行开环控制：

（1）发动机起动和起动后加浓期间；

（2）大负荷加浓期间；

（3）水温低于规定值时；

（4）断油控制时；

（5）氧传感器输出空燃比稀（或浓）信号持续时间大于规定值（如 10 s）时。

6）空燃比的反馈修正

空燃比反馈修正具有一定的局限性。对于某一型号的发动机来说，其各种工况下的基本喷油量都存在 ECM 的只读存储器 ROM 中。这些数据对于该发动机来说都是标准的数值。但由于使用过程中，发动机进气或供油等系统的性能会发生变化，使实际空燃比相对于理论空燃比的偏离量不断增大。尽管空燃比的反馈控制可以对此作出修正，但修正的范围是有限的。例如混合气过稀时，反馈修正系数会增大，反馈修正中心会偏向浓的一边（如图 2 - 135 中 A→B→C 所示）。当反馈修正值超出修正范围时（图 2 - 135 中的 C 所示），ECM 就无法进行反馈修正。另外，空燃比反馈修正时，ECM 对喷油量是一点点加浓或减稀的，这使空燃比恢复到理论值或正常值也需要一定的时间（约几十毫秒）。

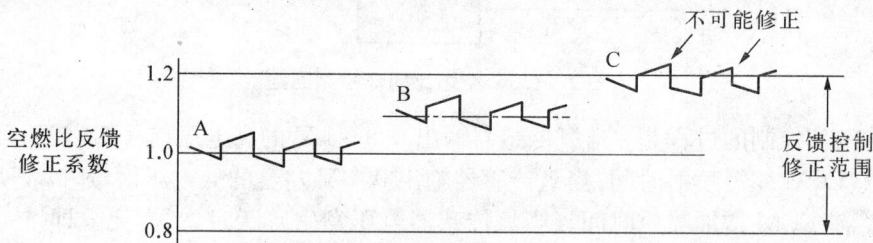

图 2 - 135　空燃比修正系数的控制范围

为了补充反馈控制的不足，进一步提高空燃比的控制精度，许多系统中增设了空燃比学习控制功能。其方法是：ECM 在空燃比反馈修正期间，设置一个与特定工况相适应的学习修正系数（代替空燃比反馈控制修正系数）存入 RAM 中。当下次该运转工况出现时，ECM 就根据学习修正系数，对空燃比进行修正。例如：发动机在某个特定工况 P（进气量、曲轴转速、水温等）下，其基本喷射时间为 T，空燃比反馈修正系数为 1.1。则经过学习后，工况 P 下的喷射时间直接为 $1.1 T$，此时氧传感器的反馈修正系数值为 0。有了学习修正控制功能后，不仅增大了空燃比的修正范围，而且由于学习控制修正量能随运转条件的变化立即反映出来，因此提高了过渡工况下的空燃比控制精度。系统具有学习修正功能后，能对加工误差和发动机磨损造成的影响进行补偿，因而在使整个使用期间空燃比都可达到最优。

7）电压修正

电磁式喷油器的自感特性使其动作相对于喷射脉冲产生滞后。实际工作中，开阀时间 T_O 受蓄电池电压的影响较大，而关阀时间 T_C 受蓄电池电压的影响较小。当蓄电池电压低时，无效喷射时间长；当蓄电池电压高时，无效喷射时间短。因此，ECM 记录蓄电池的电压，并根据电压的高低对喷油量修正。

笔记

有些系统中,在蓄电池电压较低(例如冷起动)时,流动型泵不能使燃油压力达到规定的水平,为了补偿这种影响,也进行电压修正。

8) 断油控制

(1) 倒拖断油(Overrun 或 Trailing Throttle) 当驾驶员松开加速踏板,节气门完全关闭,汽车依靠自身动能行驶的工况称为倒拖。如图 2-136 所示,在倒拖工况下,如果发动机的转速高于规定临界值 2,ECM 将停止喷油以减少排放、改善操纵性能和提高燃油经济性。当曲轴转速减小到小于规定临界值 3 或节气门重新开启时,喷油器恢复喷油。如果在倒拖时曲轴转速下降特别快,例如离合器脱开时,则在较高的转速下(临界值 1)就要恢复喷油,否则曲轴转速会下降到怠速以下,甚至完全停转。

断油转速和恢复喷油转速与发动机的具体工况有关。当水温较低或空调工作时,为增加功率输出,断油和恢复喷油的转速较高。

倒拖工况下,进气管壁上的油膜完全蒸发,进气管变得干燥。当倒拖工况结束时,进气管壁上会重新建立油膜,这使得在过渡期内混合气略微偏稀,直到达到新的平衡。所以要借助于一个附加的喷油脉冲来建立油膜,该油膜取决于倒拖时间的长短。

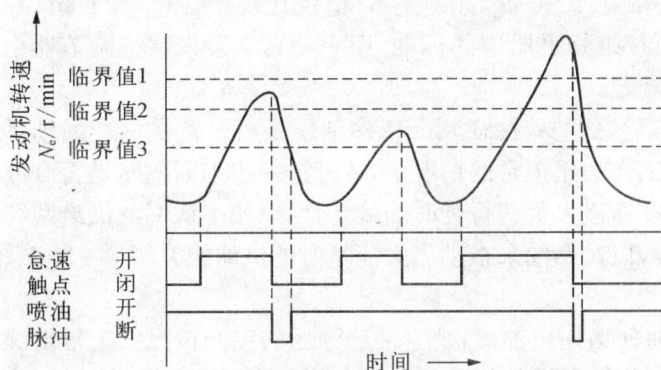

图 2-136 倒拖时的燃油喷射

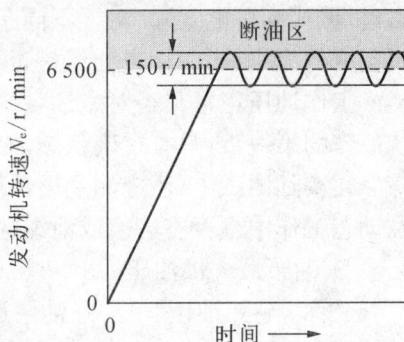

图 2-137 发动机最高转速限制

(2) 发动机超速断油(最高转速限制) 过高的转速会损坏发动机(如气门传动系、活塞),因此要对发动机的最高转速进行限制。过去常采用的方法是推迟点火时刻或者切断点火,它们都不利于排放净化和节油。目前多利用切断燃油供应的方法来限制发动机最高转速。当曲轴转速大于额定值时,ECM 就停止供油脉冲。当转速下降到额定值以下时,喷油脉冲就恢复正常。此时,曲轴转速在以最高转速为中心的一个范围内快速地上下波动,如图 2-137 所示。若驾驶员感觉到曲轴转速突然下降,这也是要进行换档的信号。

技能操作1   **燃油压力的检测**

发动机燃油系统压力过高,发动机不容易起动;发动机怠速运转不稳,排气管有"突突"声;发动机动力下降,油耗增加;火花塞有积炭等;发动机燃油系统压力过低,发动机起动后转速不容易提高;加速容易熄火;排气管放炮;汽车行驶动力不足;发动机过热等现象。

使用燃油压力表对燃油供给系统进行的故障诊断,测试燃油系统的各种压力可以准确地分析判断出供油系统的故障位置。燃油系统主要由汽油泵、油箱、油泵滤网、供油管、汽油滤芯、输油管、喷油器、油压调节器、回油管等组成。任何部分有故障,都将引起燃油压力的变化。

090 汽车发动机电控系统的诊断与修复 >>>>>

燃油压力表是电控发动机综合诊断中最基本的测试手段。

一、燃油压力检测的内容

燃油压力测试分析包括初始油压测试(有些车无)、工作油压测试、最大泵油压力测试和残余压力测试四个部分。

1) 初始油压

初始油压是点火开关打开后,不起动发动机时,控制电脑操作油泵运转几秒钟所建立起来的系统油压。初始油压等于燃油压力调节器在无真空情况下的系统油压调节值,通常为最大工作油压。若初始油压在点火开关打开几秒钟后,能够达到正常值,说明控制电脑、油泵继电器、油泵电路、油泵工作基本正常。

2) 工作油压

工作油压是发动机运转中的燃油系统油压,其油压的大小随发动机进气歧管真空度的变化而改变。怠速时,因进气歧管真空度最大,故此时工作油压最低;急加速时,因节气门突开,进气真空度减至最低,故此时工作油压最高。

工作油压的具体数值,因车而异,一般在 1—4 kg/cm² 左右(电控式)或 5—6.5 kg/cm² 左右(机械式和机电式)。对于不同车型可按维修手册中的标准,用手动真空泵来调整调节器中真空度的大小,对应检查油压是否符合规定。

工作油压正常与否对燃油系统工作至关重要,往往判断工作油压是否正常是检查燃油系统故障的第一步,只有在确认燃油系统工作油压正常的情况下,才能进一步判断电路是否有故障。在实际测试中,还应测量燃油压力在高速大负荷行驶时的稳定性,以便确认燃油供给系统在动态工作中是否有堵塞或泄漏的故障,以及燃油泵在动态大流量时的供油能力。

3) 油泵最大供油压力

又称"憋死油压"——在油泵运转时使堵住出油口,观察油路油压的突变情况。正常情况下油压应迅速上升达到工作油压的 2—3 倍(油泵安全阀工作压力),若达不到此数值,说明油泵泄漏或工作不良。

4) 残余压力(保持压力)

残余压力是指发动机熄火后,燃油供油管路中的保持油压。对于电控式喷射系统其残余压力等于熄火时的油管压力,而机械式或机电式喷射系统残余压力由于蓄压器的作用在熄火后先下降而后又升至 2.6 kg/cm² 左右,残余压力的主要作用是有利于再次起动发动机。

正常情况下残余压力应能稳定 20～30 min 以上。若下降太快,说明油路有泄漏。对于有泄漏的油路,可用夹住主油路的方法来判断油路前后段的泄漏情况,还可以用夹住调压器回油管的方法来判断调压器回油阀有无泄漏。

二、燃油压力测试的状态

静态油压(初始油压、保持油压),在系统油压已经建立,但发动机不起动时的油压。一般 2.5～3.5 kg/cm²,解决起动困难,起动时间过长的故障。

怠速油压(最大真空度),此时油压应该最低,如果调压器损坏、回油阀堵,则会造成油压太高,混合器浓——尾气不合格。油压过低:假若怀疑油压过低,可以拔下油压调节器的真空管路——应该可以提高 0.5 kg 左右。

加速油压检测：用以检查油泵供油量，正常情况下，油压会有少许下降，但能够保持。

三、燃油压力表的连接

因为现在电控发动机的燃油系统压力一般比较高，普遍大于 0.25 MPa。在检测发动机油压时需要将燃油压力表串接在燃油管路系统中，在安装油压表需要将燃油管路断开(部分车型在燃油总管端部直接有油压检测孔，不需要拆卸燃油管路)，为了防止拆卸管路时燃油飚出，造成火灾隐患，就需要泄除燃油管路中的压力。

图 2-138　拆卸管路时燃油飚出

图 2-139　拆卸油管

(1) 先拔下燃油泵保险丝、继电器或油泵插头，再起动发动机，直至发动机自行熄火后，再次起动发动机 2~3 次，燃油压力即可基本释放，然后关闭点火开关，装上电动燃油泵继电器(或插上电动燃油泵电源接线)。

(2) 拆下蓄电池负极搭铁线。

(3) 安装燃油压力表，将燃油压力表串接在进油管中，带测压口的车辆将燃油压力表连接到测压口上，在拆卸油管时要用一块毛巾或棉布垫在油管接口下，防止燃油泄露在地上，如图 2-139 所示。

(4) 将拆卸的燃油管路连接到燃油表接头并夹紧。

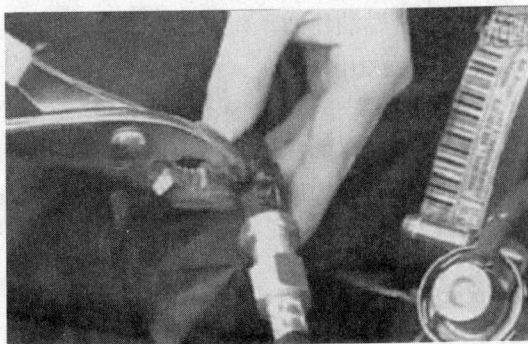

图 2-140　安装燃油压力表(1)

(5) 将燃油表的另一端连接到发动机测压口并紧固。

(6) 擦干溅出的燃油。重新装上蓄电池负极搭铁线。打开开关进入油压测量。

图 2 - 141   安装燃油压力表(2)

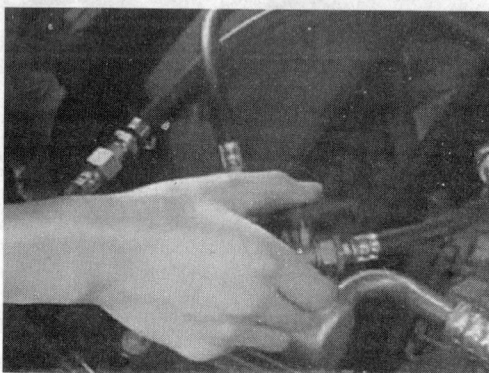

图 2 - 142   燃油压力读取

四、燃油系统静态燃油压力的检测

1. 检测步骤

(1) 拔下电动燃油泵继电器,用导线将电动燃油泵的供电端子短接。

(2) 打开点火开关(但不要起动发动机),让电动燃油泵运转。

(3) 测量燃油压力。燃油压力应符合车型技术要求规定值。

(4) 将点火开关转至"OFF"位置,拔掉短接导线。

2. 检测结果分析

(1) 如果测得的燃油压力过高,应检修或更换燃油压力调节器。

(2) 如果测得的燃油压力过低,在进行车辆二级维护时应检修或更换电动燃油泵、汽油滤清器、燃油压力调节器或喷油器。

五、燃油系统保持压力的检测

测量静态燃油压力结果 5 min 后,再观察燃油压力表指示的燃油压力。此时的压力称为燃油系统保持压力,其值应符合车型技术要求。

若燃油系统保持压力过低。应进一步检查电动燃油泵保持压力、燃油压力调节器保持压力及喷油器有无泄漏。

发动机运转时燃油压力的检测方法步骤：

（1）起动发动机。

（2）让发动机怠速运转，测量此时的燃油压力。该燃油压力应符合车型技术要求。

（3）缓慢踩下加速踏板，测量在节气门接近全开时的燃油压力。该燃油压力应符合车型技术要求。

（4）拔下燃油压力调节器上的真空软管，并用手堵住，让发动机怠速运转，测量此时的燃油压力。

该压力应和节气门全开时的燃油压力基本相等。如果测得的燃油压力高于车型技术要求，则在进行车辆维护时应检修或更换燃油压力调节及其真空软管；如果测得的燃油压力低于车型技术要求，则在进行车辆维护时应检修或更换电动燃油泵、燃油滤清器及燃油压力调节器。

六、电动燃油泵最大压力检测方法与步骤

1. 检测步骤

（1）将燃油系统卸压。

（2）拆下蓄电池负极搭铁线。

（3）将燃油压力表接在燃油管路上，并将出油口塞住。

（4）接上蓄电池负极搭铁线。

（5）拔下电动燃油泵继电器，用导线将电动燃油泵的供电端子短接。

（6）将点火开关转至"ON"位置，持续 10 s 左右（不要起动发动机），使电动燃油泵工作，同时读出燃油压力表的压力读数，该压力即为电动燃油泵的最大压力，其值应符合车型技术要求（它通常应当比发动机运转时的燃油压力高 200~300 kPa）。

（7）将点火开关转至"OFF"位置，5 min 后再观察燃油压力表的压力读数，此时的压力即为电动燃油泵的保持压力。其值应符合车型技术要求。

（8）拆下燃油压力表。

2. 检测结果分析

（1）如果电动燃油泵的最大压力达不到车型技术要求，应更换电动燃油泵。

（2）如果电动燃油泵的保持压力达不到车型技术要求，应更换电动燃油泵。

七、燃油压力调节器保持压力的检测方法步骤

1. 检测步骤

当燃油系统保持压力不符合车型技术要求时，应作此项检查，以便找出故障原因。其检查方法和步骤是：

（1）将燃油压力表接入燃油管路。

（2）拔下电动燃油泵继电器，用导线将电动燃油泵的供电端子短接。

（3）将点火开关转至"ON"位置，并保持 10 s，让电动燃油泵运转。

（4）将点火开关转至"OFF"，拔去短接导线。

（5）用包上软布的钳子将燃油压力调节器的回油管夹紧。

（6）5 min 后观察燃油压力，该压力即为燃油压力调节器保持压力。

（7）拆下燃油压力表。

笔记

2. 检测结果分析

如果燃油压力调节器保持压力仍然低于燃油系统保持压力的技术要求值,则说时燃油系统保持压力过低的故障不在燃油压力调节器;相反,若此时压力符合车型技术要求值,则说明燃油压力调节器有泄露。

技能操作2 传感器的检修

一、节气门位置传感器

1. 传感器的拆装

拆卸:

(1)拆卸发动机装饰罩。

(2)拆卸空气滤清器和进气软管。

(3)断开节气门阀体上的连接线束插头。

(4)松开节气门阀体与进气歧管的连接螺栓。

安装:

安装按反向操作进行。安装力矩:1.5 Nm—2.5 Nm。

2. 传感器的信号分析

节气门位置传感器端子如图2-143所示。

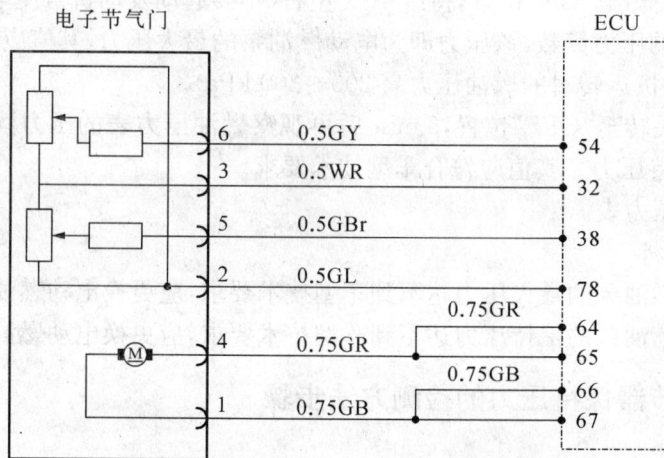

图2-143 节气门位置传感器连接端子

1—节气门控制执行电机 2—节气门位置传感器接地 3—节气门位置传感器电源 4—节气门位置传感器接地 5—节气门位置传感器 6—节气门位置传感器

3. 传感器信号故障的症状

节气门位置传感器故障会导致车辆加速不良,发动机故障灯亮。

4. 传感器故障诊断

故障诊断:ECU能监测节气门驱动电机的线圈的短路、断路,并在出现这种故障的时候点亮发动机故障灯,发动机进入故障模式,此时发动机无法加速、驾驶性非常差,需要修理。

驱动电机工作电压：12 V。

注意：电子节气门为密封体，且内部无法维修，因此在维修过程中禁止拆卸阀体。

二、空气流量传感器

空气流量传感器位置如图 2 - 144 所示。

图 2 - 144　空气流量传感器位置

1. 传感器的拆装

拆卸：

(1) 拆卸发动机装饰罩。

(2) 从流量传感器上断开连接器的连接。

(3) 拆卸空气滤清器，并从空气滤清器软管上拆下传感器。

安装按反向操作。

2. 传感器的信号分析

空气流量传感器电路如图 2 - 145 所示。

3. 传感器信号故障的症状

空气流量计在 ECU 内的后续电子装置可以判断空气流量计内部线路及连接线路短路、断路及传感器损坏等故障，当 ECU 检测出传感器的输出信号超出了其输出特性曲线以外的信号时，ECU 就判断传感器故障。

空气流量传感器故障时：关闭点火钥匙后，发动机冷却风扇将会高速运转一段时间。车辆应该可以成功起动，但车辆的驾驶性，加速性都会变得很差（类似于拔掉传感器插头）。

故障灯状态：空气流量计及进气温度传感器有故障时；发动机故障灯点亮；当进气温度传感器信号不稳定，发动机故障灯不点亮。当进气温度传感器信号错误、超出范围的

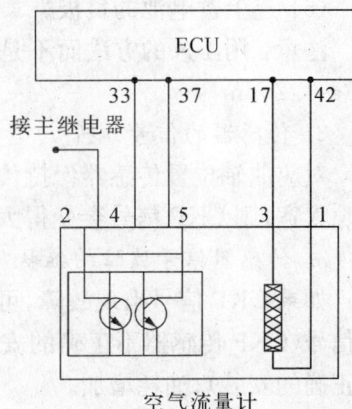

图 2 - 145　空气流量传感器电路

1—进气温度信号(接 ECU42)　2—接主继电器　3—系统地线(接 ECU17)　4—进气压力信号(接 ECU33)　5—空气流量信号(接 ECU37)

时候,发动机故障灯点亮,警告驾驶员,电喷系统有故障,需及时处理。

　　4. 传感器故障诊断

　　用诊断仪检查故障码,有以下几种类型:

P0102　空气流量计信号电路电压过低

P0103　空气流量计信号电路电压过高

P0112　进气温度传感器信号电路电压过低

P0113　进气温度传感器信号电路电压过高

P1000　空气流量计信号超下限

P1001　空气流量计信号超下限

　　正常情况下拔掉插头后测量插头侧电压如下:

1#:5 V　　2#:12 V　　3#:地线　　4#:5 V　　5#:0 V

三、曲轴位置传感器的检修

　　1. 曲轴位置传感器(CKP)的拆装

　　拆卸:

　　(1) 断开蓄电池的负极。

　　(2) 拆卸空气滤清器。

　　(3) 断开 CKP 传感器的连接线束。

　　(4) 拧下把 CKP 传感器固定到变速器壳体的螺栓,并拆卸传感器。

　　安装:

　　(1) 清洁 CKP 传感器和结合面。

　　(2) 固定 CKP 传感器,装上螺栓并拧紧。

　　(3) 把 CKP 传感器的连接线束固定到安装支架上。

　　(4) 装上空气滤清器。

　　(5) 连上蓄电池的负极。

　　注意:用压入的方法而不是用锤击的方法安装。固定螺栓:力矩:8±2Nm,安装间隙:0.8～1.2 mm

　　2. 传感器的信号分析

　　对应曲轴位置传感器保持传感器头与信号发生齿圈正确的空气间隙非常重要,如果空气间隙太宽,则 CKP 信号会变得太弱,可能会导致发动机熄火的情况发生。

　　3. 传感器信号故障的症状

　　如果 CKP 信号出现故障,可能会观察到下列症状:发动机转动,但不能起动;发动机无点火信号(CKP 传感器不正确的安装);转速表不起作用;发动机运转粗暴或停止(CKP 传感器不正确的安装);油耗增加。

　　4. 传感器可能出现的故障

　　传感器可能存在的故障有:空气间隙太宽;CKP 磁场太弱;CKP 传感器线束断路;CKP 传感器线束短路;CKP 传感器线束高电阻;腐蚀或机械原因,磁力环精度差;飞轮或驱动盘失圆而导致 CKP 信号失真;曲轴径向移动而导致 CKP 信号变化;错误的缺齿布置方式,ECU 不能实现曲轴与软件之间的同步;传感器装配不正确或不完整;传感器进水等。

5. 传感器故障诊断

（1）简易故障检测。卸下接头，把数字万用表打到欧姆档，两表笔分别接传感器2♯、3针脚，20℃时额定电阻为860Ω±10％。

接上接头，把数字万用表打到交流电压档，两表笔分别接传感器2♯、3♯针脚，起动发动机，此时应有电压输出。（建议用车用示波器检查）。

（2）诊断仪故障检测。用诊断仪检查故障码，有以下几种类型：

① 传感器1、2线路短路、断路；

② 信号失真、错误、不可信；

③ 传感器信号不稳定；

④ 传感器信号超出范围。

主要检查传感器安装是否到位，间隙是否正常，传感器线路，确认线路是否和地线发生短路、断路；是否和电源短路、断路，检查线路和上面所给的针脚定义是否相符。

注意：传感器安装的时候要注意，一定不能加装任何垫片，否则可能导致传感器信号失真。

故障模式：传感器失效后发动机转速最高不会超过3 800 r/min，同时发动机起动困难。

四、冷却液温度传感器

1. 传感器的拆装

拆卸：

（1）关闭点火开关，拆卸发动机装饰罩。

（2）从ECT传感器上断开连接器的连接。

（3）拆卸ECT传感器并废弃密封圈。

安装：

（1）清洁ECT传感器，缸体的结合面。

（2）把新的密封圈装到传感器上。

（3）装上ECT传感器并拧紧至20 Nm(Max)。

（4）装上发动机装饰罩。

2. 传感器的信号分析

（1）传感器的端子连接（见图2-146）。

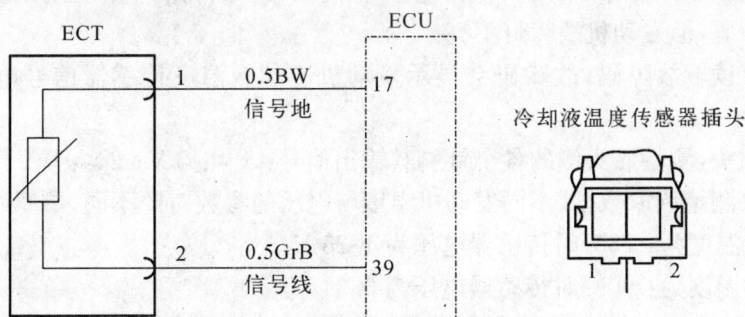

图2-146　冷却液温度传感器端子线路

（2）传感器的性能参数（见表 2－4）。

表 2－4　传感器性能参数表

序　号	温度/℃	阻　　　值			
		温度公差/±1℃		温度公差/±0℃	
		最　小	最　大	最　小	最　大
1	－10	8.16	10.74	8.62	10.28
2	＋20	2.27	2.73	2.73	2.63
3	＋80	0.290	0.354	0.299	0.345

3. 传感器信号故障的症状

传感器信号故障的症状主要表现为：冷起动困难；热起动困难；驾驶性能差；如果传感器到电源的电路短路，则发动机将会以默认值运转；温度表读数过高或过低；冷却风扇持续以快速模式运行；当温度指示低时，高温警示灯闪亮。

4. 传感器可能出现的故障

传感器断路传感器信号至电源供给的电路短路。

传感器信号与接地电路短路。

不正确的机械安装。

5. 传感器故障诊断

1）简易故障检测

卸下接头，把数字万用表打到欧姆档，两表笔分别接传感器 1♯、2♯针脚，20℃时额定电阻为 2.5 kΩ±5％，其他可由特征曲线量出。测量时也可用模拟的方法，具体为把传感器工作区域放进开水里（注意浸泡的时间要充分），观察传感器电阻的变化，此时电阻应下降到 300 Ω—400 Ω（具体数值视开水的温度）。

2）诊断仪故障检测

当冷却液温度大于其可信的上限值时，水温低于其可信的下限值时故障标志位置位，发动机故障灯点亮，发动机进入故障模式运行，ECU 按照发动机水温故障模式时设定的水温进行点火、喷油控制，同时风扇开始高速运转。

当 ECU 检测到水温信号高于或低于极限值的时候，故障灯点亮；当水温信号不稳定时，发动机记录故障码，但发动机故障灯不亮。

使用检测仪读取故障码，故障码会显示发动机冷却液温度传感器信号电路电压过低或过高。

断开连接插头，测量插头侧的各个针脚其输出信号：1♯：5 V；2♯：0 V。

使用诊断仪测量读取数据（不同发动机温度与电压的参数对照不同，参照维修手册）：

（1）冷却液温度为：78℃时传感器电压为 1.25 V。

（2）冷却液温度为：90℃时传感器电压为 0.94 V。

（3）冷却液温度为：59℃时传感器电压为 1.89 V。

针脚：本传感器共有两个针脚，可以相互换用。

五、凸轮轴位置(CMP) 传感器

1. 传感器的拆装

拆卸:

(1) 关闭点火开关。

(2) 拆卸发动机装饰罩。

(3) 断开 CMP 传感器上连接器的连接。

(4) 拆卸 CMP 传感器固定到凸轮轴盖上的螺栓。

(5) 拆下 CMP 传感器并废弃密封。

安装按反向拆卸步骤操作。

注意事项:

拆装工具:螺纹旋具 M6;

拆卸后对安装表面进行清理,确保没有油污。

用压入的方式安装,不允许用任何冲击性的工具(如锤子等)将相位传感器敲入安装孔。

力矩要求:8±2 Nm;安装间隙:0.8~1.2 mm。

2. 传感器的信号分析

特征曲线:如图 2-147 所示,其特征曲线与曲轴信号相配合,曲轴转两转,凸轮轴转一圈。

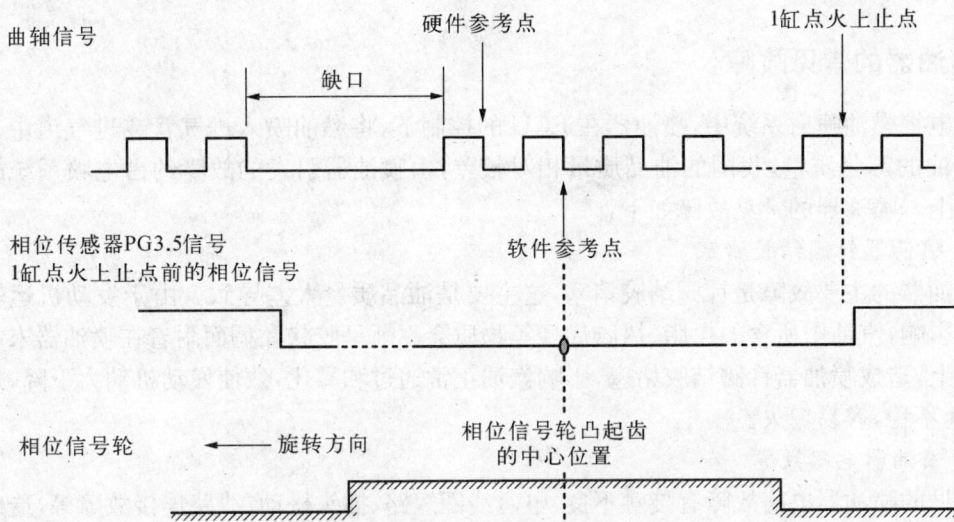

图 2-147　凸轮轴位置传感器信号

3. 传感器信号故障的症状

如果凸轮轴位置传感器出现故障,ECU 将进入故障应急模式。喷油时刻会由 720°变为 360°,对驾驶员来说,感觉不到发动机性能在低速范围内的任何变化。但排放将会超标,故障灯在发动机起动后的第二个工作循环点亮。

注意:如果凸轮轴位置传感器故障后,发动机故障灯点亮,同时发动机转速无法达到 4 000 r/min,当发动机转速达到 4 000 r/min 时,发动机电控系统会控制油泵继电器自动断开,停止喷油,所以此时会有断油的感觉。

4. 传感器可能出现的故障

传感器可能出现的故障：CMP 传感器被金属性碎片污染；CMP 磁场太弱；CMP 传感器线束断路；CMP 传感器线束短路；CMP 传感器高电阻；由于机械损伤，磁力环精度降低；排气凸轮轴正时不正确；进气凸轮轴正时不正确；不正确的传感器的安装等。

5. 传感器故障诊断

1) 简易故障检测

接上插头，打开点火开关但不起动发动机，把数字万用表打到直流电压档，两表笔分别接传感器信号接地和输入电压两针脚，确保有 12 V 的参考电压。起动发动机，此时输出信号波形可由车用示波器检查是否正常。

2) 诊断仪故障检测

用诊断仪检查故障码，有以下几种类型：

传感器线路短路、断路；信号失真、错误、不可信；传感器信号不稳定；传感器信号超出范围。

用诊断仪检查故障码，确认故障点，主要检查传感器安装是否到位，间隙是否正常，传感器线路，确认线路是否和地线发生短路、断路；是否和电源短路，检查线路和下面所给的针脚定义是否相符。检测数据：1♯：0 V；2♯：10 V；3♯：12 V。

技能操作3　　　　　　　　　喷油器的故障检测

一、喷油器的常见故障

在电控燃油喷射系统中，喷油器在 ECU 的控制下，将燃油喷入进气管或进气道中。尽量提高燃油的雾化质量，我国的油品质量相对较差，由喷油器引发的故障约占电喷系统故障的 25％以上。喷油器的常见故障如下：

1. 喷油器针阀结胶堵塞

喷油器的主要故障是针阀结胶堵塞，这主要是油品质量太差导致。由于发动机运转时受高温的影响，汽油中所含的树脂、树胶烯烃等物质会逐渐呈胶状黏稠而附着在喷油器末端细小的喷孔上，造成喷油器针阀结胶堵塞，影响汽油正常通过和雾化，致使发动机动力下降，加速不良，怠速不稳，容易熄火。

2. 喷油器电路故障

常见的喷油器电路故障有接触不良、电磁线圈短路、插头松动、线路连接故障等，造成喷油器工作时不通电或电磁线圈磁力不足，使喷油器不能动作或动作迟缓。

3. 喷油器机械故障

如喷油器内的针阀折断、阀座密封不良等，会造成喷油器不喷油或滴漏。电子喷油器是一次性使用件，只允许清洗而不能拆检。

二、喷油器的检测

1. 喷油器常规检查

（1）先检查喷油器进油口及供油管路是否堵塞。发动机热机后，在怠速状态下用听诊器（触杆式）接触喷油器本体，测听各缸喷油器的工作声响。喷油器正常工作时，应发出"嗒、嗒、

笔记

嘶"的喷油声,否则喷油器有故障。

（2）发动机热机后,在怠速状态下用手触摸或用听诊器测听喷油器工作时的振击声,即检测喷油嘴针阀开闭的声响。若用手触摸喷油器本体时有轻微的震感或听到"嗒、嗒、嗒"的声音,说明喷油器工作正常,否则喷油器有故障。

（3）发动机热机后,在怠速状态下依次分别拔出各喷油器接线插座的插头,使其断电,此时发动机的转速应立即降低约 200 r/min,如果发动机的转速无任何变化,则该喷油器一定有故障。

（4）检查与喷油器相连的线路是否有故障。将试灯接在喷油器接插件两端之间,起动发动机。如果试灯不闪烁,则线路有故障,应检查喷油器的电源和接地线路。

（5）喷油器电磁线圈电阻值的检测。拔下喷油器导线连接器。用万用表"Ω"档测量喷油器上两个接线端子间的电阻值。发动机温度在 20℃时,高电阻型喷油器的电阻值应为 12～16 Ω,低电阻型喷油器的电阻值应为 2～5 Ω。如果电阻值不符合标准,证明喷油器的电磁线圈损坏,应更换新的喷油器。

图 2-148　喷油器清洗检测仪

喷油器堵塞时　　　　喷油器清洗后

图 2-149　喷油器雾化情况比较

2. 喷油器的仪器检查

（1）从发动机上拆下喷油器后,先用化油器清洗剂喷洗一下喷油器的外表,再用布擦抹干净。然后将喷油器装到清洗检测仪。

（2）密封性检测。在喷油器关闭的情况下,加上供油系的正常油压来检测喷油器的密封性。一般要求在 1 分钟内喷油器不得滴漏 2 滴以上油滴,冷起动喷油器则不允许超过 1 滴油滴。

（3）雾化检测。不同型号的喷油器,在正常条件下喷雾形状是不同的。一般喷油器的喷雾形状呈锥面,两孔以上喷油器的喷雾形状是角度较大的白色锥体,而单孔喷油器的张角并不大。较脏或有故障的喷油器的喷雾形状基本相同,是一条或几条白线。

（4）流量检测。即使是全新的相同型号的喷油器,它们的流量也不会绝对相同。在不同油压和不同转速下,喷油器的喷油量也是不同的。汽车制造厂家给出了在正常压力下 15 秒钟

笔记

常开喷油流量,一般为 45~75 mL,各个喷油器间的喷射误差量不得超过 5 mL。

三、喷油器的清洗

1. 喷油器的清洗流程

(1)拆卸喷油器并清洗喷油器外表。

(2)将喷油器装入喷油器清洗机的喷油嘴接口,并压紧喷油器,如图 2-150 所示。

(3)连接喷油器的驱动线路,如图 2-151 所示。

图 2-150　将喷油器装入喷油器清洗检测仪

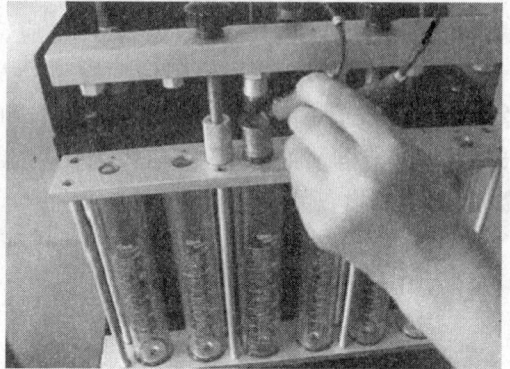

图 2-151　连接喷油器线路

(4)调节油压,选择对应的工作油路,如图 2-152 所示。

(5)起动清洗机,开始清洗。

图 2-152　选择工作油压

图 2-153　清洗喷油器

2. 清洗喷油器注意事项

(1)泄掉系统的残压(使用碎布和拔掉供油系统的保险或继电器)。

(2)清洗时注意喷嘴的密封圈,必要时取下密封圈(并做外观清洁,并注意使用安全防护用品,如灭火器。

(3)清洗前,先测量各油嘴之间的喷射偏差,再进行。

(4)清洗后,必须做泄漏试验,保证无泄漏(10 分钟内泄漏 1~2 滴)。必要时做喷射偏差测试。

（5）安装时，必须注意系统的密封状况（包括所拆相关的橡胶件以及软管等），并保证正确安装到位。

四、电动燃油泵的检测与修复

电动燃油泵通常安装于燃油箱内。为发动机提高足够压力和流量的燃油。蓄电池通过油泵继电器向电动燃油泵供电，继电器只有在起动时和发动机运转时才使电动燃油泵电路接通。当发动机因事故而停止运转时，燃油泵自动停止运转。

电动燃油泵出口的最大压力由安装在燃油泵上的泄压阀决定，压力在 450 kPa 至 650 kPa 之间（不同车辆或有不同，参照维修手册）。

注意：燃油的温度对燃油泵的性能影响很大，长期处于高温状态下运转时，当燃油温度高于一定温度时燃油泵的泵油压力急剧降低，因此当热车发动机不能起动时，请仔细检查是否为燃油泵的高温工作性能不好。

1. 电动燃油泵的拆装

（1）断开蓄电池负极。

（2）拆卸后排座椅后，打开油箱检修口盖，并断开油泵线束。

（3）使用专用工具取出燃油泵。

安装按反向操作。安装力矩：65±5 Nm。

2. 燃油泵电路分析

喷油泵的电路如图 2－154 所示，3♯接油泵继电器，4♯接地。

针脚：电动燃油泵有两个针脚，连接油泵继电器。两个针脚旁边的油泵外壳上刻有"＋"和"－"号，分别表示正极和负极。

3. 燃油泵故障分析

燃油泵故障主要表现在运转噪音大、加速不良、不能起动（起动困难）等。燃油泵故障一般由于使用劣质燃油，导致胶质堆积形成绝缘层；油泵轴承与电枢抱死；油面传感器组件腐蚀等。

图 2－154 喷油泵电路

4. 燃油泵维修注意事项

（1）根据发动机的需要，电动燃油泵可有不同的流量，外形相同、能够装得上的燃油泵未必是合适的，维修时采用的燃油泵的零件号必须跟原来的一致，不允许换错；

（2）为了防止燃油泵意外损坏，请不要在干态下运行；

（3）在需要更换燃油泵的场合，请注意对燃油箱和管路的清洗及更换燃油滤清器。

5. 燃油泵故障诊断

卸下接头，把数字万用表打到欧姆档，两表笔分别接燃油泵两针脚，测量内阻，不为零或无穷大（即为非短路、断路状态）。接上接头，在进油管接上燃油压力表，起动发动机，观察燃油泵是否工作；若不运转，检查"＋"针脚是否有电源电压；若运转，怠速工况下，检查燃油压力是否在 350 kPa 左右；踩油门至发动机转速 2 500 r/min，观察此时燃油压力是否在 350 kPa 左右。

注意：油泵滤网在长期使用中容易堵塞，滤网堵塞后就容易造成供油压力不足、发动机加

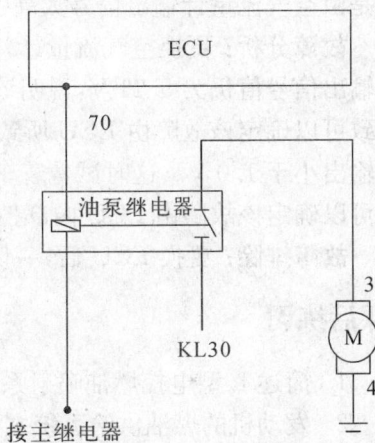

笔记 速不畅等故障现象。

案例分析

故障现象： 一辆日产蓝鸟（SR20发动机）轿车，发动机转速难以超过2 400 r/m，并且起动困难。据车主反映，此车以前一切正常，发生此故障后，已更换了几个同类型的空气流量计，但故障依旧。

故障诊断： 先检查空气流量计及其线路。此发动机是带三元触媒的车型，因此空气流量计线插只有三个插针。检查空气流量计时，发现其插头已烂，只有三个插针插在流量计上。因此怀疑在更换流量计时有可能失误。将三个插针拔出，包上胶布以防碰到其他线。打开点火开关，其中将12 V橙色（OR）线插在流量计的b位；将白色线（W）插在c位，另一条橙色（OR）线插在d位。整理好线束后，重新试验，故障依旧。关掉点火开关，拔下ECU线束插接件，检查c端口与ECU 17号端口之间的线束导通性；再检查d端口与ECU 16号端口之间的线束导通性。利用Consult-Ⅱ或跨接线做自诊，结果出现空气流量计的故障码。利用拔电池负极的方法，消除故障码后，重新起动作自诊，故障码依然存在。打开点火开关，利用Consult-Ⅱ在"数据监视"方式下读取空气流量计信号，或用万用表检查d端口的输出信号，得到电压值为5.11 V。此值明显高于打开点火开关（停机）工况下的数值（即小于1.0 V）。因此可以断定故障是由空气流量计输出信号太高引起的，但这是什么原因造成的呢？

故障分析： 更换空气流量计，输出电压仍为5.11 V。说明该车即使在能着车的情况，流量计输出信号值仍为5.11 V，说明该故障不是因其传感器输入信号不正确而引起的。由此我们大致可以确定该故障由ECU所致。用一条导线串联一个几欧的电阻，帮助c搭铁，测得d端口输出小于1.0 V。这时试着着车，起动非常容易。检查d端口输出为1.3～1.7 V（怠速），因此可以确定该故障由ECU内部控制不良所致。

故障排除： 更换ECU后，一切正常，故障排除。

课后练习

1. 简述L型电控燃油喷射系统。
2. 发动机的燃油供给系统主要部件有哪些？
3. 喷油修正主要包括哪些内容？
4. 简述燃油压力的检测方法。
5. 简述空气流量传感器的检修方法。
6. 喷油器的检测项目有哪些？

电控发动机点火系统故障的检修

学习目标

认识发动机对点火系统的要求。

掌握点火系统的结构和工作原理。

掌握电控点火系统的控制功能。

掌握故障诊断仪的示波功能。

任务载体

桑塔纳 2000 时代超人行驶里程 100 000 km,加速无力、急加速回火,怠速轻微抖动。

相关知识

一、发动机对点火系的要求

点火系统的优劣影响发动机的动力性、经济性、运转性能和排污水平。为了保证在各种工况下,使发动机的各项性能指标达到较佳的水平,点火系统应满足以下三个基本要求:

1. 能产生足以击穿火花塞间隙的电压

火花塞电极间产生电火花时的电压,称为击穿电压。影响击穿电压的因素很多,包括:火花塞电极间隙的大小;气缸内混合气的压力和温度;电极的几何形状、温度和极性;发动机的工作情况等。

大的火花塞间隙所需要的击穿电压高。混合气的压力较大或温度较低时所需的击穿电压高。热的电极更容易发射电子,因此当火花塞中心电极为负极且电极温度高于混合气的温度时,所需的击穿电压较低。击穿电压还随着发动机的转速、功率、压缩比、点火时刻以及混合气成分而改变。实验证明,发动机在低速大负荷状态下运行时,需要 8~10 kV 的击穿电压;而起动时需要的击穿电压最高可达 19 kV。为保证可靠点火,当今发动机的点火系都具有较大的次级电压储备。但过高的次级电压,将造成绝缘困难,使成本提高。因此,次级电压的最大值通常被限制在 30 kV 以内。

2. 电火花应具有足够的能量

实验证明,在一定范围内,随着火花能量的增大,混合气的着火性能增强。能点燃混合气的最低能量,与混合气的成分、火花塞间隙及电极形状等有关。发动机正常工作时,混合气在压缩终了时的温度已接近其自燃温度,所需火花能量很小(1~5 mJ)。在起动、怠速及急加速时,则需要较高的火花能量。为保证可靠点火,目前高能点火装置一般都要求火花能量大于$80\sim100$ mJ。

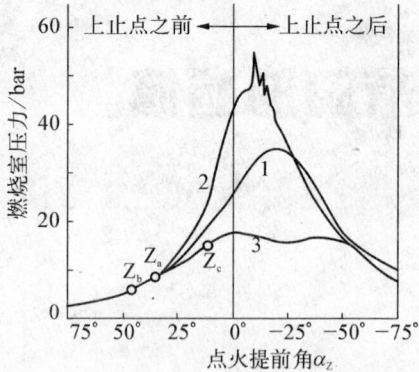

图3-1　不同发火点的燃烧室压力曲线

1—理想的点火提前点(Z_a)　2—点火过早而爆燃(Z_b)　3—点火过迟(Z_c)

3. 点火正时准确

对点火系统而言,不仅要求其发火次序符合发动机的气缸工作顺序,同时还应有最佳的点火时刻。实践证明,如果在合适的时刻发火,使最高燃烧压力出现在上止点后(ATDC)$10°\sim23°$(如图3-1所示),发动机则发出的功率最大。由于混合气在缸内的燃烧时间通常以毫秒计算,因此,点火时刻应处在活塞运行到压缩上止点前。

点火时刻用点火提前角表示,它是指从火花塞开始跳火到活塞运行到上止点的这段时间内曲轴所转过的角度。如果点火时刻过迟,则燃烧主要在活塞下行、燃烧室容积增大的情况下进行。由于最高燃烧压力下降和热损失增大,导致发动机功率下降并容易引起过热。

如果点火过早,则燃烧完全在压缩行程进行,气缸内压力急剧上升,在活塞达到上止点前即达到最大压力,增加了活塞的压缩功。这不仅使发动机的功率下降、燃油消耗率增加和运转稳定性下降,还可能引起爆燃而加剧运动件的损坏。

点火正时对发动机的排放也有着很大的影响,如图3-2所示。

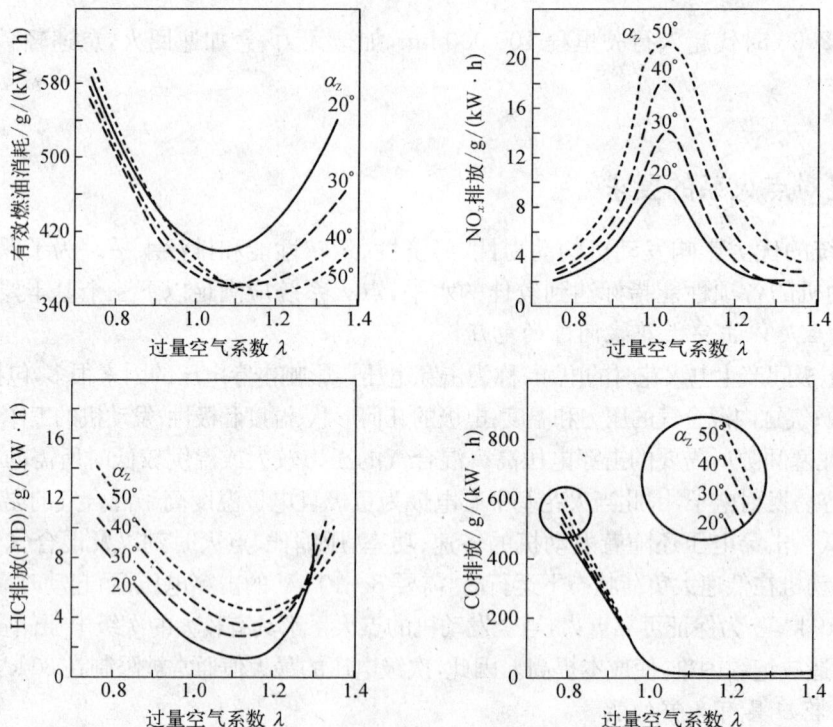

图3-2　过量空气系数 λ 和点火正时 α_z 对排放和燃油经济性的影响

点火越提前,HC 的排放越多。在整个空燃比范围内,燃烧室的温度随着点火的提前而增加,NO$_x$的排放增加。CO 的排放与点火时刻无关,它只与空燃比相关。

二、点火系统的组成与工作原理

电控点火系统一般由电源、传感器、电控单元(ECU)、点火控制器、点火线圈、分电器和火花塞等组成,如图 3-3 所示。

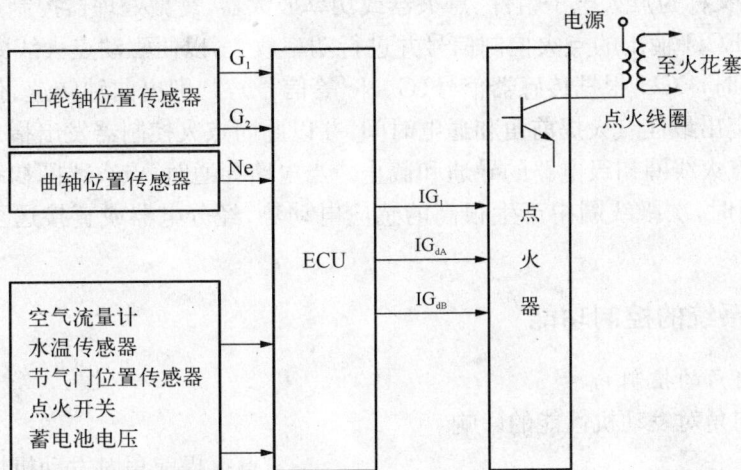

图 3-3　点火系统的组成

1. 传感器和开关信号

凸轮轴位置传感器提供压缩上止点信号,曲轴位置传感器提供曲轴的转角信号。凸轮轴位置传感器和曲轴位置传感器信号是保证 ECU 控制点火系统正常工作的基准信号。

空气流量传感器是确定进气量大小的传感器。空气流量信号输入 ECU 后,除用来计算基本喷油量外,还用作负荷信号来修正点火提前角。

进气温度传感器信号反映发动机吸入空气的温度。ECU 利用该信号对基本点火提前角进行修正,利用该项信号控制起动和发动机暖机期间的点火提前角。

节气门位置传感器将节气门开启角度转换为电信号输入 ECU,ECU 利用该信号和车速传感器信号来综合判断发动机所处的工况(怠速、中等负荷、在负荷或减速),并对点火提前角进行修正。

爆燃传感器用于点火提前角闭环控制系统,ECU 可根据爆燃传感器输出的信号来判断发动机是否发生爆燃,从而对点火提前完成角进行修正。各种开关信号用于修正点火提前角。

起动开关信号用于起动时修正点火提前角;

空调开关信号用于怠速工况下使用空调时修正点火提前角;

空挡安全开关仅在采用自动变速器的汽车上使用,ECU 利用该项开关信号来判断发动机是处于空挡停车状态还是行驶状态,然后对点火提前角进行必要的修正。

2. 发动机控制单元(ECU)

发动机控制单元的只读存储器(ROM)中,除存储有监控和自检等程序之外,还存储有由

笔 记

台架试验测定的该种型号发动机在各种工况下的最佳点火提前角。随机存储器（RAM）用来存储微处理器工作时暂时需要存储的数据，如输入/输出数据、微处理器运算得出的结果、故障码和点火提前角修正数据等，这些数据根据需要可随时调用或被新的数据改写。CPU 不断接收上述各种传感器发送的信号，并按预先编制的程序进行计算和判断后，向点火控制器发出最佳点火提前角和点火线圈初级电路导通时间的控制信号。

3. 点火控制器

点火控制器又称为点火电子组件、点火器或功率放大器，是微处理器控制点火系统的功率输出级，它接受 ECU 输出的点火控制信号并进行功率放大，以便驱动点火线圈工作。

发动机工作时，ECU 根据传感器信号（G、Ne 等信号），判别出曲轴转速、位置及气缸处于压缩上止点，确定出最佳点火提前角和通电时间，并以此向点火控制器发出指令。点火控制器根据指令，控制点火线圈初级电路的导通和截止。当电路导通时，点火线圈初级电路导通。当初级电路被切断时，次级线圈中产生很高的感应电动势，经分电器或直接送至工作气缸的火花塞。

三、电控点火系统的控制功能

1. 点火提前角的控制

1）点火提前角对发动机性能的影响

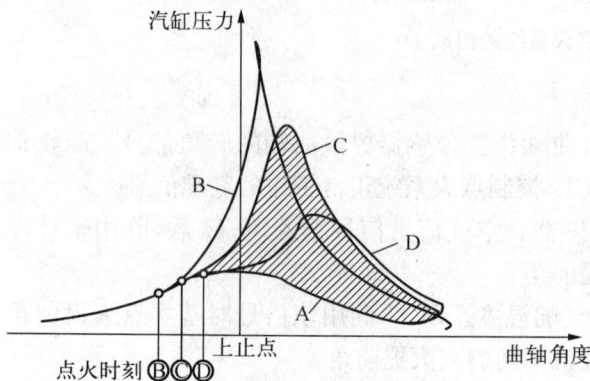

图 3-4   点火提前角对发动机性能的影响

点火提前角对发动机性能的影响如图 3-4 所示，点火提前角指从火花塞发出电火花，到该缸活塞运行至压缩上止点时曲轴转过的角度。如图所示，点火提前角影响发动机的燃烧速度、燃烧压力、最大压力达到的时刻及持续时间等，因此对发动机的动力性、经济性及排放性能都会产生明显的影响。适当的点火提前角可以提高发动机的输出功率，降低排放及燃油消耗。

2）点火提前角的影响因素

确定最佳点火提前角的依据有如下方面。

（1）曲轴转速　若空燃比一定，则一定充量的混合气完全燃烧所需的时间是一定的。因此曲轴转速越高，点火提前角就应越大。但转速升高的同时，由于混合气的压力和温度的提高以及扰流作用增强，燃烧速度也会加快。因此，最佳点火提前角与曲轴转速之间并非呈线性关系。

（2）负荷　相同的转速下，进气量随着负荷的增大而增大，残余废气量相对减少，压缩终了时的压力和温度升高，这都使燃烧速度加快。因此，最佳点火提前角随负荷增大而减小。

（3）起动及怠速　发动机处于起动及怠速工况时，混合气的燃烧速度慢。如点火时刻过早，则燃烧过程可能在活塞到达压缩上止点前结束，造成曲轴反转。因此，发动机起动及怠速工况时的点火提前角较小（一般为 5°～10°）或不提前。

（4）燃料的辛烷值　辛烷值高的汽油有较强的抗爆性，不易产生爆燃燃烧。使用辛烷值高的汽油时，可适当增大点火提前角。使用乙醇汽油时，也应增大点火提前角。

（5）压缩比 ε　汽油机是按照奥托循环（定容加热循环）工作的。当压缩比增大时，发动机的热效率提高，功率增加。但高压缩比的发动机在压缩终了时，混合气的压力和温度升高，燃烧加快，爆燃倾向增加。因此压缩比增大时，应适当减小点火提前角。

（6）混合气成分　当供给功率混合气时，燃烧速度最快，所需的点火提前角最小。当混合气过浓或过稀时，由于燃烧速度慢，必须加大点火提前角。

（7）火花塞数量　有些发动机使用相对于气门对称布置的双火花塞，以减小火焰传播路径，加快燃烧进程。此时的点火提前角应较使用一个火花塞时的要小。如果两火花塞位于燃烧室中温度不同的地点，则火焰传播速率不同，不能在同一时刻跳火。例如位于排气门处的火花塞应比位于进气门处的火花塞点火要早，因为排气门处的废气稀释程度较大。

（8）进气压力　在进气压力较小时，由于雾化和扰流条件较差，使燃烧速度减慢，所以应有较大的点火提前角。

（9）冷却水温度　当发动机冷却水温较低时，为尽快暖机，应适当增大点火提前角。当水温升高后，为减少 NO_x 的排放，应适当减小点火提前角。

另外，点火系统除了应满足以上三个基本要求外，还应能使次级电压上升迅速，以减小能量的泄漏，保证可靠的点火

3）最佳点火提前角的确定

点火提前角由初始点火提前角、基本点火提前角和修正点火提前角组成。

（1）初始点火提前角。又称为固定点火提前角，不同型号的发动机，其值大小也是不相同的，一般在上止点前 6°～12°。如桑塔纳 2000GLi 型轿车为上止点前 8°。实际点火提前角只有在发动机起动时或发动机转速低于 400 r／min 时等于初始点火提前角。

检查初始点火提前角时，必须满足 3 个条件：一是诊断插座检测端子短路；二是怠速触点闭合；三是车速低于 2km／h。

（2）基本点火提前角。是发动机最主要的点火提前角，是设计时确定的点火提前角。设计时，综合考虑发动机油耗、扭矩、排放和爆燃等因素，对试验结果进行优化处理后，可获得以转速和负荷为变量的三维点火特性脉谱图，如图 3-5 所示。将脉谱图以数据形式存储到 ECU 的 ROM 中，汽车行驶时，微处理器根据转速信号和负荷信号（由空气流量和节气门位置传感器确定），即可从 ROM 中查询出相应的基本点火提前角来控制点火。

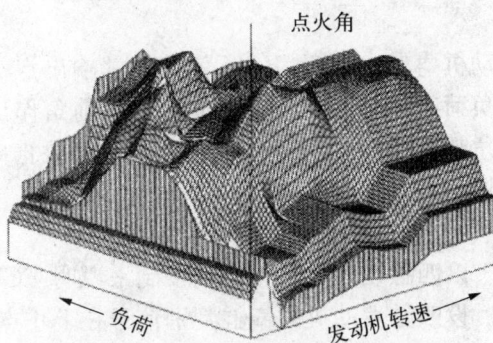

图 3-5　三维点火脉谱图

（3）修正点火提前角。是 ECU 根据相关因素（冷却水温、进气温度和开关信号等）适当增大和减小点火提前角，适应发动机的运转状况，以得到良好的动力性、经济性和排放性能。修正点火提前角主要有暖机修正、怠速修正和空燃比反馈修正。

① 暖机修正　发动机冷起动后的暖机过程中,主要考虑两个因素:第一,随冷却水温的提高,混合气的燃烧速度加快,燃烧过程所占的曲轴转角减小,点火提前角也应适当减小;第二,发动机没有达到正常工作温度时,适当的推迟点火,有助于发动机快速预热,如图3-6所示。

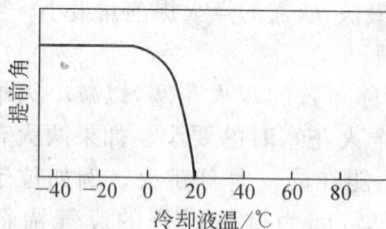

图3-6　暖机修正

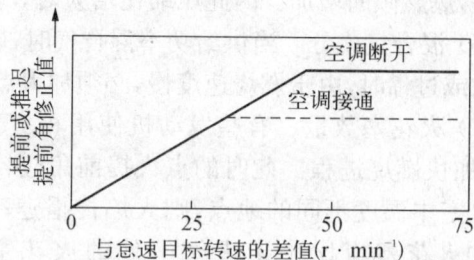

图3-7　怠速温度修正

② 怠速修正　怠速时负荷的变化(动力转向、空调)将会造成发动机运转不稳。可以通过调整点火提前角,将怠速稳定在目标转速下。当ECM检测到曲轴转速低于规定值时,便根据转速下降值(目标转速－实际转速),相应地增大点火提前角。怠速稳定性修正如图3-7所示。

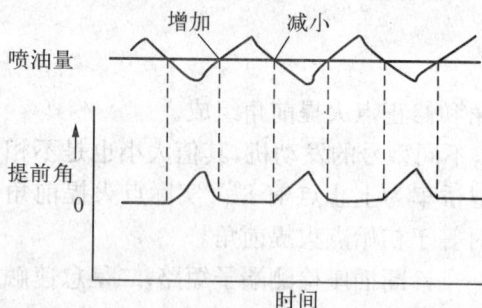

图3-8　空燃比反馈修正点火提前角

③ 空燃比反馈修正　由于空燃比反馈控制系统是根据氧传感器的反馈信号调整喷油量的多少来达到最佳空燃比控制的,所以这种喷油量的变化必然带来发动机转速的变化。随着修正喷油量的增加或减少,发动机的转速在一定范围内波动。为了提高发动机转速的稳定性,在反馈修正油量减少时,点火提前角应适当地增加,如图3-8所示。

发动机实际点火提前角是初始点火提前角、基本点火提前角和修正点火提前角之和。发动机每转一周后,ECU就计算并输出点火提前角的调整量,当传感器测出发动机的转速和负荷有变化时,ECU就使点火提前角作出相应的改变。但当ECU计算出的实际点火提前角超过最大或最小点火提前角的允许值时,ECU则以最大或最小点火提前角的允许值进行调整。

4) 点火提前角的控制

以四缸发动机点火时刻控制来说明ECU对点火提前角的控制,其控制过程如图3-9所示。设四缸发动机的气缸判别信号在上止点前105°时产生,发动机转速2 000 r／min时,最佳点火提前角为上止点前30°。当ECU接收到凸轮轴位置传感器信号时,表明某缸活塞处于压缩上止点前105°位置,如图3-9(a)所示。ECU从接收到凸轮轴位置传感器信号后5°开始(计数开始的信号称为基准信号,由ECU内部电路控制),对曲轴位置传感器输入的转速和转角信号(1°信号)进行计数,如图3-9(b)所示。当ECU计数到第71个1°。信号时向点火控制器发出指令,使功率晶体管截止,如图3-9(c)、(d)所示,切断点火线圈初级电流,使次级线圈产生高压电并送至火花塞跳火,所以点火提前角为 $105°-5°-70°=30°$。

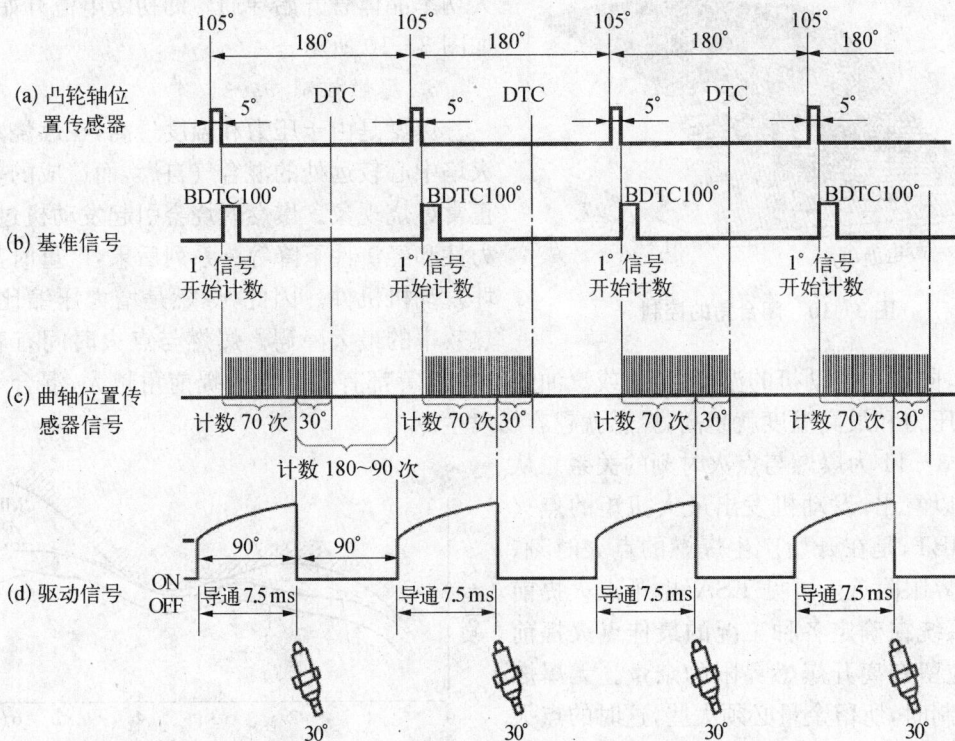

图 3-9　点火提前角与闭合角控制过程

2. 闭合角(初级线圈通电时间)的控制

闭合角即点火通电时间,是指点火线圈初级电路的功率三极管导通期间发动机曲轴转过的角度。对于常用的电感储能式电子点火系统来说,初级电路断开瞬间,其电流所能达到的值(即初级电路断开电流)与初级电路的通电时间有关。只有通电时间达到一定值时,才能使初级电流上升到足够大,并在初级电路断路时使次级线圈产生足够高的电压。但如果通电时间过长,点火线圈会发热而损坏。闭合角的大小取决于发动机转速和蓄电池电压的大小。当发动机转速高时,应适当增大闭合角,以防初级线圈充电时间过短,点火能量下降;当蓄电池电压下降时,初级线圈电流减小,需适当增大闭合角。

对闭合角进行控制时,在 ECU 的内存中存储了根据发动机转速和电源电压确定的闭合角三维数据图谱,如图 6-8 所示。在发动机的实际工况中,ECU 通过查找图谱中的数据,就可以计算出最佳闭合角。例如,如果电源电压为 14 V,则大功率晶体管导通时间为 5 ms,若此时发动机转速为 2 000 r/min,则导通 7.5 ms 相当于曲轴转角:

$$\frac{360°\times2\,000}{60}\times\frac{7.5}{1\,000}=90°$$

即在这种状况下,大功率晶体管从导通到截止,必须保持 90°的曲轴转角,也即闭合角为 90°。又因四缸发动机的做功间隔为 180°,即大功率晶体管截止到下一次为 180°。在此期间大功率晶体管截止时,曲轴的转角为 180°-90°(闭合角)= 90°,那么微型计算机从大功率晶体

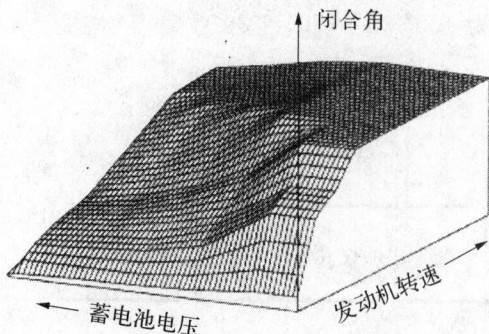

图 3-10 闭合角的控制

管截止时开始计数 90 个 1°信号,91 个 1°信号时大功率晶体管开始导通。即初级电流开始导通,如图 3-10 所示。

3. 爆燃控制

爆燃是由于压力和温度过高,在燃烧室内离火焰中心较远处的混合气自燃,而造成的一种不正常燃烧现象。爆燃燃烧会引起发动机过热、动力性和经济性下降等一系列后果,严重时甚至损坏发动机机件。因此,爆燃是增大压缩比、提高热效率的最大障碍。爆燃与点火时间有着密切的关系,同时与发动机的温度、负荷或汽油的辛烷值等都有关。点火提前角越大,混合气燃烧的最大压力和最高温度就越高,爆燃就越容易发生。

图 3-11 为爆燃与点火时刻的关系。从图中可以看出,发动机发出最大扭矩的点火时刻 MBT,是在开始产生爆燃的点火时刻,即爆燃界限附近。可见 ESA(电子点火提前控制)系统在确定各种工况的最佳点火提前角时,应留有离开爆燃界限的余量。无爆燃反馈控制时,所留余量必须大些,这时的点火时刻比 MBT 滞后,使输出扭矩有所降低;用爆燃传感器进行反馈控制时,可用检测到的爆燃界限,把点火时刻控制在接近爆燃极限的位置,这样可以更加精确、有效地控制点火时刻,以利于提高发动机的输出功率和燃油经济性。

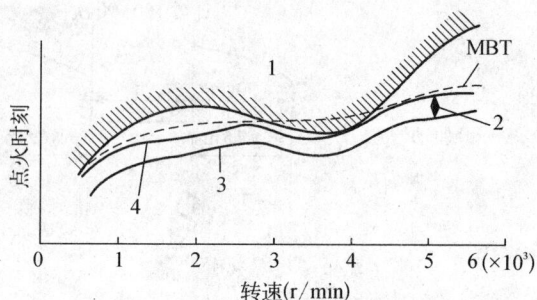

图 3-11 爆燃与点火时刻的关系

1—爆燃范围 2—余量的幅度 3—无爆燃控制时 4—有爆燃控制时

发动机管理系统利用爆燃传感器来监测发动机是否产生爆燃,并根据传感信息,采取闭环反馈控制的方法修正点火提前角,使发动机工作在爆燃的边缘。

检测爆燃的方法有三种:气缸压力;发动机机体振动;燃烧噪声。气缸压力检测法的精度最高,但传感器的耐久性差,安装困难。燃烧噪声检测法是非接触式的,其耐久性好,但精度和灵敏度偏低。发动机机体振动检测法是目前最常用的爆燃检测方法。

1) 爆燃传感器

如图 3-12 所示,振动检出型爆燃传感器通常安装在缸体上,但也有安装在火花塞垫圈处的。在四缸发动机上,可以使用一个传感器来检测爆燃,它安装在第二缸与第三缸之间的缸体上。在五缸或超过五缸的发动机上,由于一个传感器很难准确地测定来自所有气缸的爆燃,因此一般使用两个爆燃传感器。

振动检出型爆燃传感器有磁致伸缩式和

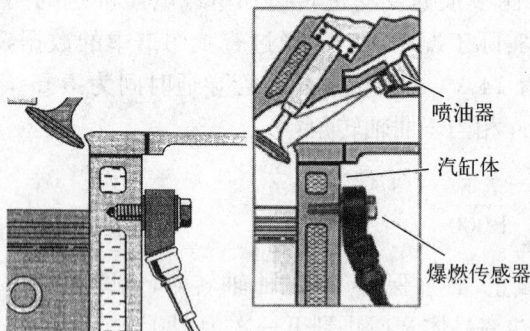

图 3-12 爆燃传感器

压电式两种类型,压电式又分共振型和非共振型两种。表 3-1 列出了现在已经实用化的这类爆燃传感器的性能比较。

表 3-1 振动检出型爆燃传感器的比较

特性 型式	磁致伸缩式 (共振型)	压 电 式	
		共 振 型	非 共 振 型
外型	稍大	小	小
结构	复杂	较复杂	简单
机电转换效率	小	大	大
阻抗	小	大	大
爆燃信号判别	传感器输出信号可直接识别	←	回路中需有滤波器
调整	需要调整共振点	←	不需调整共振点
适应性	随发动机而变更	←	可适应各种发动机
采用车厂	GM、NISSAN	CHRYSLER、TOYOTA	MITSUBISHI、RENAULT

(1)磁致伸缩式爆燃传感器。其外形与结构如图 3-13 所示,它由高镍合金的磁芯、永久磁铁、感应线圈以及壳体等组成。

机体振动时,磁芯产生轴向振动,使通过感应线圈的磁通量发生变化,线圈将产生感应电动势,此电动势即为爆燃传感器输出的电压信号。传感器输出电压信号的大小与发动机的振动频率有关,当传感器自振频率(由生产厂家根据发动机的设计而设定)与规定爆燃强度下的振动频率产生谐振时,传感器的输出电压将达到最大值,如图 3-14 所示。

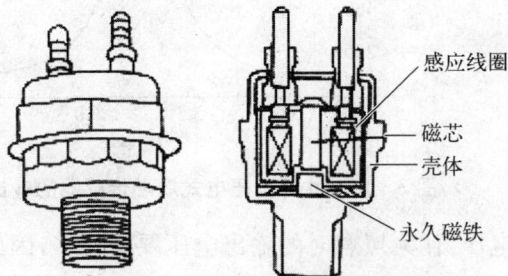

图 3-13 磁致伸缩式爆燃传感器

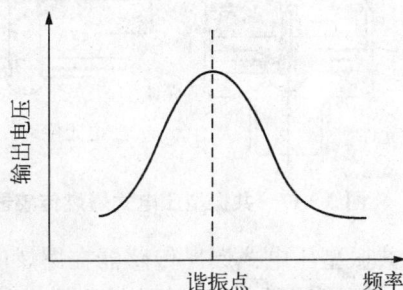

图 3-14 磁致伸缩式爆燃传感器的输出特性

(2)非共振型压电式爆燃传感器。以接收加速度信号的形式,来判别是否产生爆燃。这种传感器的结构如图 3-15 所示,它由两个同极性、相向对接的压电元件和配重组成。配重用一颗螺丝固定在壳体上,输出电压由两个压电元件的中央取出。

发动机振动时,传感器的配重随之产生加速度。压电元件受到配重的惯性力的作用而产生电压信号。非共振型传感器具有较为平缓的输出特性,在爆燃及其附近的振动频率段,所输出的电压不是很大,如图 3-16 所示。因此,必须将反映发动机振动频率的电压信号送至识别

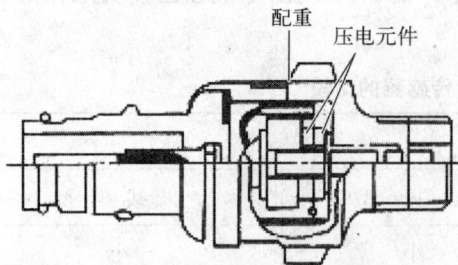

图 3-15 非共振型压电式爆燃传感器

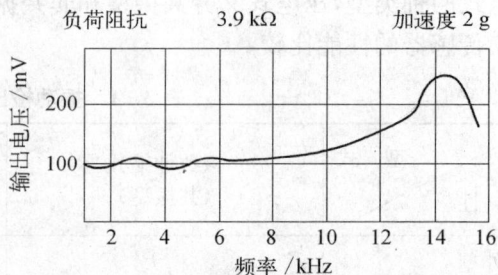

图 3-16 非共振型压电式爆燃传感器的输出特性

爆燃的滤波器中进行滤波,判别是否有爆燃发生。

非共振型传感器的感测频率范围设计成由零至数十千赫兹,可检测具有较宽频带范围的发动机振动频率。用于不同发动机上时,只需将滤波器的过滤频率调整即可使用,不需要更换爆燃传感器。

(3)共振型压电式爆燃传感器。当压电晶体受到外部的机械作用力时,其两个极面上会产生电压,这就是晶体的压电效应。压电式爆燃传感器是利用压电晶体的压电效应工作的。

共振型压电式爆燃传感器的结构如图 3-17 所示。压电元件紧密地贴合在振荡片上,振荡片则固定在传感器基座上。发动机振动通过振荡片的振荡波及压电元件,压电元件因此变形而产生电压信号。在规定的爆燃强度下,发动机的振动频率与振荡片的固有频率相符合,振荡片产生共振,此时压电元件将产生最大的电压信号,如图 3-18 所示。

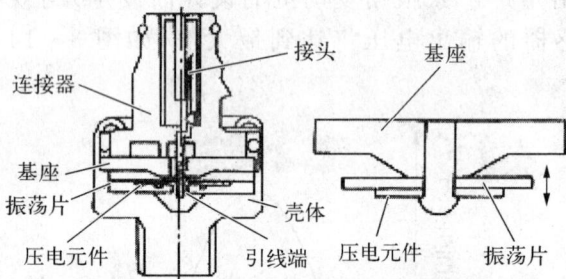

图 3-17 共振型压电式爆燃传感器

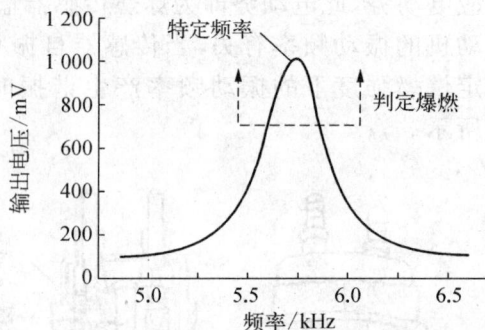

图 3-18 共振型压电式爆燃传感器的输出特性

共振型压电式爆燃传感器在爆燃时的输出电压,比无爆燃时的输出电压要高得多,因此不需要使用滤波器,即可判别有无爆燃产生。

现在使用最多的是宽幅共振式压电式爆燃传感器,它的输出特性如图 3-19 所示。其峰值输出电压虽然较低,但可在较大的振荡频率范围内检出共振。当发动机发生轻微爆燃时,就能输出较高的电压信号,使微机能较早地检测到发动机爆燃的产生。因此,它适应于随转速变化而不同的爆燃频率,以及不同发动机所具有的不同爆燃频率。

2)爆燃的判断与爆燃修正

来自爆燃传感器的信号,是包含各种频率的电压信号。滤波电路只允许特定频率范围的爆燃信号通过,而将其他振动信号分离出来。将经过滤波后的信号与爆燃强度基准值进行比较,如果大于基准值,则将此信号输入微机,表示发生了爆燃,要求微机进行爆燃控制,如图3-20、图3-21所示。

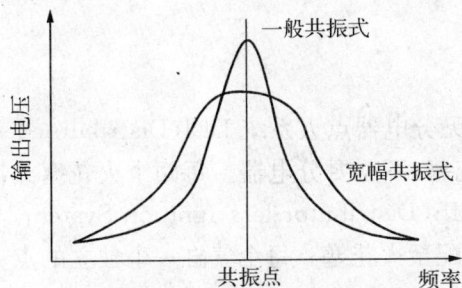

图3-19 宽幅共振式爆燃传感器的特性

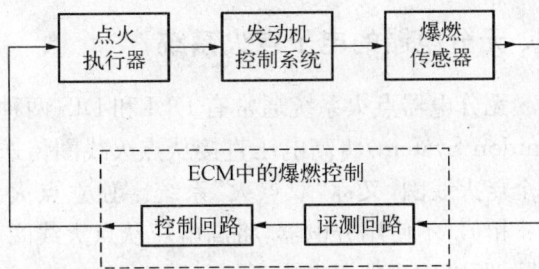

图3-20 爆燃控制示意图

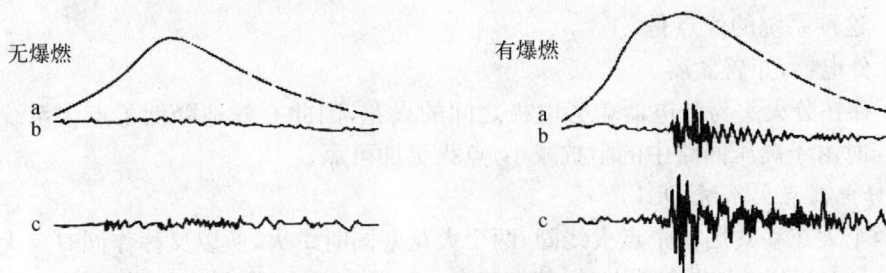

图3-21 爆燃传感器的信号

a—气缸压力曲线 b—滤波后的压力信号 c—爆燃传感器信号

ECM根据发动机的爆燃程度修正点火提前角。当爆燃程度强时,点火提前角的修正推迟角度大;当爆燃程度弱时,修正的推迟角度小。电脑控制的每一次爆燃修正都以一定的角度推迟点火。当爆燃消失后,在一定的时间内,维持当前的点火提前角。在此期间,如果无爆燃产生,则又逐渐增大点火提前角,一直到发动机再次出现爆燃时,又恢复爆燃的修正控制。爆燃的闭环修正过程如图3-22所示。

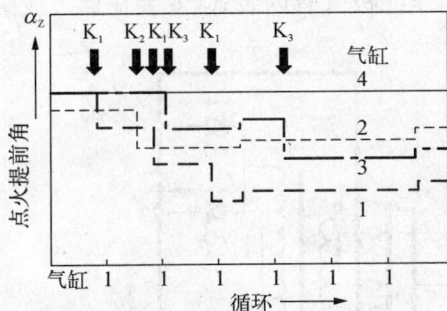

图3-22 点火提前角的闭环控制

K_1、K_2、K_3分别为1、2、3缸的爆燃

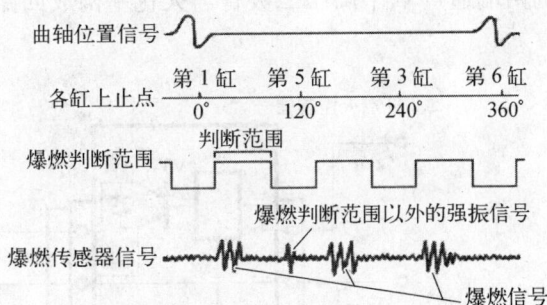

图3-23 爆燃判定的时段

由于发动机工作时的振动频繁而剧烈,为了防止产生错误的爆燃判断,ECM对爆燃传感器的信号判别不是连续进行的。ECM只在点火后可能发生爆燃的时段(图3-23所示),才对爆燃传感器的信号输入比较电路进行比较。

试验表明：当发动机的负荷低于一定值时，一般不会发生爆燃。这时，ECM 对点火提前角实行开环控制，即 ECM 不再检测爆燃传感器的信号，只按 ROM 中存储的信息以及有关传感信号控制点火提前角的大小。

四、无分电器的电子点火系统

无分电器点火系统通常有 DLI 和 DIS 两种形式，无分电器点火系统 DLI（Distributor-less Ignition System）将高电压直接从点火线圈传送至火花塞，不需要分电器。每两个火花塞共用一个点火线圈，又称"双点火"系统。独立点火系统 DIS（Distributor-less Ignition System）与 DLI 相似，不使用分电器，将高电压从点火线圈直接分配至火花塞。每个气缸一个独立的点火线圈，所以称为独立点火系统。

由于取消了传统的分电器，没有分火头和分电器盖，它将点火线圈产生的高压电直接输送给火花塞。这种系统的优点是：

（1）无分电器，布置紧凑。

（2）不存在分火头与分电器盖旁电极之间的火花，因此有效地降低了点火系统对无线电的干扰。同时由于高压回路中的阻抗减小，点火更加可靠。

1. 无分电器点火系统 DLI

DLI 两个火花塞共用一个点火线圈，两个火花塞同时跳火，所以又称作同时点火或分组点火，配对成一组的两缸火花塞跳火时，其中只有一缸是有效点火，另一缸是无效点火；配对的无效点火缸恰好是处于排气行程，缸内的温度较高而压力很低，火花塞电极间隙的击穿电压很低，而对有效点火缸的火花塞的电极电压、跳火放电能量影响很小。这种点火高压的分配方式又分为两种：二极管分配方式和点火线圈分配方式。

1）二极管分配方式

用高压二极管来分配点火高压的同时点火方式，如图 3-24 所示，4 缸发动机采用高压二极管 VDI—VD4 配电的电路工作原理图。该发动机的点火顺序为 1—3—4—2，1、4 缸分成一组点火，2、3 缸分成另一组点火；点火线圈采用一个次级电路、两个初级电路的结构，次级电路的两端通过 4 个高压二极管与火花塞构成回路。高压二极管有内装式（安装在点火线圈内

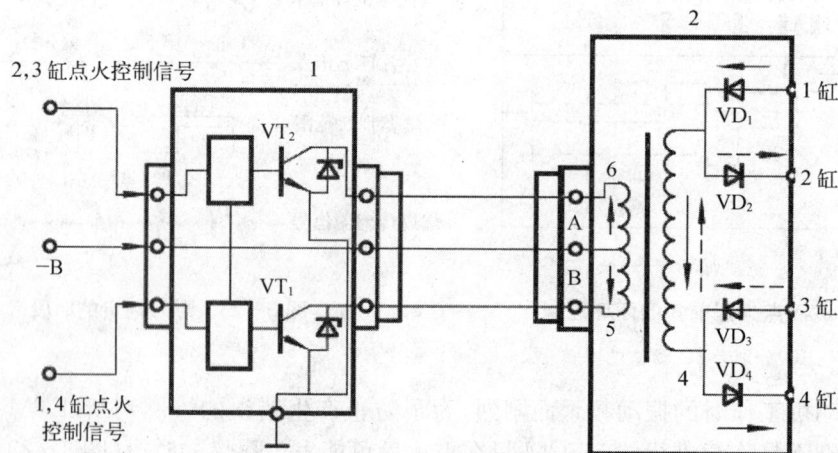

图 3-24　二极管分配方式

部)和外装式两种结构形式,电子点火器中两个功率晶体管各控制一个初级电路,它们由 ECU 按点火顺序输出的点火正时控制信号,交替控制导通或截止。当 1、4 缸的点火控制信号输入到点火器,使晶体管 VTI 截止时,初级电路 A 断电,次级电路产生如图中实线箭头所示方向的电动势。在此电动势作用下,高压二极管 VD1、VD4 正向导通,有感应的脉冲电流(放电电流)通过,使 1、4 缸火花塞电极电压迅速升高直至跳火;而高压二极管 VD2、VD3 反向截止,故 2、3 缸火花塞不跳火;当 2、3 缸的点火控制信号输入到点火器,使晶体管 VT 截止时,初级电路 B 断电,次级电路产生如图中虚线箭头所示方向的电动势。使 VD2、VD3 导通,VD1、VD4 截止,故 2、3 缸火花塞跳火。在电子点火器的两个功率晶体管上,各接有一个稳压管,用于吸收初级线圈断路时产生的自感电动势,以保护两个晶体管。

2) 点火线圈分配方式

用点火线圈来直接分配点火高压的同时点火方式,如图 3－25 所示,它是日本丰田公司某型轿车 6 缸发动机所采用的一种 DLI 系统的结构。在图示的点火线圈组件中,有 3 个独立的点火线圈,每个点火线圈同时向同组两缸(如 1、6 缸)的火花塞供给点火高压。

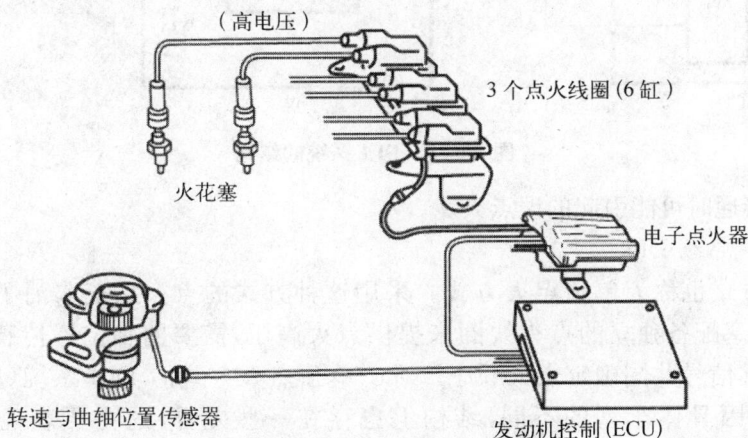

图 3－25　点火线圈分配方式

在有些点火线圈分配式点火系统中,在点火线圈的次级电路中也接有一个高压二极管,如图 3－26 所示。此二极管的作用是:当初级电路接通时,阻止在次级感应的电动势直接加在火花塞电极上,以防止误点火。在初级电路接通瞬间,次级电路可产生 1 500～2 000 V 的感应电动势。在传统的机械配电方式中,分火头与侧电极之间的间隙(约 0.8 mm)阻隔了这 1 000 多伏的电压直接加在火花塞电极两端,故无论气缸在什么行程,火花塞都不会跳火。而对点火线圈分配方式的点火系统,不管是同时点火方式,还是后面要介绍的单独点火方式,配电时没有了这一间隙,1 000 多伏的电压就会直接加在火花塞电极的两端,如果此时气缸正好处在进气行程接近终了,或压缩行程刚开始的状态,缸内压力低,又有可燃混合气体,火花塞就有可能跳火而将可燃混合气点燃。这种不正常的点火会影响发动机的正常工作(如产生回火现象)。为了避免这种误点火,点火线圈次级回路中串接有一个高压二极管,使点火线圈初级接通时,在次级感应的电动势不能构成通路,也就不能产生脉冲感应电流,火花塞就不会产生电火花而造成误点火。有的 DLI 系统,在次级电路输出端与火花塞之间的连接电路中,并没有串接高压二极管,而是留有 3～4 mm 的间隙,其作用与次级串接高压二极管相同,也是为了

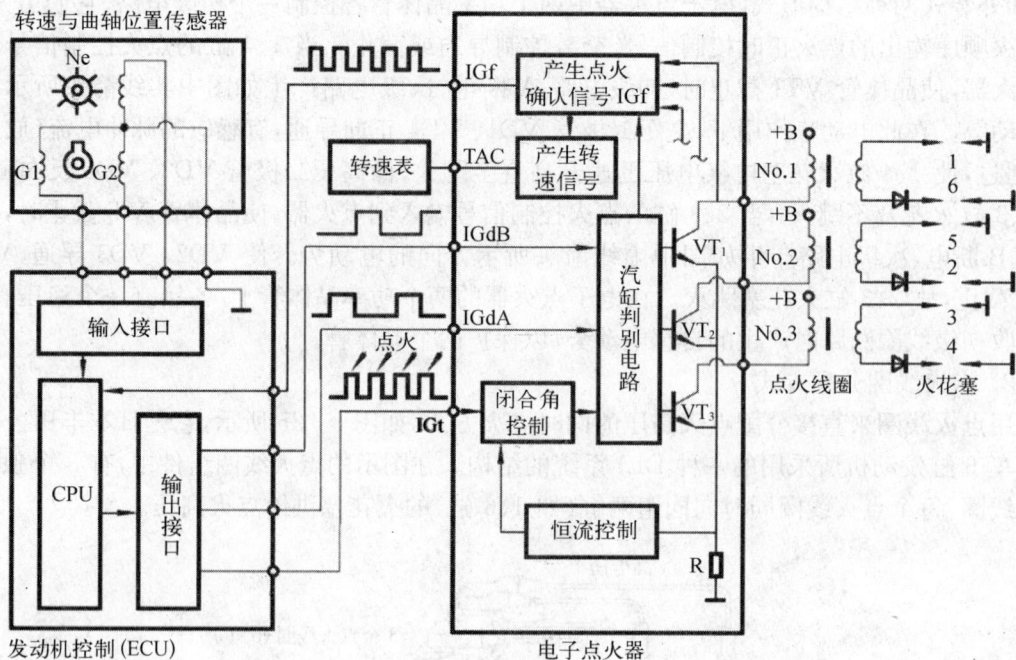

图 3 - 26　DLI 系统的结构

防止初级电路接通时可能引起的误点火。

2. 独立点火系统 DIS

独立点火方式也称为单独点火方式。采用这种方式的点火系统取消了公共的点火线圈，每缸的火花塞配备独立的点火线圈来提供点火高压，需要曲轴位置传感器的上止点信号和凸轮轴判缸信号共同确定点火顺序。对于单独点火方式的 DLI 系统（DIS），其控制电路大致相同，但因具体车型的不同，结构上也存在一些差异，这主要表现在点火器的数量上。

1) 单个点火器控制

发动机由 1 个具有多个功率管的点火器控制点火，其中的每个功率管分别控制一个点火线圈。如图 3 - 27 所示，每缸独立的点火线圈直接安装在火花塞的上部，省去了高压缸线结构紧凑，电阻的影响更小。发动机控制单元（ECM）根据曲轴位置信号、凸轮轴位置信号及各种修正信号，确定点火时序、点火提前角点和闭合角。再通过点火控制器驱动各缸的点火线圈跳火。

2) 多个点火器控制

发动机各缸的点火线圈分组共用由若干个点火器控制，如图 3 - 28 所示。5 个点火线圈分别接到两个点火器上，其中一个点火器控制 3 个缸的点火，另一个点火器则控制 2 个缸的点火。

3. 无分电器电子点火系统的优点

（1）系统取消了分电器和高压缸线，分火头的间隙分压消失，能量损耗小，机械磨损或损坏的机会均减少，结构紧凑，独立点火的高压部分可安装在发动机气缸盖上的金属屏蔽罩内，其电磁干扰大大减小。

笔记

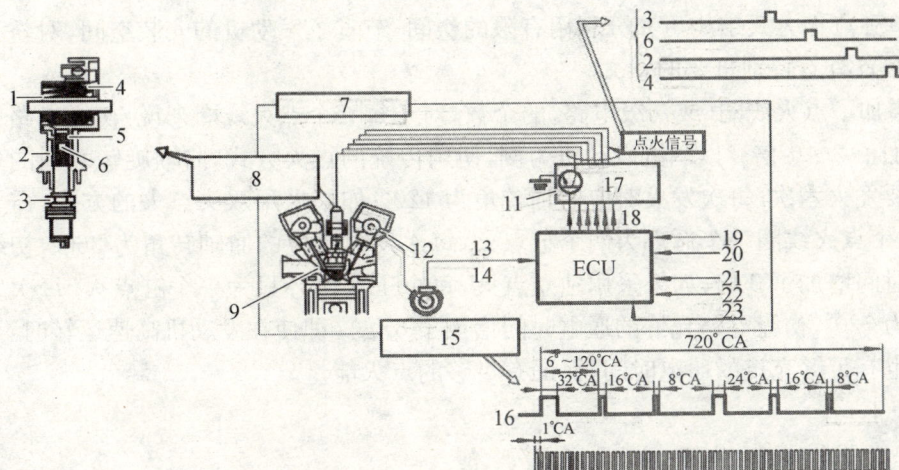

图 3-27　单个点火器控制的独立点火系统

1—初级线圈　2—外壳　3、9—火花塞　4—次级线圈　5—弹簧　6—高压端子　7—子系统　8—点火线圈(每缸1个)　10、16—发动机转速与曲轴转角传感器的输出信号　11—保护外壳　12—凸轮轴　13—转速信号　14—曲轴转角信号　15—发动机转速与曲轴转角传感器　17—电子点火器(有个功率管并列)　18—点火控制信号　19—空气流量计信号　20—冷却水温信号　21—起动开关信号　22—爆燃信号　23—节气门位置信号

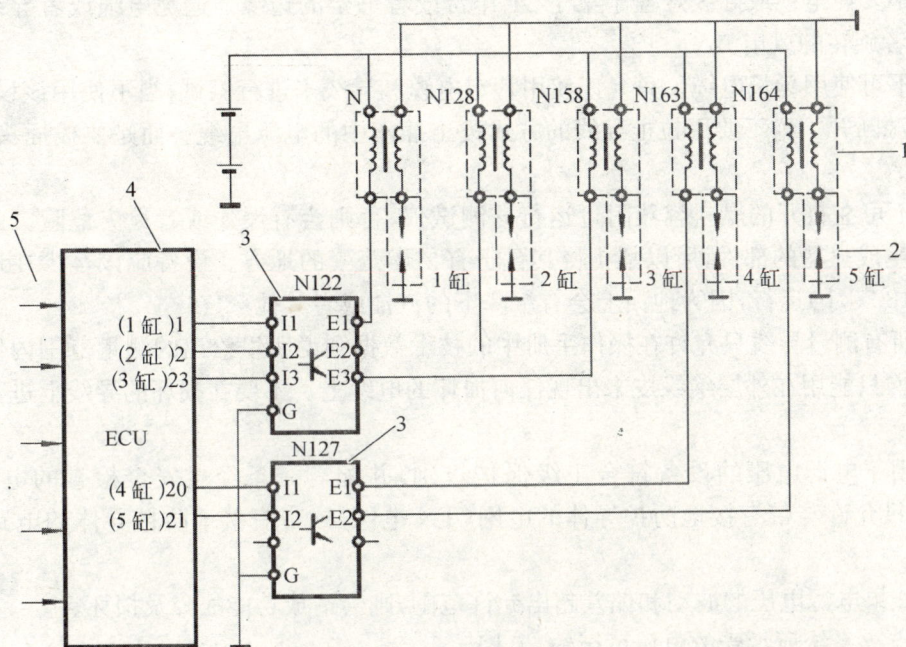

图 3-28　多个点火器控制独立点火系统

1—点火线圈　2—火花塞　3—点火器　4—发动机控制单元(ECU)　5—各种传感器信号

（2）由于采用了与气缸数相等的点火线圈，点火线圈只为1、2个气缸点火，其工作时间缩短，在发动机的转速相同时，单位时间内线圈中通过的电流要小得多，线圈不容易发热。所以这种线圈的初级电流可以设计得比较大，而体积却非常小巧，能在达到9 000 r/min 的宽广转速范围内，提供足够的点火能量和点火高压。

（3）单独点火方式结构可充分利用有限的空间，节省了发动机的安装空间，对轿车发动机室的合理布置有着特别重要的意义。

（4）增加了点火线圈（或初级电路）的个数，对于每一个点火线圈来说，初级电路允许的通电时间增加了 2～6 倍。以六缸发动机为例，使用传统的点火方式，曲轴旋转两周的过程中点火线圈需要发火六次，每次发火对应曲轴转角为 120°；如果采用双头点火的方式，需要 3 个点火线圈，每个点火线圈一个循环为两个缸点火，每次发火对应的曲轴转角为 360°，初级电路允许的通电时间增加了 3 倍；如果采用独立点火，每个工作循环只为一个缸点火，每次发火对应曲轴转角为 720°，初级电路允许的通电时间增加了 6 倍。即使在发动机高速运转时，点火线圈初级线圈也有足够充裕的通电时间，保证有足够的点火能量。

技能操作

大众专用检测仪 VAS5051B 检查点火波形。

一、VAS5051B 使用时的注意事项

VAS5051B 在使用过程中应注意以下事项：

（1）如果电源线或者设备损坏，则在获得资格的专业人员对其进行检查之前不允许使用。

（2）不要使电缆或导线悬挂于桌子、工作台或者书架的边缘。避免电缆或者导线接触热的部件或者旋转的风扇。

（3）不可使用延长电缆。只允许使用特定电缆和导线来进行测试，当不使用该设备时，务必将其电源断开。绝不要用拉扯导线的方式拔出插座中的电源电缆。而是要拔插头部位，已切断电源。

（4）不可在打开的燃料容器附近运行该测试仪，否则会有爆炸或者火灾危险。此类设备有内置的生成火花的部件，所以禁止将其置于有易燃蒸气的地方。设备应该至少在地面之上 460 mm（18 英寸）运行，因为地面上会有沉降下的汽油或者其他蒸气。

（5）所有测量导线只允许在操作手册中的技术数据和说明里给出的测量范围内使用。所有测量钳均只能用在外层绝缘皮未出现任何损坏的电缆上。不要在损坏的导线上进行任何测量工作。

（6）用于电源电压的设备符合 1 级保护级别，并配有一条经过安全检查的电源电缆。此类设备只允许与带有接地防护导体的电网（TN 电网）或带有接地防护导体的电路插座相连接。

（7）如果电源电压的波动和偏差超出允许范围，则会造成功能故障及损坏。

电子点火系统所承受的电压可至约 30 kV。

（8）在用 VAS 5051B 机修车工作时，应注意测试仪和打印机的电源适配器要有足够的通风度。

（9）诊断设备 VAS 5051B 是针对大众的车辆开发研制的。当测试仪直接与其他厂家的车辆连接时，可能造成车辆损坏。如果要使用自诊断中一般性适用的 OBD 功能来检查陌生车辆的话，那么就必须在诊断导线和车辆诊断接口之间连接一个 OBD 适配器导线 VAS 5052/1B（使用少量导线连接）。

二、VAS5051B 的应用范围

可借助以下功能实现客户服务功能、车辆故障识别和故障定位：

（1）车辆自诊断 用于进行控制器的基本通信。可以用于控制单元的故障查询、调用测试工具等。

（2）引导型故障查询 用于故障定位，包括进行车辆鉴定、在现有症状基础上制订测试计划并且调用功能测试结果以消除故障，在此可利用车辆自诊断、测试及文献资料中的结果和方法。

（3）引导型功能 用于快速调用某一车型的客户服务功能，例如，为控制器编码。

（4）测试 利用内置的万用表和示波器，读取数据信息、波形信息等。

（5）ELSA——供大众汽车工厂使用的电子维修服务查询系统。

（6）erWin——面向非合约工厂的信息系统。

三、VAS5051B 诊断系统的结构组成

VAS 5051B 诊断系统由测试仪、机修车、诊断导线和测量导线、键盘与鼠标和配件构成。VAS5051B 诊断系统由 Knuerr 公司或 Rawotec 公司生产，机修车的结构上略有不同（见图3-29）。

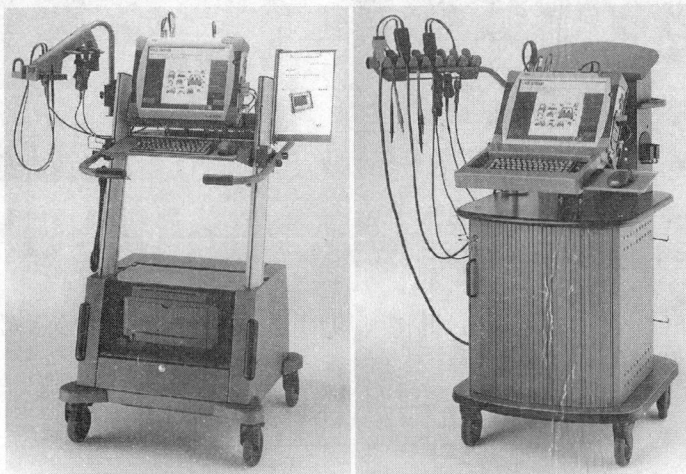

左侧款式为 Knuerr 公司机修车　　右侧为 Rawotec 公司机修车

图 3-29　VAS 5051B

1. VAS 5051B 测试仪

测试仪提供不同的运行模式，如"车辆自诊断"、"测量"、"引导型故障查询"和"引导型功能"。因此，测试仪不仅可用作故障读取器，还可用作测量工具和智能故障识别系统。

操作系统和应用程序均储存在测试仪中。用手指或仪器中内置的触笔直接在触摸屏上进行输入，测试仪会相应做出反应。也可用随附的 USB 鼠标操作测试仪。机修车的打印机将通过 USB 接口运行。对 VAS 5051B 机修车进行改装升级时，应使用现有的 IrDA 接口。此外，也可安装用户专用的打印机（USB 或 LAN）。

1) VAS 5051B 测试仪的电源

测试仪的运行可通过机修车内置电源适配器提供的 100～240 V 交流电进行供电,也可通过诊断导线由车辆电路供电。依据运行模式的不同,内置蓄电池的供电可持续 1～60 min,以便移动机修车时不必关闭测试仪。

只有在汽车蓄电池电量充足的情况下,测试仪才可通过诊断导线由汽车电路供电(无需与电源适配器相连)。汽车蓄电池的消耗功率最高为约 45 W。所需能量的剩余部分将由测试仪蓄电池提供。因此,采用这种供电方式时,测试仪不能带馈电的蓄电池运行。

2) VAS 5051B 测试仪的正面结构(见图 3-30)

开机时按下接通/关闭按键约 1 秒钟,直到 LED 测试运行开始。关机时按下接通/关闭按键约 1 秒钟,最长 5 秒钟。从第 5 秒钟开始测试仪将立即断电。只有在不能按照正常方法关闭测试仪时,才可使用该方法关机(可能丢失数据或者损坏操作系统)。

位于接通/关闭按键下方的 3 个 LED 显示测试仪的运行状态,如图 3-31 所示。

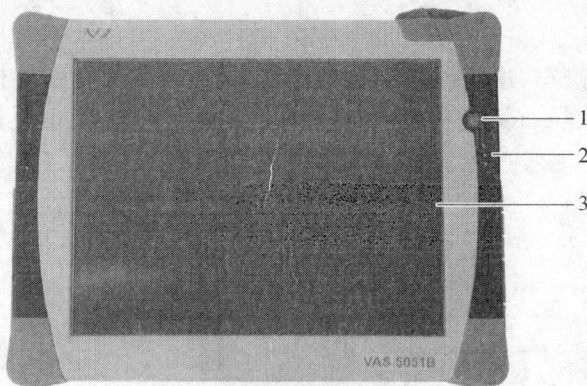

图 3-30　测试仪的正面

图 3-31　LED 状态灯

1—接通/关闭按键　2—LED 指示区　3—触摸屏

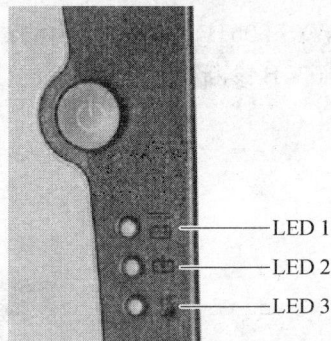

开机后,首先进行 LED 测试运行,其间 LED 1 先发橙色光后发绿色光,LED 2 随后发黄色光,继而 LED 3 发红色光。接着便显示实时运行状态。

表 3-2　LED 的含义

LED 1 双色灯	接通测试仪时该 LED 亮起: 绿色光:由外部电源或车辆电路供电(若同时同外部电源和车辆电路相连接,则由外部电源供电) 橙色光:由内部蓄电池供电 橙色光(闪烁):由内部蓄电池供电,电池即将耗尽 LED 1 发出闪烁的橙色光之前,将出现一个标准的 Windows 系统信息,如电脑显示: "Low Battery You should change your battery or switch to outlet power immediately to keep from losing your work." ("电池电量低请更换电池或立即接入外部电源,以避免工作内容丢失。") 请进行如下操作:

笔记

LED 1 双色灯	1. 确认该信息 2. 将机修车接入电源,并连接 DC 接口为测试仪供电(此时蓄电池将充电) 一般情况下,用诊断导线将机修车接入车辆电路不能提供足够的电流,因为车辆电池所提供的电流最大为 5 A,蓄电池必须同时工作 绿色光/ 橙色光(交替闪烁):当蓄电池取出或已损坏时,由外部电源或车辆电路供电 黄色光:由车辆电路和蓄电池供电(机动车辆电池的最大电流设置为 5 A,实际上不能提供足够的电流) 绿色光 / 黄色光(短促闪烁):由车辆电路和蓄电池供电时,电池即将耗尽。请接入机修车供电系统,以保证测试仪的持续供电
LED 2,	蓄电池充电时该 LED 亮起: 黄色光,充电结束后(约 2.5 小时)熄灭 黄色短促闪烁,蓄电池放电过度。以较低的电流给蓄电池充电,以便重新将其激活。此时,LED 1 交替地闪绿色光和橙色光 如果在两小时后蓄电池的功能仍未恢复正常,则无法再充电。请更换蓄电池
LED 3, 单色	测试仪过热时该 LED 闪红光: 当 LED 3 闪烁时,约 10 秒钟以后测试仪将自动关机。关机后该 LED 仍继续闪烁,并且接通风扇用于冷却 关机后如果测试仪的温度仍然过高,则不能重新开机,直到温度降到足够低为止 由电池驱动时冷却过程最长为 5 分钟,之后测试仪将完全关闭。若温度仍然过高时重新开机,则将重新起动冷却过程,时间最长为 5 分钟

触摸屏是人机交互的界面。它显示带有选择列表和按钮的视频,建议优先使用触笔进行操作。

3) VAS 5051B 测试仪的左侧结构

VAS 5051B 测试仪的左侧主要是光驱和散热风扇,如图 3 - 32 所示。

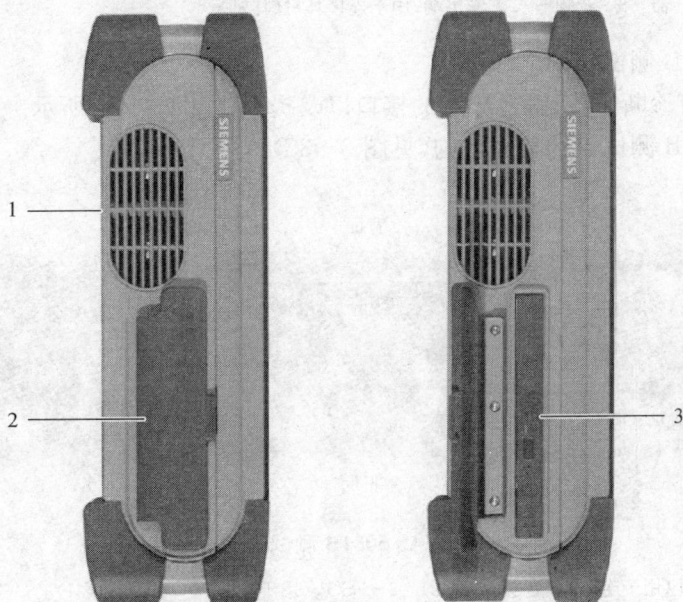

图 3 - 32　测试仪左侧

1—两个风扇　2—DVD 驱动器防护盖　3—DVD 驱动器

4）VAS 5051B 测试仪的右侧结构

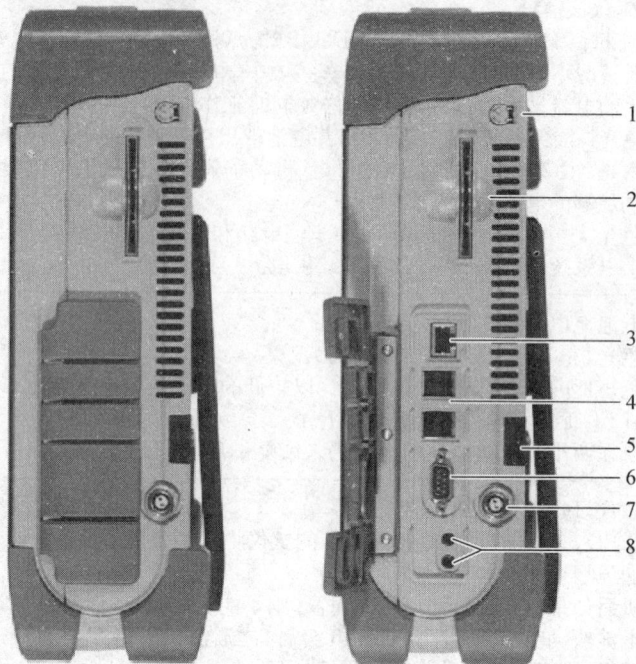

图 3 - 33　VAS 5051B 测试仪右侧

1—触笔　2—芯片卡读取器　3—用于电源供电的 LAN 接口　4—两个双排 USB 接口,用于连接一台 USB 打印机、一个键盘(执行 ELSA 应用程序时启用)、一个鼠标和一个可移动的数据记录媒体　5—IrDA 接口　6—RS232 接口,用于维修目的　7—DC 输入端,用于连接电源适配器　8—音频输入 / 输出端,用于连接耳机(耳机)

5）VAS 5051B 测试仪的上部结构

测试仪上面有诊断导线、测量导线的接口以及提手,如图 3 - 34 所示。

6）VAS 5051B 测试仪的背面结构(见图 3 - 35)

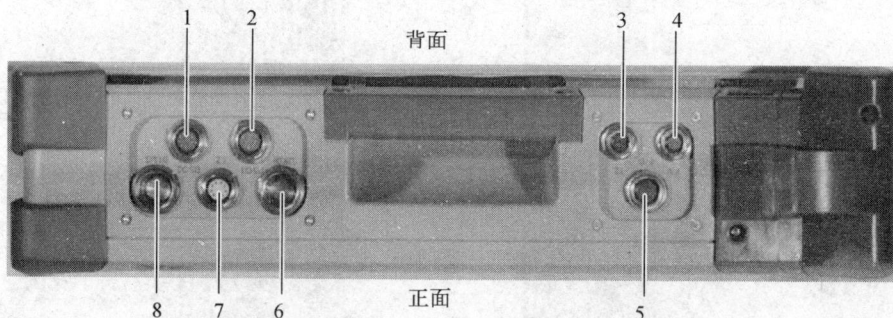

图 3 - 34　VAS 5051B 测试仪的上部结构

1—DSO2 (用于连接 DSO 测量导线 2)　2—DSO1 (用于连接 DSO 测量导线 1)　3—TZ (用于连接触发钳)　4—KV (用于连接高压钳)　5—T/D (用于连接温度传感器或压力传感器)　6—U/R/D/I (用于连接测量导线,用于测量电压、电流和电阻,以及二极管检测和连续性检测)　7—SZ (用于连接 100 A 或 1 800 A 电流钳,也可使用 VAS 5051 的 50 A 和 500 A 电流钳。)　8—DIAG (用于连接诊断导线)

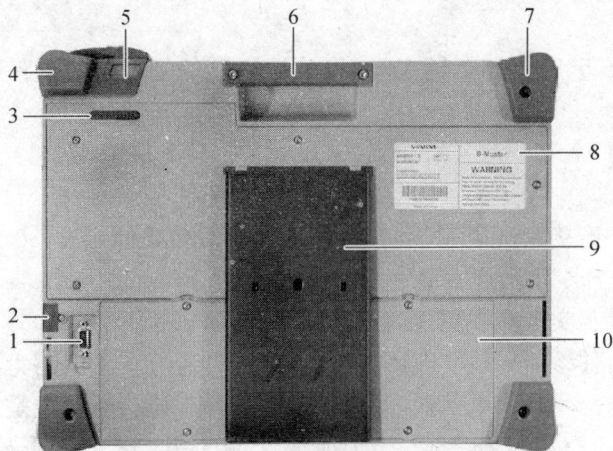

图 3-35　VAS 5051B 测试仪的背面结构

图 3-36　电源适配器

1—VGA 接口　2—IrDA 接口,用于连接例如放在改装升级后的 VAS 5051 机修车上的带红外接口的打印机(另可参考图 2-5)　3—触笔弹出键　4—两个 PCMCIA 接口(位于可旋下的防护角下)　5—用于观察 PCMCIA 卡上的 LED 检查灯的窗口　6—提手　7—蓝牙接口(位于可旋下的防护角下)　8—型号铭牌,带有系统编号和警告提示(英语)。系统编号的后五位为生产编号(F 号),与设备编号一致,也与管理屏所显示的内容相符。　9—可翻开和折回的支脚,在工作台上运行时使用　10—蓄电池盒的盖板

2. 电源适配器

电源适配器装在机修车中,通过一条带三插插头的电源线接在插座板上,由此同电源相连。通过一个两相弯插头连接在测试仪右侧的 DC 输入端,如图 3-36 所示。

3. 机修车

机修车是一个灵活的车架,它具有承放测试仪、诊断导线、测量导线和打印机的装置。它自带电源接口并通过插座板为各装置进行配电。有了机修车,VAS 5051B 就可以在工场中灵活地移动。此外,它还提供存放配件的地方。供货时配供 6 m 长、针对不同国别的电源线。

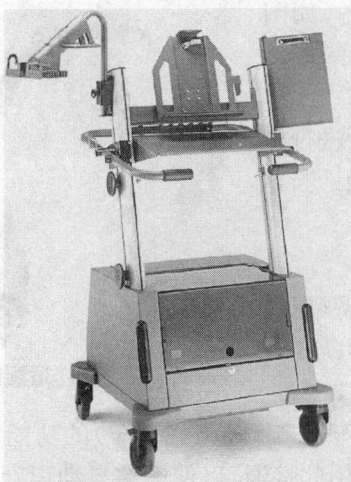

图 3-37　Rawotec 公司机修车

图 3-38　Knuerr 公司机修车

笔记

4. 诊断导线和测量导线

诊断导线和测量导线连接在 VAS 5051B 和车辆之间,将从被测设备上采集的测量信号传输给 VAS 5051B。

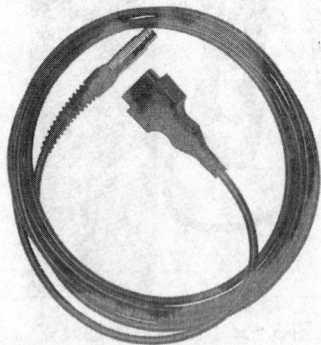

1) 诊断 5 m(VAS 5051B/1)、3 m(VAS 5051B/2)导线

有两种等效的诊断导线可供选择,分别长 5 m 和 3 m。它们用于连接测试仪和车辆电路,并辅助监控接线端子 30 上的电池电压、识别点火装置的状态(端子 15,如果有此端子的话),以及实现控制器之间的通信,如图 3 - 39 所示。

两种诊断导线同车辆连接后,可同时通过车辆电路为测试仪供电。一旦供电接通,测试仪自动打开。该诊断导线是为接口 J1850、CAN 和 ISO 9141 所设计,由一个 18 针圆形插头、导线和一个用于插在车辆上的 16 针诊断插头(黑色,符合 SAE J1962 标准)组成。

图 3 - 39　诊断导线 5 m

2) 诊断适配器(VAS 5051/2)

采用诊断适配器可将 2×2 针诊断接口的老式车辆与诊断导线相连。该诊断适配器由两个双针扁形诊断插头、两条导线和一个带插接触点的 16 针诊断耦合器组成,如图 3 - 40 所示。

通过诊断导线由车辆电路对测试仪供电,也可通过诊断适配器而得以保证。

图 3 - 40　诊 断 适 配 器

3) 用于陌生车辆的 OBD 适配器导线 VAS 5052/16

为在陌生车辆中使用一般适用的 OBD 功能,应将下列适配器连接在诊断导线和车辆诊断接口之间。

诊断仪 VAS 505x 是针对大众集团的汽车开发的,如图 3 - 41 所示。如果直接把测试仪连接到其他厂家生产的车辆上,可能会导致车辆受损。

为了能够用自诊断中通行的 OBD 功能对陌生车辆进行检测,必须把 OBD 适配器导线 VAS 5052/16 连接在车辆诊断导线和诊断接口之间(减少导线连接)。

4) 诊断导线 LT2(VAS 5051B/3)

可供选择的 3 m 长诊断导线 LT2 由一个 18 针插头(识别标志:黑色)、导线和一个用于连接在车辆上的 14 针诊断插头组成,如图 3 - 42 所示。

图 3 - 41　OBD 适配器导线

使用诊断导线 LT2 可实现奔驰(Daimler-Benz)车辆系统(轻型载货车)的功能导向的寻址。通过该导线还可监控电池电压。此外,端子 15 将用此接通,以便能够自动识别"点火装置接通"状态。

<<<<

诊断导线 LT2 上的 LED 将显示所选择的通道。通过导线护罩上的红色插接触点可接收发动机转速。

图 3-42　诊断导线 LT2　　　　　图 3-43　检测适配器导线

5）检测适配器导线（VAS 5051B/4）

检测适配器导线用于诊断接口的自检，如图 3-43 所示。作为准备工作，应将适配器导线连接在诊断导线和车辆诊断接口之间。为进行测试，适配器线缆中有若干条导线连成反馈回路。导线将从车辆电路中获得必要的供电。自检时，车辆点火装置不必接通。适用于任意型号的车辆。

6）U/R/D/I 测量导线（VAS 5051B/5）

现用的 3 m 长 U/R/D/I 测量导线由一个 12 针插头（识别标志：淡紫色）、带护罩的导线、内置信号处理装置和红/黑色以及黑色探头组成，如图 3-44 所示。

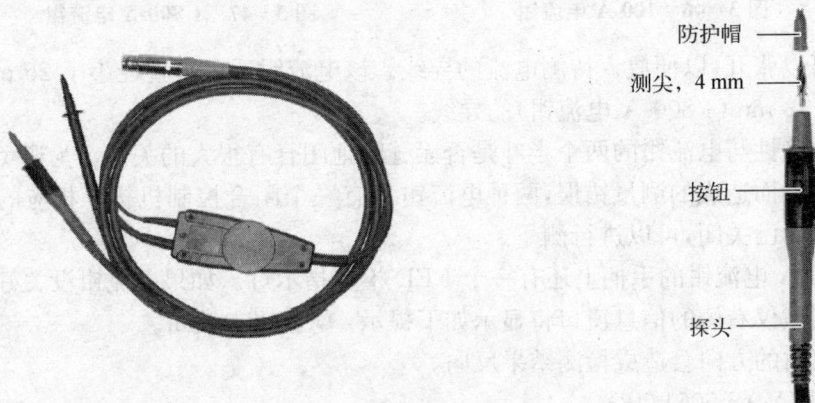

防护帽

测尖，4 mm

按钮

探头

图 3-44　U/R/D/I 测量导线

U/R/D/I 测量导线用于测量电压和电阻、二极管检测、连续性检测以及在线电流测量。

U/R/D/I 导线（插头带有淡紫色识别标识）所允许的电压峰值为 42 V，最大电流为 2 A。在测量较高电压或电流时请更换导线！

7）DSO 测量导线（VAS 5051B/6）

两条现用的结构相同的 DSO 测量导线 DSO1 和 DSO2 均由一个 12 针插头（蓝色）、带护罩的导线、内置信号处理装置和 红/黑色以及黑色探头组成，如图 3-45 所示。

笔记

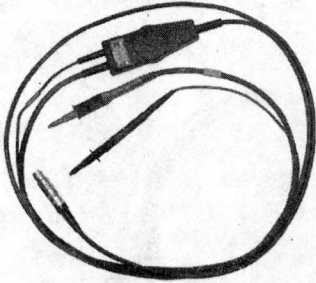

图 3-45 DSO 测量导线
（探头带有防护帽）

为区分导线,在红/黑色探头所在的导线上装有一个蓝色的、标注了"DSO1"或"DSO2"的卡箍。

规格相同的 DSO1 和 DSO2 测量导线用于双通道数字式存储示波器。用任何一条测量导线进行测量时,必须对两个测量接口都进行调试。位于红/黑色探头上的按钮有特定的应用功能,如接通冻结图像功能、触发测量等。其他功能见 /3/ "测量技术(或称测量工具)","引导型故障查询"。

8) 100 A(VAS 5051B/7)和 1 800 A(VAS 5051B/8) 电流钳

100 A 和 1 800 A(可选)电流钳均由一个 8 针插头(黄色)、导线和电流钳本身组成,如图 3-46、图 3-47 所示。

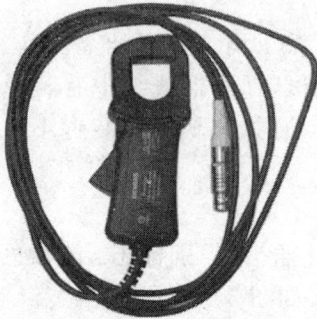

图 3-46 100 A 电流钳

图 3-47 1 800 A 电流钳

电流钳可以张开,以便放入待测电流的导线。该电流钳适用于直径小于 26 mm(100 A 电流钳)或小于 32 mm(1 800 A 电流钳)的导线。

测量的准确性与电流钳的两个半叶是否无缝隙地闭合有很大的关系。为避免诸如由于铁芯面积受到污染而造成的测量错误,两种电流钳均有一个闭合控制机构。相应的软件会显示电流钳两个半叶已关闭,可以进行测量。

此外,100 A 电流钳的手柄上还有一个 LED 检查指示灯。如果电流钳没关好,则 LED 将发光。同时测试仪右侧的信息窗口将显示如下提示:电流钳未关闭。

改变电流钳的方向会造成检测结果反向。

9) 触发钳(VAS 5051/18)

触发钳(与 VAS 5051 的触发钳相同)由一个 5 针插头(黑色)、导线和触发钳本身组成,如图 3-48 所示。

触发钳可以张开,以便放入用于触发的点火电缆。该触发钳适合用于直径小于 11 mm 的点火电缆。触发钳接收呈示波图形显示的信号起始点脉冲。比如说,如果想显示第 1 气缸自点火时刻起的信号,则可将触发钳夹在点火电缆 1 上。

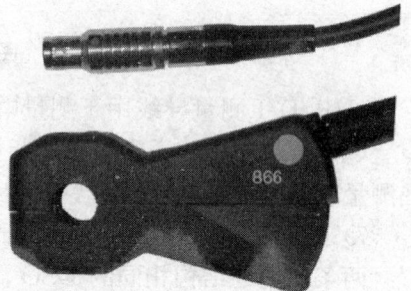

图 3-48 触发钳

10）高压钳（VAS 5051/17）

高压钳（与 VAS 5051 的高压钳相同）由一个 5 针插头（红色标记）、导线和传感器组成（见图 3-49）。

高压钳用于检测点火系统中点火电压振幅和点火电压变化情况。高压钳可以张开，接在车辆点火电缆上。在此，它起到电容分压器的作用。该高压钳适用于直径为 5～9 mm 的点火电缆。

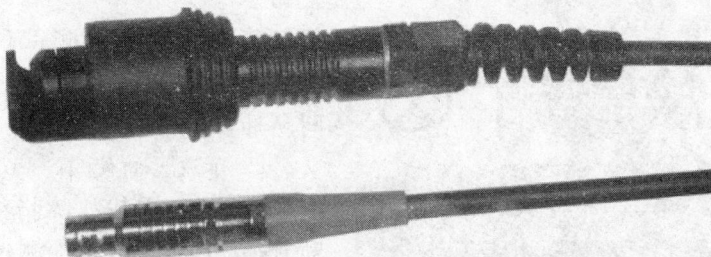

图 3-49 高 压 钳

11）温度传感器

温度传感器由一个 10 针插头（绿色标记）、导线和传感器组成（见图 3-50）。传感器由一个挟持把柄和一根 1 m 长、可弯折的聚四氟乙烯保护管组成，保护管上面带有一个可移动的圆锥形橡胶密封件。橡胶密封件有两个重要功能：确定测杆的浸没深度，封闭测量位置，使之气密。确定测杆的浸没深度，按照相应的功能检测说明调节测杆上的橡胶密封件。由此确定测杆的浸没深度范围，如在油箱中的浸没深度。不同车辆的浸没深度可能不同。

图 3-50 "液体"温度传感器（模型示例）

如果用橡胶密封件所调整的浸没深度不正确，则可能损坏温度传感器，并可能进一步损坏发动机。

12）压力传感器

可从 4 个压力传感器中选择一个，将其连接在测量输入端"T/D"，以检测不同介质（气体、液体）的相对压力（相对于标准大气压而言）。压力传感器（见图 3-51）首先接在适配的压力传感器导线上，然后再与 VAS 5051B 匹配连接。在车辆上可通过一个专用适配器（专用工具）将传感器连接在测量位置上。

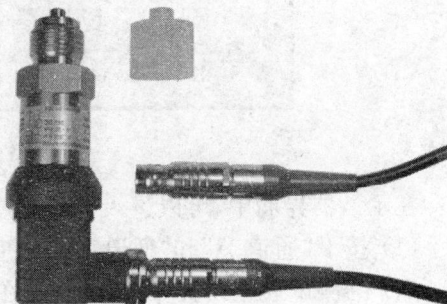

图 3-51 压力传感器（模型示例）

5. 打印机

打印机用于打印屏幕内容、测量结果等。

四、VAS 5051B 的示波功能

1. ODS 测试线的连接

连接 ODS 测试线,连接时注意诊断导线和测量导线的接口为彩色,有机械编码。导线套管的颜色同插口颜色相符。机械编码要求,建立连接时接口处的红点应对准插头上的红点。这样就可以将插头用较小的压力插入插口。

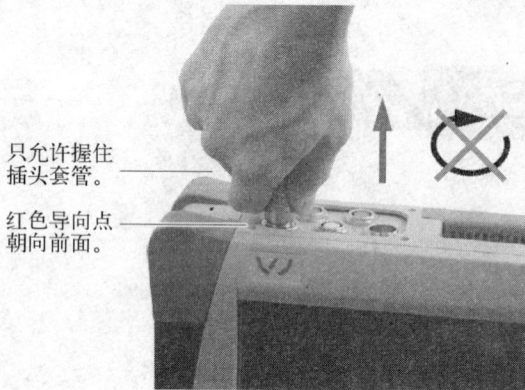

若要将插头同测试仪分离(见图 3-52),可向上拔插头的锁紧套管,则插头同时从插口中带出。

2. 示波器的使用

如果在"查找故障指南"或"车辆自诊断"模式下,则可按"检测仪器"按钮。即可进入上次使用的界面:有可能是"万用表"界面,也有可能是"示波器"界面。示波器界面第一次设定时会显示其基本设置,如图 3-53 所示。从此以后,每次选中示波器界面,上次使用该界面时的基本设置都会显示出来并且依然有效。

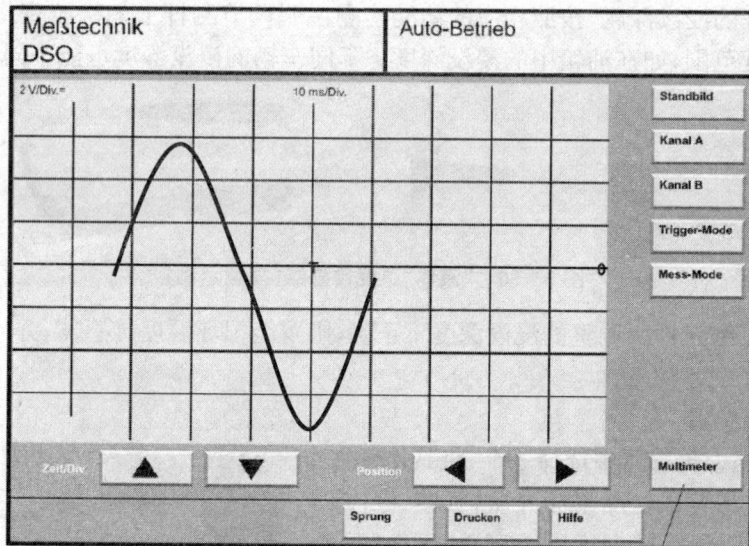

只允许握住插头套管。

红色导向点朝向前面。

图 3-52 测试仪上插头的正确操作

图 3-53 示波器界面

在示波器界面中,可以进入下列设置:

(1)按下"通道 A"和"通道 B"按钮,选择测试通道。

(2)为测试通道设置参数(该功能在自动设定状态下不可用)。

(3)使用"触发器模式"按钮,可以为触发脉冲通道选择和设置参数(该模式在绘制曲线模式下看不到)。

（4）使用"测量模式"按钮选择测量模式。

（5）在示波器界面中使用箭头按钮设置时基。

◀　▶　可以使波形发生左右平移。

▲　▼　可以调整时基的大小。

Kanal A
Kanal B　用于 A、B 通道的选择。按下"通道 A"或"通道 B"按钮,在显示框下面会出现"通道"、"测试范围（即量程）"、"耦合方式"、"选择开关"、"缺省测试"等操作模式。另外,在显示框的右边缘会出现滑动条,利用该滑动条可以在垂直方向上下移动所显示的曲线。例如,在两通道画面中,可将通道 A 定位在显示框的上半部分,将通道 B 的信号曲线定位在显示框的下部,以获得清晰的视野,特别是信号曲线不发生交叉时视野更清晰。

按下通道"按钮进入预先设置的通道"（例如"通道 A"）检测连接状态将弹出一个具有 KV、DSO2、DSO1、OFF 的下拉菜单,选中的选项将变为高亮度。选择希望的测试电缆并再次按下"通道"按钮（或其他按钮）以确认所选选项并关闭菜单。如果选择"OFF"则通道 A 也不可执行。

测量范围（即量程）可以按向上箭头或向下箭头按钮一步一步地改变测量范围,电流测试范围在显示框左侧显示出来。

按下"耦合方式选择"开关（Coupling）可以选择"通道 A"耦合方式。屏幕上会出现一个包含下述选项的下拉菜单:对通道 KV 而言有 GND 和 DC 两个选项;对通道 DOS1 和 DOS2 而言有 GND、DC、AC 三个选项。选中的选项将变为高亮度。

选择希望的耦合,然后再次按下"耦合方式选择开关"按钮:

① 如果选择"GND",通道 A 设置成其参考电位（检测仪的电位）,这时信号特性显示直线。在这项功能中,还可以用滑动控制设置所显示曲线的零点。

② 如果选择"DC"则测试信号的交直流电压部分就会显示出来,预先设置的 DC 耦合方式会以"＝"符号出现在触摸屏上（例如"2 V / DIV ＝"）。

③ 如果选择"AC",则只会出现测试信号的交流电压部分,预先设置的 AC 耦合方式会以"～"符号出现在触摸屏上。

如果在通道菜单中选择"OFF"则耦合方式选择开关就看不见了。

五、喷油波形的检测与分析

1. 喷油器波形的检测

喷油器的电路如图 3-54 所示,喷油器通过控制单元搭铁,由发动机控制单元控制喷油器搭铁时喷油器喷油,示波器的连接有两种方式,可以连接喷油器的供电和到发动机控制单元的连接线,也可以连接发动机控制单元的连接线和蓄电池的负极,如图 3-54 所示。

选取连接线 DOS1,将红色表笔连接喷油器与控制单元的连接线。黑色表笔连接蓄电池负极。

采集喷油器波形如图 3-55 所示。

2. 喷油器波形解析

观察喷油器的波形,如图 3-56 所示,由 3 个区间构成。

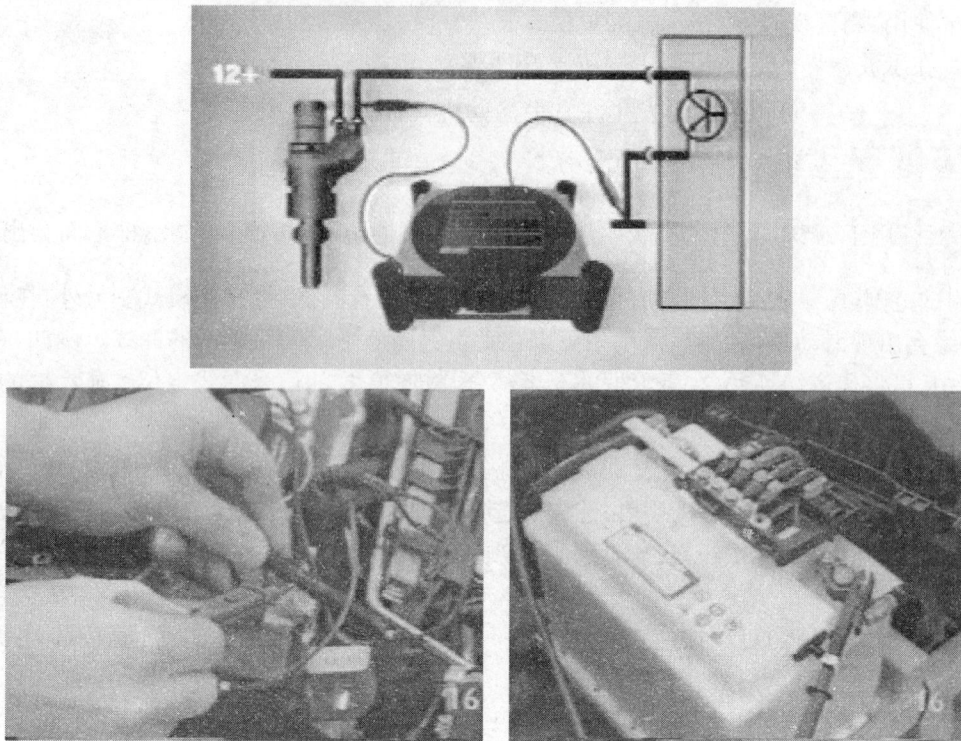

图 3-54 示波器线路的连接

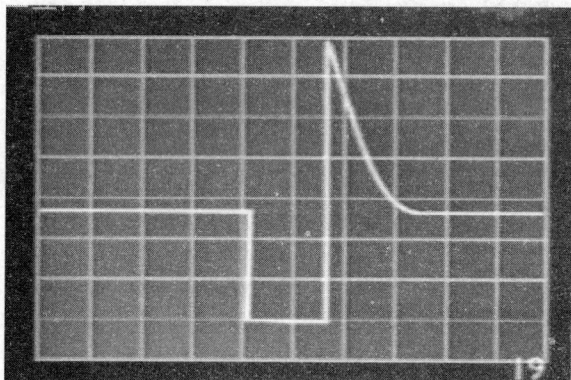

图 3-55 喷油器波形

A区间：喷油器不喷油时，喷油器搭铁端断路显示开路电压为 12 V。

B区间：喷油器喷油时，控制单元控制喷油器搭铁，形成回路，电流通过喷油器线圈，喷油器开始喷油，电压显示为 0 V，在整个喷油过程中维持这个电压，对应的时间即为喷油时间。

C区间：喷油器停止喷油，控制单元切断喷油器搭铁回路，电流中断，喷油器线圈产生感应电动势，瞬时电压可能达到 60 V（与喷油器的结构有关）。然后迅速地降低为 12 V。

3. 故障波形实例分析

1）喷油持续时间过长

如图 3-57 所示，喷油器喷油时间达到 5—6 ms，喷油时间过长导致混合气浓度过高，进一步检查水温传感器、进气温度传感器、氧传感器的信号。

2）感应电动势过低

如图 3-58 所示，感应电动势过低，说明喷油器线圈内部存在短路现象，会造成该缸喷油器不工作，出现缺缸、断火现象。

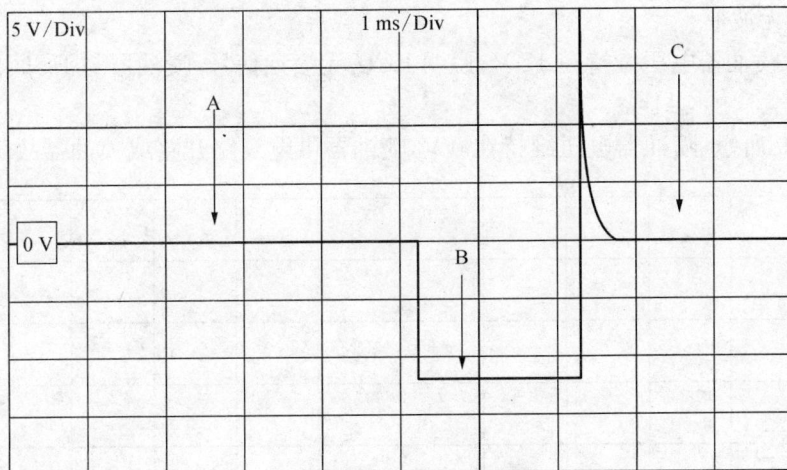

图 3 - 56   喷油器波形分析

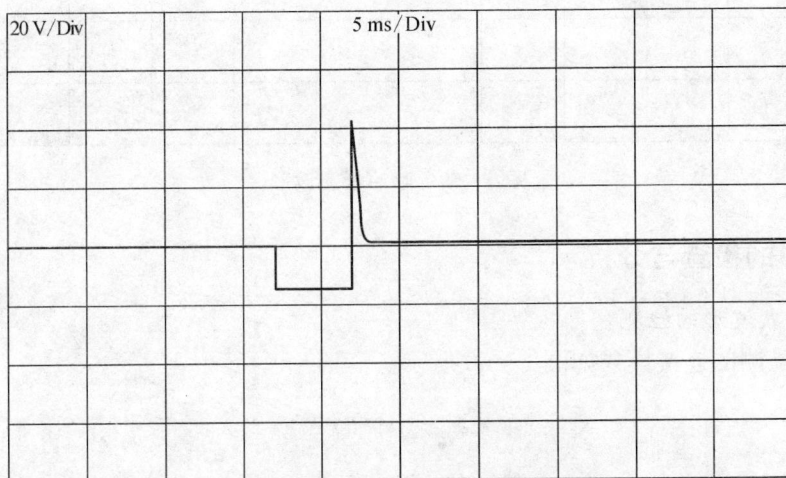

图 3 - 57   喷油持续时间过长

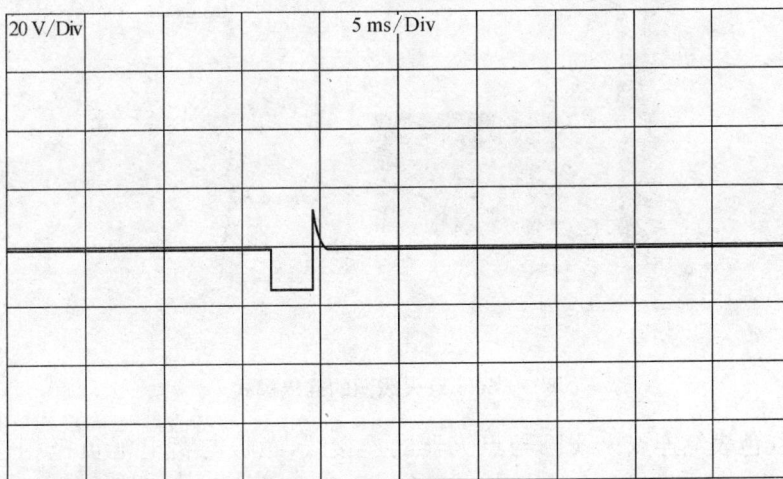

图 3 - 58   感应电动势过低

3）喷油器无波形

如图所示，喷油器电压维持在 12 V，说明 ECU 无喷油信号，喷油器与 ECU 的连线断路或 ECU 故障。

如图 3-59 所示，喷油器电压维持在 0 V，喷油器供电线路开路或喷油器故障。

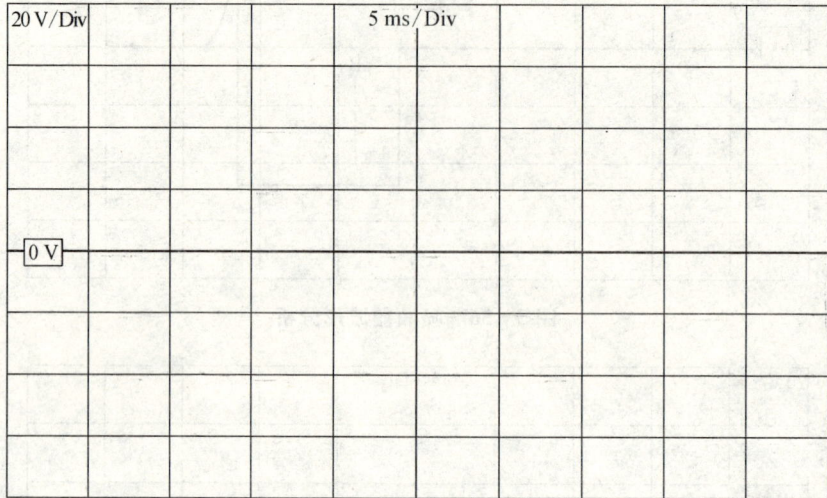

图 3-59　喷油器无波形

六、点火波形的检查与分析

1. 初级点火波形的检测

点火波形检测的连接模式如图 3-60 所示。

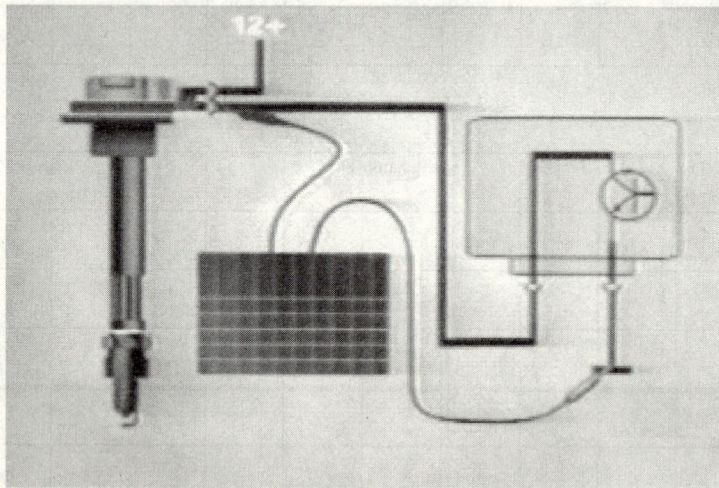

图 3-60　点火线圈的连接模式

将 DOS1 红色表笔连点火线圈与点火器的连接线，负极与蓄电池负极相连，如图 3-61 所示。

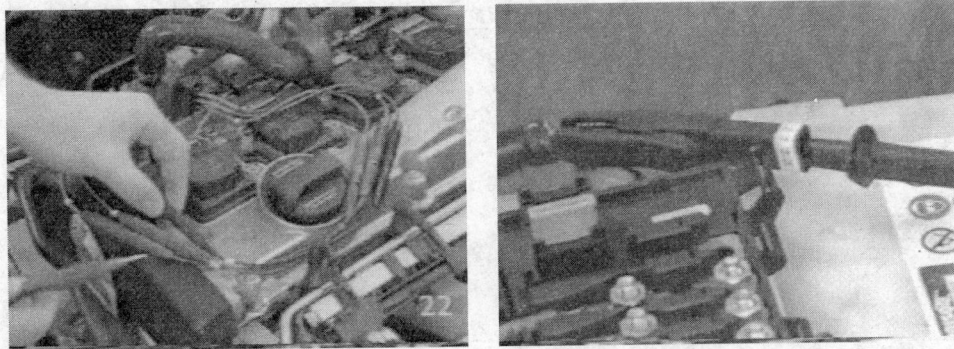

图 3 - 61　示波器的连接

2. 次级点火波形的检测

将千伏感应钳夹在高压缸线上，如图 3 - 62 所示。

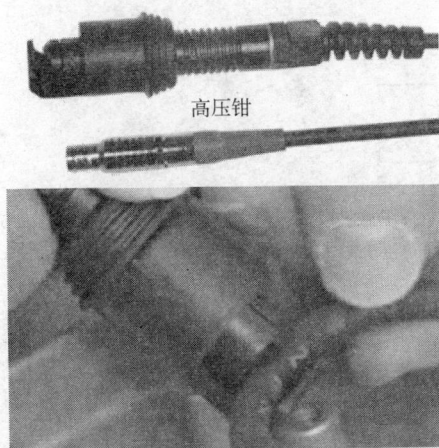

高压钳

图 3 - 62　千伏感应钳夹在高压缸线

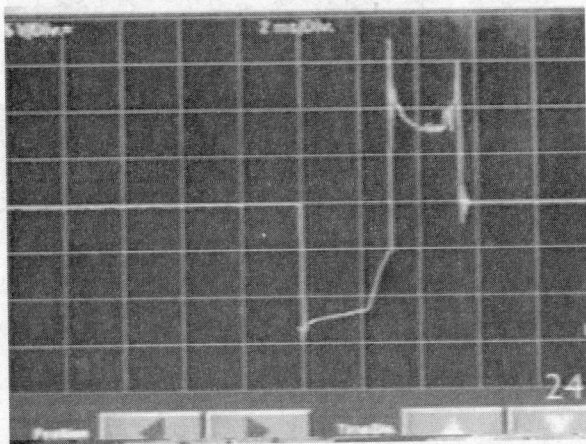

图 3 - 63　点火波形

在通道 A 中选择"kV"，读取波形，如图 3 - 63 所示。

3. 点火波形解析

初级波形和次级波形电压大小不同，结构形状基本相同，如图 3 - 64 所示，主要包含点火线圈的充电过程，跳火击穿过程，跳火后持续放电过程，放电结束震荡过程。

1）点火线圈充电

相对一致的波形下降沿，这表明各缸闭合角相同以及点火正时精确。

2）点火线

观察击穿电压高度的一致性，如果击穿电压太高，表明在点火次级电路中电阻值过高（如开路或损坏的火花塞、高压线或是火花塞间隙过大），如果击穿电压太低，表明点火次级电路电阻低于正常值（污浊和破裂的火花塞或漏电的高压线等）。观察各缸点火线的中、后段是否有杂讯。点火线的中段或后段线条特别粗，称为杂讯。如果点火线中段或后段有杂讯，表明可能喷油嘴或进气阀上积炭严重。

3）跳火或燃烧电压

观察跳火或燃烧电压的相对一致性，它说明的是火花塞工作和各缸空燃比正常与否，如果

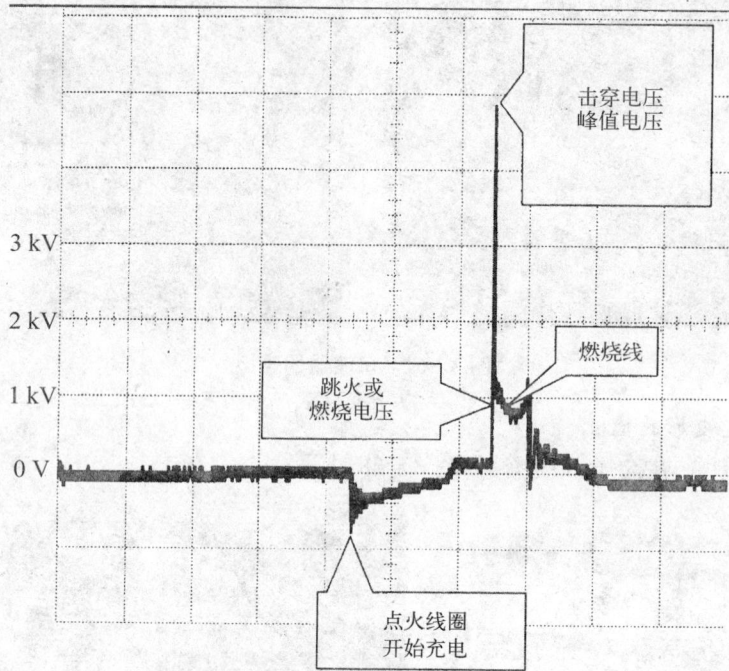

图 3-64　点　火　波　形

混合气太稀,燃烧电压就比正常值低一些。

4) 燃烧线

跳火或燃烧线应十分"干净",即燃烧线上应没有过多的杂波。过多的杂波表明气缸点火不良,或由于点火过早、喷油器损坏、污浊的火花塞以及其他等原因。燃烧线的持续时间长度与气缸内混合气浓或稀有关。燃烧线太长(通常超过 2 ms)表示混合气浓,燃烧线太短(通常少于 0.75 ms)表示混合气稀。看点火部分的火花线是否近似水平,如果火花塞有污蚀或积炭,火花塞的起点就会上下跳动,火花线明显会倾斜。

5) 点火线圈振荡

观察在燃烧线后面最少 2 个(一般多于 3 个)的振荡波,用于判定点火线圈和电容器的优劣。

4. 故障波形实例分析

如图 3-65 所示,一缸点火电压明显高于二缸点火电压,同时点火时间缩短,说明击穿火花塞所需电压较高,点火能量一定时,其维持时间将缩短。引起火花塞击穿电压过高的原因,可能是损坏的火花塞、高压线或是火花塞间隙过大。

七、VAS 5051B 的维护与保养

1. 触摸屏的清洁

测试仪上最敏感的部件是触摸屏,它的敏感程度会因为灰尘和刮痕而降低。如果触摸屏有灰尘,使用不起毛的抹布清洁。如果这样不能去除灰尘,可以使用异丙级酒精或使用不含氨的玻璃清洁剂进行清洁。

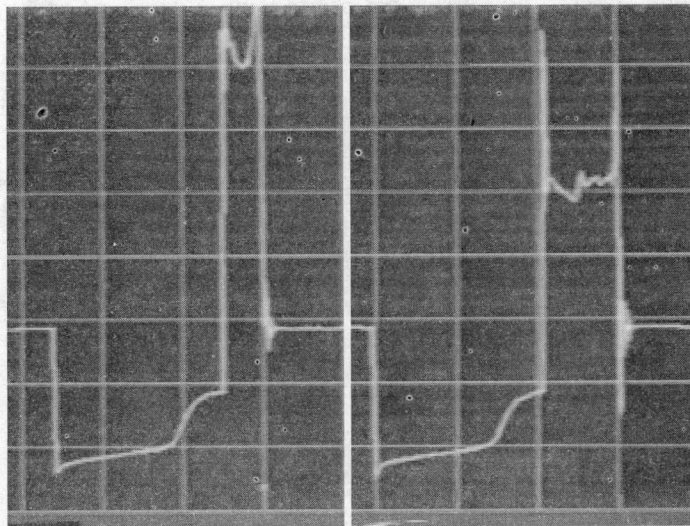

一缸点火波形　　　　　　　　二缸点火波形

图 3 - 65　点火波形实例

2. 蓄电池的保养

电池的寿命一般在 500 次充/放电循环。这一使用寿命一般只有在每一次使用后彻底地放电,以及每月对电池进行一次彻底充放电处理才能达到。

3. 空气滤清器的更换

当红色 LEO 发出过热信号或至少每 3 个月,作为预防性措施,必须更换空气滤清器。

案例分析

故障现象:一汽马自达 M6 轿车起动着车后,发动机严重抖动,怠速转速在 300～800 r/min 之间来回游动,有时会自动熄火,发动机故障灯点亮,尾气有异味。

故障诊断:首先用马自达专用诊断仪 WDS 进行检测。读取的故障码为 P0300,其含义为:CKP 传感器故障、CMP 传感器故障、点火线圈故障、高压线故障、MAE 空气流量计故障、燃油泵故障、燃油系统故障、PCV 阀故障、EGR 阀故障、相关线束故障、可变配气控制系统故障、真空系统故障。

首先检查进气和真空系统,没有发现异常。进行燃油系统压力测试,压力值为 400 kPa,符合该车的标准油压。检查点火系统,高压线没有破损和漏电现象,拆检火花塞时发现 4 个缸的火花塞明显发黑并沾有机油。火花塞发黑说明混合气过浓或燃烧不好,火花塞沾有机油肯定影响点火强度,导致发动机怠速严重抖动和尾气异味。

故障分析:认为线圈有故障。对点火线圈进行检查,外观没有明显的烧灼痕迹。用数字万用表对点火线圈的次级线圈进行测量,马自达 M6 轿车点火形式与大众车系的时代超人的点火形式基本相同,次级点火线圈分两组,1、4 缸共用一组,2、3 缸共用一组,均属串联点火形式,如果其中一组线圈有问题,将影响两缸的工作。测量点火线圈 1、4 端阻值为 3.6 MΩ,测量 2、3 端阻值为 11 kΩ。对照维修手册的标准数据,显然 1、4 端阻值明显不对,可能是线圈内部断路形成电阻所致。

笔 记

故障排除：更换一只新点火线圈，起动着车，怠速平稳，尾气也无异味。清除故障码，试车，发动机工作正常。

究其原因，故障在点火线圈上，火花塞发黑和尾气有异味并不是混合气过浓而是点火能量不足所致，是因燃烧室内的混合气不能完全燃烧便被排出造成的。

课后练习

1. 发动机对点火系的要求有哪些？
2. 简述电控系统的基本构成。
3. 电控点火系统的控制功能有哪些？
4. 无分电器电子点火系统的优点有哪些？
5. 大众专用检测仪 VAS5051B 的主要功能是什么？
6. 简述喷油波形的检测方法。
7. 简述点火波形的检查方法。

发动机排放控制系统故障的检修

学习目标

认识降低发动机排放污染的意义。

掌握发动机降低排放污染的手段。

熟悉发动机尾气排放的标准。

掌握发动机尾气排放的检测方法。

任务载体

奥迪 A6 轿车,三元催化装置失效导致起动困难,起动后怠速抖动且发动机转速无法达到 4 000 r/min 以上。

相关知识

内燃机依靠燃烧燃料获得动力,大多数内燃机燃料的主要成分为 C、H 化合物,完全燃烧后生成 CO_2 和 H_2O,然而内燃机的燃烧过程时间很短,燃烧工况复杂,而且混合气的点燃浓度范围有限,混合气要在气缸中完全燃烧几乎是不可能的。混合气燃烧不完全生成 CO 和残留的 C、H 化合物。混合气中含有大量的 N_2,在常温下 N_2 是非常稳定的气体,然而在高温、高压的状态下会发生氧化反应,生成 N 的氧化物(如 NO_1、NO_2)。

随着全球汽车保有量的不断增多,尾气对大气的污染占到大气污染的 20% 以上,各国都制定相应的政策法规以限制汽车尾气排放,发动机排放控制系统的目的就是保证发动机良好动力性、经济性的同时,将发动机的有害排放降到最低。

发动机的排放状态反映出发动机燃料在气缸内的燃烧状况,综合地反映发动机控制系统和排放控制系统中存在的一些问题,也是发动机故障诊断的一个重要的切入点。

一、汽车尾气的危害

废气的主要成分是 N_2、CO_2 和 H_2O,这些都是无毒物质。在燃烧过程中 N_2 基本上不直接参与化学反应,它是废气的主要成分,约占 71%、只有少量的氮气与氧发生反应,生成氮氧化合物。

　　燃油成分中的碳氢化合物完全燃烧生成的 CO_2，约占排气的 14％，减少 CO_2 的排放变得越来越重要，因为 CO_2 被认为是造成"温室效应"的主要原因，"温室效应"导致气候变暖、海平面的上升，极端天气频发。由于 CO_2 是完全燃烧的产物，降低 CO_2 排放的唯一方法就是减少燃料消耗。

　　燃油中的氢燃烧生成水蒸气，水蒸气遇冷时大部分会凝结，这就是我们在寒冷的天气里看到排气管滴水的原因。

　　一氧化碳（CO）是无色无味的气体，它是在燃烧不完全的情况下生成的。大城市空气中 90％ 的 CO 来自汽车尾气。CO 对人体最大的危害是当人吸入含有 CO 的气体时，人体血液中的血红蛋白（Hb）便立即与 CO 结合，生成碳氧血红蛋白（COHb），使这部分 Hb 不能与氧气（O_2）结合生成 O_2Hb 而失去输送 O_2 的功能，导致人体各部分组织缺氧，特别是人脑组织和心脏缺氧，进入昏迷状态，严重者死亡。CO 与人体血红蛋白的结合力是 O_2 的 250 倍，对人体的呼吸和循环系统危害严重。因此发动机不允许在封闭的空间内运行，除非配备有良好的排气抽风系统。

　　排气中的碳氢化合物（HC）既包括燃烧过程中新合成的碳氢化合物，也包括残余的未燃烧的碳氢化合物。开环链烃是无味的，沸点低；闭环链烃（不纯苯、甲苯、多环烃）有独特的气味，人们长时间处于这种环境可能会致癌，含氧烃（醛类、烯类）散发出难闻的气味，在太阳光的作用下会反应生成新的物质，处在这些物质浓度较高的环境中也可能会致癌。

　　氮氧化物（NO_x）主要形成的氮氧化物是 NO_1 和 NO_2，它们是在高温燃烧时，氧气与空气中的氮气发生反应而生成的。无色无味的 NO 在大气中逐渐转化为 NO_2，纯 NO_2 呈红褐色、是有刺激性气味的气体，NO_2 会刺激呼吸系统的黏膜。遇水生成硝酸或亚硝酸，有强腐蚀性，影响植物的生长。

　　二氧化硫（SO_2）是含硫的燃油燃烧后生成的，在汽车废气中所占比例很小。催化转化器不能净化废气中的 SO_2，而 SO_2 的存在，会使催化转化器净化其他废气成分的能力受影响，所以应该尽量在燃油中减少硫的含量。

二、影响废气排放的因素

1. 燃烧室形状的影响

　　燃烧室壁直接与散热系统相接触，温度比较低，与燃烧室壁接触的混合气受燃烧室壁的极冷效应，无法正常燃烧，导致 HC 排量增加。降低燃烧室面容比，可以降低 HC 排放量。

2. 压缩比的影响

　　高的压缩比，燃烧速度比较快，温度、压强较高生成 NO_x 的趋势明显。适当降低压缩比有利于减少 NO_x 的生成。

3. 混合气浓度的影响

　　浓混合气因氧气含量少而燃烧不充分，最高燃烧温度低，因此 CO 和 HC 的排放都较多，而 NO_x 的排放却较少。在浓混合气区间，随着过量空气系数向理论值靠近，含氧量增加使燃烧速度加快，因此 NO_x 的排放增加，而 CO 和 HC 的排放减少。理论空燃比附近的燃烧速度最快，NO_x 的排放达到最高。稍稀混合气由于燃烧比较充分，CO 和 HC 的排放都较少，NO_x 的排放却较多。随着稀空燃比的进一步增大，燃烧速度变慢，最高燃烧温度降低，燃烧也更充分，因此 NO_x、CO 和

HC的排放都减少。对于特稀混合气而言,由于伴随着失火,会使HC的排放激增。

4. 点火的影响

点火越提前,HC的排放越多。在整个空燃比范围内,燃烧室的温度随着点火的提前而增加,NO_x的排放增加。

5. 发动机转速的影响

在一定节气门开度下,随曲轴转速的升高,混合气流速及活塞运动速度增大,压缩过程挤气作用增强,火焰的传播速度加快,减少了热损失,使CO、HC排放减少,NO_x排放增多。当转速升高到最高转速四分之三左右时,燃烧温度最高,NO_x生成量最多。

三、降低发动机排放的主要手段

汽车的有害排放物中,全部CO、NO_x和约60%的HC都是由发动机排气管排出的。此外,曲轴箱气体和燃油箱燃油蒸发的HC排放各约占汽车HC总排放的20%。对汽车排放的控制,就是通过改善燃烧过程、降低燃烧温度、阻断曲轴箱气体和燃油蒸发排放、净化排气管废气等手段,使汽车对大气的污染减小到最低的限度。

1. 排气污染控制

1) 机内净化

从进气系统入手,通过改善混合气的质量,使燃烧产生的有害成分降低。这一类的排放控制装置有:进气温度自动控制装置、废气再循环控制装置、混合比加浓式减速废气净化装置、进气歧管真空度控制阀等。

2) 机外净化

对发动机排出的废气进行净化处理,将废气中所含有的HC、CO、NO_x等有害气体转化为无害的水(H_2O)、二氧化碳(CO_2)和氮(N_2)等气体。这一类的排放控制装置有:热反应器、两元催化转换器、三元催化转换器、二次空气喷射装置等。目前广泛使用的发动机废气净化装置是三元催化转化器。

2. 非排气污染控制

对曲轴箱气体及燃油箱燃油蒸发等HC排放源实施封闭化处理,以阻断向空气排放HC。这类控制装置有:曲轴箱强制通风装置、燃油蒸发控制等。

四、λ闭环控制与三元催化技术

汽油发动机的废气净化,到目前为止最有效的方法是采用带有催化转化器的λ闭环控制系统。现代点火和燃油喷射系统可以达到很低的排放水平,而催化转化器能够进一步降低废气中处于临界状态的碳氢化合物、一氧化碳和氮氧化物的含量。当发动机混合气浓度控制在以理论空燃比(λ= 1.0)为中心的非常狭窄的范围(< 1%)时,三元催化转化器能催化掉废气中氮氧化物、一氧化碳、碳氢化合物排放的98%以上。然而,即使对于现代先进的燃油喷射系统,要使发动机在所有工况下混合气浓度都保持在这样的偏差内工作,也很难实现。λ闭环控制系统依靠闭环控制电路保持进入发动机的空气—燃油混合气浓度始终保持在最佳的范围内,如图4-1所示。

λ闭环控制系统通过氧传感器或λ传感器,检测混合气的状态,当混合气的浓度达到理论混合气浓度(λ=1)时,传感器电压产生一个突变信号,发动机控制单元据此判断混合气是浓还

λ控制范围

（无催化净化装置）废气成分变化规律

NOₓ

HC

CO

（有催化净化装置）废气成分变化规律

CO

HC

NOₓ

氧传感器信号

0.975　　　　1.0　　　　　1.025　　　　1.05

浓　　　　过量空气系数　λ　　　　稀

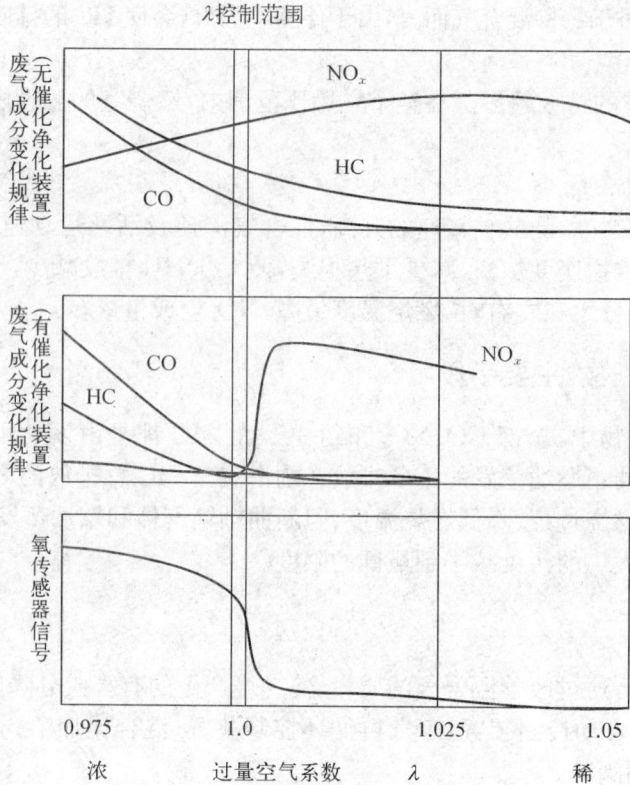

图 4-1　带有催化转化器的 λ 闭环控制

是稀，实时调整供油量，使之保持在"催化窗口"（"催化窗口"指 λ＝1，上下 1％的范围）之内。

1. 氧传感器

目前使用的氧传感器有氧化锆（ZrO_2）型和氧化钛（TiO_2）型两种。

1）氧化锆型

氧化锆在高温下（350～400℃）能使氧离子化并成为氧离子的导体，氧化锆型传感器正是基于这一原理（Nernst 原理）工作的。氧化锆型传感器安装在排气管上，如图 4-2 所示。作为敏感元件的锆管由固体电解质氧化锆陶瓷体制成，可透气的铂电极覆盖在陶瓷体的内外表

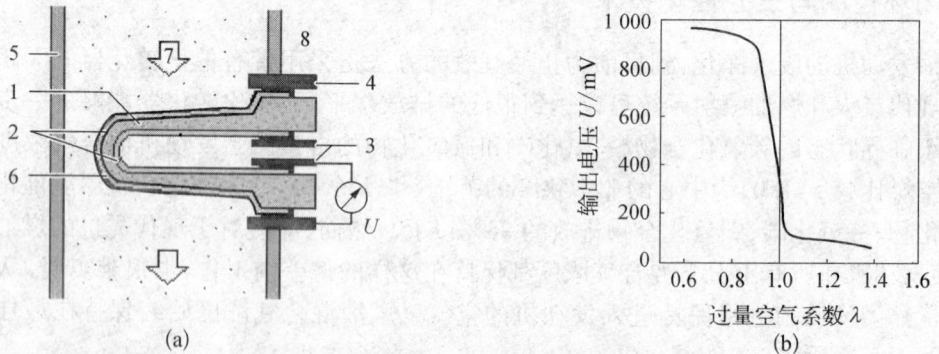

输出电压 U/mV

1 000

800

600

400

200

0.6　0.8　1.0　1.2　1.4　1.6

过量空气系数 λ

(a)　　　　　　　　　　　(b)

图 4-2　氧传感器的安装位置与电压特性

1—陶瓷体　2—电极　3、4—电极引线点　5—排气管　6—陶瓷保护层　7—废气　8—空气　U—电压

（a）安装位置与工作原理　（b）传感器的输出特性

面上。其外表面与发动机排气接触,铂作为催化剂需防止被污染,多孔性的尖晶石陶瓷涂层对它加以保护,内腔作为基准与大气相通。

发动机运行时,废气的加热使渗入氧化锆陶瓷体内的氧气发生电离。氧离子从浓度高的大气侧向浓度低的排气侧渗透,从而在氧化锆管内外两侧电极间产生电动势。当使用混合气稀时,排气中氧的含量高,传感器内外两侧氧离子浓度差别小,氧传感器输出约 0.1 V 的低电平;当使用混合气浓时,排气中氧的含量非常少,传感器内外两侧氧离子浓度差很大,氧传感器输出约 1 V 的高电平;在理论混合气附近,传感器的输出电压发生突变。混合气浓度变化时,氧传感器的电压可以在几毫秒内作出反应。

在发动机混合气闭环控制的过程中,氧传感器相当于一个浓稀(两状态)开关,根据空燃比的变化向 ECM 输送脉冲宽度变化的电压脉冲信号,如图 4-3 所示。

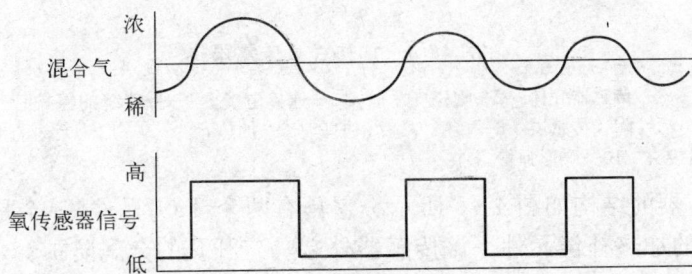

图 4-3　氧传感器的输出信号

ZrO₂ 型氧传感器输出信号的强弱与工作温度有关,这是因为氧离子的传导性随 ZrO₂ 陶瓷的温度状况而变化。另外传感器的响应时间(指将混合气的变化转化为电压信号所需的时间)也与温度有关。当工作温度在 600℃ 左右时,传感器的工作最为可靠,而且其滞后时间在 500 ms 以内。当低于 350℃ 时,传感器的滞后时间将以秒计算。尽管 ZrO₂ 型氧传感器可以承受最高达 930℃ 的瞬时峰值温度,但在安装时应保证它在长时间的 WOT(节气门全开)工况下,处在不超过 850℃ 的温度区域内。

加热型氧传感器的内部还装有加热线圈,如图 4-4 所示,它能使 ECM 在起动后立即进入空燃比闭环控制模式,有利于发动机达到稳定的低排放水平。同时,它还可以安装在距发动机较远的位置,以延长 WOT 工况。

氧传感器本身发生故障或者线路连接不良时,将会出现怠速不良、油耗升高、CO 排放严重超标等症状。

如果故障诊断代码指示氧传感器电路有故障,在检修时要特别注意。氧传感器的导线所携电压很低,必须与其他导线分开以减小产生感应电压的概率,避免向 ECM 输入错误信息而导致驱动性能故障。有些生产商使用泡沫套筒绕在氧传感器的导线上,即为此目的。

2)氧化钛型

氧化钛型氧传感器是利用 TiO₂ 的阻值随排气中的含氧量变化的特性工作的,因此又称作电阻型氧传感器。TiO₂ 是在常温下具有很高阻值的半导体,但当排气中的氧含量少时,氧分子脱离,使其晶体出现缺陷,有更多的电子来传递电流,其电阻亦随之降低。这种现象与温度和含氧量有关,因此,欲将 TiO₂ 在 300～900℃ 的排气中连续使用,必须作出温度补偿。

笔记

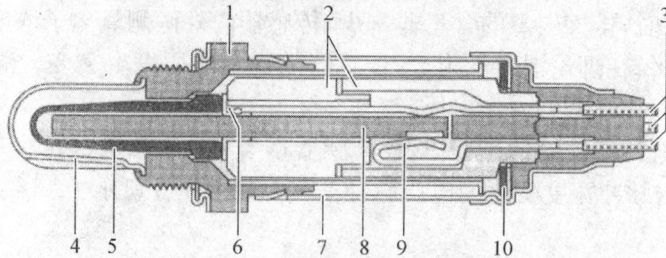

图 4-4　加热式氧传感器

1—传感器壳体　2—陶瓷支承管　3—连接电缆　4—带狭缝的保护管
5—活性陶瓷传感层　6—接触件　7—护套　8—加热元件　9—加热元件的夹
紧接头　10—碟形弹簧

TiO_2 型氧传感器的结构如图 4-5 所示。它具有两个 TiO_2 元件，一个是多孔性的检测元件，另一个是实心的加热补偿元件。该传感器外端具有开孔的金属防护套，在防止 TiO_2 元件受损的同时可以让废气进出。传感器接线端以橡胶作为密封材料，防止外界气体渗入。

TiO_2 型氧传感器的电阻值与混合气浓度的关系如图 4-6 所示。

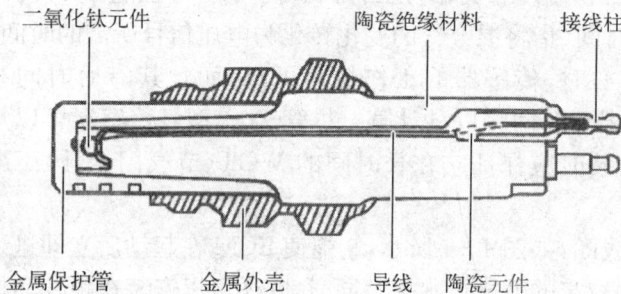

图 4-5　TiO_2 型氧传感器的结构

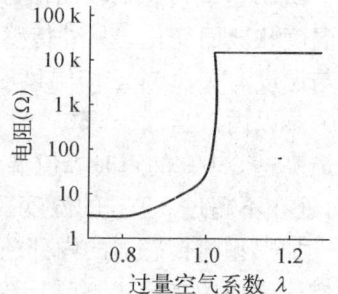

图 4-6　TiO_2 材料阻值与 λ 的关系

与 ZrO_2 型氧传感器相比，TiO_2 型氧传感器具有结构简单、造价低、抗腐蚀能力强和可靠性高等优点。但由于其电阻随温度变化大，须装加热器来提高高温下的检测稳定性。

3）宽带型氧传感器

对于普通氧传感器，混合汽在接近理论空燃比时，输出 0.45 V 电压。尾气稍微偏浓时，输出电压就突变为 0.6～0.9 V；反之尾气变稀后，输出电压突变为 0.1～0.3 V，如果尾气进一步增浓或变稀，普通氧传感器已无法测量。0.1～0.9 V 的两状态电压信号，只能对废气成分进行定性分析：只能区分浓混合汽（$\lambda < 1$）或稀混合汽（$\lambda > 1$），无法满足越来越苛刻的排放要求和稀薄燃烧对混合气浓度监测的需求。

宽带型氧传感器（见图 4-7）是一种主动型氧传感器，宽带型氧传感器的基本控制原理就是以普通氧化锆型氧传感器为基础扩展而来，能够连续检测过量空气系数在 0.7～4 的范围内的任何值。宽带氧传感器由 1 个普通窄范围浓差电压型氧传感器（氧化锆参考电池、1 个界限电流型氧传感器、氧化锆泵电池)及扩散小孔、扩散室构成(见图 4-8)。

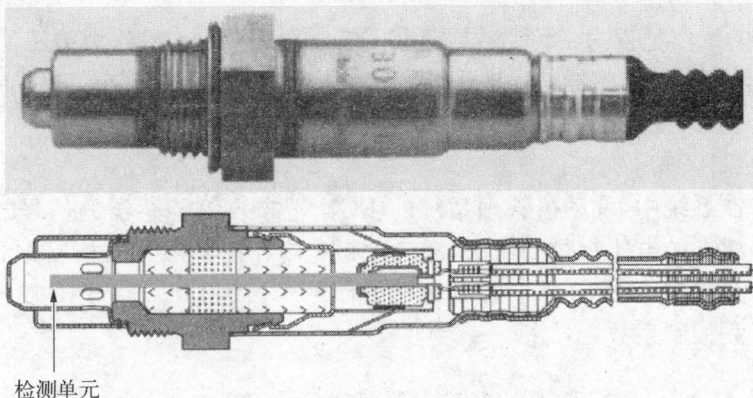

图 4-7　宽带型氧传感器

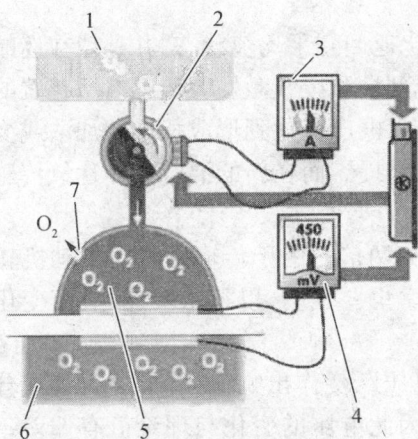

图 4-8　宽带型氧传感器原理

1—尾气　2—单元泵　3—单元泵电流　4—传感器
电压　5—测量室　6—空气　7—扩散通道

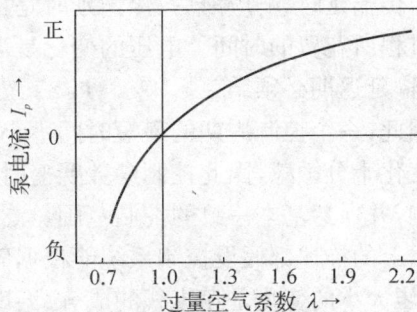

图 4-9　宽带氧传感器的结构原理与工作特性

1—加热器　2—检测腔　3—参考电池　4—Nernst
电池(传感器)　5—泵氧元　6—排气管　7—废气

混合气过浓时,废气中氧含量减少,单元泵以原来的工作电流工作,进入测试室的氧量减少。氧传感器电压值超过 450 mV,控制单元增大单元泵的工作电流,使单元泵旋转速度增加,增加泵氧速度。单元泵泵入测试室中的氧量增加,使氧传感器电压值恢复到 450 mV。同理当混合气浓度降低时,废气中氧的含量增加,泵在原来的转速下会泵入较多的氧,测试室中氧的含量较多,电压值下降,同时减少单元泵的工作电流,使泵入测试室的氧量减少,氧传感器电压值尽快恢复到 450 mV 的电压值,单元泵的工作电流传递给控制单元,控制单元将其折算成氧传感器电压值信号。

宽带型氧传感器其特性曲线如图 4-9 所示。由于泵电流与氧气的浓度或氧气的不足程度成比例,因此可以用它来反映废气的过量空气系数。因为宽带氧传感器的工作不再依赖于 Nernst 单元的阶梯函数,所以能够连续检测过量空气系数在 0.7~4 的范围内的任何一个值。发动机的 λ 控制不再是只对一个单独的点,而是能对一个值域进行控制。

在宽带氧传感器中的整体式加热器,用来使工作温度保持在 600℃以上。

2. λ 闭环控制

λ 闭环控制的工作过程为:氧传感器把电压信号发送给发动机管理单元,并由它给混合气形成系统发出指令,按氧传感器信号电压的指示来加浓或变稀混合气。于是在混合气稀时就增加喷油量,浓时就减少喷油量。

1) 两状态控制

在两状态控制系统中,发动机管理系统的 ECU 把来自氧传感器的信号转换为两种状态的电信号。氧传感器的电压每跳动一次,都会激起 λ 闭环控制参数向相反方向变化一次。对稀混合气的反应是加浓,反之亦然。控制参数的作用步长为其工作范围的 3%。即瞬时燃油喷射量应乘以下列控制系数:

1.00——标准状况

1.03——稀混合气

0.97——浓混合气

随着控制参数的跃变,"控制因子"按某一斜率变化返回到平均值状态,并补偿在巡航控制中的干扰因素。控制频率基本上由从新鲜混合气形成到检测废气激发氧传感器所花费的时间来确定传输延时,响应滞后、传输延时是指氧传感器产生电压变化到形成相应的加浓或变稀的整个过程所花费的时间。电压的变化是混合气调节的前提。而在新的混合气到达氧传感器之前,传输延迟期必须结束。

因此,一个控制周期的最短时间不小于传输延时的两倍。由于传输延时对发动机转速和负荷变化十分敏感,因此控制参数跃变时响应曲线斜率也要变动,以补偿转速、负荷变化带来的影响,并保持基本一致的控制范围。

以上的描述都假设控制系统能根据氧传感器的电压跃变作出响应,调节混合气成分。然而,电压大小的变化是随废气的成分、温度而变化的,因此电压的变化与理论值有偏差。可以通过控制浓和稀的补偿量来反映影响传感器响应曲线的各种因素。其方法即在传感器电压跳动后维持一个可调节的滞留期,这个滞留期由发动机的转速和负荷的变化来确定,并储存在程序脉谱图中。

2) 双传感器控制

这种控制系统为适应更严格的排放法规而设计。主传感器(前端传感器位于催化转化器的前面)由位于催化转化器后面的次级传感器来辅助工作。次级传感器监测的废气已经通过了催化转化且达到了化学平衡,所以可提供更准确的检测参数来适当修正主传感器提供给闭环控制的数据。如果专门依靠次级传感器(位于催化转化器后)来进行 λ 控制,则由于气体输送所造成的时间滞后而不可行。另外,用后端催化转化器控制滞留期,以慢慢修正前端催化转化器。

后端氧传感器也能用于补偿前端氧传感器的响应曲线,双氧传感器系统实际上是以排放控制性能的长期稳定性为特征的。

3) 连续 λ 控制

平面宽带氧传感器是传感器中比较先进的一种,它由两个特殊的电子控制电路单元组成。

两状态传感器只能反映与电压跳跃相对应的两种状态浓和稀。而宽带传感器通过所检测到的连续信号确定与 λ＝1 状态的差别,因此有了宽带传感器就可能实现连续的 λ 控制策略,而不仅仅是提供两种状态的信号。它的优点是:

(1) 由精确测定废气成分的偏差所获得的定量数据能明显提高动态响应性能;

(2) 为任意混合比提供匹配选择,即不仅仅是空燃比 λ＝1 的情况。

第(2)条对于寻求开发稀混合气工作(稀燃原理)的节油潜力有特别重要的意义。

3. 三元催化技术

1) 三元催化器的结构

三元催化器由壳体、衬垫、载体及、催化剂组成(见图 4-10)。

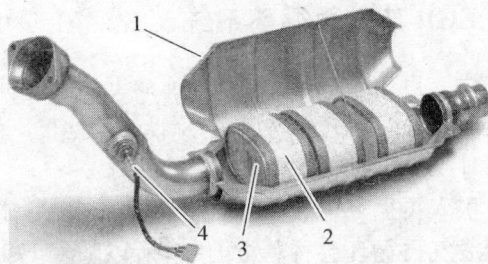

图 4-10 三元催化器

1—壳体 2—减震层 3—载体 4—氧传感器

三元催化器壳体由不锈钢板材制成,以防因氧化皮脱落造成催化剂的堵塞。为保证催化器的反应温度以及减小对外热辐射,许多催化器的壳体做成双层结构。为减少催化器对车身底板的高温辐射或防止进入加油站时催化器炽热表面引起火灾,以及避免路面积水飞溅对催化器的激冷损坏和路面飞石造成的撞击损坏,壳体外面还装有半周或全周的隔热罩。

减振层一般有膨胀垫片和钢丝网垫两种,起减振、缓解热应力、固定载体、保温和密封作用。膨胀垫片由膨胀云母(45%～60%)、硅酸铝纤维(30%～45%)以及黏结剂(6%～13%)组成。膨胀垫片在第一次受热时体积明显膨胀,而在冷却时仅部分收缩,这样就使金属壳体与陶瓷载体之间的缝隙完全涨死并密封。

载体有三种不同形式:颗粒式(已过时)、陶瓷单体式和金属单体式。陶瓷单体式的陶瓷材料为耐高温的镁铝硅酸盐,其上布满了数以千计的细小排气通道。金属单体由于价格的原因,现在仅是有限地使用,它们主要用作预催化(起动催化器),装在紧靠发动机的位置,这样发动机冷起动后就可以更快地进行催化转化。

催化剂大多为铂(Pt)、钯(Pd)、铑(Rn)等稀有金属制成,铂能促使 CO、HC 的氧化,铑能加速 NO_x 的还原。每个催化转换器的稀有金属用量一般为 2～3 g。催化剂涂在载体的洁净表面上,它使催化转换器的有效表面积增大了数千倍。

2) 三元催化器的工作原理

发动机通过排气管排气时,CO、HC 和 NO_x 三种气体通过三元催化反应器(见图 4-11)中的净化剂时,增强了三种气体的活性,进行氧化—还原化学反应。其中 CO 在高温下氧化成

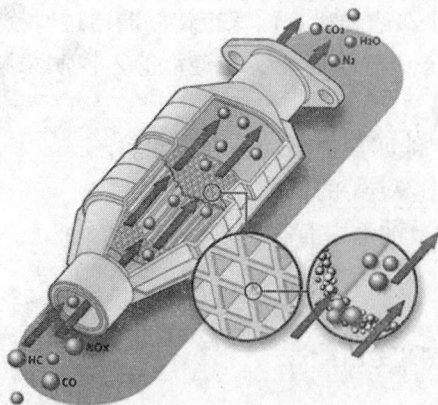

图 4-11 三元催化过程

无色、无毒的二氧化碳（CO_2）气体。HC 化合物在高温下氧化成水、H_2O 和 CO_2。NO_x 还原成氮气（N_2）和氧气（O_2）。三种有害气体变成无害气体，使排气得以净化。如图 4-11 所示。

当发动机燃烧浓混合气（$\lambda < 1$）时，由于氧的含量不足，导致经过催化反应废气中仍含有大量的 CO 和 C、H 化合物还原性物质。如果发动机燃烧稀混合气（$\lambda > 1$）时，空气中含有过量的氧，经过催化反应后废气中 NO_x 无法被有效还原。通过 λ 闭环控制将过量空气系数控制 1 附近，有效地提高了三元催化器的净化效率。

五、EGR 废气再循环系统

废气再循环系统（Exhaust Gas Recirculation）的功能是将一部分废气引入进气系统，使其与新鲜混合气一起进入燃烧室，降低燃烧速度和燃烧室的温度，从而降低燃烧过程中生成的 NO_x。

1. 废气再循环系统的控制原则

引入再循环的废气量用 EGR 率表示，定义为再循环的废气量占整个进气量的百分比。由于废气再循环会稀释混合气，所以随着 EGR 率的增加，混合气的着火能力以及发动机的输出功率都会下降，并且随着燃烧速度的降低，大量燃料在做功行程后期燃烧，导致 CH 排放量会随之增加。小负荷或怠速时进行废气再循环会使燃烧不稳定，甚至使发动机熄火；全负荷时需要强大的动力输出，如果此时使用废气再循环则会使发动机的动力下降，为此应对废气再循环系统的 EGR 率进行适当的控制，控制原则如下：

（1）由于 NO_x 的排放量随着负荷的增加而增大，所以 EGR 率也应随着负荷的增加而增大。

（2）在发动机的暖机工况下，冷却液的温度和进气温度都较低，NO_x 的排放量会很低，混合气的供给也不稳定，为防止引入废气时破坏混合气燃烧的稳定性，一般在发动机的温度低于 50° 时，不进行废气再循环。

（3）在怠速和小负荷工况下，NO_x 的排放量很低，为此不进行废气再循环。

（4）在全负荷和高速时，需要输出强大的动力，并且虽然燃烧室的温度高，但是氧浓度较低，NO_x 的排放量也比较低，不需要进行废气再循环。

随着发动机工况的变换，EGR 率在 6% ～ 23% 之间调整。

2. 废气再循环系统的控制

电磁式 EGR 阀由发动机 ECU 控制，电磁式 EGR 阀由电磁线圈、电枢、锥形阀、阀开度位置传感器等组成，如图 4-12 所示。发动机 ECU 控制

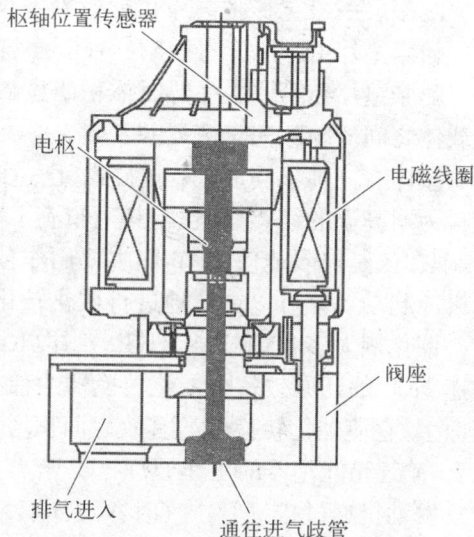

图 4-12 电磁式 EGR 阀的结构

电磁线圈通电,使电枢向上运动带动锥形阀离开阀座后,废气就可以进入进气歧管。

发动机 ECU 根据冷却液位置传感器、节气门位置传感器和空气流量传感器的输入信号确定最佳的 EGR 阀的开启程度,再通过控制 EGR 阀电磁线圈的通电占空比信号控制电枢的最佳开启位置,阀的开度位置传感器可以反馈电枢的实际位置,从而可以实现系统的闭环控制。

六、燃油蒸发控制系统

导致燃油系统产生燃油蒸气的原因是多方面的,其主要原因有以下 3 种情况:

(1) 热传递:燃油系统回油管中的燃油把发动机的热量传递给燃油箱。

(2) 扰动:汽车行驶时的晃动会促使燃油气化。

(3) 温差:昼夜温差会促使燃油气化。

燃油蒸气产生后会导致燃油箱内压力升高,从而使燃油蒸气外溢造成大气污染,为了解决这一问题,现代汽车广泛使用燃油蒸发控制系统(Evaporative Emission Control),其作用是将燃油系统产生的燃油蒸气收集到活性炭罐中,然后根据发动机工况适时地将其导入进气歧管,与正常混合气混合后进入发动机气缸进行燃烧,阻止燃油蒸气直接排入大气,减少环境污染。

1. 电控 EVAP 系统的组成

如图 4-13 所示,电控 EVAP 系统是由活性炭罐、炭罐控制电磁阀、双通阀等组成的。

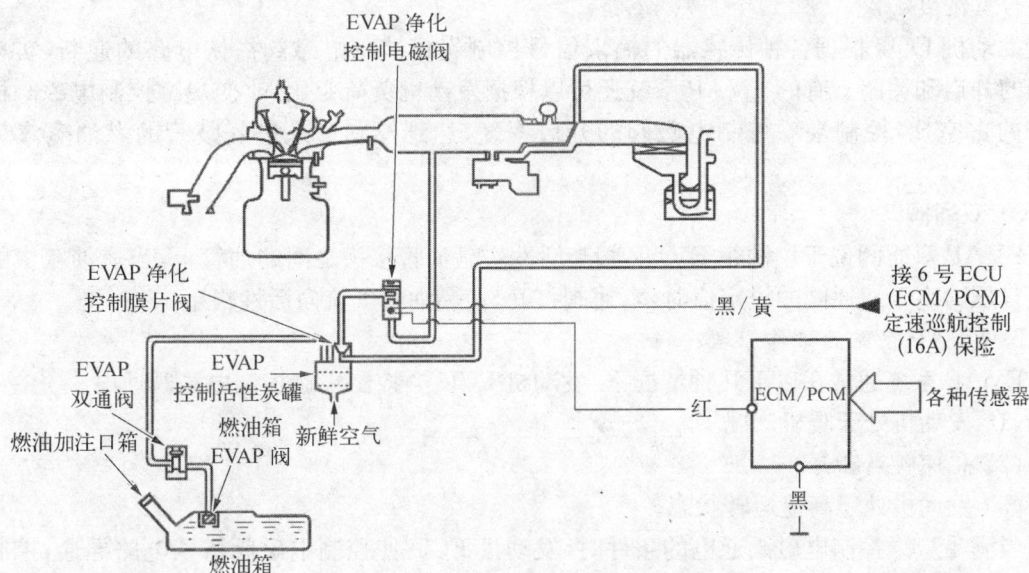

图 4-13　本田雅阁的电控 EVAP 系统

1) 活性炭罐

活性炭罐的作用是收集并临时存储燃油蒸气,如图 4-14 所示。活性炭罐上方的两个接头分别与油管和进气歧管相连;下方的接头与大气相通;中间是活性炭颗粒,具有极强的吸附作用,燃油蒸气被吸附在活性炭颗粒的表面。

活性炭罐上设有控制膜片阀,其作用是根据膜片阀上方真空室中真空度的大小,改变活性炭罐蒸气排放孔的开度,从而控制吸入进气歧管的燃油蒸气量。

活性炭罐上设置与大气相通接头的作用是当燃油蒸气被真空吸力吸走后,可以在炭罐内负压的作用下及时补充新鲜空气,使活性炭颗粒表面上的燃油分子脱附得更快、更彻底,同时还可以还原活性炭的吸附能力,防止活性炭过早失效。

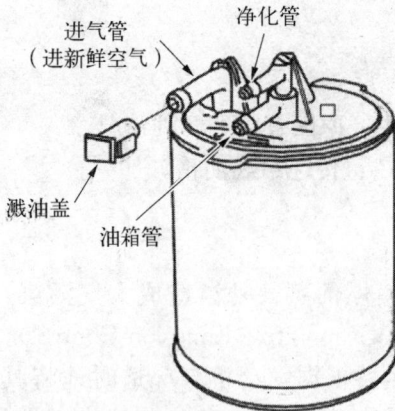

图 4-14　活性炭罐　　　　　　　　　　图 4-15　炭罐电磁阀

2)炭罐控制电磁阀

炭罐控制电磁阀(见图 4-15)的作用是控制进入进气歧管的燃油蒸气量,防止改变正常的混合气浓度。

发动机 ECU 根据各种传感器的输入信号控制炭罐控制电磁阀搭铁电路的通断,实现电磁阀的开启和关闭。有的 EVAP 系统还可以根据发动机负荷变化,改变炭罐控制电磁阀控制信号的占空比,控制炭罐控制电磁阀的开启程度,达到控制进入进气歧管的燃油蒸汽量的目的。

3)双通阀

EVAP 双通阀位于燃油箱 EVAP 阀与活性炭罐油管接头之间的油管上,当燃油箱中的燃油蒸气压力高于双通阀的设定值时,双通阀打开,使燃油蒸气流向活性炭罐。

2. EVAP 系统的工作原理

EVAP 系统通常在以下几种情况下,发动机 ECU 会控制炭罐控制电磁阀通电。

(1)发动机处于暖机工况。

(2)急速触点断开。

(3)发动机处于高速运转状态。

当满足炭罐控制电磁阀通电的条件时,发动机 ECU 使控制电磁阀搭铁电路导通,控制电磁阀开启,在进气歧管真空吸力的作用下,新鲜空气从活性炭罐的底部进入,经过活性炭罐中的活性炭颗粒,使吸附在活性炭颗粒表面的燃油分子脱附活性炭颗粒,并随新鲜空气流至活性炭罐上方出口,再通过软管进入进气歧管和新鲜空气一起进入燃烧室。当不满足炭罐控制电磁阀通电的条件时,炭罐控制电磁阀关闭,燃油蒸气被存储在活性炭罐。

技能操作 1　　　　　　　　　　尾气的检测与分析

排气分析仪可以检测废气中 CO、HC、CO_2、O_2、NO_x 的含量,检测车辆是否达到排放标准,同时废气中各种成分含量的变化也反映了发动机的燃烧状况和排气净化系统的工作状况,为发动机的故障排除提供帮助。

排气分析仪根据红外不分光原理(气体对于红外线的吸收作用不同,通过测量被气体吸收后的红外线的强度,从而得出气样中待测组分的浓度),从排气管中采集气样,并使气样通过光路,可以检测出废气中 CO,HC,CO_2 的浓度。O_2 和 NO_x 的浓度通过电化学的方法测量,通过测试通道中设置的氧传感器和 NO_x 传感器检测。

排气分析仪是汽车检测的重要设备之一,市场上品牌、种类很多,汽车检测设备的生产企业基本上都有自己的排气分析仪,如图 4-16 所示。由于尾气的检测方法及指标是由国标规定的,所以不同的排气分析仪使用方法和检测内容大致相同,比较先进的设备可以具备 OBD 功能,可以直接与发动机电脑交互,检测过程中所需的发动机转速信号、油温信号等参数,都可以直接通过发动机电脑取得,同时还具备检测氧传感器电压、计算过量空气系数等功能。

博世公司 BEA-350　　　　　　　　HORIBA 公司 MEXA-584L

图 4-16　排气分析仪

我们以元征公司 VEA-501 排气分析仪为例介绍汽车尾气的检测与分析。

一、VEA-501 排气分析仪构成

VEA-501 排气分析仪由主机、取气软管、(PU 管)取样探头组件、采集管组件、电源线(直流电源、双钳电源线、点烟器电源线)、温度转速传感器、PC 联机线、工作台(选用)。

1. 主机

废气分析仪 VEA-501(见图 4-17)是一种便携式五气体汽车尾气分析仪。通过不分光红外线吸收原理(NDIR)测试机动车辆尾气中的 HC、CO 和 CO_2 浓度,采用电化学传感器对 O_2 及 NO 浓度进行检测,符合美国 BAR97、ISO3930 和 OIML R990 级精度标准,具有符合最新国标 GB 18285—2000(2001 年 7 月 1 日实施)指定的加速模拟工况测试功能。仪器具有自动调零,自动气压、温度变化补偿等功能。可靠的气泵、过滤系统设计,不仅体积小,而且可以避免长期使用造成对传感器的污染。

2. (PU 管)取样探头组件

取样探头组件(见图 4-18)长度为 5 m,不得随意加长和缩短,由特殊材料制作,要求管壁不吸附气体、不与被测气体发生化学反应以确保测量精确度。

图 4-17　VEA-501 主机

图 4-18　(PU 管)取样探头组件

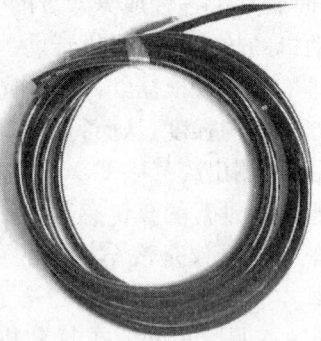

3. 取样探头组件(采集管组件)

插入排气管内取气,插入长度不小于 400 mm。

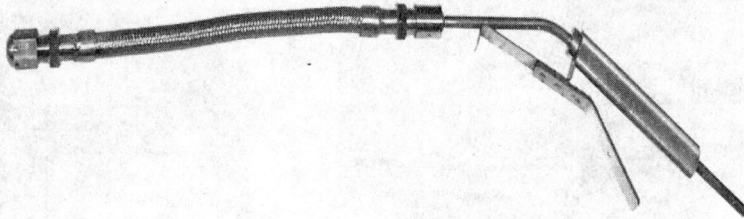

图 4-19　取样探头组件(采集管组件)

4. 电源线

1) 直流电源

直流电源(见图 4-20)把 220 V 交流电转换为 12 V 直流电,给主机供电。

图 4-20　直流电源

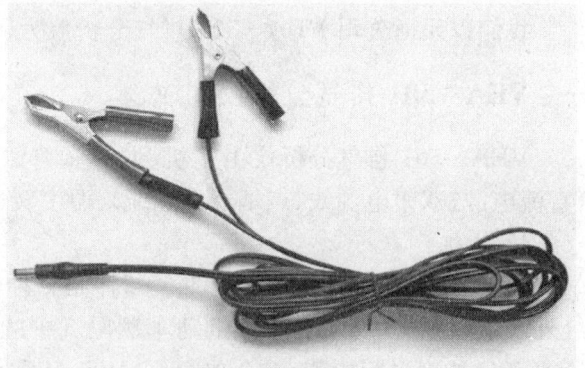

图 4-21　双钳电源线

2) 双钳电源线

从汽车电瓶取电给排气分析仪;红色鳄鱼夹接到电瓶正极,黑色鳄鱼夹接电瓶负极(见图 4-21)。

3) 点烟器电源线

从点烟器取电给排气分析仪(见图 4-22)。

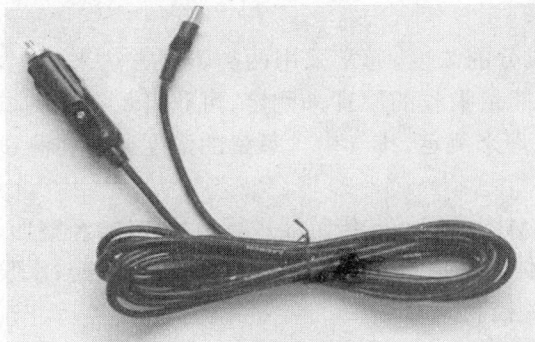

图 4-22 点烟器电源线

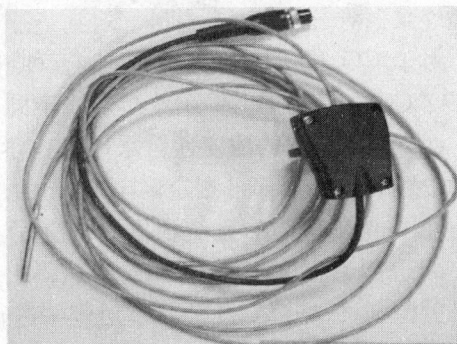

图 4-23 机油温度传感器

5. 机油温度传感器

机油温度传感器(见图 4-23)用于检测机油箱机油温度。

6. 发动机转速传感器

发动机转速传感器(见图 4-24)用于检测发动机转速。

7. PC 联机线

PC 联机线(见图 4-25)可以将 PC 机的 COM 口与排气分析仪的 RS232 端口相连。用于仪器的升级和数据的输出。

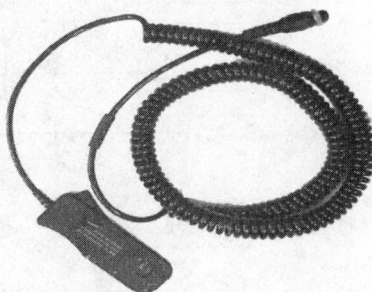

图 4-24 发动机转速传感器

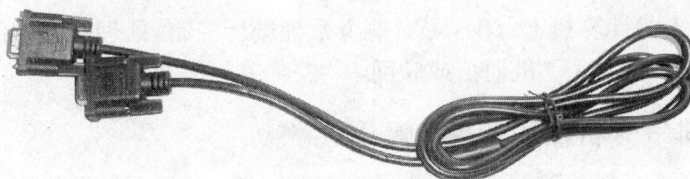

图 4-25 PC 联 机 线

二、VEA-501 排气分析仪工作原理

VEA-501 排气分析仪主要由采集、分析、处理与控制、显示、电源等部分组成。采集部分主要由取样探头、导管、水气分离器、气体滤清器、三通电磁阀、水滤清器、气泵、水泵等组成,如图 4-26 所示。采集部分主要功能是将汽车排气经水气分离器去掉水汽,经气体滤清器过滤,

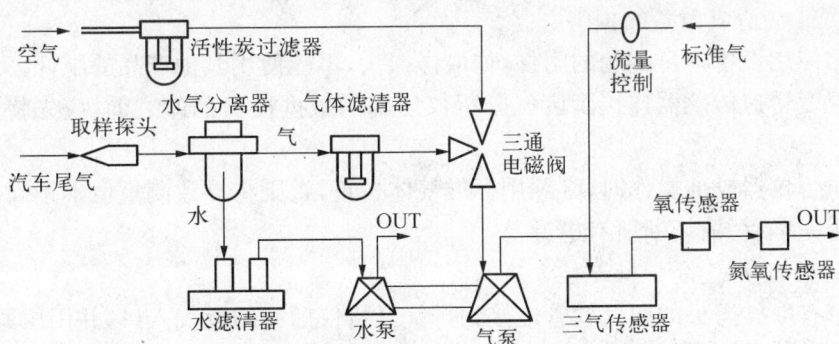

图 4-26 采 集 部 分

再经气泵送到分析部分。

对于 CO、HC、CO_2、NO_x、O_2 这五种气体成分的浓度,通常采用两类不同方法来测定,其中 CO、CO_2、HC 通过不分光红外线不同波长能量吸收的原理来测定,可获得足够的测试精度。而 NO_x 与 O_2 的浓度通常采用电化学的原理来测定,排气中含氧量的浓度通过在测试通道中设置氧传感器即可测定。

如图 4-27 所示,系统根据测量流程,分别对图中①~⑤传感器进行信号取样,经整形、放大、A/D 转换,根据相应的计算方法,得出五气体测量值;根据测量流程对三通电磁阀、水泵进行开关控制;依据真空开关状态对气泵进行开关控制。

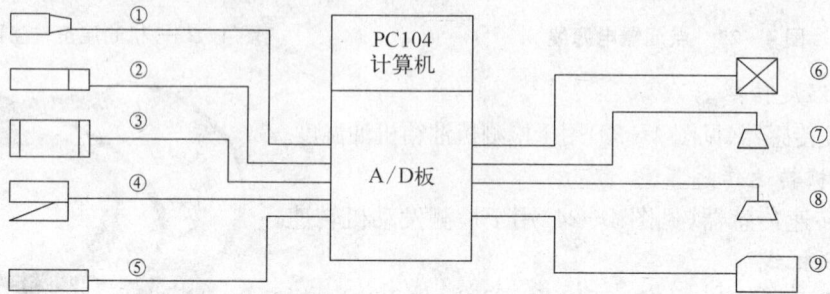

图 4-27　尾气测量流程

①—O_2 传感器　②—NO_x 传感器　③—三气(CO,HC,CO_2)传感器　④—转速传感器
⑤—温度传感器　⑥—三通电磁阀　⑦—水泵　⑧—气泵　⑨—真空开关

系统中装有嵌入式计算机 PC104,可对整个系统进行控制,处理的测量值送入显示部分进行显示,并通过标准串口与 PC 机通信或联网。

三、VEA-501 排气分析仪的使用与操作

1. 使用注意事项

(1) 本仪器为精密电子仪器,使用中切勿摔碰。

(2) 废气分析仪应放置在平坦且振动小的地方,应避免日光直射或潮湿。

(3) 避免液体溅到废气分析仪的表面,以免进入系统内部造成永久伤害,可燃性气体可能引起爆炸。

(4) 废气分析仪一定要定时保养,以确保使用精度。

(5) 使用电源时,只能使用废气分析仪外接直流电源或从汽车电瓶和点烟器获取电源,使用其他电源可能会造成设备的损害。

(6) 必须使用设备本身配套的附件,如取样探头,不能使用其他产品的配件。

(7) 将温度转速传感器连接到废气分析仪后部的数据接口插座之前,应先将废气分析仪电源切断。

(8) 当执行仪器校准操作时,必须用标准气体校正,否则将导致测量值不正确。

(9) 使用完毕后,请切断所有电源。

2. VEA-501 排气分析仪连接方法

(1) 将带有取样探头的取气软管连接到排气分析仪后部的废气入口,并用压紧螺母拧紧。

(2) 在以下三种方法中任选一种方法获取电源:

<<<< --

① 将点烟器电源线的一端插入被测汽车的仪表板上的点烟器插口内,另一端连接到排气分析仪后面的电源插座内。

② 将双钳电源线的带夹子的一端连接到被测汽车的电瓶上(注意:红正黑负),另一端连接到排气分析仪后面的电源插座内。

③ 将外接直流电源的一端连接到外接 220 V 电源上,另一端连接到排气分析仪后面的电源插座内。

(3) 通过转接电缆,将温度转速传感器连接到排气分析仪后部的信号输入接口插座上。将转速传感器的夹持器夹到分缸高压线上,将温度传感器插入机油箱量孔中。

连接线与主机的连接如图 4 - 28 所示。

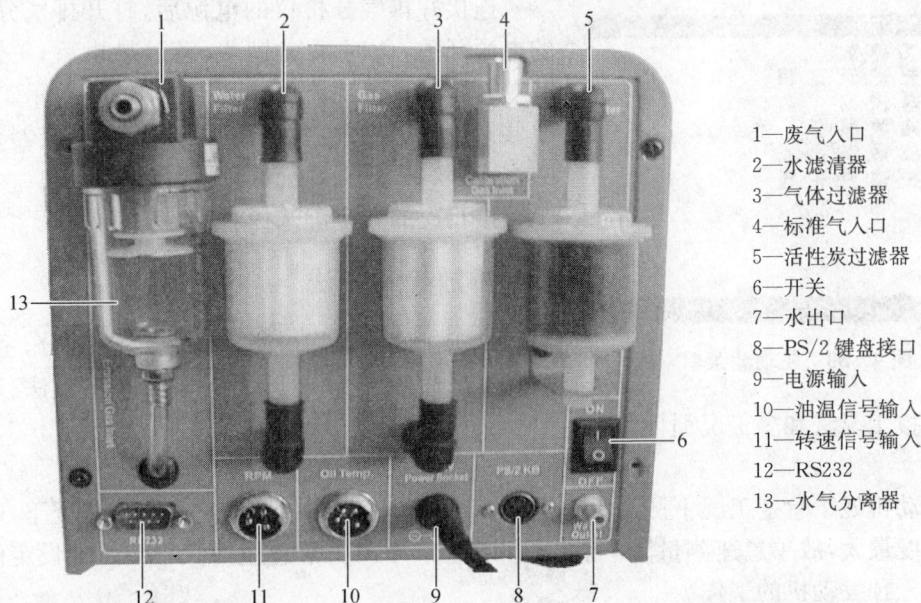

1—废气入口
2—水滤清器
3—气体过滤器
4—标准气入口
5—活性炭过滤器
6—开关
7—水出口
8—PS/2 键盘接口
9—电源输入
10—油温信号输入
11—转速信号输入
12—RS232
13—水气分离器

图 4 - 28　VEA - 501 背面接口

在连接以前检查取样探头和取气软管有无压扁、割坏、堵塞、污染等情况,当发现有压扁、割坏情况时应更换新件;发现有污染、堵塞情况时,应用布或压缩空气清扫,确保废气在传输过程中无堵塞现象。连接时需确保取气软管和废气入口连接紧密,没有漏气现象。在连接测试线路以前,要检查电源线有无损伤和接触不良的地方,如发现有接触不良或断线处,应更换新线;并保证水气分离器中的过滤器和气体滤清器干净、无堵塞现象,如有必要请更换。汽车起动时,起动电流会引起电源电压下降,故有可能会引起排气分析仪电压不足、关机等情况,等待重新起动即可。必须在关机状态将温度传感器和转速传感器连接到排气分析仪后部的信号输入插座上。

3. VEA - 501 排气分析仪操作方法

操作界面如图 4 - 29 所示,按钮的作用见表 4 - 1。

图 4 - 29　VEA - 501 排气分析仪
操作界面

笔记

表 4-1　VEA-501 排气分析仪按键的作用

数字键：	包括 0—9 及小数点(.)，用来选择功能或输入数值和英文字母
[BACK SPACE]	用来删除前一个输入的字符。
[▲]、[▶]、[▼]、[◀]	用来移动选择框。
[ENTER]	用来确认所选择的功能或命令。
[ESC]	结束当前操作,返回上级菜单。
[+]、[-]	用于调节屏幕的背光度,按[+]键背光度增加,按[-]键背光度降低。

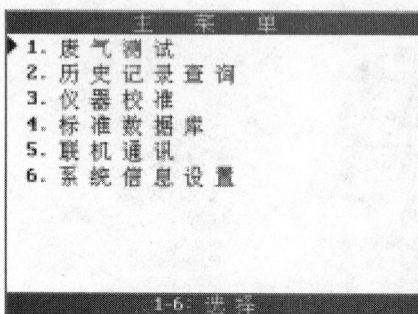

图 4-30　主功能菜单

连接好排气分析仪的电源后,打开排气分析仪后部的电源开关,此时系统起动,经过热机后(8 分钟以内,25℃时),进入主功能菜单,如图 4-30 所示。主功能菜单共有 6 项:废气测试、历史记录查询、仪器校准、标准数据库、联机通信、系统信息设置。

按相应的数字键选择对应的功能操作。

四、排放检测方法

汽车排放污染物检测,从试验方法划分,主要有怠速法和工况法两大类。具体可分为:单怠速法、双怠速法、加速模拟工况法和多工况循环法。

1. 单怠速法

发动机处于怠速工况下测量汽车排气污染物量值为单怠速法。在怠速工况下,CO 和 HC 排放浓度最大,故单怠速测量法一般仅测 CO 和 HC。由于怠速为汽车出厂的设定值,故测试时无须干预发动机的工作。

这种方法具有操作简单、检测时间短以及仪器价格便宜等优点,但测试结果缺乏全面性。

我国制定的相应法规标准:汽油车怠速污染物排放标准 GB 3842—83 和汽油车排气污染物的测量怠速法 GB 3845—83。

2. 双怠速法

世界各国为监控汽车排放恶化,或者为了监控因催化转化器(三元催化器)转化效率降低造成的汽车排放恶化,近年来普遍采用了双怠速测量。所谓双怠速法即为汽车在怠速和高怠速(即 0.5 额定转速)工况下检测排放污染物量值的测试方法。

双怠速法比怠速法前进了一大步,但它毕竟还是怠速,发动机没有负荷,其工作时间占汽车总运行时间测试到有载荷测试的中间过渡的折中办法,随着越来越苛刻的环保限值,对车辆的加载测试法势在必行。我国制定的相应法规标准:汽油车怠速污染物排放标准 GB 14761.5—93(1994—05—01 实施)和汽油车排气污染物的测量怠速法 GB/T 3845—93(1994—05—01 实施)。

3. 加速模拟工况法(ASM,Acceleration Simulation Mode)

车辆预热到规定热状态后,加速至规定车速(如 25 km/h),根据车辆规定车速时的加速负荷,通过测功机对车辆加载,使汽车保持等速运转。在此工况下进行汽车排放测量,即为加速模拟工况法。

我国制定的相应法规标准：汽车排气污染物限值及测试方法 GB 18285—2000（2001—07—01 实施）。

4. 多工况循环法

为了最大限度地获取能表示车辆真实运行条件下的排放状况，就必须形成一个综合各种工况及其过渡过程的多工况试验规范，这就是工况法循环试验模式。它是根据汽车的排放性能、行驶特点、交通状况、道路条件、车流密度、气候地形等因素，经过大量统计仔细分析而制定的，以求最大限度地重现运行时的排放特性。它需要精度较高、电控功能完善、有齐备的惯量模拟装置的底盘加载系统，并配以相应的排气取样系统和气体分析仪表，还要配以有效的计算机管理和数据处理系统。这种排放测试系统不仅体积庞大，而且造价昂贵，一般用于新车的认证许可检测和出厂抽查检测。

我国制定的相应法规标准：汽车排放污染物限值及测试方法 GB 14761—2001（2001—01—31 发布，2004—07—01 实施）。

五、排气成分异常的原因分析

1. HC 的读数分析

HC 的读数高，说明燃油没有充分燃烧。气缸压力不足、发动机温度过低、油箱中油气蒸发、混合气由燃烧室向曲轴箱泄漏、混合气过浓或过稀、点火正时不准确、点火间歇性不跳火、温度传感器不良、喷油嘴漏油或堵塞、油压过高或过低等因素都将导致 HC 读数过高。

2. CO 的读数分析

CO 的含量过高，表明燃油供给过多、空气供给过少，造成混合气过浓。多系燃油供给系统和空气供给系统有故障，如喷油嘴漏油、燃油压力过高、空气滤清器不洁净。其他方面的问题，如活塞环胶结阻塞、曲轴箱强制通风系统受阻、点火提前角过大或水温传感器有故障等。

CO 的含量过低，则表明混合气过稀，故障原因有：燃油油压过低、喷油嘴堵塞、真空泄漏、EGR 阀泄漏等。

3. CO_2 的读数分析

CO_2 是可燃混合气燃烧的产物，其高低反映出混合气燃烧的好坏，即燃烧效率。可燃混合气燃烧越完全，CO_2 的读数就越高，混合气充分燃烧时尾气中 CO_2 的含量达到峰值 13%～16%。当发动机混合气出现过浓或过稀时，CO_2 的含量都将降低。当排气管尾部的 CO_2 低于12%时，要根据其他排放物的浓度来确定发动机混合气的浓或稀。燃油滤芯太脏、燃油油压低、喷油嘴堵塞、真空泄漏、EGR 阀泄漏等将造成混合气过稀。而空气滤清器阻塞、燃油压力过高等，都可能导致混合气过浓。

4. O_2 的含量分析

O_2 的含量是反映混合气空燃比的最好指标，是最有用的诊断数据之一。O_2 的读数和其他 3 个读数一起，能帮助找出问题的难点。可燃混合气燃烧越完全，CO_2 的读数就越高；与此相反，燃烧正常时，只有少量未燃烧的 O_2 通过气缸，尾气中 O_2 的含量应为 1%～2%。O_2 的读数小于1%，说明混合气过浓；O_2 的读数大于2%，表示混合气过稀。导致混合气过稀或过浓的原因前面已作说明，在此不再重复。

当 CO、HC 浓度高，CO_2、O_2 浓度低时，表明发动机混合气很浓。HC 和 O_2 的读数高，则表明点火系统工作不良。

5. 利用功率平衡试验和尾气分析仪的读数综合分析

利用功率平衡试验和尾气分析仪的读数还可以知道每个气缸的工作状况。如果每个缸 CO、CO_2 的读数都下降，HC、O_2 的读数都上升，且上升和下降的量都一样，表明各缸都工作正常。如果只有一个缸的变化很小，而其他缸都一样，则表明这个缸点火或燃烧不正常。另外，当某缸不工作时，O_2 的浓度会增加。如四缸发动机中有一缸不工作时，其浓度将上升到 4.75％～7.25％，若有两缸不工作，则会上升到 9.5％～12.5％。

六、排放法规介绍

目前，世界汽车排放标准并立，分为欧洲、美国、日本标准体系。欧洲标准测试要求相对而言比较宽泛，是发展中国家大都沿用的汽车尾气排放体系。我国大体上采用欧洲标准体系。

我国排气控制设计通过 4 个阶段逐步与国际同步，1999 年 7 月颁布了第一、二阶段（相当于 EURO I、EURO II）机动车排放标准，第一阶段于 2001 年 1 月 1 日开始执行《轻型汽车污染物排放限值及测量方法》GB18352.1—2001，第二阶段从 2004 年 7 月 1 日开始执行 GB18352.2—2001。

2005 年 4 月 15 日颁布《轻型汽车污染物排放限值及测试方法》（中国Ⅲ、Ⅳ阶段），第三阶段由 2007 年 7 月 1 日开始执行 GB18352.3—2005（相当于 EUROⅢ），2010 年强制执行国Ⅲ标准。第四阶段与 2011 年 7 月 1 日开始执行 GB18352.4—2005（相当于 EUROⅣ）。2012 年 1 月 10 日发布公告要求对各地汽油车严格实施国Ⅳ标准。

现阶段燃油品质滞后已经严重影响了国Ⅳ标准的执行，北京、上海和广州分别在 2008 年奥运会之前八个月、2010 年世博会之前七个月、2011 年亚运会举办之前三个月施行汽油国Ⅳ标准。全国范围内推行国Ⅳ标准汽油的时间预计是 2014 年 1 月 1 日。现阶段我国大部分地区仍然以国Ⅱ和国Ⅲ标准汽油为主。现阶段所执行的国Ⅳ标准只是一纸空谈。

欧洲标准各项成分要求见表 4 - 2。

表 4 - 2　欧洲标准各项成分要求

标　准	欧　Ⅰ	欧　Ⅱ	欧　Ⅲ	欧　Ⅳ
实施时间	1995 年底前	1995～2000 年	2000～2005 年	2005 年底起
HC	1.1％	1.1％	0.66％	0.46％
CO	4.5％	4％	2.1％	1.5％
NO_x	8％	7％	5％	3.5％
PM	0.36％	0.15％	0.1％	0.02％

技能操作2　　　　　　　　　　氧传感器的检测

一、氧传感器常见的故障

氧传感器输出信号异常会引起空燃比的失调，影响三元催化装置的转换效率，造成排气污染加剧、油耗过大、怠速不稳等故障。氧传感器常见的故障有氧传感器失效、氧传感器内部加热元件损坏、连线线束断开或插接器接触不良等,此时发动机的故障自诊断系统将点亮汽车仪表板上的发动机报警灯。

氧传感器失效的原因有两种:一种是传感器内部的敏感元件老化;另一种是敏感元件受到碳烟、铅化物、硅胶、机油等的污染而失效,这种情况还被称为"中毒",氧传感器中毒包括铅中毒、硅中毒以及磷中毒。

1. 氧传感器老化

氧传感器老化的主要原因是敏感元件局部表面温度过高。

发动机在冷起动和大负荷等工况下,混合气较浓,在气缸中的混合气没有完全燃烧,排气气流中的燃油会在氧传感器的表面进一步燃烧,造成传感器内部敏感元件的局部温度过高,可达 1 000℃以上,另外燃烧后形成的碳粒还会导致氧传感器表面的保护层剥落。

老化现象会造成氧传感器反应变慢,不能快速、准确地检测混合气浓度的变化,从而导致喷油量不准确。

2. 氧传感器铅中毒

氧传感器铅中毒是指燃、润料添加剂中的铅离子与氧传感器的铂膜电极发生化学反应,从而导致铂膜催化能力下降的现象。

实验证明:如果每升汽油中含有 0.15 g 铅,则汽车行驶 1 000 km 后,氧化锆式氧传感器就会发生严重的铅中毒现象。为此安装有氧化锆式氧传感器的汽车应严禁使用含铅汽油。另外还发现温度越低,铅中毒的现象就越严重,这是由于低温条件下铅为固体颗粒,就更容易沉积在传感器的表面上,因此,汽车上的氧化锆式氧传感器多为加热型。

相比之下,氧化钛式氧传感器就不容易出现铅中毒的现象,这是因为氧化钛式氧传感器中的铂电极只是用于电路连接,不起催化作用,因此即使氧化钛式氧传感器受到铅离子的污染也不会影响传感器的性能。

3. 氧传感器硅中毒

氧传感器硅中毒是指硅离子与氧传感器的铂膜电极发生化学反应,从而导致铂膜催化能力下降的现象。由于氧化钛式氧传感器中的铂电极只是用于电路连接,所以与氧化锆式氧传感器相比,其抗硅中毒性能要强得多。

4. 氧传感器磷中毒

氧传感器磷中毒是指磷化物污染传感器的现象。在发动机磨合期间或者活塞环磨损之后,润滑油中的磷化物就会窜入气缸并随废气排出,当排气气流温度较低时,磷化物就会以粒子态析出,沉积在氧传感器保护管的表面堵塞气孔;当排气气流温度较高时,磷化物则会附着在敏感元件表面使其受到污染。

由于氧传感器失效是在所难免的,所以应按照规定的行驶里程更换氧传感器。非加热型的 1 线或者 2 线氧传感器一般每 50 000~80 000 km 更换一次;加热型的 3 线或者 4 线氧传感器大约每 100 000 km 更换一次;使用 OBD-II 的车型,大约每 160 000 km 更换一次氧传感器。

二、氧传感器的检测

当发动机报警灯提示氧传感器出现故障或者怀疑氧传感器的工作异常时,可进行外观检查、加热元件检查、输出信号检查等确定氧传感器及其线路工作是否正常。

1. 外观检查

从排气管上拆下氧传感器后,首先检查氧传感器保护外壳上的气孔是否被堵塞,然后仔细观察氧传感器顶尖部位的颜色。

(1) 呈淡灰色:氧传感器工作正常。

(2) 呈棕色:氧传感器铅中毒,严重时应更换氧传感器。

(3) 呈白色:氧传感器硅中毒,应更换氧传感器。

(4) 呈黑色:积炭严重,在排除发动机积炭故障后,传感器可以继续使用。

2. 加热元件检查

加热元件的检查方法如下。

1) 检查加热元件的电阻值

拆下氧传感器的线束插头,使用数字万用表的欧姆挡检测氧传感器内部加热元件的电阻值,具体数据请参考车型维修手册,如果测量结果不符合要求,则应更换。例如:丰田汽车氧传感器加热元件的标准电阻值为 $4\sim40\ \Omega$;桑塔纳汽车氧传感器加热元件的标准电阻值为 $0.5\sim20\ \Omega$。

2) 检查加热元件的工作电路

打开点火开关,使用数字万用表的直流电压挡检查加热元件的工作电压,标准值应为12 V,如果电压不正常,则应检查氧传感器与之间的线束和插接器以及供电端的电压是否正常。

3. 检查氧传感器的输出信号

检查氧传感器的输出信号时,应首先检查氧传感器在电控燃油喷射系统处于开环控制时的输出信号,然后再检查闭环时的输出信号。

1) 电控燃油喷射系统开环控制时氧传感器的输出信号

在检查开环控制时氧传感器的输出信号之前,应首先区分出被测氧传感器是氧化锆式还是氧化钛式。根据前文所述两者的工作原理可知,当排气气流中氧含量变化时,氧化锆式氧传感器是电压发生变化;而氧化钛式氧传感器则是电阻发生变化。

拔下氧传感器的线束插接器,使电控燃油喷射系统处于开环控制状态。

(1) 氧化锆式氧传感器开环输出信号的检测。使用数字万用表的直流电压挡,红表笔接氧传感器的信号输出端子,黑表笔接搭铁端子或外壳,当突然踩下油门时,数字万用表的读数应变大;松开油门时,数字万用表的读数应变小。如果在踩下或松开油门时,数字万用表的读数没有变化,则说明氧传感器已经损坏,应更换。

(2) 氧化钛式氧传感器开环输出信号的检测。使用数字万用表的欧姆挡,红表笔和黑表笔分别接氧传感器的两个信号输出端子,当突然踩下油门时,数字万用表的读数应减小;松开油门时,数字万用表的读数应变大。如果在踩下或松开油门时,数字万用表的读数没有变化,则说明氧传感器已经损坏,应更换。

2) 电控燃油喷射系统闭环控制时氧传感器的输出信号

(1) 起动发动机,热车至正常的工作温度后,再使发动机以 2 500 r/min 的转速运转 2 min以上以消除氧传感器表面的积炭。

(2) 使用万用表的电压挡,将红表笔接发动机故障自诊断插座内的氧传感器输出信号端子插孔,黑表笔接故障自诊断插座内的 E1 或蓄电池负极电缆。

(3) 保持发动机的转速数为 2 500 r/min,观察万用表的指针是否在 0~1 V 之间来回摆动,并记下10 s内指针摆动的次数,在正常情况下,随着燃油喷射系统反馈控制的进行,氧传感器的输出电压在1内的变化次数应不低于6~8次。

如果氧传感器处于开环时的输出信号正常,但在闭环时输出电压的变化次数小于规定次数,则说明电控燃油喷射系统出现故障,应根据情况检修相关电路或元器件。

如果某些车型的故障自诊断插座上没有氧传感器输出信号端子,则可以从氧传感器线束插接器中的输出信号端子上引出一条细导线,然后再插好插接器,测量时万用表的红表笔与这根细导线相连即可测量氧传感器的闭环输出信号。检修氧传感器时应注意以下两点:

① 测量电控燃油喷射系统闭环控制氧传感器的输出信号时,一定要插好氧传感器的线束插接器。

② 在更换氧传感器时,为了方便再次拆卸,应使用专用防粘胶液刷涂氧传感器的安装螺纹,在刷涂时,注意不要将防粘胶液涂到氧传感器的气孔中。

三、氧传感器波形检测与分析

连接示波器,起动发动机观察氧传感器的输出波形,如图4-31所示:

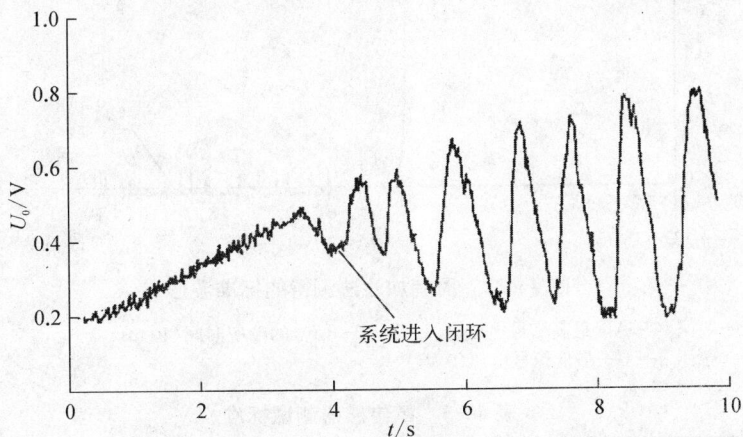

图4-31　氧传感器输出波形

由图可以看出发动机起动后氧传感器输出的信号电压先逐渐升高到450 mV,然后进入升高和下降(混合气变浓和变稀)的循环(右侧图形),后者表示燃油反馈控制系统进入了闭环状态。

测试氧传感器信号波形有2种常用的方法:丙烷加注法和急加速法。

1. 丙烷加注法检测氧传感器信号波形

(1) 连接并安装加注丙烷的工具。

(2) 把丙烷接到真空管入口处(对于有PCV系统或制动助力系统的汽车应在其连接完好的条件下进行测试)。

(3) 接上并设置好波形测试设备。

(4) 起动发动机,并让发动机在2 500 r/min下运转2~3 min。

(5) 使发动机怠速运转。

(6) 打开丙烷开关,缓慢加注丙烷,直到氧传感器输出的信号电压升高(混合气变浓),此时一个运行正常的燃油反馈控制系统会试图将氧传感器的信号电压向变小(混合气变稀)的方向拉回；

　　然后继续缓慢地加注丙烷，直到该系统失去将混合气变稀的能力；

　　接着再继续加注丙烷，直到发动机转速因混合气过浓而下降 100 r/min～200 r/min。这个操作步骤必须在 20～25 s 内完成。

　　(7) 迅速把丙烷输入端移离真空管，以造成极大的瞬时真空泄漏（这时发动机失速是正常现象，并不影响测试结果），然后关闭丙烷开关。

　　待信号电压波形移动到波形测试设备显示屏的中央位置时锁定波形，测试完成。接着就可以通过分析信号电压波形来确定氧传感器是否合格。一个良好的氧传感器应输出如图 4-32 所示的信号电压波形，其 3 个参数值必须符合表所列的值。

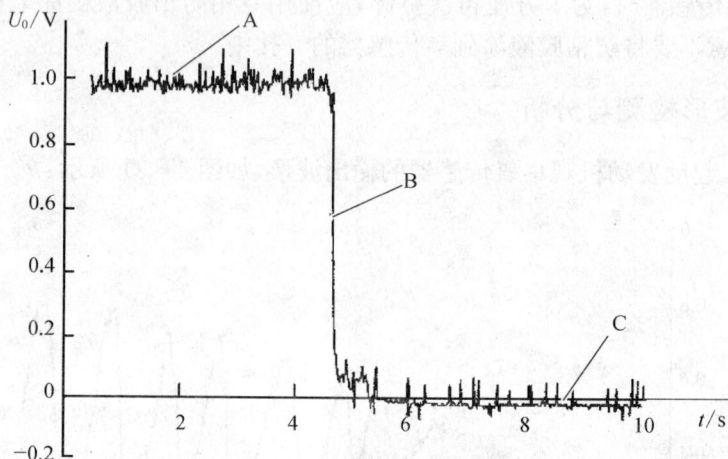

图 4-32　丙烷加注法测得的标准波形

A—最高信号电压(1.1 V)　B—信号的响应时间(40 ms)
C—最低信号电压(0 V)

表 4-3　氧传感器测试标准

测　量　参　数	允　许　范　围
最高信号电压(左侧波形)	＞850 mV
最低信号电压(右侧波形)	75～175 mV
混合气从浓到稀的最大允许响应时间(波形的中间部分)	＜100 ms(波形中在 300～600 mV 之间的下降段应该是上下垂直的)

2. 急加速法检测氧传感器信号电压波形

　　对有些汽车,用丙烷加注法测试氧传感器信号电压波形是非常困难的,因为这些汽车的发动机控制系统具有真空泄漏补偿功能(采用速度密度方式进行空气流量的计量或安装了进气压力传感器等),能够非常快地补偿较大的真空泄漏,所以氧传感器的信号电压不会降低。

　　这时,在测试氧传感器的过程中就要用手动真空泵使进气压力传感器内的压力稳定,然后再用急加速法来测试氧传感器。急加速法测试步骤如下：

（1）以 2 500 r/min 的转速预热发动机和氧传感器 2～6 min。然后再让发动机怠速运转 20 s。

（2）在 2 s 内将发动机节气门从全闭（怠速）至全开 1 次，共进行 5～6 次。

特别提醒：不要使发动机空转转速超过 4 000 r/min，只要用节气门进行急加速和急减速就可以了。

（3）定住屏幕上的波形（见图 4-33）。

接着就可根据氧传感器的最高、最低信号电压值和信号的响应时间来判断氧传感器的好坏。在信号电压波形中，上升的部分是急加速造成的，下降的部分是急减速造成的。

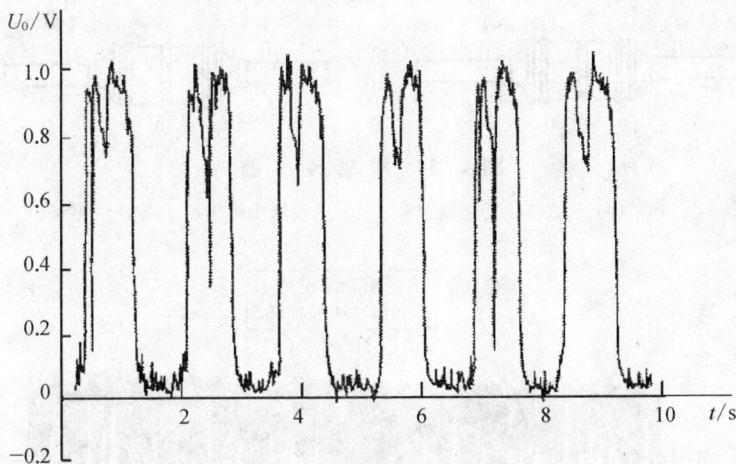

图 4-33　氧传感器波形

为适应对废气控制的要求，从 1994 年起，汽车开始在三效催化转化器的前后都装有 1 只氧传感器，这种使用双氧传感器的结构可用于检查三效催化转化器的性能，在一定情况下还可以提高对混合气空燃比的控制精度。

一个工作正常的三效催化转化器，在配上燃油反馈控制系统后就可以保证将尾气中的有害成分转变为相对无害的二氧化碳和水蒸气。在汽车匀速行驶时，安装在三效催化转化器后的氧传感器信号电压的波动应比装在三效催化转化器前的氧传感器（前氧传感器）信号电压的波动小得多（见图 4-34(a)），因为正常运行的三效催化转化器在转化 HC 和 CO 时要消耗氧气。

当三效催化转化器损坏时，三效催化转化器的转化效率丧失，这时在其前后的排气管中的氧气量十分接近（几乎相当于没有安装三效催化转化器），前、后两氧传感器的信号电压波形就趋于相同（图 4-34(b)），并且电压波动范围也趋于一致。

四、氧传感器异常波形分析

1. 严重杂波

严重杂波是指振幅大于 200 mV 的杂波，在波形测试设备上表现为从氧传感器的信号电压波形顶部向下冲（冲过 200 mV 或达到信号电压波形的底部）的尖峰，并且在发动机持续运转期间覆盖氧传感器的整个信号电压范围。

严重的杂波如图 4-35 所示，表明排气氧不均衡或存在缺火。这些杂波彻底毁坏了燃料

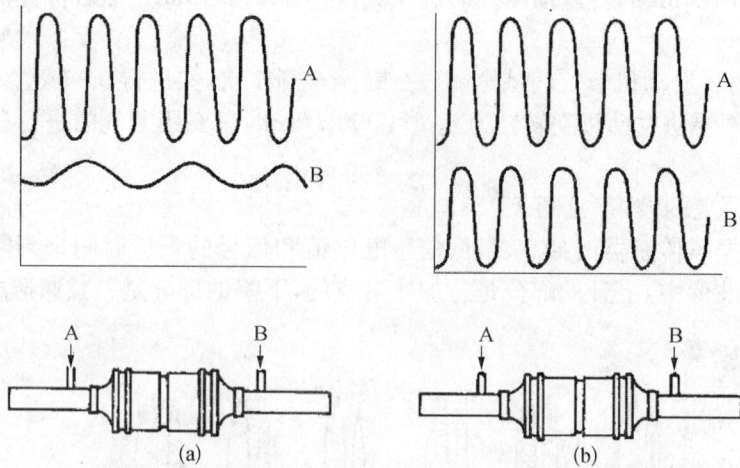

图 4-34 双 氧 传 感 器

(a) 三效催化转化器正常   (b) 三效催化转化器不正常

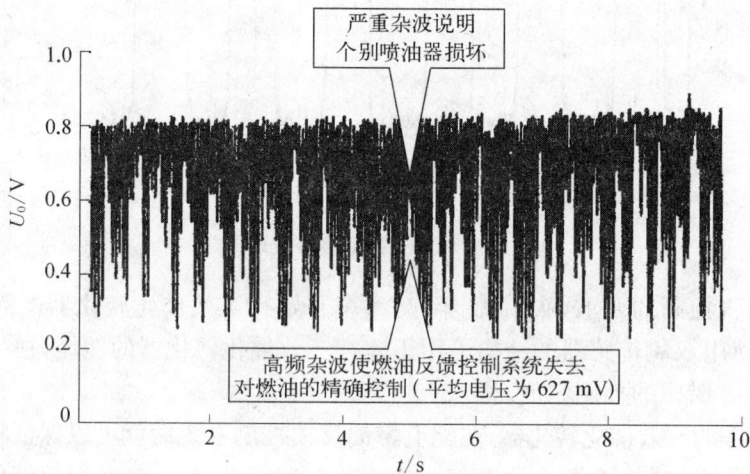

图 4-35 严重杂波波形

反馈控制系统对混合气的控制能力。

通常可以采用排除其他故障可能性的方法（即排除法）来判定喷油不均衡。包括用示波器检查、判断点火系统和气缸压缩压力以排除其可能性；用人为加浓或配合其他仪器等方法排除真空泄漏的可能性。总之，对于多点喷射式发动机，如果没有点火不良、压缩泄漏、真空泄漏问题引起的缺火，则可假定是喷射不均衡引起的缺火。

2. 间歇性点火系缺火故障

如图 4-36 所示为发动机在 2 500 r/min 时的氧传感器波形。波形反映出点火系统存在间歇缺火故障。波形两边部分显示正常，但波形中段严重的杂波显示燃烧极不正常甚至缺火。如前述，虽然进入气缸的混合气空燃比没有问题，但由于缺火时气缸内的氧未燃烧，直接被排出缸外，致使氧传感器波形出现一系列的低压尖峰，形成严重的杂波。同时，整个波形显示燃料反馈控制系统的反应是正常的。具体检查点火系统和燃油供给系统。

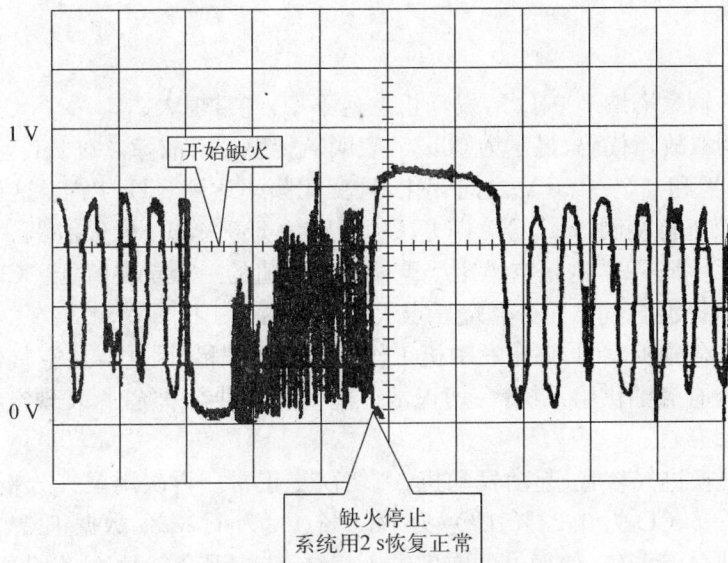

图4-36　间歇性点火系缺火故障波形

3. 进气真空泄漏

图4-37为发动机在2 500 r/min时的氧传感器波形。故障为个别气缸的进气歧管真空泄漏。

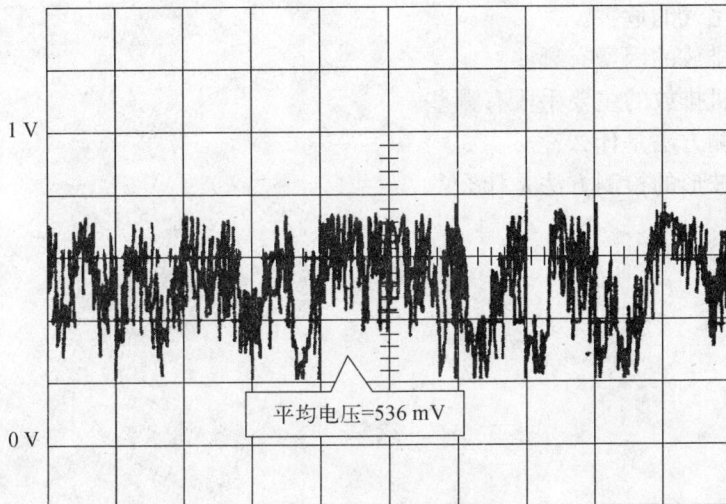

图4-37　进气真空泄漏波形

真空泄漏使混合气过稀,每当真空泄漏的气缸排气时,氧传感器就产生一个低电压尖峰。一系列的低电压尖峰在波形中形成了严重的杂波。而平均电压高达536 mV则可解释为:当氧传感器向微机控制系统反馈低电压信号时,燃料反馈控制系统使气缸内的混合气立即加浓,排气时氧传感器对此反应为高电压信号。这说明燃料反馈控制系统的反应是正确的。

笔记

案例分析

故障现象：一辆桑塔纳 2000GSi，发动机怠速不稳，经常熄火。

故障检测：调取故障代码，显示为 00525，表明氧传感器有故障。对氧传感器进行检测，信号电压在 $0\sim0.3$ V 和 $0.7\sim1.0$ V 之间变化，且变化频率达到 8 Hz 以上，这说明氧传感器正常。用尾气分析仪进行检测，HC、CO、CO_2、O_2 分别为 $250\times10-6$、0.43%、14.6%、2.54%。由此看出 HC 和 O_2 都较高，这是空燃比严重偏离正常值的一个重要特征。CO 值较低而 CO_2 在最大值。说明可燃混合气已充分燃烧。点火系统正常。

故障分析：综合分析表明，该车发动机工作时混合气偏稀，因此应从空气供给系和燃油供给系着手检修。检查燃油供给系统，一切正常。检查空气供给系统时，发现空气流量计后面的进气软管有破损、裂纹。

故障排除：更换进气软管，起动发动机，一切恢复正常。再次用尾气分析仪进行检测，结果 HC 为 $50\times10-6$、CO 为 0.23%、CO_2 为 14.5%、O_2 为 1.33%，数据正常。故障排除。

本例是由于进气管漏气，使额外的空气进入气缸，造成混合气过稀，发动机怠速不稳，经常熄火。这部分未经过 ECU 检测的空气经发动机燃烧后，造成排气中剩余大量氧气，氧传感器将此信号反馈给 ECU，ECU 根据这一信号进行相应地加浓。由于氧传感器一直输出要求加浓的信号，自诊断系统则认为氧传感器有故障，便输出相应的故障码。

课后练习

1. 简述汽车尾气的危害。
2. 影响废气排放的因素有哪些？
3. 降低发动机排放的主要手段有哪些？
4. 尾气的检测方法是什么？
5. 氧传感器波形的检测方法是什么？

怠速控制系统故障的检修

学习目标

掌握怠速控制系统的构成。

掌握怠速控制的主要内容。

掌握引起怠速不稳的原因。

掌握怠速不稳的诊断方法。

任务载体

大众桑塔纳轿车,配手动变速器,行驶里程 80 000 km。发动机怠速不稳,加速发抖,易熄火。

相关知识

怠速通常是指节气门关闭,油门踏板完全松开,且发动机对外无功率输出并能保持最低转速的稳定运转工况。

怠速转速过高,会增加燃油消耗量。汽车在交通密度大的道路上运行时,约有 30% 的燃油消耗在怠速阶段,因此怠速转速应尽可能降低。然而过低的怠速,又会引起发动机运转不稳和有害排放物的增多。

发动机怠速时的负荷主要包括曲柄连杆机构和配气机构的内部摩擦和辅助驱动装置(例如水泵、发电机等)。因此,温度的变化、发动机内部的摩擦损耗以及使用条件(包括电器负荷、空调装置、自动变速器以及动力转向伺服机构的接入情况)等都会引起怠速转速的变化,使发动机抖动,甚至导致发动机熄火。

怠速控制的目的是:实现发动机起动后的快速暖机;在发动机整个使用寿命期间的各种怠速工况下,都能在目标转速下稳定运转,以实现良好的经济性、排放性能。

一、怠速控制系统的构成

基于进气量控制的怠速控制系统,主要由相关的传感器、执行器和控制模块 ECM 组成。

各组成部分及其功用如表 5-1 所示。

表 5-1 怠速控制系统的组件及功能

组	件	功 能
传感器	转速传感器(Ne 信号)	检测曲轴转速
	节气门位置传感器	检测发动机处于怠速状态
	水温传感器	检测发动机冷却水温度
	起动开关信号	检测发动机正在起动中
	空调开关(A/C)信号	检测空调的工作状态(ON、OFF)
	车速(里程)传感器	检测车速
	空档起动开关信号(P/N)	检测换档手柄位置
	液力变矩器负荷信号	检测液力变矩器负荷变化
	动力转向开关信号	检测动力转向工作状态
	发电机负荷信号	检测发电机工作状态
控制模块	发动机控制单元	根据从各传感器输入的信号,把发动机的实际转速与各传感器输入的信号所决定目标转速进行比较。根据比较得出的差值,确定相当于目标转速的控制量,去驱动控制空气量的执行器,使怠速转速控制在目标转速上。
执行器	怠速控制阀(ISC)	控制节气门旁通空气量

二、怠速控制的基本原理

微型计算机进行怠速控制时的程序如图 5-1 所示。首先电子控制单元根据节气门信号(怠速开关)、车速信号来判断发动机是否处于怠速状态,并根据发动机水温传感器、空调、动力转向以及自动变速器(液力变矩器)等的负荷情况,按照存储在存储器中发动机台架试验测定的数据确定相应的目标怠速转速。然后采用转速反馈的形式,把发动机的实际转速与目标转速进行比较。根据比较得出的差值,输出相当于目标转速的控制量,驱动控制空气量的怠速控制阀,使怠速转速保持在目标转速上。但如果在发动机正常运行工况中进行怠速反馈控制,就会和驾驶员操作加速踏板进行空气量调节冲突,为此需要用节气门位置信号和车速信号来判定车辆处于怠速工况,只有在怠速工况下才实施怠速反馈控制。

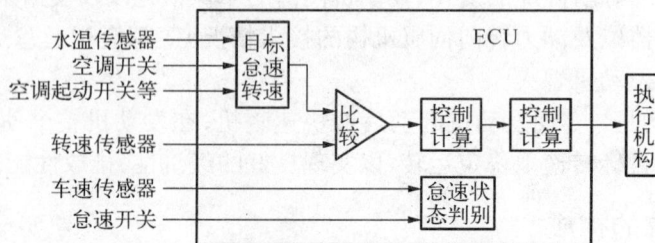

图 5-1 怠速控制系统组成方框图

怠速控制的内容随发动机机型而异。除了上述稳定基本怠速之外,怠速控制还可以把传统机械装置所实现的机能集中,这样能使进气系统更加简化。例如发动机冷却液温度过低时,可利用提高目标转速的方法实现高怠速运转,从而可以废除空气阀的设置;当空调压缩机工作时,可利用提高目标转速的方法实现高怠速运转,从而可以省去相应的节气门控制装置。一般微型计算机怠速控制系统对怠速工况进行控制的内容包括:起动后控制、暖机过程控制、负荷变化的控制、减速时的控制等。怠速转速控制的实质是对怠速时的充气量的控制。怠速时喷油量应按台架试验确定的最佳混合气浓度与充气量相匹配的原则进行调节。

三、怠速控制机构

怠速空气控制可分为两种类型:一种是直接控制节气门最小开度的节气门直动式;一种是控制节气门体旁通气道中空气量的旁通空气式。与此相对应,怠速控制执行机构也分为两种:一种是怠速控制阀(旁通空气控制)式(见图5-2(b));另一种是节气门直动(直接控制)式(见图5-2(a))。

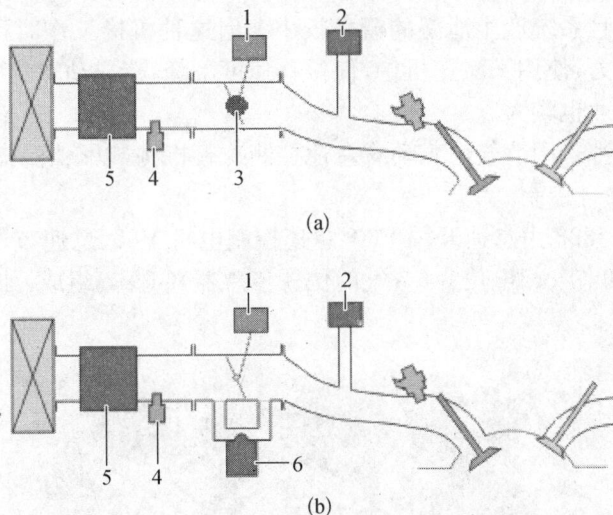

图 5-2　怠速控制类型

1—节气门位置传感器　2—进气压力传感器　3—节气门步进电机　4—进气温度传感器　5—空气流量计　6—怠速电磁阀

(a) 节气门直动(直接控制)式　(b) 怠速控制阀(旁通空气控制)

两种类型都是通过改变空气流通截面的方法来控制空气流量的。使用电动节气门通常配用节气门直动式怠速控制机构,拉线式节气门常用怠速控制阀(旁通空气控制)式。

1. 节气门直动式怠速控制装置

节气门直动式怠速控制装置通过直接控制节气门的程度,调节节气门处空气流通的截面积,达到控制进气量,实现怠速控制的目的。

图5-3为一节气门直动式怠速控制机构实例。该机构由直流电动机、减速齿轮、丝杠等组成。怠速控制执行机构的传动轴与节气门操纵臂的全闭限制器相接触。当发动机ECM控制直流电动机通电时,直流电动机产生旋转,并产生转矩力矩,通过减速齿轮,旋转力矩被增

大,驱动节气门随之转动相应的角度,达到控制节气门开度目的。

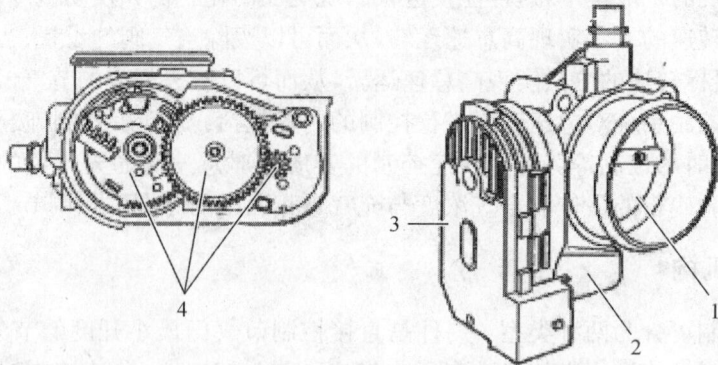

图 5 - 3   节气门直动式怠速执行机构

1—节气门   2—直流电动机   3—节气门位置传感器   4—传动齿轮

节气门直动式怠速控制机构,可以与电子节气门系统相结合,因而具有比较强的工作能力,控制稳定性好,而且系统产生泄漏的概率较小。但这种机构工作时,为了克服节气门关闭方向回位弹簧的作用力,使用了减速机构,使位移速度下降,造成动态响应性较差,油门有滞后感;同时,机构外形尺寸也较大。

近两年的车型大都采用节气门直动式怠速控制执行机构,以桑塔纳轿车为例,由节气门组件 J338 对怠速进行综合控制。

节气门控制组件 J338 由怠速开关 F60、怠速控制电机 V60、怠速节气门电位计(节气门怠速位置传感器)G88 和节气门电位计(节气门位置传感器)G69 等组成,如图 5 - 4 所示。

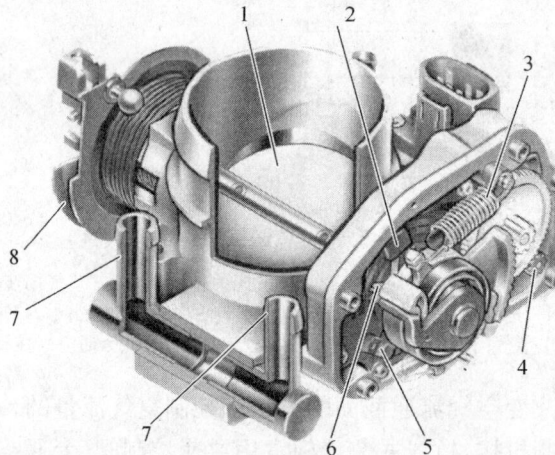

图 5 - 4   节气门控制组件 J338 的结构

1—节气门   2—怠速节气门电位计 G88   3—应急弹簧
4—怠速控制电机 V60   5—节气门电位计 G69   6—怠速开关
7—冷却水进出管口   8—节气门操纵臂

节气门电位计 G69 和怠速节气门电位计 G88 为线性电位计,怠速开关为触点开关。

节气门控制组件 J338 与发动机控制电脑 J220(ECM)的电路连接关系如图 5 - 5 所示。

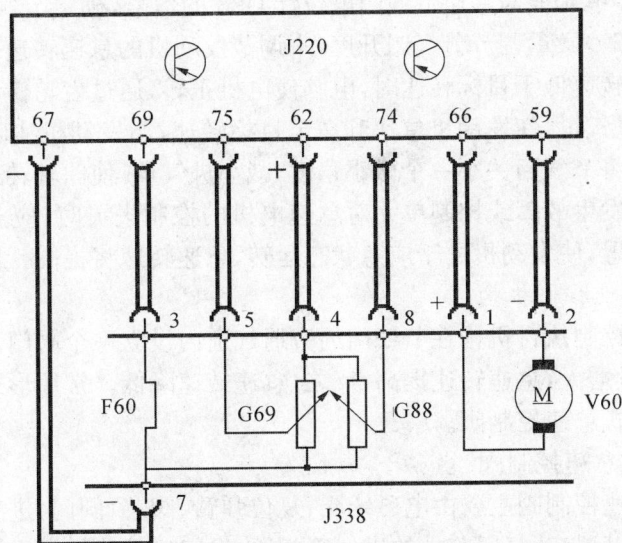

图 5-5　节气门控制组件 J338 与电脑 J220(ECM)连接电路

F60—怠速开关　G69—节气门电位计　G88—怠速节气门电位
计　J220—电脑　J338—节气门控制组件　V60—怠速控制组件

1）节气门电位计（节气门位置传感器）G69

节气门电位计 G69 安装在节气门轴上，与驾驶员操纵的加速踏板联动。它将节气门的开度转换为电信号输送给电脑，作为电脑判断发动机运转工况的依据。在配装自动变速器的汽车上，控制单元还要利用该信号来控制自动变速器。

如果控制单元没有接到节气门电位计的信号，则会记录故障，并根据曲轴转速和空气流量计算出一个代替值。

2）怠速节气门电位计（节气门怠速位置传感器）G88

怠速节气门电位计 G88 与怠速控制电机连接在一起，它将怠速控制电机的位置信号输送给控制单元，作为控制节气门怠速位置的依据。

当怠速节气门电位计到达测量范围极限时，电位计 G88 不再移动，节气门仍可继续开启。当怠速节气门电位计的信号中断时，节气门控制组件将进入应急工况，利用应急弹簧将节气门拉到固定位置，使怠速转速升高。

3）怠速开关 F60

怠速开关 F60 与节气门电位计 G69 一起安装在节气门轴上，它向控制单元提供怠速识别信号。

当节气门关闭时，怠速开关触点闭合，控制单元判定发动机处于怠速工况，从而进入怠速控制。当节气门打开时，怠速开关触点断开，电脑根据这一信号控制从怠速到小负荷的过渡。怠速开关信号和车速信号，还可以作为进行减速断油控制的依据。

当怠速控制信号中断时，控制单元将对节气门电位计 G69 的信号与怠速节气门电位计 G88 的信号进行比较，根据两个电位计的相互位置来判断节气门的位置。

4）怠速控制电机 V60

怠速控制电机 V60 通过齿轮减速机构来操纵节气门，使其在怠速调节范围内开大或关小。怠速工况下,电控单元根据怠速节气门电位计 G88 的信号,确定节气门的怠速的位置,再控制怠速控制电机 V60,微量调节节气门开度,来调节发动机的怠速转速。

当发动机的实际转速低于目标转速时,电脑使电机正转,通过齿轮传动机构将节气门开大一个微小角度,增加进气量,使发动机怠速升高至目标转速;当发动机实际转速高于目标转速时,电脑使电机反转,将节气门关小一个微小角度,减小进气量,使曲轴转速降低至目标转速。

当怠速控制电机发生故障或控制单元对怠速电机的控制失灵时,应急弹簧将把节气门拉到一个特定的应急位置,使发动机处于应急状态运转,怠速转速将提高。

2. 旁通空气式怠速控制机构

旁通空气式怠速控制执行机构在节气门的旁通气道内设立一个阀门,阀门开大,旁通空气道截面增大,空气流量增大,怠速转速提高;反之,怠速转速降低。常用形式有脉冲电磁阀式怠速控制阀和步进电机式怠速控制阀。

1）脉冲电磁阀式怠速控制阀

脉冲电磁阀式怠速控制阀主要由电磁线圈、复位弹簧、阀芯、阀门、进气口、出气口等组成,如图 5-6 所示。进气口与节气门前端的进气管相通,出气口与节气门后端的进气管相通。

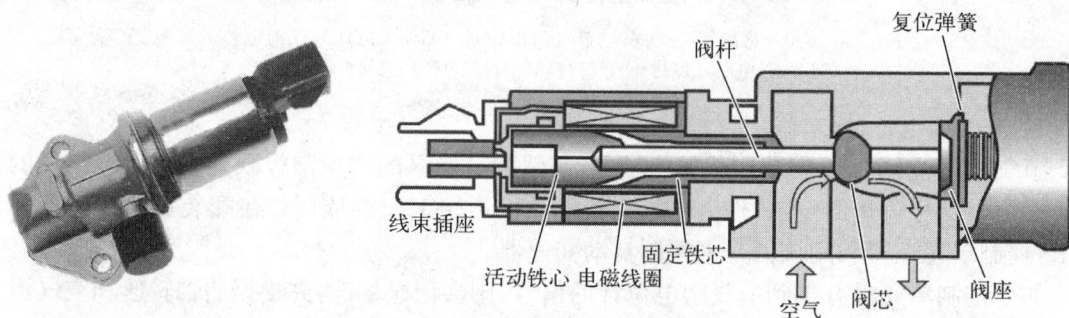

图 5-6　脉冲电磁阀式怠速控制阀

当电磁线圈通电时,通电线圈产生吸力,阀芯克服复位弹簧弹力向上运动,带动阀门离开阀座,旁通气道打开。当电磁线圈断电时,阀芯在复位弹簧弹力作用下复位,于是旁通气道被关闭。

发动机工作时,电子控制单元根据怠速转速的高低,向电磁阀发出信号控制脉冲电磁阀,使阀芯不断地上、下运动来调节旁通气道的开启面积大小。通电时间缩短,开启面积减小,旁通进气量减少,怠速转速将降低;通电时间增长,开启面积增大,旁通进气量增多,怠速转速将升高。

图 5-7　步进电机式怠速控制阀

2）步进电机式怠速控制阀

步进电机式怠速控制阀（见图 5-7）由永磁转子、定子绕组总成和把旋转运动变成直线运动的进给丝杠以及阀门等部分组成。

步进电机的转子可在 ECM 的控制下,顺时针或逆时针旋转一定的角度,通过进给丝杠带动阀轴轴向移动,改变阀与阀座之间的截面积,进而调节流经节气门旁通气道的空气量。

步进电机的转子由永久磁铁制成,在其圆周上均布有 8 对磁极，N 极和 S 极相间排列。

定子总成由 A、B 两个定子绕组组成，在它们的内部分别绕有两组绕向相反的绕组，并由导磁材料制成的爪极包围，如图 5-8 所示。

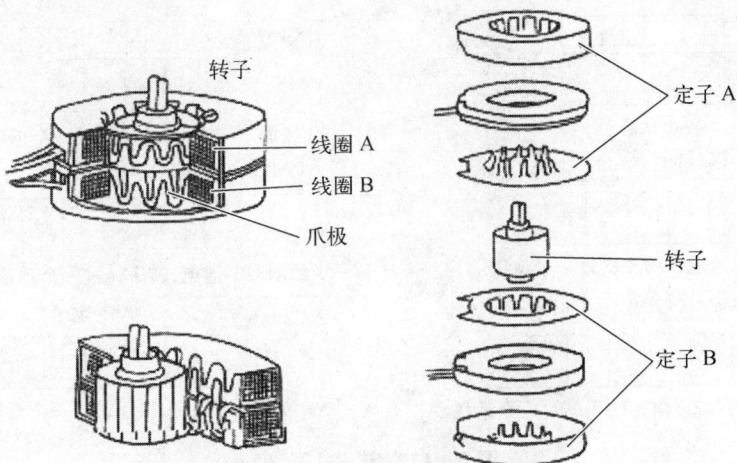

图 5-8　定 子 结 构

每个定子有 8 对爪极，相邻两爪极之间的间距为一个爪的宽度，A、B 两定子的爪极相差一个爪的差位，组合构成一体并安装在壳体上，如图 5-9 所示。

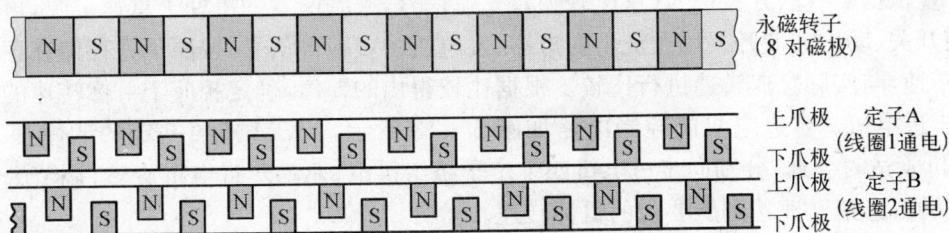

图 5-9　定子爪极布置

定子绕组 A 内两绕组(1、3 相)的公共端与定子绕组 B 内两绕组(2、4 相)的公共端通过主继电器连接到电源，而各绕组的另一端由 ECM 控制搭铁，如图 5-10 所示。因此，定子爪极的极性可以在 ECM 输出的相线控制电压脉冲的控制下变换。ECM 输出的相线控制电压脉冲如图 5-11 所示。

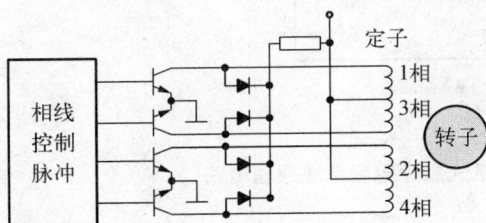

图 5-10　相线线圈的控制电路

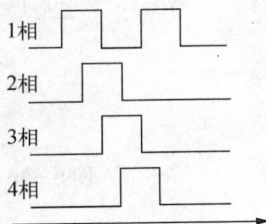

图 5-11　相线控制脉冲(正转)

当 ECM 输出的相线控制脉冲按 1—2—3—4 相顺序依次迟后 90°的相位角时，定子上的

N 极依次向右移动（顺时针转动），为保持它们之间的 N、S 极相互对齐，转子在定子磁极的"推—拉"作用下随之顺转。反之，当 ECM 输出的相线控制脉冲按 1—2—3—4 相顺序依次提前 90°相位角时，定子上的 N 极向左移动，转子随之逆转，如图 5-12 所示。

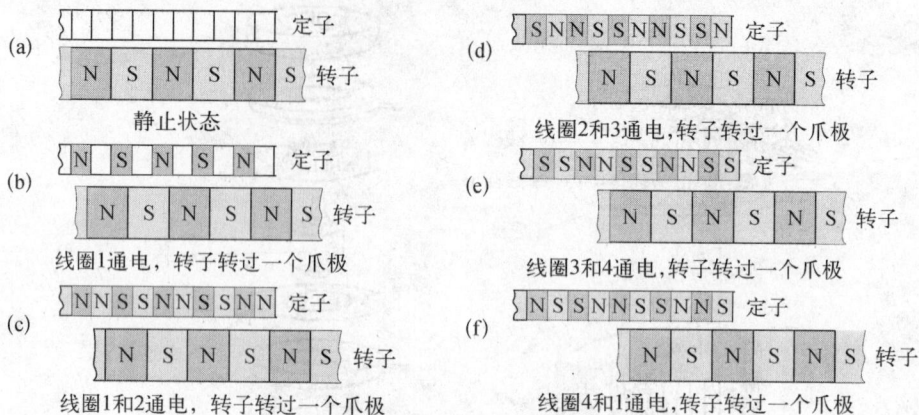

(a) 定子／转子　静止状态

(b) 定子／转子　线圈1通电，转子转过一个爪极

(c) 定子／转子　线圈1和2通电，转子转过一个爪极

(d) 定子／转子　线圈2和3通电，转子转过一个爪极

(e) 定子／转子　线圈3和4通电，转子转过一个爪极

(f) 定子／转子　线圈4和1通电，转子转过一个爪极

图 5-12　步 进 原 理

转子转动一圈为 32 个步级，每个步级转动一个爪的角度，即 11.5°。阀芯固定在阀轴的一端，阀轴的另一端的螺纹旋入步级电机的转子。由于阀轴受到挡板的约束不能转动，所以当转子转动时，阀芯随轴一起做轴向移动，从而改变阀与阀座的距离。

ECM 根据节气门开关信号（怠速开关）、车速信号，来判断发动机处于怠速工况，再根据水温、空调开关、动力转向开关以及液力变矩器、发电机的负荷等信号，按照预先存储在存储器中的目标转速，与实际怠速转速进行比较。根据比较得出的差值，确定相应于目标转速的控制量来驱动步进电机。步进电机的控制电路如图 5-13 所示。ECM 按照一定的顺序使 VT1—VT4 三机管适时导通，分别向步进电机四个定子绕组供电，驱动步进电机旋转，调节旁通空气量，使发动机怠速转速达到所要求的目标转速。

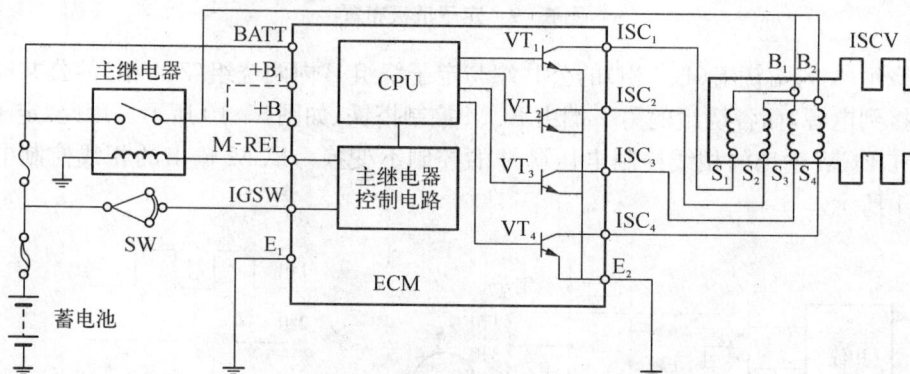

图 5-13　步 进 电 机 式 怠 速 控 制 系 统 原 理 电 路

3）旋转滑阀式怠速控制阀

旋转滑阀式怠速控制系统主要由旋转滑阀执行器、传感器及 ECM 组成。在怠速运行状态下，ECM 将实际怠速与储存的目标转速相比较，输出相应的占空比信号，调整旋转滑阀的位

置,使发动机在目标转速下稳定运行。所谓占空比,是指 ECM 的控制信号在一个通断周期内通电时间和通电周期之比。

图 5-14 为一种旋转滑阀式怠速控制阀的结构。它由永久磁铁、电枢、旋转滑阀、螺旋回位弹、电刷及引线组成。旋转滑阀固定安装在电枢轴上,与电枢轴一起转动,用以控制流过旁通气道的空气量。永久磁铁固定安装在外壳上,其间形成磁场。电枢位于永久磁铁的磁场中,电枢铁芯上缠绕有两组绕向相反的磁化线圈 L1 和 L2,当 L1 通电时,电枢带动旋转滑阀顺时针偏转,空气旁通气道截面关小;L2 通电时,电枢带动旋转滑阀逆时针偏转,空气旁通气道开大。

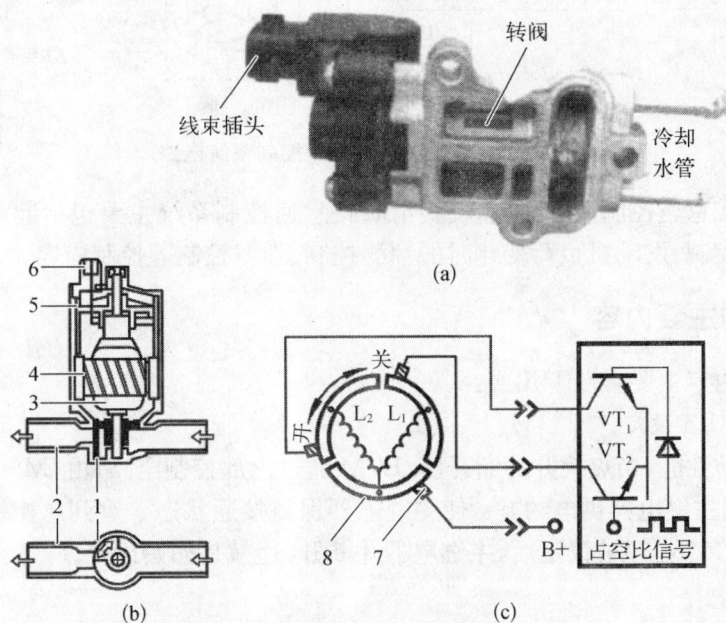

图 5-14 旋转滑阀式怠速控制阀的结构

1—旋转滑阀 2—旁通空气道 3—电枢 4—永久磁铁 5—外壳 6—连接器 7—电刷 8—滑片

(a)外观 (b)结构示意图 (c)控制电路

电枢轴上有三个类似电动机换向结构的滑环,每个滑环上有一个电刷与之接触。磁化线圈 L1 和 L2 的两端分别焊接在相应的滑片上。当点火开关"ON"时,蓄电池电压被加到怠速控制阀接线头"2"上,也就是线圈 L1 和 L2 的公共(电源)端。线圈 L1 和 L2 的另一(搭铁)端由 ECM 控制,其控制原理如图 5-14 所示。

由于三极管 VT1 和 VT2 的基极之间接有反相器,故它们的集电极输出相位相反。因此,怠速控制阀上的两个线圈在占空比控制信号的作用下,交替地通过电流,又因两个线圈的绕向相反,致使电枢上交替产生方向相反的电磁力矩。

由于电磁力矩交变的频率很高(约 250 Hz),且电枢转动具有一定的惯性,所以旋转滑阀将根据占空比信号转到一定的角度稳定。当占空比为 50% 时,L1 和 L2 线圈的平均通电时间相等,两者产生的电磁力矩抵消,电枢轴停止偏转。当占空比小于 50% 时,线圈 L1 的平均通电时间长,其合成电磁力矩使电枢带动旋转滑阀顺时针偏转抵消,空气旁通气道截面关小,怠速降低;反之,当占空比大于 50% 时空气旁通气道截面开大,怠速升高。因此,旋转滑阀根据控制脉冲的占空比信号偏转,占空比的范围约为18%(旋转滑阀关闭)至82%(旋转滑阀打开)之间,滑阀的偏转角度限定在90°范围内。

旋转滑阀式怠速控制系统的电路原理如图5-15所示。在整个怠速控制范围内,ECM根据传感器输入的信号,确定发动机所处怠速工况的占空比对怠速进行控制。

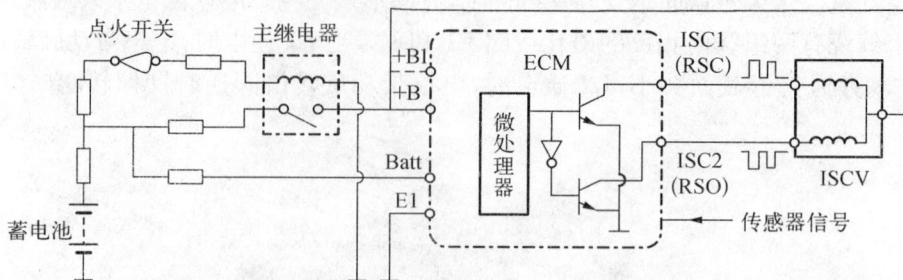

图5-15　旋转滑阀式怠速控制系统电路

与步进电机式怠速控制系统对应,旋转滑阀式怠速控制系统主要包括起动控制、暖机(快怠速)控制、反馈控制、发动机负荷变化时的预测控制、学习控制等控制内容。

四、怠速控制的主要内容

怠速控制的内容主要有以下几项:

1. 起动初始位置设定

为了改善起动性能,当点火开关断开后,ECM通过内部控制电路,由"M—REL"端子输出12 V电压,继续向主继电器供电约2 s,使主继电器保持接通状态。直到怠速控制阀的起动初始位置(全开位置,125步)被设定后,主继电器才断开,这就是初始设定。

2. 后起动控制

发动机起动时,由于怠速控制阀预先设定在全开位置,流经怠速控制阀的旁通空气量最大,因此发动机容易起动。起动后,若怠速控制阀仍在全开位置,将使怠速过高。因此当发动机在起动中或起动后达到一定值(这一转速由水温信号确定)时,ECM就输出信号至步进电机怠速控制阀,将阀门由全开(125步级)闭合至由水温信号所确定的开度。例如,起动时水温为20℃,怠速控制阀就会从全开位置(125步级,即点A)逐渐闭合至B点,即曲轴转速达到预定值的一点,如图5-16中的A—B所示。

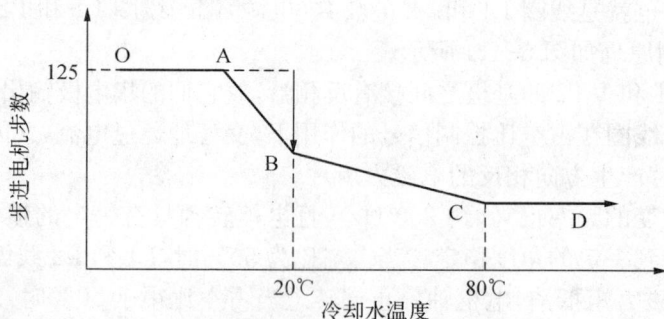

图5-16　步进电机的控制曲线

OA—初始设定　AB—后起动控制　BC—暖机控制　CD—反馈控制

3. 暖机控制

温度低时,机油黏度高,汽油汽化困难,怠速运转不稳定。为了提高暖机过程中的怠速稳定性,低温时的怠速应比正常怠速要高些。在暖机过程中,怠速控制阀从起动后开始,由根据水温所确定的开度逐渐关小。至80℃时,暖机过程结束,如图3-15中的B—C所示。

4. 反馈控制

发动机暖机后,当满足反馈条件:怠速触点接通、车速低于预定(2km/h)、冷却水温度约为80℃时,就进行反馈控制,以保持怠速运转稳定(图3-15中的C—D)。在ECM中存储有各种怠速工况的最佳转速——目标转速。如果发动机在某种怠速工况下的实际转速,与目标转速相差达一定值时(例如20 r/min),ECM将通过步进电机控制怠速控制阀,相应增减旁通气量,使发动机实际转速与目标转速一致。

5. 发动机负荷变化时的预测控制

怠速时,如空档起动开关、空调开关的通与断,都会使发动机的怠速转速发生变化。为避免怠速波动或熄火,在怠速转速发生变化前,ECM就输出信号至怠速控制阀,将其打开或关闭一个固定量,以稳定怠速。这就是预测控制。图5-17说明了预测控制的概念。

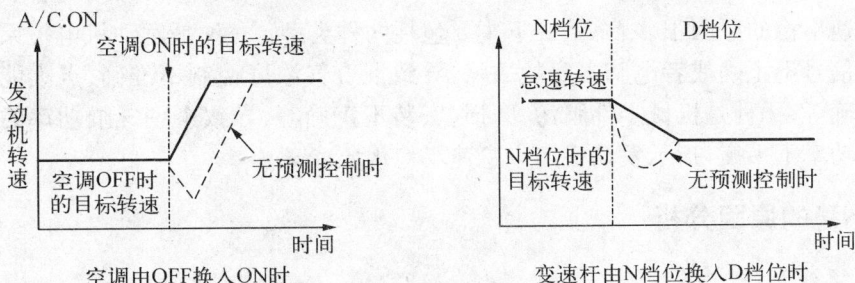

图5-17 怠速转速预测控制的概念

6. 电器负荷增大时怠速控制

怠速下,当电器负荷增大到一定程度时,蓄电池电压会下降。为保证ECM的+B端和点火开关IG端电压正常,ECM控制步进电机来提高发动机怠速,从而提高发动机的输电性能。

7. 学习控制

学习控制是在反馈控制的基础上进行的。尽管ECM通过步进电机的正、反转步数,确定怠速控制阀的位置来控制怠速。但发动机在整个使用期间,由于种种原因其性能会发生变化(例如怠速控制阀处的脏堵),尽管步进电机的步数相同,发动机的实际怠速转速已与使用初期数值不同。这时ECM要实施反馈控制,将怠速调整到目标值。与此同时,ECM记忆储存步进电机的实际步数,以便在以后的怠速控制中作为相同工况时的控制基准值。这种不断更新补偿值的控制就是学习控制。

技能操作

电控发动机怠速不稳是日常维修中最常见的故障,有的新车行驶不到1万km即有不稳现象的发生,冬季怠速不稳的现象更加严重。随着汽车技术的不断提高,人们对汽车的性能要求越来越严,发动机怠速不稳故障的维修和诊断,也成为摆在我们面前的一个课题。

首先,我们来看一下怠速不稳的机理。如果怠速不稳按照不稳的程度来划分,正常的怠速是在控制单元的期望值的正负10%内运转,这种情况是正常的。认真观察怠速状态,确定是故障状态,还是属于正常状态。作为维修人员对故障需要有准确的判断,不要被用户引入误区。

(1)怠速转速的变化范围　怠速不稳根据怠速转速变化范围的不同可分为一般不稳、严重不稳和怠速中心值偏离:

① 一般性怠速不稳是在怠速的中心值正负每分钟40转以内的抖动,这种是可以维修的,是由于在使用当中造成的,或者新车在质量上有一些问题。

② 严重不稳,在怠速中心值每分钟40转以外抖动,这种反应比较强烈。

③ 怠速中心值偏离,怠速中心值偏离出控制单元的期望值。

(2)怠速冷却液的温度　怠速不稳按照冷却液的温度阶段不同可分为以下几种:

① 凉车快怠速不稳,温度升高以后转向正常。

② 热车正常怠速不稳。

③ 怠速有负荷的时候,比如说打开空调,挂入D、R档时,发动机出现不稳。

④ 观察怠速转速没有异常,但是汽车时常有抖动。

怠速不稳的故障类型繁多,这就要求我们在判定怠速不稳故障时,一定要认真观察,准确判断。

引起怠速不稳的原因很多,总结一下主要包括两种类型:一种是发动机电控系统不正常,由于传感器信号不正确或者电脑本身的故障,导致混合气浓度控制不准确、点火能量不足、点火时刻不准确等;一种是机械零件脏污、磨损、安装不正确等,导致个别气缸功率的变化,从而造成各气缸功率不平衡,指示发动机产生怠速不稳现象。

一、怠速不稳的原因分析

1. 进气系统故障

1)进气管以及各种阀门的泄漏

空气从进气管进入,汽油蒸汽是从碳罐阀进入,还有废气进入到进气管,会造成混合器过浓、过稀,使发动机燃烧不正常。可能的故障原因有:

(1)进气管卡子松动或者是进气总管的胶管部分破裂;部分进气未经空气流量计计量,直接进入发动机,造成混合气过稀。

(2)进气管衬垫漏气,部分进气未经空气流量计计量,直接进入发动机,造成混合气过稀。

(3)真空管插头拉脱或者是破裂。部分进气未经空气流量计计量,直接进入发动机,造成混合气过稀。

(4)曲轴箱强制通风PCV阀故障,导致混合器不正常。

(5)活性炭罐电磁阀阀故障,在怠速时打开造成混合气过浓。

2)节气门和进气道积垢过多

近些年新车型通常采用节气门直控式怠速控制系统,怠速的调整完全靠节气门的开动来控制,如果节气门本身的积垢过多,或者周围的积炭、污垢过多,这样就使截面不好控制,都会造成混合气控制精度下降,或者学习值一旦调整到最大期限,上限期就没有了,这样会造成怠速不稳。

3)怠速进气量的失准

怠速进气量的失准属于间接原因,由于各种传感器,比如说氧传感器,霍尔信号传感器,由于他们有故障,信号不正常,控制来源接触到错误的信号以后发出的指令不正常,会错误地干预节气门的开度,使怠速失准,燃烧不正常。

节气门位置传感器内的怠速开关闭合,发动机 ECU 控制发动机进入怠速程序。如果开关不闭合,电脑就不进行怠速控制;进气温度传感器修正进气量,如果进气温度传感器有故障会导致进气量计量不准确,混合气浓度控制不准;冷却液温度传感器用来确定起动供油量和暖机供油量,冷却液温度传感器信号不准会影响怠速暖机工况的混合气浓度。

以上这些传感器线路有故障,或者发生短路、断路等等,都可能引起发动机的抖动,怠速不稳定。发动机电脑出现故障以后,也会出现怠速不稳。

2. 燃油系统故障

1) 喷油器有故障

喷油器的堵塞、滴漏会使实际喷油量减少。还有喷出的燃油成线状,使它物化不好,减少喷油量。还有就是喷油器的针阀的磨损,使实际的喷油量过大,电脑不能完全进行修正,使正确的空燃比得不到控制,导致各缸对活塞的作用力不均衡,引起发动机抖动。

2) 燃油压力故障

燃油压力燃油压力过低就会使实际的喷油量减小,也使物化不良,严重的时候过低就会造成喷不出油。如果燃油压力过高,使实际的喷油量过多,使混合器过浓,这样使电脑控制不住,已经到了它的极限。燃油滤清器堵塞或燃油泵滤网堵塞都可能造成燃油压力失常。

燃油泵泵油能力不足或安全阀弹簧的弹力过小,使汽油及早释放。还有就是进油管变形,燃油压力调节器有故障,以及会有管压瘪导致堵塞的情况,使燃油压力超过正常值。

3. 点火系统故障

目前的汽车几乎都将点火模块与点火线圈做成一体,或者是采用双点火线圈或者直接点火。首先是点火模块,如果它有故障会使电火花过弱或者是不点火。

其次是火花塞和高压线的问题,火花塞不正确,间隙不正确,或者是点击绕蚀或者损坏,以及电机有积炭,高压线电阻过大,以及高压线外皮漏电。因为我们现在高压线刺激的比较高,三四万伏,使用几万公里以后可能会击穿。

再有空气流量传感器、压力传感器、爆振传感器或霍尔传感器等,由于信号不正确,可能引起点火提前角的失准,造成怠速不稳。

4. 影响怠速不稳的是机械结构

1) 配气机构

配气机构故障导致个别气缸的功率下降过多,从而使功率不平衡。具体原因是:

(1) 正时皮带安装位置错误,使各缸气门的开闭时间发生变化,导致配气相位失准,这个比较容易发现。

(2) 气门工作面与气门座圈积炭过多,造成气门密封不严。

(3) 凸轮轴的凸轮磨损。凸轮轴的磨损不一致,也许某一时间润滑不好,有所磨损,但是不仔细测量也是看不到的;还有就是气门的其他有关元件,比如说气门的推杆磨损、摇臂的磨损,还有气门卡住或者是气门弹簧的折断,都会造成各个气缸的进气量不均匀。

2) 发动体和活塞连杆机构

气缸漏气会使压缩终了时压力不一致:

(1) 气缸垫的漏气或两个缸气之间漏气。

笔记

（2）活塞环隙过大、或者对口断裂,活塞环失去弹性也会出现漏气的现象。

（3）活塞环槽内积炭过多,活塞与气缸磨损,气缸圆度、圆柱度超差造成漏气。

燃烧室容积变化:

（1）连杆弯曲变形,改变了燃烧室的面积,从而改变了压缩比,造成故障缸与正常缸之间的工作差异。

（2）燃烧室积炭减少了燃烧室的实际空间,改变了压缩比,积炭严重会使各缸的功率不均匀,怠速不稳。发动机在长期低温或长期低速行驶更容易形成积炭,低温使燃油的烯烃类物质更容易粘服在气缸内,低速时进气气流的流速过低,对进气道、气门、节气门的冲刷力度小,易形成积炭,使发动机高速旋转,可以清除气门上的积炭,有时候怠速不稳,空档猛踩几脚加速踏板就可以解决问题。

二、怠速不稳的诊断步骤

进气系统、燃油系统、点火系统以及发动机机械结构的故障都会产生怠速不稳。所以说引起发动机怠速不稳的原因是很多的,不稳的现象也是多样化的。因此在维修怠速不稳的故障时,简单的换件法或者是利用常规的经验,一步一步检测,都是不可取的。我们应该经过检测设定合理的工作方案,缩短工作流程。

怠速不稳故障的诊断步骤:

1. 询问车主

接到怠速不稳的车后,询问车主以下的情况。

（1）第一次出现怠速不稳,有多长时间,是缓慢地出现还是突然地出现。

（2）怠速不稳与行车状况的关系。

（3）怠速不稳与发动机温度,是凉车还是热车的时候出现怠速不稳。

（4）车辆的行驶里程。

（5）了解该车的保养情况,如果没有正规保养,我们就要按照保养项目做完之后,再做下一步的诊断。

（6）了解该车对此故障的维修历史。我们可以了解一下,上一个修理厂他们做了哪些工作,也要有数。经过他们没有修好,会不会把这个故障扩大了,这是有可能的。还有了解车的配置情况,这样才会全面考虑问题,缩短时间,避免做一些无用的工作。

2. 外观检查

检查一下发动机的运转情况,到底是属于哪一种发动机不稳,通过观察发动机的转速表或读取发动机数据流,可以准确判断发动机怠速的状态。检查发动机的外部情况有没有异常。主要检测内容如下:

（1）检查车辆的状况,检查是否存在漏油、漏气、漏水、漏电的现象。

（2）观察车辆的排气状况,排气管的排气是否稳定,不稳会发生"突突"声,要观察颜色,是黑烟还是蓝烟,还要闻一下汽油味。观察排气管的排气情况,正常有水排出,如果没有的话,测尾气之前就要怀疑尾气不正常。

（3）检查油门拉件位置是否正确,固定是否良好。

3. 解码器读取故障码

连接解码器,在读取故障码之前,我们有时候要看一下版本信息,如果这个车以前有更换过电脑的历史,要检查它的编码是否正确,如果编码不正确,自动变速器的车变成手动变速器的车,编码不正确也会出现怠速不稳。就读故障码来说,有永久性和偶发性故障两种,我们要记下来,然后进行清码,然后再运行机器,运行的时候看发生故障的条件,比如说水温等等,然后再读码。

解码器可以显示故障码的信息,但是有时候不够,还要查一下它的维修手册,看一下该故障码对应的原因、影响和排除方法,便于我们下一步操作。对于偶发性的故障也不能忽视,有些故障出现,是由于偶发性故障码引起的。比如说插头的虚脱和线路的接替,这些故障经过颠簸以后可能排除了。所以,车辆来的时候可能没有发现故障,但是出现偶发性故障码也应该被重视。

4. 阅读分析数据流

数据流可以提供发动机运转中的实时数据,数据流的正确分析能为我们正确地排除故障提供重要的帮助。对于怠速不稳故障,需要读取的数据内容:

(1) 节气门的开度、正常值是 $2°\sim5°$,如果读出角度过大,说明节气门脏了,这时要清理节气门。

(2) 发动机的工况,有没有显示怠速,如果没有显示,说明节气门在开关触点没有闭合。

(3) 怠速空气流量学习值、怠速空气调节值,学习值是根据前一时期对流量的中心值,点了一个中心值,由于节气门过脏或者负载有变化,流量需要进行调整,所以产生的一个学习值。那么,在每一时刻还有一个调节值,这在故障码表里是一个范围,正常的是在这个范围之内。怠速 r 学习值,也有一个学习值和一个调节值,同样看是否在这个范围内,我们就可以判断进气不正常还是喷油不正常。

(4) 检查空气流量信号,看是否超过范围。

(5) 检查点火角,正常是 $6°\sim12°$,如果怠速不稳,幅度很大,因为这个影响它的因素多,发动机的控制,一个是空气的控制,一个是喷油,但是,当怠速下降,来得最快的是点火提前角,首先是增加提前点火的角度,这样使转速回到这个目标值时间最快。

(6) 检查转速传感器信号是否正常。

(7) 检查冷却液温度传感器和进气的温度传感器数据是否正常。

发动机怠速不稳的故障诊断中,我们要充分利用解码器数据流的功能,可以在很大程度上提高维修效率。解码器无法解决的问题,再用别的工具测量。

三、典型怠速不稳故障分析

1. 怠速不稳,易熄火

(1) 故障现象及原因见表 5 - 2。

(2) 故障诊断与排除。先进行故障自诊断,检查有无故障码出现。如有,则按所显示的故障码查找故障原因。要特别注意会影响怠速工作的传感器、执行器(如冷却液温度传感器、节气门位置传感器、怠速控制阀等)有无故障。

检查进气系统各管接头、各真空软管、废气再循环系统和燃油蒸汽回收系统有无漏气。

表 5 - 2　怠速不稳故障现象及故障原因

故　障　现　象	故　障　原　因
发动机起动正常，但不论冷车或热车，怠速均不稳定，怠速转速过低，易熄火	进气系统或真空系统漏气
	空气滤清器堵塞
	怠速控制阀或附加空气阀工作不良
	空气流量计有故障
	EGR 阀卡住常开，不能关闭
	怠速调整不当
	油路压力太低
	喷油器雾化不良、漏油或堵塞
	火花塞不良
	高压线漏点或断路
	点火正时失准
	气缸压缩压力过低

　　检查怠速控制阀的工作是否正常。对于脉冲电磁阀式怠速控制阀，可在发动机运转过程中拔下怠速控制阀接线插头。如果发动机转速无变化，说明怠速控制阀或控制电路有故障，应检修电路或更换怠速控制阀。

　　怠速时逐个拔下各缸高压线，检查发动机转速的下降量是否相等。如果在拔下某缸高压线时，发动机转速基本不变，说明该缸工作不良或不工作，应检查该缸火花塞或喷油器有无故障，喷油器控制电路有无短路。

　　检查高压火花。如火花太弱，则应检查点火系统。

　　拆检各缸火花塞，检查电极有无磨损过甚或积炭，火花塞电极间隙是否正常。

　　检查各缸高压线，如高压线外表有漏点或击穿的痕迹，或用万用表测量高压线，其电阻大于 25 kΩ，说明高压线损坏，应更换。

　　检查燃油压力。怠速时燃油压力应为 250 kPa 左右。如燃油压力太低，则应检查油压调节器、电动燃油泵、燃油滤清器。

　　按规定的程序，调整发动机怠速。

　　检查空气流量计。

　　仔细听各缸喷油器在怠速时的工作声音。如果各缸喷油器工作声音不均匀，说明各缸喷油器喷油不均匀，应拆检、清洗或更换喷油器。

　　检查气缸压缩压力，如压力低于 0.8 MPa，则应拆检发动机。

　　检查、调整气门间隙。

　　如上述检查均正常，可拆检、清洗各缸喷油器。如发现某个喷油器雾化不良或有漏油，经清洗后仍不能恢复正常，则应更换该喷油器。最后检查发动机电脑。

　　2. 冷车怠速不稳、易熄火

　　(1) 故障现象及原因见表 5 - 3。

笔记

表5-3 冷车怠速不稳故障的现象及原因

故 障 现 象	故 障 原 因
发动机冷车运转时怠速不稳或过低,易熄火,热车后怠速恢复正常	附加空气阀故障
	怠速控制阀故障
	冷却液温度传感器故障
	喷油器雾化不良或堵塞

(2)故障诊断与排除。进行故障自诊断,检查有无故障码。如有,则按显示的故障码查找故障原因。

检查附加空气阀。拆下附加空气阀,检查在冷车状态下附加空气阀的阀门是否开启。如有异常,则应更换。

检查怠速控制阀。熄火后拔下怠速控制阀线束插头,待发动机起动后再插上。

如果发动机转速没有变化,说明怠速控制阀不工作,应检查控制电路或拆检怠速控制阀。

测量冷却液温度传感器。

拆检、清洗各缸喷油器、检查清洗后的喷油器工作情况,如有雾化不良、漏油或喷油量不符合标准,应更换。

3. 热车怠速不稳或熄火

(1)故障现象及原因见表5-4。

表5-4 热车怠速不稳或熄火故障的现象及原因

故 障 现 象	故 障 原 因
发动机冷车时怠速正常,热车后怠速不稳,怠速转速过低或熄火	冷却液温度传感器有故障
	怠速调整过低
	怠速控制阀有故障
	火花塞或高压线不良
	电脑搭铁不良
	氧传感器有故障或失效

(2)故障诊断与排除。故障自诊断。如有故障码,则按所显示的故障码查找故障原因。

按正确的程序,检查发动机的初始怠速转速。若转速过低,则应按规定程序调整。

检查冷却液温度传感器。

检查怠速控制阀有无工作。

检查各缸火花塞情况,视情况更换火花塞或调整火花塞间隙。

测量各缸高压线电阻,若阻值大于 25 kΩ,或高压线外表有漏电或击穿的痕迹,则应更换高压线。

检查电脑搭铁线及发动机机体是否搭铁良好。可在打开点火开关后,测量电脑搭铁线(或

笔记

故障诊断座内搭铁线、发动机机体)和电瓶负极之间的电压。若该电压大于 1 V,说明电脑搭铁线或发动机搭铁不良。可检查搭铁线的接地端有无松动或锈蚀,也可重新引一条搭铁线。

4. 热车怠速过高

(1) 故障现象及原因见表 5 - 5。

表 5 - 5　热车怠速过高故障的现象及原因

故 障 现 象	故 障 原 因
发动机冷车时能正常快怠速运转,但热车后仍保持快怠速,导致怠速转速过高	1. 节气门卡滞或关闭不严
	2. 怠速调整不当
	3. 附加空气阀故障
	4. 怠速控制阀卡滞或控制电路故障
	5. 冷却液温度传感器故障
	6. 空调开关,动力转向器压力开关有故障
	7. 曲轴箱强制通风阀故障
	8. 进气系统中有漏气
	9. 发电机充电电压过低

(2) 故障诊断与排除。怠速转速过高是由怠速时进气量过多或发动机控制信号错误引起的。造成怠速转速过高的原因有进气温度传感器、冷却液温度传感器、节气门位置传感器、空气流量计/进气压力传感器故障,开关信号故障,怠速控制阀故障,节气门体故障,喷油器故障,真空漏气,发动机控制单元故障或匹配设定不当等。排除发动机怠速异常过高的故障时,应执行以下步骤:

检查怠速时节气门是否全关闭,节气门拉索无卡滞。用手将节气门摇臂朝关闭的方向扳动,如果发动机怠速能下降至正常转速,说明节气门卡滞关闭不严。若节气门拉索卡滞,应更换拉索;若节气门轴卡滞,应拆卸、清洗节气门体。

按该发动机的规定程序,重新调整怠速,对发动机电脑重新设定。所谓对发动机电脑进行重新设定,即清除发动机电脑中的故障记忆,让其重新学习怠速。对于大多数电控发动机,当发动机达到正常温度,怠速阀全关时,基本怠速转设为 500 ± 50 r/min。若调整、设定无效,则应做进一步的检查。

检查进气系统管接头、真空软管等处有无漏气。

进行故障自诊断。如有故障码,则按所显示的故障码查找故障原因。有条件可进一步读取动态数据流,主要观察发动机的负荷信号、怠速控制阀开度或控制步数、发动机进气系统压力信号、冷却液温度信号、各开关信号等。

检查冷却液温度传感器。若拔掉冷却液温度传感器线束插头后,发动机怠速转速恢复正常,则说明冷却液温度传感器有故障,向电脑输入过低的冷却液信号。值得注意的是:在拔掉冷却液温度传感器插头后,发动机故障警告灯会亮起,此时电脑的失效保护功能起作用,自动将冷却液温度设定为 80℃。在重新插上冷却液温度传感器线束插头后,电脑仍留下冷却液温度传感器的故障码。对此,可接上电脑检测仪将故障码清除,或在发动机熄火后拆下发动机电脑熔丝,持续约 30 s,以消除电脑中的故障码。

　　用钳子将包上软布的曲轴箱强制通风阀软管夹紧。如果发动机转速随之下降,则说明曲轴箱强制通风阀在怠速时漏气,使发动机进气量过大,影响怠速,应更换曲轴箱强制通风阀。

　　检查附加空气阀。用钳子将包上软布的附加空气阀进气软管夹紧。如果发动机怠速转速能随之下降至正常转速,则说明附加空气阀在热车后不能关闭,应检查附加空气阀电源线路是否正常。如正常,则应更换附加空气阀。

　　检查怠速控制阀。在发动机熄灭后拔下怠速控制阀线束插头,待起动后再插上。如果发动机随之变化,说明怠速控制阀工作正常;否则,应检查控制线路或更换怠速控制阀。

　　在打开空调开关后或转动转向盘时,如果发动机转速没有进一步升高,说明怠速自动控制系统有故障,应检查空调开关,动力转向压力开关及怠速自动控制线路。

　　如果电瓶电压长时间过低,发动机怠速转速也会偏高,所以应测量发电机充电电压,若低于 12 V,应检修充电系统。

　　5. 怠速上下波动

　　(1) 故障现象及原因见表 5 - 6。

表 5 - 6　怠速上下波动故障现象及原因

故　障　现　象	故　障　原　因
怠速时发动机转速不断地上下波动	怠速开关调整不当,在怠速时开关不闭合
	喷油器雾化不良或堵塞
	空气流量计有故障
	怠速控制阀或怠速控制电路有故障
	冷却液温度传感器信号不正确
	氧传感器失效或反馈控制电路有故障

　　(2) 故障诊断与排除。进行故障自诊断。要特别注意有无怠速开关、冷却液温度传感器、空气流量计、氧传感器、怠速控制阀的故障码。如有故障码,应检查相应的传感器及控制电路。

　　怠速时逐个拔下各缸高压线或喷油器线束插头,检查发动机各缸工作是否均匀。如果拔下某缸高压线或喷油器线束插头时,发动机转速下降不明显,说明该缸工作不良,应拆检该缸火花塞和喷油器。

　　检测节气门位置传感器,若节气门位置传感器内的怠速开关在节气门全关时不能闭合应重新调整或更换节气门位置传感器。

　　用汽车电脑检测仪,可以通过测量冷却液温度传感器,若冷却液温度传感器传给发动机电脑的冷却液温度数值和实际冷却液温度不符,说明冷却液温度传感器有故障应更换。

　　用电脑检测仪或万用表、示波器检查空气流量计,如有异常应更换。

　　在发动机怠速运转过程中,拔下怠速阀线束插头。如果怠速上下波动现象消失,但随之怠速不稳现象加剧,说明怠速控制阀工作正常,喷油系统有故障。如果怠速波动现象不变,则说明怠速控制阀工作不良或不工作。对此,应检查怠速控制阀线束插头处有无脉冲电信号,若无电信号,则说明怠速控制阀卡住,应拆检怠速控制阀或更换怠速控制阀。

造成怠速上下波动、喘车的故障原因基本与怠速抖动不稳的故障原因相同,但怠速控制阀故障、真空漏气、点火正时不正确和废气再循环阀在怠速时不能关闭是发动机怠速喘车的主要原因。

6. 使用空调或转向时怠速不稳、熄火

(1)故障现象及原因见表5-7。

表5-7　使用空调或转向时怠速不稳、熄火故障原因

故　障　现　象	故　障　原　因
在发动机怠速运转时使用空调,或汽车转向时怠速过低、不稳,甚至熄火,关闭空调或汽车直行时怠速运转正常	发动机初始怠速调整过低,使怠速自动控制无法正常进行
	怠速控制阀不工作或工作不良,在使用空调或汽车转向时,由于空调压缩机或动力转向液压泵开始工作,增大了发动机负荷,导致怠速过低、运转不稳或熄火
	空调开关或转向压力开关及其控制线路故障,使电脑得不到使用空调器和汽车转向的信号,没有进行怠速自动控制,导致怠速过低

(2)故障诊断与排除。怠速转速与发动机温度、负荷有关,冷车时怠速高,热车时怠速低。怠速时接通空调开关,进行转向(动力转向开关接通),变速杆从P位或N位挂入D位,怠速必须提速。如果怠速太低或上述开关接通时怠速下降,造成怠速不稳甚至熄火,则说明怠速控制系统有故障。

进行故障自诊断。有些车型的电脑能检测出怠速控制阀的工作状态。当怠速控制阀工作不正常(如线路短路或断路)时,电脑会显示出一个故障码。也可以通过电脑解码器来检测怠速控制阀的工作状态,在汽车运转过程中可通过电脑检测仪的数据分析功能检查怠速控制阀和空调开关或动力转向压力开关的工作情况。如检测仪显示有电脑指令而怠速控制阀没有相应的反应,则说明怠速控制阀或控制线路有故障。在打开空调开关或转动转向盘时,检测仪所显示的空调开关或动力转向压力开关应由关闭(OFF)状态变为开启(ON)状态;如无此变化,说明电脑或空调开关、动力转向液压开关有故障。

按规定的程序重新检查、调整发动机的初始怠速。

检查怠速控制阀工作是否正常。对于脉冲电磁阀式怠速控制阀,可在冷车运转中拔下怠速控制阀线束插头,若发动机转速没有变化,则说明怠速控制阀不工作。对于步进电动机式怠速控制阀,应在发动机熄火后拔下线束插头,待发动机起动后再插上。若此时发动机转速无变化,则说明怠速控制阀不工作,应进一步检查线束插头处有无脉冲电压。如无脉冲电压,应检查控制线路;如有脉冲电压,则说明怠速控制阀有故障,应更换。

检查空调开关、转向压力开关有无故障,它们与电脑的连接线路有无断路或短路。

四、怠速不稳故障诊断、排除的要点

1. 理解电控发动机怠速控制原理

在搭载了电控发动机的汽车上,发动机电脑能够对发动机的各种工况进行精确控制。对于发动机怠速工况的控制,一般可分为基本怠速设置、目标怠速调节及附件工作怠速调整。下面就分别对这三种控制进行说明。

　　(1) 基本怠速设置　发动机的基本怠速设置主要是由发动机节气门的初始开度决定的，即进入进气歧管内的总空气量由节气门初始怠速开度决定。这个开度值是在设计发动机时计算出来的，也是保证发动机实现正常怠速的前提。但随着车辆的使用，发动机节气门处会出现不同程度的污物，当污物增加后，发动机的进气量就会下降，从而导致怠速转速下降。

　　(2) 目标怠速调节　发动机的目标怠速调节功能是通过发动机电脑的控制来实现的。发动机电脑通过对怠速控制阀开度的大小进行调节(有些车型直接调节节气门开度)，达到目标怠速转速。当节气门开度变小或节气门处的污物增加时，实际进入进气歧管内的总空气量变小，将导致电脑内设定的转速值高于实际转速。此时电脑将控制怠速阀开启，以补充空气量，使怠速升高至发动机电脑设定的目标转速。当实际转速高于目标转速值时，电脑又会通过怠速阀开度的减小，降低发动机的实际转速达到目标转速。

　　(3) 附件工作怠速调整　当发动机怠速工况被增加负荷时，如打开空调、发动机充电、挂档滑行等，发动机电脑将通过调节怠速控制阀的开度，以适应怠速负荷的变化，防止发动机熄火。

　　2. 怠速不稳、发抖的常见原因之一——缺火

　　1) 查找缺火气缸的传统方法

　　恒定的气缸缺火是很容易查找的，这就是所谓的"排气突突机器抖，缸不工作是常有"。用传统的断火试验就可找出不工作的气缸。在无分电器点火系中，为做到安全断火，点火线圈高压插孔露在外面的，可事先(发动机熄火状态下)用回形针或类似金属丝别在点火线圈高压线插孔上，再插上高压线，回形针有一部分露出在外，用一条导线、一端搭铁，一端去靠近回形针露出部分，以检查气缸的工作情况。若是各缸独立点火的无分电器点火系统，可断开点火线圈低压插头来检查，也可断开各缸喷油器插头来检查气缸工作情况。在断缸试验的瞬间，发动机转速应下降，各缸引起的转速应大体相同，如断开某缸，转速下降明显低于其他缸，则表明这个缸工作不良。

　　值得注意的是，在断火或断油试验时，发动机通常处于怠速状态，当试验中发动机转速下降时，怠速控制系统会立即使怠速控制阀动作，转速恢复到目标转速值。试验时还应注意断火时间短，以免使三元催化转化器过热，而且现在大多数发动机都具有缺火监测功能，发现缺火过度，会断开该缸的喷油器电路。此时即使重新恢复该缸点火，这个气缸也不工作。因为这个缸的喷油器已不喷油了。基于这种情况，最好采用专用诊断仪的执行器动态测试功能来做这一个试验，由维修操作人员发出断开某缸喷油器的指令，观察单缸转速，从而检查各缸工作情况。

　　除用上述的断火或断油的方法查找工作不良的缸外，还可以用红外线测温仪在发动机刚起动后不久时测量各缸的排气歧管的温度差异。

　　2) 自诊断系统对气缸失火的监控

　　在不同车系中，对点火系工作情况的监控方式不同。OBD-II诊断系统能够对发动机失火进行连续的、精确的监控，这主要是由发动机电脑的失火监控器来完成。

　　3. 真空泄漏检查

　　真空泄漏最直接的检查方法是使发动机处于怠速状态下，在进气歧管附近被怀疑漏气的地方喷化油器清洗剂，观察发动机转速有无变化，如果转速改变说明存在漏气，应作进一步检查。当出现真空泄漏时，所有真空管、进气歧管垫、进气歧管本身、喷油器安装处的密封胶圈等都是检查的对象。

五、节气门的基本设置

仔细阅读数据流会发现,当节气门变脏后,发动机在急速时,节气门开度会增大。这是因为节流阀体变脏后,在相同的开度下,进气量会减少,将不足以维持发动机的额定转速,节气门会增大;清洗节气门后,急速节气门的开度会减少。这说明电控单元具有学习功能。不但能够检查到元件参数的变化,还能够适应这种变化。但是,电控单元是如何知道该元件的初始参数的呢?这就需要基本设置。如果电控单元知道了节气门最小急速位置、最大急速位置,就知道了急速节气门电位计的电压范围,电控单元知道了急速节气门电位计的几个中间位置的电压值,就知道了急速节气门电位计的特性。这样,当电控单元收到任一位置的信号电压时,就能判断出节气门的开度。基本设置就是让电控单元了解节流阀体的基本特性基本参数。

基本设置是指人为的创造一个特定的初始状态,即用故障诊断仪命令电控单元做一次基本设置的过程,它由电控单元控制进行,不能人工干扰。利用仪器进行基本设置时,不同车型基本设置的通道是不一样的,基本设置的通道取决于电控系统所采用的软件。例如:

奥迪 200/V6 博士(BOSCH)   001

奥迪 200/1.8T 博士(BOSCH)   098

红旗名仕 西门子 SIMOS - 4S   001

捷达 5 V 博士(BOSCH)M3.8.2   098

捷达 2 V 西门子 SIMOS - 3W   060

在进行基本设置时,节流阀体发出"哒哒"的声音,可以看到节气门在抖动。这是节气门在节流阀体内急速电机的驱动下做如下动作:从初始位置关闭到最小位置,然后再从最小位置开启到最大位置,最后重新回到初始位置。此时,电控单元会把最大、最小,即最大与最小之间的三等分位置记录下来。这样电控单元就识别了节流阀体的特性。

由以上原理分析,在影响到电控单元与节流阀体协调工作的因素时,需进行基本设置:

(1)更换电控单元后,电控单元内还没有存储节流阀体的特性,需进行基本设置。

(2)电控单元断电后,电控单元存储器的记忆丢失,需进行基本设置。

(3)更换节流阀体后,需进行基本设置。

(4)更换或拆装进气道后,影响到电控单元与节流阀体协调工作即对急速的控制,需进行基本设置。

(5)在清洗节流阀体后,急速节气门电位计的特性虽然没有变化,但在相同的节气门开度下,进气量已发生了变化,急速控制特性已发生变化,需进行基本设置。

对上述部件进行维修或更换后,如果不进行基本设置,电控单元与急速控制元件的工作会出现不协调,表现就是急速控制不精确、不稳定,如急速忽高忽低,急速不稳。但这种不良表现是暂时的,这是因为电控单元具有学习并自动适应的功能。只是这个学习与适应过程不如基本设置快速、准确。有的车型对以上部件进行维修或更换后,不但要进行基本设置,还要清除原学习值。这与车型的软件有关。

案例分析

故障现象： 一汽轿车公司制造的奥迪 V6 2.6 轿车，怠速在 500～1 000 r/min 范围内上下抖动。

故障检测： 查询故障码 1 个，00523 进气温度传感器 g42 正极断路/短路，偶发故障。清除故障码后对节气门进行基本调整，怠速能稳定在 700 r/min 运转；将转速提高到 2 000 r/min 时，诊断仪与控制单元的通讯中断。再将油门松开，怠速又在 500 至 1 000 r/min 范围内上下波动。重新进入发动机地址，阅读数据块 010 组的第 2 区，该区显示的是节气门怠速开关位置，触点闭合应显示"1"，触点打开应显示"0"；而该车节气门无论在关闭或打开位置都显示"0"。

故障分析： 进气温度传感器故障不会引起怠速大范围波动。该车控制单元是早期版本，当发动机转速超过 2 000 r/min，由于数据流大量堆积，诊断仪与控制单元通讯中断也属于正常。造成怠速抖动的真正原因是节气门怠速开关不能闭合，控制单元由于接收不到怠速开关闭合信号，所以不能进入怠速稳定程序。

故障排除： 检查油门拉线正常，松开节气门位置传感器的两条紧固螺栓，该传感器的两个安装孔是椭圆的，转动节气门位置传感器，阅读数据块可以出现"1"。进行节气门基本调整，怠速恢复正常。用户将车取走使用三天没问题，第四天故障重现，开回修理厂。阅读数据块看到节气门位置又总是"0"，说明怠速开关接触不良，更换一个新的节气门位置传感器，经使用数周后怠速抖动现象再也没有出现。

课后练习

1. 简述怠速控制的基本原理。
2. 怠速控制的主要内容有哪些？
3. 引起发动机怠速不稳的原因有哪些？
4. 简述发动机怠速不稳的诊断步骤。
5. 节气门的基本设置的操作方法是什么？

情境 6

发动机管理系统故障的检修

学习目标

掌握发动机管理系统的构成。

掌握 ME7 - Motronic 的基本控制。

掌握 ME - Motronic 系统的工况控制。

掌握发动机管理系统故障诊断。

任务载体

迈腾 1.8T 轿车，行驶里程 20 000 km，发动机故障灯常亮。

相关知识

发动机管理系统的核心是点火和燃油喷射过程的控制，以期满足发动机动力性、燃油经济性、排放控制及操纵舒适、安全、方便等要求。

发动机管理系统的开发商主要有美国 Delphi（德尔福）、德国 BOSCH（博世）、日本 Denso（电装）、德国 Siemens VDO（西门子）、意大利 Magneti-Marelli 等，各公司开发的系统控制内容基本相同。

一、Motronic 发动机管理系统概述

德国 BOSCH 公司生产的 Motronic 发动机管理系统将所有发动机控制用电子系统结合在一个单独的控制单元（ECU）中，控制单元反过来指挥控制火花点燃发动机的各执行系统。安装在发动机上的监测装置（传感器）收集所需的运行数据：

——加速踏板位移；

——发动机转速；

——气缸充量系数（进入气缸的空气质量）；

——蓄电池电压；

——发动机温度和进气温度；

——混合气成分；

——汽车行驶速度。

微处理器以这些数据为基础来判断驾驶者的要求，并通过计算求出发动机的转矩以反映驾驶者的意愿。此时，为了确定发动机转速，还必须知道驾驶者或者自动变速器挡位控制功能所选择的传动比。

微处理器发出设置运行状态的执行器第一级信号。这些信号随后在输出回路中放大并转变成执行信号。系统按要求提供气缸充量和与之对应的喷油量以及正确的点火正时，确保达到最佳的混合气形成及燃烧，此系统组合了燃油喷射、高质量混合气配制和正确的点火正时，在火花点燃发动机全部运行工况范围内提供相互支持。

ME7系统是目前国内采用的德国BOSCH公司生产的Motronic系列发动机管理系统（Engine Management System，简称EMS）的最先进的一种，与之前的M1和M3系统的最大不同在于ME7系统的控制策略是基于扭矩控制的。这种控制策略可以灵活地将众多系列的Motronic系统功能移植到不同的发动机和使用环境。

ME7 - Motronic，字母"M"代表典型的对喷射和点火协同控制的Motronic功能，而字母"E"表明它集成了电子节气门控制ETC（Electronic Throttle Control），使得发动机的进气量可以通过电控单元采集、分析诸多信号后通过控制节气门开度来精确确定。

二、发动机管理系统的构成

发动机管理系统由传感器、中央控制单元ECU和执行器等硬件构成（见图6-1）。传感

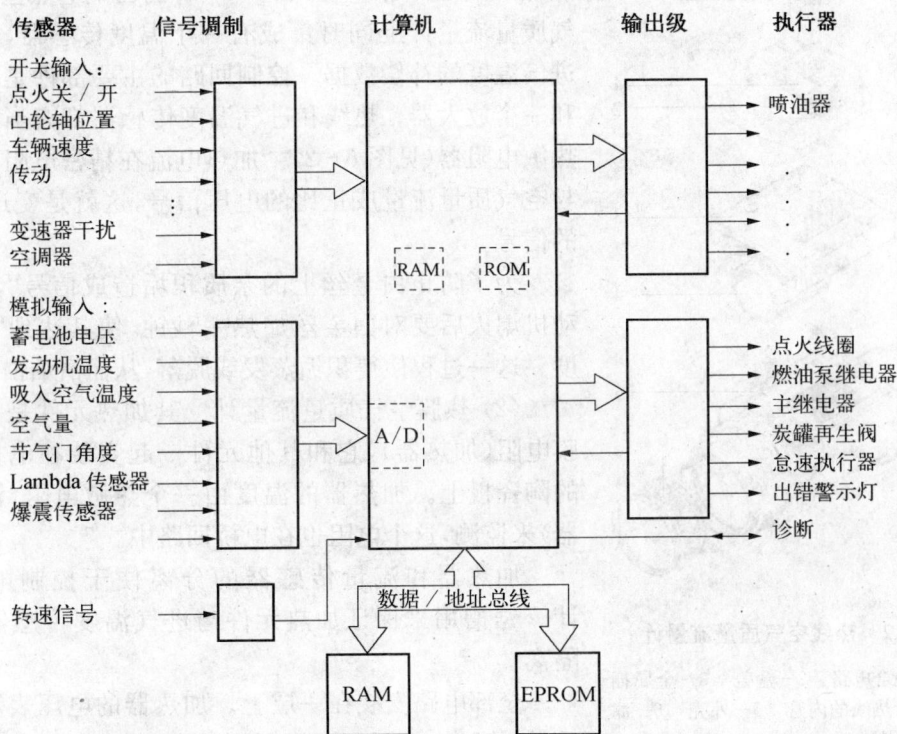

图 6 - 1 发动机管理系统硬件构成

器、执行器分布在发动机上的具有独立功能的各子系统中,空气系统、供油系统、点火系统、排放控制系统、附件系统的控制都由独立的传感器完成信息的采集、由独立的执行器来完成ECU的指令。

1. 传感器信息采集

1) 发动机负荷信息采集

用以决定汽油喷射量和点火提前角的最重要的参数之一就是发动机的负荷状态(负荷监测)。

各种 Motronic 系统采用下列传感器来监测发动机的负荷:

——空气质量流量计

——进气歧管压力传感器

——节气门传感器

在 Motronic 系统中,节气门传感器通常充当二级负荷传感器,以对上述所列一级负荷传感器起到补充作用。但在一些单独的场合,它也可以充当一级传感器。

热线空气质量流量计和热膜空气质量流量计都是"热"负荷传感器。它们安装在空气滤清器和节气门之间,以监测被吸入发动机空气的质量流量。两种流量计工作原理相同。

将电加热元件放在进气气流中,电加热元件受到进气气流的冷却。加热电流的大小由控制回路进行调整,以保持热线(或热膜)与吸入空气之间的温差恒定。因此,利用维持温度所需的电流就可以表示空气的质量流量。此概念自动补偿了空气浓度的变化,因为这是决定周围空气从被加热元件吸取热量多少的因素之一。

(1) 热线空气质量流量计　其被加热元件是一根直径只有 70 μm 的白金电热丝。热线空气质量流量计上同时集成有一个温度传感器,用以提供进气温度的补偿数据。控制回路的主要部件是一个桥路和一个放大器。热线和进气温度传感器都充当桥路中的热敏电阻器(见图 6-2)。加热电流在精密电阻两端产生与空气质量流量成正比的电压信号,这就是变送到 ECU 的信号。

为了防止白金丝上的杂质积垢造成信号"漂移",发动机熄火后要对白金丝加热一秒钟,使其达到"熔落"温度。这一过程使得积垢蒸发或脱落,从而清洁白金丝。

(2) 热膜空气质量流量计　其加热元件是一个白金膜电阻(加热器),它和其他元件一起安装在电桥回路中的陶瓷板上。加热器的温度由一个热敏电阻(流量传感器)来监测,这个电阻也在电桥回路中。

加热器和流量传感器的分离便于控制电路的设计。锯槽用来保证加热元件与进气温度传感器间的热隔离。

全部电路安装在一层上。加热器的电压表示气流的质量,热膜空气质量流量计的电子线路将这个电压转换

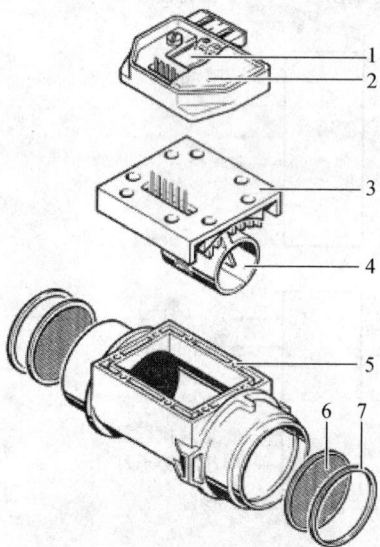

图 6-2　热线空气质量流量计

1—混合电路　2—盒盖　3—金属插件　4—带热线的内管　5—外壳　6—滤网　7—挡圈

到适合 ECU 处理的电平(见图 6-3)。

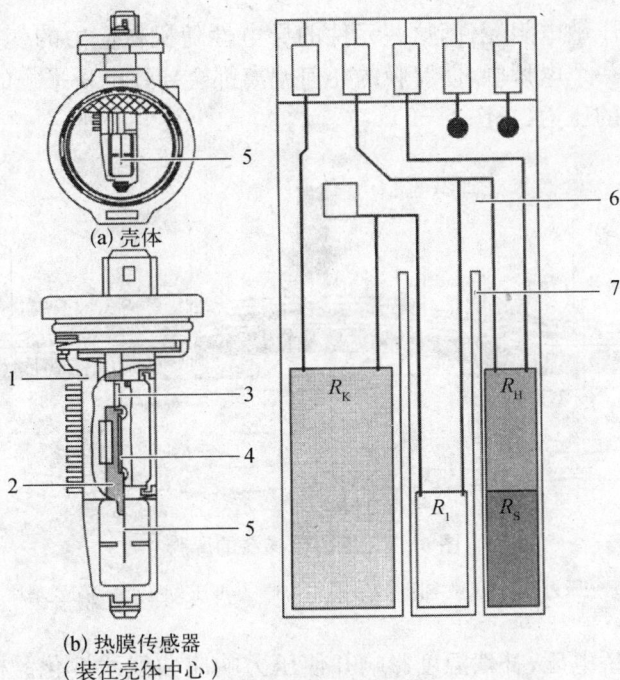

(a) 壳体

(b) 热膜传感器
(装在壳体中心)

图 6-3　热膜空气质量流量计

1—散热器,2—中间件,3—电源芯片,4—混合电路,5—传感器元件。

6—陶瓷基体,7—锯痕

R_K—温度补偿传感器　R_1—电桥电阻　R_H—加热器电阻　R_S—传感器电阻。

这个装置可以在较长的时期内不需要熔落过程来保证测量精度。事实上,大多数积垢集中在传感器元件的前端,而关键的热传输元件是在陶瓷层的后面。也可以改变传感器元件的设计来保证积垢不会影响传感器周围的气流模式。

(3)进气歧管压力传感器　一个气压通道将进气歧管连接到压力传感器,压力传感器监测进气歧管内的绝对压力(kPa)。

这个装置可以是 ECU 的一个部件,也可以是安装在进气歧管上或附近的一个远程传感器。软管将它与进气歧管相连接。传感器分为两部分,一部分是包含两个感应元件的压力室,另一部分是检测电路室。感应元件和检测电路安装在一个陶瓷片上(见图 6-4)。

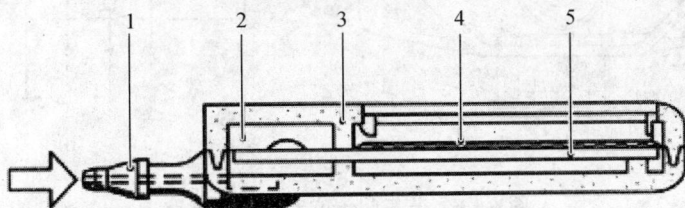

图 6-4　压力传感器(安装在 ECU 内)

1—压力接头　2—有感应元件的压力室　3—密封壁　4—检测电路　5—厚膜复合基片

感应元件由一个钟形厚膜构成，厚膜内有一个特定压力的基准空间。进气歧管内的压力大小决定着厚膜偏离程度。

电路中有一系列压敏电阻元件，这些元件的导电性随机械应力的变化而变化。这些压敏电阻以适当方式接入一个电桥中，使厚膜的任何偏离都会导致电桥平衡的变化。因此，电桥电压就表示了进气歧管的压力（见图 6-5）。

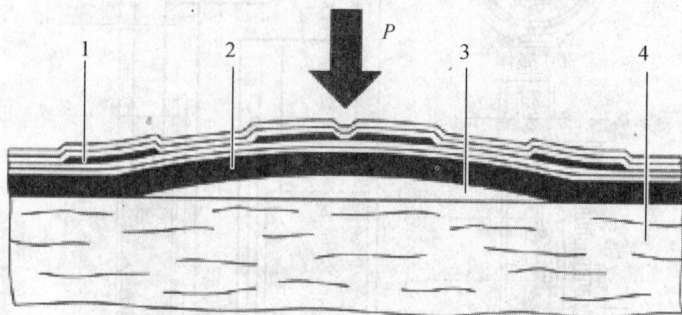

图 6-5　压力传感器的厚膜

P—压力　1—压敏电阻　2—膜片　3—基准压力室　4—陶瓷基片

检测电路放大电桥电压，补偿温度影响并使压力响应曲线线性化。检测电路的输出信号被传到 ECU。

（4）节气门传感器　提供以节气门开度度量的二级负荷信号。二级负荷信号的用途是提供动态功能信息、识别负荷程度（怠速、全油门或部分负荷油门）以及作为在主传感器失效时的后备信号。

节气门传感器装在节气门上，共用一根轴。电位计测量节气门开度的变化，并将电压变化通过一个电阻电路传给 ECU（见图 6-6）。当节气门传感器用作一级负荷传感器时要求更准确的精度。采用安装两个电位计（两个角度范围）的节气门传感器及改进悬挂可以获得更高的精度。

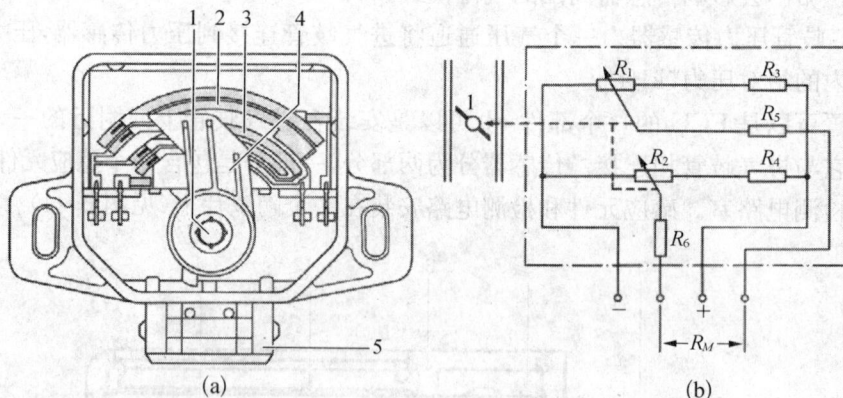

图 6-6　节气门传感器结构和电路

(a) 1—节气门轴　2—可变电阻1　3—可变电阻2　4—带滑动片的滑臂　5—电接头

(b) U_M—测量电压　R_1、R_2—可变电阻1和2　R_3、R_4、R_5—调整电阻　1—节气门

控制单元通过监测节气门角度和发动机转速来决定空气吸入量。从温度传感器来的数据使得控制单元可以对由于温度变化而引起的空气质量流量的变化作出反应。

2）发动机转速、曲轴和凸轮轴位置

（1）发动机转速和曲轴位置信息采集　活塞在气缸中的运行位置可用作确定点火点的测量参数。所有气缸中的活塞均是通过连杆与曲轴相连的。因而安装在曲轴上的传感器能提供活塞在气缸中位置的信号。

曲轴位置的改变速度即是发动机的转动速度，该速度定义为曲轴每分钟的转数（r/min），这也就给出了另一个重要的 Motronic 系统的输入变量，该变量由曲轴位置信号进行计算。尽管曲轴传感器所发出的信号从根本上说所反映的是曲轴的位置，但因为这一信号在 ECU 中被转换成了发动机的转速信号，因而这一装置也被认为是发动机转速或者转速传感器。

安装在曲轴上的是一个带有理论齿数为 60 的铁磁体齿圈，其中故意缺掉了两齿（齿沟），58 个齿的运动移动信号由一个电感式转速传感器进行记录，这一传感器由一个永磁体和一个带有铜绕组的软铁芯组成（见图 6-7）。

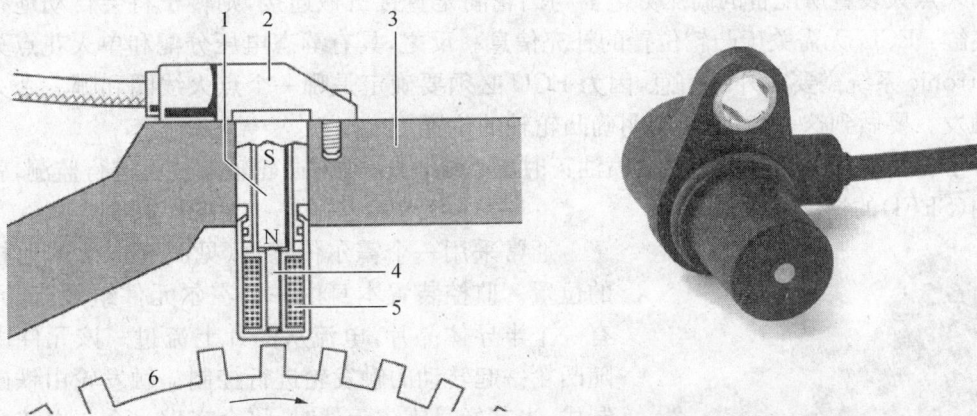

图 6-7　发动机转速传感器

1—永久磁铁　2—壳体　3—发动机壳体　4—软铁芯　5—线圈　6—有一个基准点的齿圈

当铁磁体齿轮的各齿在传感器近旁通过时，传感器中的磁场感生一个个交流电压信号（见图 6-8）。这一交流电压的幅值随着传感器与齿轮之间的距离增大而减小，随着发动机转速的增加而增大。当发动机在极低转速时已可获得足够大的电压。电极和齿轮的几何形状和尺寸必须相互匹配。ECU 中的检测回路将具有高频振荡的正弦电压信号转换成具有恒定幅值的矩形波电压。

矩形波电压的触发边沿通过一个中断输入信号传送到计算机。当触发边沿的间隔是相邻前后两个触发边沿间隔的两倍时，该齿沟的位置波记录下来。该齿沟对应于 1 号气缸特定的曲轴位置。计算机根据该点的时间对曲轴位置进行同步跟踪。计算机将对每一个正的或者负的齿侧进一步计算，而点火信号必须以更小的数量级进行传送。两个齿侧之间的间隔也进一步被均分为若干等份，而相应的时间单元也被均分为相应等份，并被加到点火提前角的齿侧上（允许步长为 $0.75°$）。

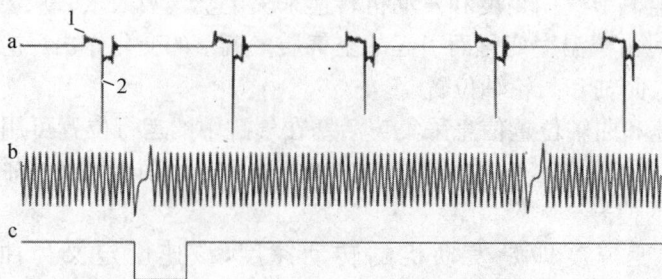

图 6-8　点火、曲轴和凸轮轴信号的形状

1—闭合时　2—点火时

a 点火线圈二次电压；b 曲轴转速传感器的信号；c 凸轮轴霍尔效应传感
器轴信号

（2）凸轮轴位置　凸轮轴控制着发动机的进排气门，其转速为曲轴转速的一半。当一个活塞运行到其上止点时，凸轮根据进排气门的设定值来决定气缸是处于需进行点火的压缩冲程还是处于排气冲程。曲轴的位置不能提供这一信息。

如果点火装置所配备的高压分电器与凸轮间是直接机械连接，则转子将会自动地指向对应的气缸：ECU 无需关于凸轮位置的补充信息。反之，具有静态电压分配和单火花点火线圈的 Motronic 系统需要额外的信息，因为 ECU 必须要确定是哪一个点火线圈和哪一个火花塞需要触发。要做到这一点，就必须明确凸轮轴的位置。

对于每一个气缸都具有独立的喷油正时的系统，也必须对凸轮轴的位置进行监测，就像顺序喷油（SEFI）的情况一样。

图 6-9　霍尔传感器

通常采用一个霍尔传感器（见图 6-9）来监控凸轮的位置。监控装置本身由一个霍尔元件组成，该元件带有一个半导体晶片，电流从晶片上流过。该元件由一个随凸轮一起转动的触发轮进行控制。触发轮由铁磁材料制成，当其经过霍尔元件时，将会产生一个与电流方向垂直的电压。

由于霍尔的电压值为毫伏数量级，在作为开关信号传输到 ECU 之前，电压信号先在传感器内进行处理。在最简单的情况下，计算机通过检测霍尔电压是否出现以及 1 号气缸是否处于做功冲程，对触发轮圈齿沟进行响应。

由于触发轮的特殊设计，它可以在曲轴（发动机转速）传感器出现故障时，把凸轮轴信号作为紧急情况时的后备信号。当然，由于凸轮轴所提供的信号精度太低，因而不可能永久地取代曲轴转速传感器。

3）混合气成分

λ 氧传感器监测过量空气系数 λ。λ 决定了空燃比的数值。当 λ=1 时，催化转换器的效果最佳。

λ 氧传感器的外接电极伸到排气气流之中，而内部电极则暴露在周围的空气中（见图

6-10)。氧传感器的基本结构是一个特殊的陶瓷体，表面接上了具有透气性的铂金电极。传感器的功能是利用陶瓷材料的多孔性，空气中的氧气可通过这种材料的孔隙进行扩散（固体电解质）。陶瓷材料在高温下变成导电体。当陶瓷体两侧的氧气水平出现差异的时候，电极上将会产生电压。空燃比 $\lambda=1$ 的化学当量比将会在反应曲线上产生一个特征跳跃（跳跃函数）（见图 6-10）。氧传感器的电压和内阻均对温度敏感。当排气温度超过 350℃（非加热型传感器）或者超过 200℃（加热型传感器）时，它就可以可靠地工作了。

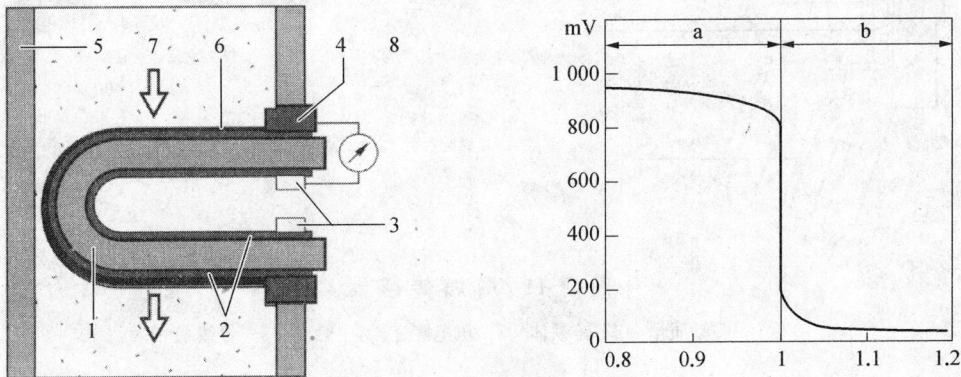

图 6-10　λ 氧传感器输出特性曲线

1—特殊陶瓷体涂层　2—电极　3—触点　4—壳体触点　5—排气管　6—陶瓷体保护层（多孔的）
7—排气　8—空气

（a）浓混合气（空气不足）　（b）稀混合气（空气过量）

4）燃烧爆燃

在某些情况下，火花点燃发动机的燃烧会出现一种不正常的现象，这一过程的特征是具有典型的"爆燃"声或者"砰砰"声。这一现象称为爆燃，是一种不希望产生的燃烧过程，这种爆燃会降低发动机的输出功率和效率。爆燃现象是由于新鲜混合气在传播的火焰前锋到达之前自燃而提前着火而发生的。

通常情况下，初始燃烧和活塞的压缩力使缸内压力和温度达到峰值，引起离火焰较远的气体（尚未燃烧的混合气）发生自燃。这种燃烧所产生的火焰速度可超过 2 000 m/s，而正常燃烧的火焰速度大约只有 30 m/s。这种粗暴的燃烧过程可在未燃气体中产生很大的局部压力增值，所引起的压力波向前传播，直到碰到燃烧室外缘的气缸壁。

经常性的提前燃烧总是产生压力波，并增加气缸盖垫片、活塞以及气门周围的热应力，所有这些都会引起发动机零部件的机械损坏。

由燃烧爆燃引起的特征振型可用爆燃传感器进行监测，并转换成电信号，这一信号接着被传送到 Motronic 的 ECU 中（见图 6-11 和图 6-12）。必须细心选择传感器的数量和安装位置。必须保证能够可靠地识别所有气缸在发动机的任何运行工况下发生的爆燃，特别是发动机高负荷和高转速工况。作为一般的原则，4 缸发动机需安装一个，5 和 6 缸发动机装两个，8 和 12 缸发动机装两个或更多个爆燃传感器。

5）发动机和吸入空气温度

发动机温度传感器配有一个热敏电阻，该电阻伸入到冷却水回路中，以监测其温度。在进气通道中的传感器以相同的方式记录吸入空气的温度（见图6-13）。

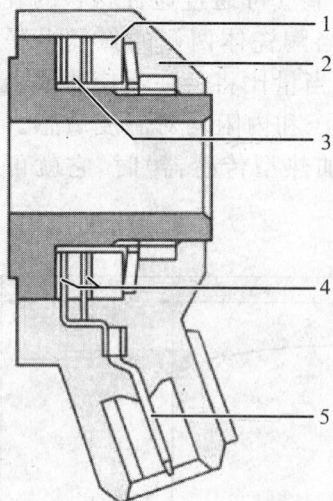

图 6-11　爆 燃 传 感 器

1—震动质量　2—铸铁体　3—压电陶瓷　4—触点　5—导线

未发性爆燃状态　　　　　　　　　　　发性爆燃状态

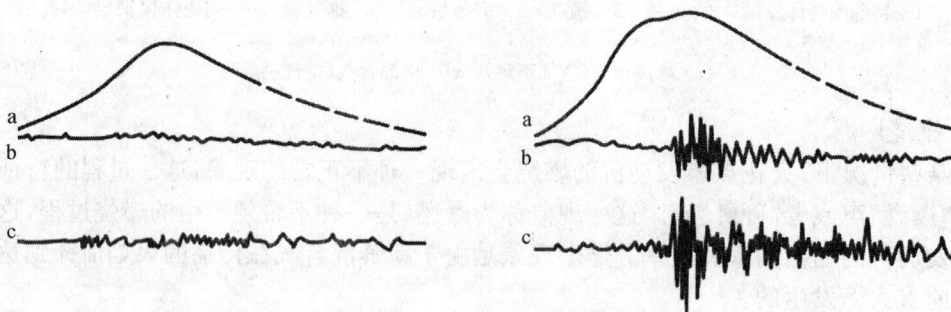

图 6-12　爆燃传感器信号

a—爆燃传感器提供的气缸压力曲线　b—经过滤波后的压力信号曲线　c—爆燃传感器的输出信号

水温传感器　　　　　　　　　　　进气温度传感器

图 6-13　温 度 传 感 器

　　这是一种负温度系数的热敏电阻（见图6-14），同时该电阻在5 V电源下工作，构成分压回路的一部分。一个模—数转换器监测此电阻的电压降，该压降值反映了温度的变化量。在计算机的存储器内存有一个修正表，用来补偿电压和温度之间的非线性关系所引起的误差，对于每一个电压值,该表都有一个相应的温度读数。

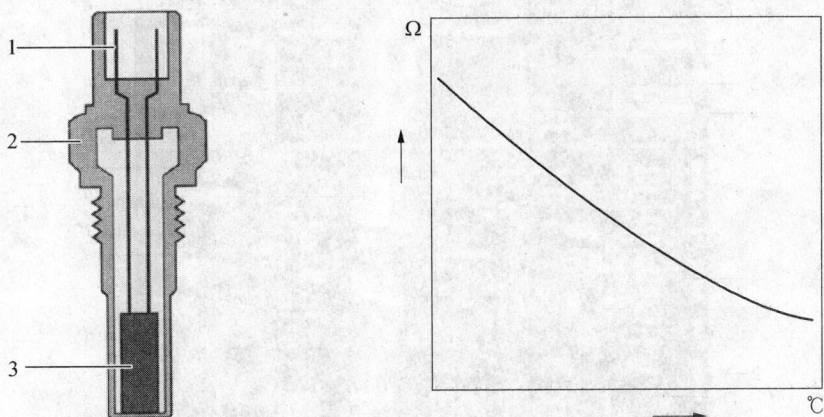

图6-14 发动机温度传感器和温度传感器响应曲线(*NTC*)

1—接线 2—壳体 3—负温度系数(*NTC*)电阻

6) 蓄电池电压

电磁喷油器的开启和关闭时间受蓄电池电压的影响。如果汽车的电路系统中发生电压跃动,ECU会调整喷油过程的持续时间,以防止响应延时。电池电压变低时,点火回路中电流流过一次线圈的时间必须延长,以便线圈能有充分的时间来积累足够的点火能量。

2. 电控单元(ECU)

电控单元ECU是发动机管理系统的"处理与控制中心"。它采用预先存储的功能或算法(处理程序)对由传感器送来的信号进行处理,并以这些传感器信号为基础计算得到控制信号,并通过驱动级直接将控制信号送往相应的执行器(例如点火线圈和喷油嘴)实施控制。

ME7发动机管理系统的电控单元采用的是专门为发动机管理系统而设计定义的16位高性能微处理器,此外还为微处理器配有闪存(Flash Memory),可方便地实现程序和匹配数据的更新。

1) 电控单元(ECU)的结构

电控单元(Electric Control Unit,ECU)是由金属外壳与敷有电子元器件的印刷电路板构成,如图6-15所示。

通过一个多引脚的线束插头将ECU与各传感器和执行器,当然还有电源相连。这种接头的引脚数目取决于ECU所包含的相应功能的多少。在ME-Motronic系统中,接头引脚不会少于100个。在PCB板的输出功放电路下方(反面)有层金属底板,利用穿孔连接来实现向金属底板下表面的热传递,并从那里把输出放大电路所产生的热量通过"热桥"传递给金属外壳。

2) 电控单元(ECU)的数据处理

(1) 处理负荷信号 ECU利用负荷信号和发动机的转速信号来计算与每一个进气行程期间发动机吸入空气量相应的负荷信号。这一负荷信号被用作计算喷油持续时间以及确定预定点火提前角响应曲线工作点的基础(见图6-16)。

图 6-15　ME7 电控单元

1—多端插头　2—电路板　3—驱动芯片　4—内含 ROM 的功能处理器　5—闪
存（储存针对不同车型补充程序）　6—EEPROM　7—内含 ROM 的扩展处理器
8—闪存（储存扩展处理器的部分程序）　9—大气压力传感器　10—CJ910 芯片组（集
成了 5 V 电压调节器和感应式传感器的处理电路）在背面还有外置 RAM

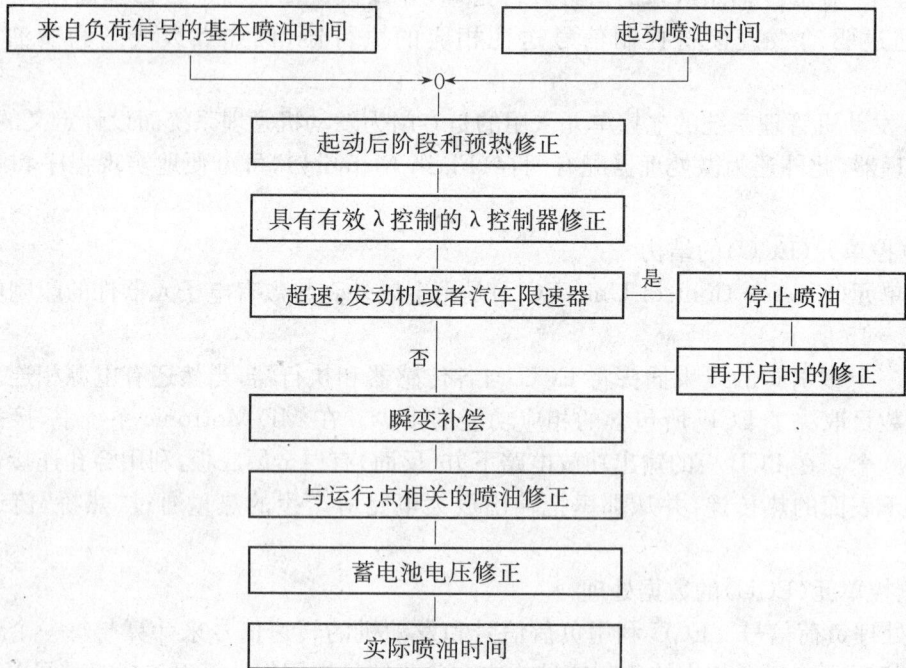

图 6-16　喷油时间的计算

笔记

① 监测空气质量流量 热线或者热膜空气质量流量计直接测量出空气的质量,并产生一个信号。该信号可用来作为负荷信号的计算参数。当使用空气流量计时,则在确定空气质量流量和负荷信号之前,还需要对空气的密度进行修正。

在特定的情况下,因进气歧管中的强烈波动所引起的监测误差可使用波动修正的形式进行补偿。

② 监测压力 压力监测系统(使用一个压力传感器来确定负荷)不同于空气质量监测系统,因为没有直接的公式来定义进气压力和进气质量流量之间的关系。因此,ECU 是根据所存储的修正方法来计算负荷信号的。

③ 测量节气门的开度 当使用节气门传感器时,ECU 根据发动机的转速和节气门角度来确定负荷信号,并根据温度和大气压力的读数对空气密度的偏差进行补偿。

(2)计算喷油时间。

① 基本喷油时间 基本的喷油时间直接由负荷信号和喷油器常数进行计算,并确定触发信号持续时间和喷油器流量之间的关系。喷油器的常数随喷油器设计的不同而变化。将喷油持续时间乘以喷油器常数时,所得的结果即是每一个冲程与特定的空气质量流量相应的燃油质量。所选择的基本设定为过量空气系数 λ=1。

只要燃油和进气道之间的压力差维持不变,这一结果就是有效的。当压差变化时,按预设的 λ 修正曲线图补偿它对喷油时间的影响。

此外,蓄电池电压修正器对电池电压波动的补偿则会影响喷油器的开启和关闭时间。

② 有效喷油时间 考虑修正系数以后,即可计算出有效喷油时间,修正系数是由特定的功能来决定的,并给各种发动机运行范围和条件提供调节数据。修正系数既可独立使用也可以和使用参数结合起来使用。

(3)点火能量和点火提前角控制。

① 闭合角的控制 控制闭合角就是根据发动机转速和蓄电池电压改变点火线圈的通电时间。在所有可能的范围内运行,所选择的闭合角都应能保证在通电结束时获得足够的初级电流。

充电时间通常以高转速范围为标准设置,以保证火花塞具有足够的点火能量。

② 点火提前角的控制 含有各种发动机负荷和转速的基本点火时间的程序图被存储在 Motronic ECU 的存储器中。点火提前角已经过优化,以最大限度地减少油耗和废气排放。

发动机温度和进气温度数据,通过水温传感器和进气温度传感器检测,为补偿温度变化所需的进气、点火和喷油量的修正提供基本信息。控制单元还提供一些额外修正控制或恢复到其他控制模式的程序图,以适应所有的运行工况。这样就能够将扭矩、排放、油耗、爆燃控制和行驶性能等相互作用的效果综合考虑。在使用二次空气喷射或者废气再循环(EGR)的运行期间,以及汽车动态工况(例如加速时),特殊的点火角度修正将发挥作用。

分析各种工况(怠速、节气门部分开启、节气门全开、起动与预热)下点火正时的修正,得到点火提前角处理过程的流程图,如图 6-17 所示。

3.执行机构

1)进气系统

(1)节气门控制 影响汽油机的功率输出的首要因素是气缸进气量。发动机管理系统主要是通过调节节气门开度来控制气缸进气量。

笔记

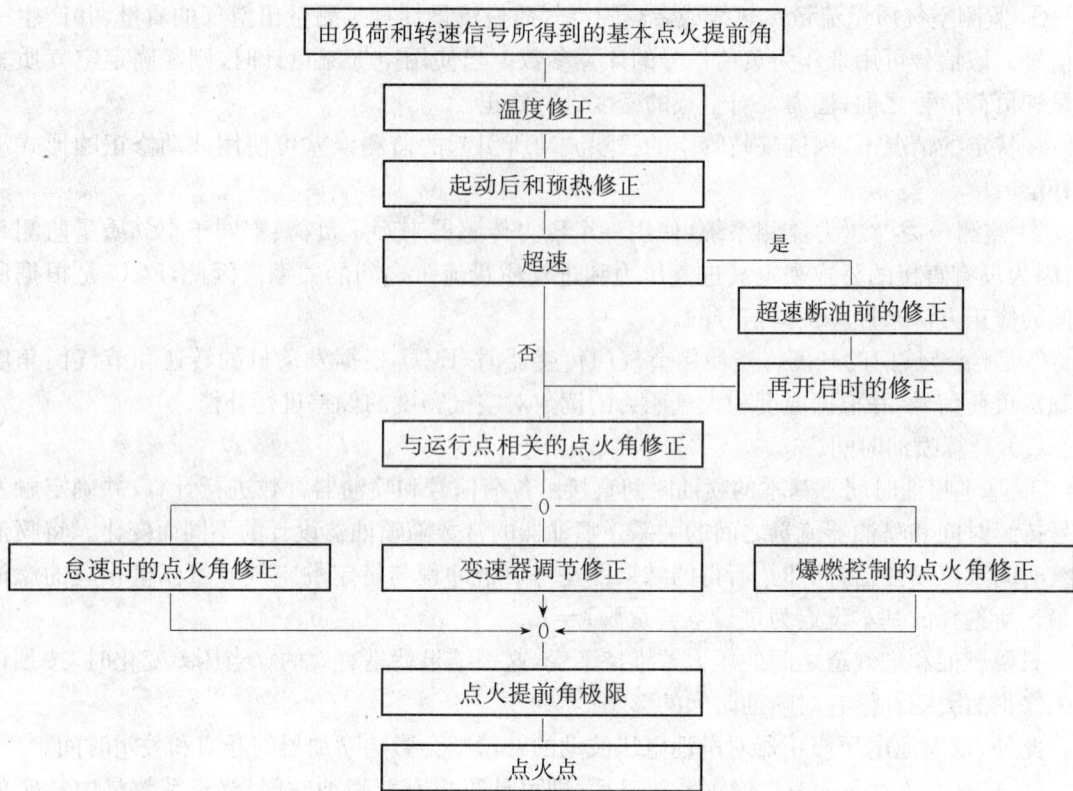

由负荷和转速信号所得到的基本点火提前角

温度修正

起动后和预热修正

超速 —— 是 —— 超速断油前的修正

再开启时的修正

否

与运行点相关的点火角修正

○

急速时的点火角修正　　变速器调节修正　　爆燃控制的点火角修正

○

点火提前角极限

点火点

图6-17　点火提前角处理过程流程图

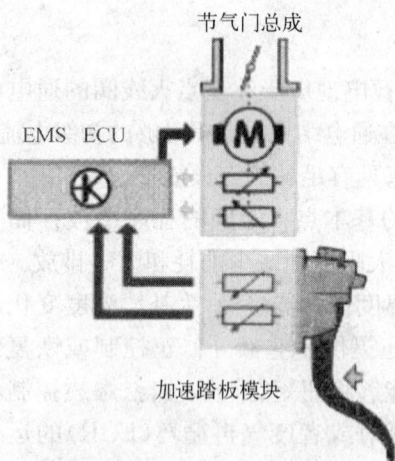

图6-18　ETC工作原理

ETC(电子节气门控制)使用ECU来控制节气门开度,节气门组合成一个单独的控制单元,它带有节气门驱动器(直流电机)和节气门开度传感器(见图6-18)。

两只对置的电位计监测加速踏板的位移,作为控制节流阀总成的基础。ECU判断驾驶者所要求的节气门开度,并为适应发动机当前工况的要求得出必要的调整量,然后给节气门驱动器发出一个相应的触发信号。带有两个相互对置电位计的节气门位置传感器,可以准确地响应位置命令。

布置在节气门的双电位计由监测加速踏板位移的两只电位计进行补充。这种布置提供了系统冗余,形成完整的ETC监测功能的一部分。这个子系统不断地检查和监测各传感器,并判断每当发动机运转时可能影响节气门开度的因素。系统对故障最初的反应是按照冗余传感器传来的过程数据改变运行状态。如果没有冗余传感器信号可获,节气门移至其默认位置。

ME7-Motronic系统在发动机管理单元ECU中集成了ETC系统,用来管理点火、喷油及其他多项辅助功能。这使得为ETC保留一个专用的ECU已经没有必要。图6-19为一个ETC系统的各种部件。

（2）其他控制进气控制　尽管节气门电子控制是控制新鲜空气进入发动机的主要途径,但还有一些系统也可以调整气缸内的新鲜气体和剩余气体的质量:

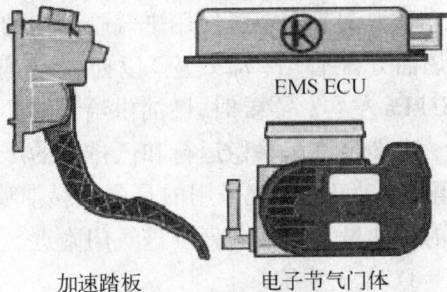

图 6 - 19　ETC 的组成

① 可变配气　随发动机转速和负荷的变化,进气量的大小、进气气流的流速、进气阻力都随之变化,可变气门正时可以随发动机工况的变化,实时地调整气门的升程和气门的开启、闭合时刻,达到提高充气效率的目的,可以提高发动机的动力性和经济性。

② EGR 废气再循环　EGR 系统引入废气,经过 EGR 阀将一部分废气返回送到新鲜混合气中,EGR 阀的升程确定了气缸充量中废气的成分。

废气再循环是一种降低废气中氮氧化合物含量的有效方法,把已经燃烧过的气体添加到新鲜混合气中可降低燃烧峰值温度,因为氮氧化合物的生成对温度十分敏感,气缸内最高温度的降低可以有效减少 NO_x 的排放。

③ 可变进气　换气过程不仅受气门正时控制,进/排气管的结构也是重要的影响因素。在气缸进气行程期间,进气管内部产生周期性的压力波。这些压力波可利用来增加新鲜气体充量,以获得尽可能大的功率。

④ 进气增压技术　通过废气涡轮增压或机械增压等方式,提高进气新鲜空气的压力,提高实际进入气缸的新鲜充量,可以有效地提高发动机的功率。

2）燃油系统

燃油供给系统必须能够在所有运行工况下向发动机提供所需的燃油量。电动输油泵将燃油从油箱抽出,通过一个滤清器,送到装有电磁喷油器的燃油分配管内,喷油器将精确计量的燃油喷入发动机进气管,多余的燃油通过燃油压力调节器流回油箱(见图 6 - 20)。

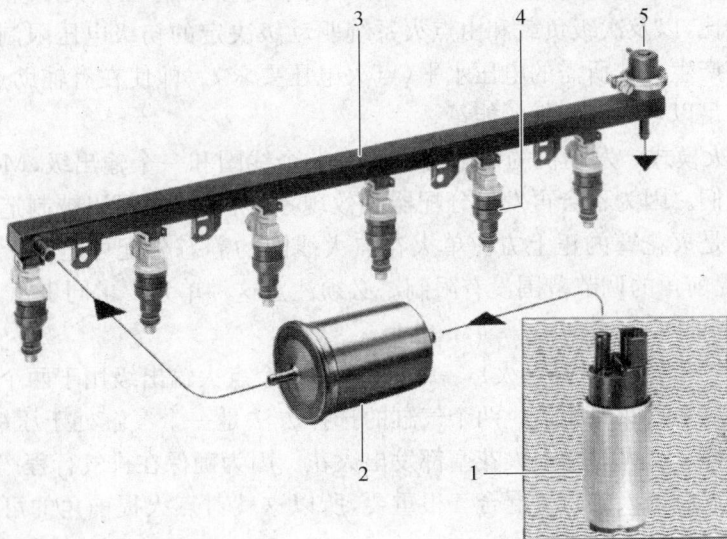

图 6 - 20　燃油供给系统

1—电动输油泵(油箱内)　2—燃油滤清器　3—燃油分配管　4—喷油器　5—燃油压力调节器

压力调节器一般使用进气歧管内的压力作为基准。保持这样的压力，加上燃油不断地通过燃油分配管（冷却效应）以防止在燃油中形成气泡。喷油器的压力差通常一直保持在300 kPa左右。需要时，燃油供给系统还能采用配装稳压器的设计，以降低油路的压力波动。

为满足汽车平稳运行和低排放的严格要求，每一个工作循环都需要提供完全精确的混合气配制。ME7系统采用的是多点燃油喷射，各缸喷油器由ECU控制，可在准确的时间点将精确的燃油量直接喷向气缸进气门附近。

3）点火系统

高压点火电路产生点火所需的高压电流，然后在准确的时刻供给相应的火花塞。

点火线圈按电感应原理工作，它包含两个磁耦合铜线圈（初级和次级线圈）。能量储存在初级线圈的磁场中，然后转移给次级线圈。电流和电压的变换比是初级和次级电路各自线圈所含线圈匝数的比值。

现代的点火线圈由钢片和塑料外壳组成，钢片叠合形成一个封闭的铁芯。壳内的初级线圈绕在直接装在铁芯上的绕线管上，再外面是次级线圈。为了加强跳火阻抗，线圈做成盘状或环状。同时，壳体内充填环氧树脂，在两级线圈之间以及线圈和铁芯之间起到有效的绝缘作用。可改变具体的设计结构来适应不同的用途。

点火驱动电路采用多级功率管来控制流过线圈的初级电流，点火输出级充电时的初级电流和初级电压都有所限制。限制初级电压是为了防止次级电压增加过多，过高的电压会损坏高压电路元件。限制初级电流是为了将点火系统的能量输出控制在规定水平上。功率输出级既可以是内置的（构成Motronic的一部分）或外置的（位于Motronic系统的外部）。

在预定的闭锁期间Motronic的ECU激活点火驱动级，这期间线圈的初级电流升至规定强度。初级电流的强弱和点火线圈的初级感应决定了储存在点火系统中的能量。当到达点火时刻时，点火驱动级切断电流。磁场中的磁通量在次级线圈中感应次级电压。

可能产生的次级电压（次级电源）取决于几个因素，包括储存在点火系统中的能量、线圈的容量和线圈变换比，以及次级负载和由点火系统驱动级决定的初级电压限制。次级电压必须一直高于火花塞产生火花所需的电压水平（点火电压要求）。即使在有辅助点火的情况下，火花塞也必须具有足以点燃混合气的能量。

（1）独立点火模式 发动机的每个气缸配有一个线圈和一个输出级，Motronic单元根据点火次序触发它们。因为不会再发生分配器失效现象，所以线圈可以被制造得特别小。人们偏爱的安装位置是火花塞的正上方。单火花点火线圈的静态分配可适用于任何缸数的发动机，它们对点火提前角的调节范围没有限制。必须注意这种单元要求同步化，同步化由一个凸轮轴传感器实现（见图6-21）。

（2）双火花点火模式（双头点火） 一个线圈和一个点火输出级用于两个气缸。次级线圈的每一端与其中一个火花塞相连。两个气缸的选择方法是一个气缸处于压缩行程时，另一个正好处于排气行程。点火时两个火花塞都发出火花。因为确保在排气行程产生的火花既不会点燃废气也不会点燃进入的新鲜混合气很重要，所以这就对点火提前角的可选范围有一个小小的限制。

这个系统同时为压缩上止点和排气上止点两个气缸同时点火，不需要判缸，所以不要求安装凸轮轴位置传感器（见图6-22）。

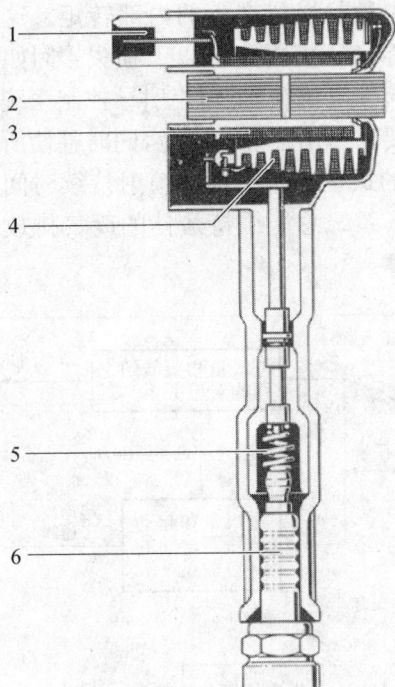

图 6 – 21　独立点火模块

1—外部低压端　2—多片铁芯　3—初级线
圈　4—次级线圈　5—装有弹簧接触的内部高压
端　6—火花塞。

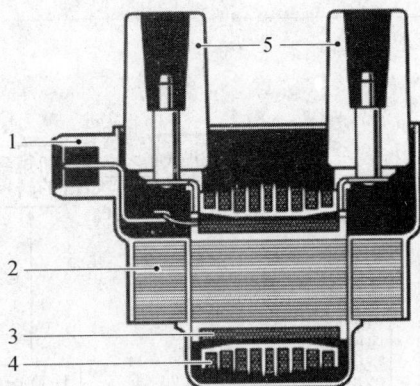

图 6 – 22　双火花点火模块

1—低压端　2—铁芯　3—初级线圈　4—次级
线圈　5—高压接线柱

三、ME7 – Motronic 的基本控制

1. 基于扭矩引导控制的基本原理

发动机管理系统的主要任务是把驾驶者的要求转化为发动机的控制目标,依据发动机的实时信息检测,准确计算各种修正量,以期达到发动机的输出功率、转矩和发动机目标状态的匹配,实现驾驶者操作目标的同时保证发动机处于最佳的工作状态。这需要计算所需的空气充量和与之对应的喷油量、最佳点火正时。一旦确定了这些参数,系统立即对执行器实施控制,执行器管理节气门总成、喷油器、点火线圈等。

ME—Motronic 是一个基于转矩引导控制的系统。ME—Motronic 系统将很多附加功能(怠速控制,转速调节等)、汽车的传动控制系统(如 TCS、变速箱转换控制)和一般的汽车功能(如空调操作)结合起来,把对当前发动机输出要求进行协调,转换给基本的 Motronic 系统。例如,空调控制系统工作要求发动机增加输出功率,优先于空调压缩机离合器的啮合。

ME7 – Motronicl 将以前需要独立实施调整控制参数的命令(气缸充量、燃油质量和点火正时)以不相同的要求排序并协调,然后用获得的控制参数达到最终的转矩控制目标。该协调控制策略能从发动机每次协调操作中,都获得最优的排放和燃油消耗。

转矩引导控制原理的一个必要元件是 ETC 电子控制加速踏板,它可通过发动机管理系统直接控制节气门的动作,增加了一种发动机充量的调节方法。发动机管理系统也将其引入到其他因素的调节。

笔记

ME7-Motronic 系统转矩引导控制原理的基本参数是燃烧产生的内部转矩。这是在压缩和做功行程气体压力产生的指示力。发动机的实际净转矩要除掉以下损失：例如摩擦损失，泵气(换气)损失和附加的设备驱动功率(水泵、交流发电机等)。转矩引导控制系统最终的目标是要精确地选择发动机控制参数，以对驾驶者的要求做出正确的回应，同时补偿所有的附加功率损失。Motronicl 内部存储了任何转矩要求下的最佳充量密度和喷射持续时间和点火正时，所以无论发动机工况如何变化，ME7-Motronic 系统总能维持最佳的废气排放和燃油经济性。

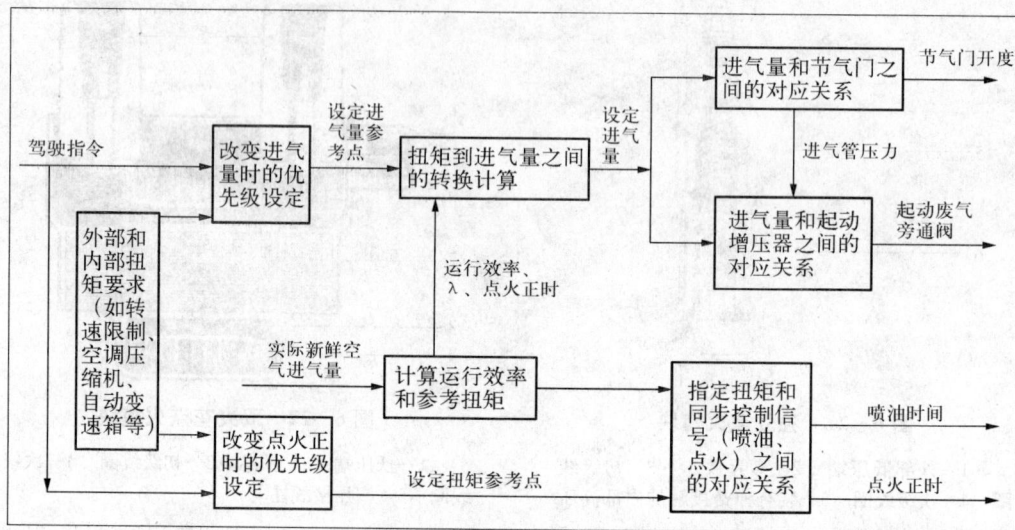

图 6-23 扭矩引导控制的基本原理

ME7-Motronic 系统对发动机转矩的调节主要有两条途径(见图 6-23)：一是快速反应路径，快速反应路径控制各缸的点火正时和/或停止喷油，以瞬间或快速的降低发动机输出转矩。自动变速器的换档操作、TCS 防滑控制等都用到这种方法降低发动机输出功率。二是较慢的路径，被称为充量控制路径，是针对平稳的操作、对一个给定的转矩计算得出的充量要求，然后将这个气缸充量要求提供给节气门单元。

2. 进气质量的计算

空气充量指在进气门关闭时气缸内的空气质量。空气充量通常由当前进入气缸的空气质量和在标准条件下($P=101.3 \text{ kPa}, T=273 \text{ K}$)充满气缸的空气质量的比值来衡量，这个比值被称为充气效率。

对于吸气式汽油发动机，充气效率是影响发动机动力输出的重要参数，因此它和转矩结合在一起作为控制参数。由于无法直接检测进气充量的密度，所有只能通过建立模拟模型，通过所获得的传感器信息计算而得。

充量模型应能满足以下要求：

(1) 在任何工况下(功态的、可变进气管、可变气门正时等)能精确计算充量密度。

(2) 在可变比率 EGR 控制的外部或内部系统中，能对废气的成分做出精确判断。

(3) 对应任何的充量密度要求，能计算出对应的节气门开度的控制指令。

空气质量流量计用于直接测量进入进气管的空气质量流量，其计算过程是将近期行程测得的平均质量流量乘以进气行程的持续时间,转换为相对充量密度。同时需要进气温度、进气管压力、燃烧室温度等次级参数,对实际进气量进行修正。

空气质量流量计在发动机稳态时可以准确地计算出进气质量,如果节气门变化,会导致空气质量流量计监测信号滞后,其原因是节气门开度变化引起了进气歧管气压的变化,进入进气歧管的空气需要平衡歧管压力的变化,导致空气流量计监测的充量并没有进入气缸。当进气歧管压力平衡后,空气质量流量计可以准确地监测进气质量。

如果将进气管压力传感器当作"主充量——密度传感器",则可以通过监测进气管绝对压力。计算进入气缸的空气质量,也需要进气温度参数修正。

进气管压力对充量的监测具有非常重要的意义。相对充量密度和进气管压力之间的关系可以用线性方程表示(见图6-24)。

线性方程的水平段表示管内剩余气体的压力,随着进气管压力的增加,充量密度也随之提高。倾斜段的斜率取决于发动机转速、气门重叠角和燃烧室温度。

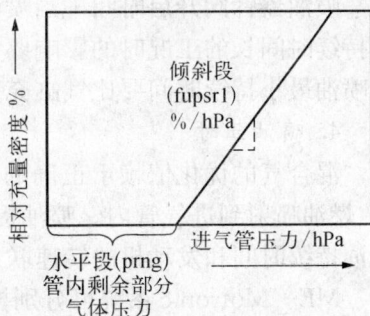

图6-24 进气管压力对充量的监测

气缸内的充量密度也由进气管模型控制,运用这个模型,流过节气门的气体可以用一个等式表达。主要影响因素是节气门前的瞬时压力、压力降、温度和节气门的有效开度,所有的参数由进气管模型计算,其他与节气门有关的特殊参数(如空气流动的摩擦损失)则必须通过"台架实验"实测并量化。

现在进气管模型要"反过来"通过设定气缸充1 L密度(被ME7-Motronic计算出)计算出节气门开度。这个开度作为一个命令值被传送到节流阀驱动器的位置控制器。

基于转矩的控制功能的思路正好相反,首先由ME—Motronic根据相关传感器信息计算出气缸内的充量密度,进气管模型根据设定的充量密度计算出节气门开度。控制节气门驱动器调整节气门开度。

3. 喷油量的计算

空气充量的测定为获得喷油量计算提供了基础,结合不同工况下的理想空燃比就可以计算出所需燃油量;再根据喷油器单位时间的喷油量,可以计算出喷油器喷射持续时间。最终通过电脑对喷油器喷油时间的控制,准确地为气缸提供所需的燃油量。

喷油器单位时间的喷油量受到供油压力与喷射背压之间压力差的影响,标准的供油压力是300 kPa。可以用不同的方法来保持这个压力:

(1)带回油管的燃油供给系统 通过燃油压力调节器,调节燃油分配管内的燃油压力,使之随着进气管的压力变化而变化,始终保持燃油压力与进气歧管压力差恒定,使得喷油器大致上能保持一个稳定的流速。油压调节器安装在燃油分配管上或油箱内。

(2)无回油管的燃油供给系统 维持相对于环境压力有300 kPa的供油压力,进气管内的压力变化,会导致喷油器两端压差产生变动。可以在发动机控制单元设置补偿功能来对这种压力波动进行修正。

此外,喷油时间还可能受以下因素的影响:

燃油波动 喷油器的开闭在供油系统中会产生压力波动。这使得当喷油器开启时燃油流速不一致。也需要由一个相对于发动机转速和喷油持续时间的适配系数进行修正。

蓄电池电压　计算喷油器开启持续时间的起点时,如果我们假设喷油器已经打开,而且以不变的速率喷油,则这一点是正确的,但是现实的工作情况中喷油器的开启时间也必须考虑。开启持续时间随蓄电池供应电压不同有很大变化。在针阀完全打开之前有一段开启时间,尤其在起动阶段或蓄电池部分放电时。所有喷油器开启的持续时间的计算中,必须有一个来自蓄电池电压的修正量,来补偿蓄电池电压对喷油器针阀开启时间的影响。

喷油器针阀开启时间　当喷油持续时间短时,喷油器针阀的开启时间的影响要明显比喷油持续时间长的工况时的影响要大得多,因此最小喷油持续时间决定了燃油计量的精度。通常喷油最小持续时间要比气缸充量得所需的最小喷射时间要短。

4. 喷油正时

混合气的优化依赖于正确的喷油正时和精确的燃油计量。通常当进气门仍然关闭的时候,燃油喷射到进气管内。喷油提前用曲轴转角表示,并用进气门的关闭时刻作为参考点。将喷油持续时间和发动机的转速联系起来,获得初始喷射角度。

ME—Motronic 系统可分别控制每个气缸的喷油器,这使得每个气缸可以设定不同的燃油充量(依次序喷射)和喷油正时。

5. 点火控制

1) 点火提前角的控制

发动机稳定工况下的"参考点火提前角",取决于瞬时气缸充量、发动机转速和混合气浓度(以过量空气系数表示)。在起动和预热的特殊工况下,温度影响到燃油的雾化和燃料的燃烧,点火提前角需要根据发动机温度进行修正,在发动机暖机并达到正常运行温度的标准工况下,"参考点火提前角"由距离爆燃极限的最小间隔来确定。

在自动变速器换档、车轮滑转等工况时,也可能通过控制点火提前角调整发动机的输出功率。

2) 闭合角的控制

点火系统要保证混合气能完全充分的燃烧,就必须提供足够的点火能量。而点火能量的大小,取决于初级线圈的通电时间,如果这个时间用曲轴的转角表示,就是我们所提到的闭合角。

发动机的运转是一个动态的过程,相同的闭合角在发动机转速较高时,对应的时间少,相反随着转速的降低,对应的时间减少;闭合角随发动机的转速有一个修正量,保障发动机高速旋转时有足够的点火能量。同时闭合角的结束时刻是点火时刻,随着点火提前角的变化,闭合角的开始时刻也相应地作出调整。

四、ME—Motronic 系统的工况控制

发动机工况分为过渡工况和稳态工况,稳态工况通常由转速和负荷标定,例如大负荷工况、怠速工况、高速工况等;过渡工况主要有起动工况、暖机工况、加速减速工况等,在过渡工况中汽车的转速、负荷等参数是变化的。不同工况下对混合气的要求不同,例如在冷起动工况,由于发动机温度较低,燃油难于雾化,需要提供浓度非常高的混合气。

1. 起动工况

为满足起动阶段的充量控制、喷油和点火正时调整的要求,在起动之前,进气管中的空气是稳定的,而且与环境大气压力保持一致,无法通过进气充量的检测完成节气门开度控制和燃

油控制。通常用起动温度作为个固定参数来确定节气门的位置。同样在不同的起动温度下，有相对照的"喷油定时"来确定喷射脉冲的起点。

发动机温度低时，会使燃油的雾化效果变差，大量的燃油会粘附在进气管壁和气缸壁上，导致混合气实际浓度下降，因此需要根据发动机起动时的温度对喷油量进行修正。

发动机转速越低，进气气流越小，会使已经很糟糕的燃油雾化变得更加的困难，而随着发动机转速的提高，这种状况会有所改善，在温度修正的基础上，随着发动机的运转，起动加浓程度逐渐减少，当达到起动阶段的终点（600～700 r/min）时完全取消加浓。

点火提前角在起动阶段也要进行调整，它根据发动机温度、进气温度和发动机转速进行调整。

在第一个点火火花产生之前，系统必须准确地识别当前哪一缸处于压缩行程。通过曲轴和凸轮轴传感器信号，系统可确定气缸所处的状态。如图6-25所示，(c)是凸轮轴旋转时的信号波形，(b)为曲轴传感器的信号波形，曲轴每旋转一周，传感器扫过58个齿。当来自这个传感器的信号波形（见图6-25(b)）的间隙与曲线(c)的凹槽保持一致时，这就说明第1缸处于压缩行程，同时意味着在它的下一个行程要点火（见图6-25，点火(a)）。起动阶段在曲轴传感器间隙信号取得后，凸轮轴传感器得到第一个间隙信号后，第一个点火火花才触发。

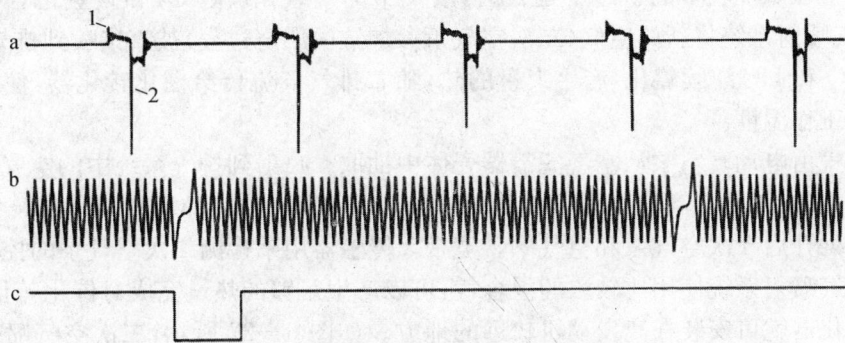

图6-25　点火提前角在起动阶段的调整

如果凸轮轴位置传感器可以为每缸提供一个不同的信号，如图6-26所示，可以使ECU更快地识别出各缸的状态，在曲轴信号曲线的第一个间隙出现之前，即可发出第一个点火火花。减少了花费在起动机接合和气缸识别上的时间；这既缩短了整个起动时间，又减少了起动机和蓄电池负荷。

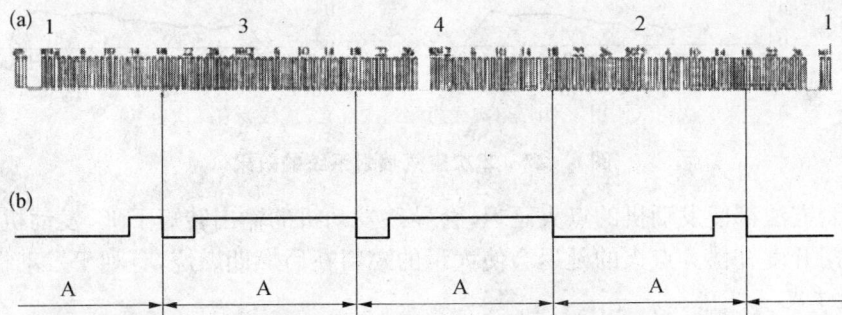

图6-26　凸轮轴位置传感器信号

2. 暖机工况

暖机工况的主要目标有两个：第一个是发动机的温度迅速提高，达到正常的工作温度，称为暖机；另一个是使三元催化器快速达到工作温度并开始工作，以期减少废气排放。

暖机工况增大节气门开度，增加进气量使发动机以远高于怠速稳定转速的车速旋转。较多的燃料燃烧可以使发动机快速地升温，同时较高的转速可以减少气道积炭的生成、提高排放性能。节气门开度由发动机温度决定。

催化转化器只有达到工作温度后才开始工作，使催化转化器快速进入净化，可以使有害排放物急剧减少，因此在起动后的暖机工况下需要对催化转换器加热。对催化转化器的加热主要利用废气，方法有两种：

1）稀混合气暖机

稀混合气暖机和延迟点火相结合，稀混合气可以降低燃烧速度，结合点火的延迟使燃料在做功行程无法完全燃烧，稀混合气又提供了充足的氧气，未燃烧的燃料在排气管中进一步燃烧，产生的高温为催化转换器加热。这种方法可以省去辅助装置，但是它所产生的热量有所限制，所以催化转化器必须要安装在靠近发动机的位置，以尽量减少热损失。

2）二次空气喷射

当发动机在燃油较多的状态下运行时，废气中的一氧化碳（CO）和碳氢化合物的含量增多，二次空气喷射系统将新鲜空气（二次空气不参加缸内燃烧过程）被直接喷到排气门的下游，未燃烧的 CO 和 HC 继续氧化，产生大量的热，随着排气气流传给催化转化器，使它在最短的时间内达到工作温度。

二次空气由电动真空泵从空气滤清器壳体中抽取。喷射到排气系统中的空气是由截止阀和单向阀来调整，以防止高温废气回流到二次空气喷射系统中。ME—Motronic 系统在确定的时间间隔处开启二次空气泵和空气阀。宽带 λ 传感器用来检测二次空气泵的控制精度。

二次空气喷射系统使用比较浓的混合气，可以产生足够的热量完成对催化转化器的加热，这样催化转化器就可安装在离发动机较远的地方。如图 6-27 所示，二次空气喷射系统在起动初期的 2 分钟内可以有效地降低 CO 和 HC 的排放量。

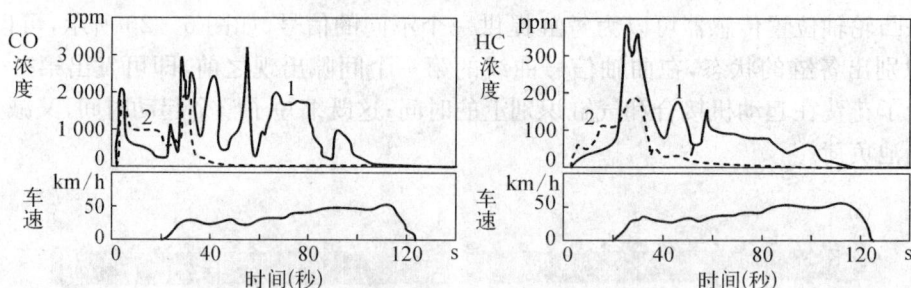

二次空气使用效果比较（实线为无二次空气，虚线为有二次空气）

图 6-27　二次空气喷射系统的效果

两种控制方法都使发动机的点火延迟，会导致发动机的输出转矩下降，发动机控制单元通过调节节气门开度补偿。点火的延迟会使大量的燃料在后燃期燃烧，有利于发动机的暖机。

3. 怠速工况

发动机在怠速工况时无动力输出。为了保证发动机在最低转速下稳定运转，必须保证发动机输出转矩与所受到的阻力矩平衡。阻力矩主要来自发动机曲柄连杆机构和配气机构的内摩擦阻力,以及一些辅助装置的驱动力,比如水泵、油泵、发电机等。

发动机的内摩擦损失随着温度的变化而改变,随着温度的升高内摩擦损失会有所下降。发动机自身的配合关系也会影响到摩擦损失,在整个发动机的使用寿命期内,摩擦损失也是不断缓慢地变化的。此外,辅助装置的开启和关闭,会影响到发动机的阻力矩,例如空调系统的工作。

ME—Motronic 基于转矩的控制理论应用于怠速闭环控制系统,确定发动机的输出功率,以保证在任何工况下怠速都保持在设定的转速。当发动机转速减小时,控制系统使输出功率上升;反之,当发动机转速增大时,控制系统使输出功率下降。

ME—Motronic 系统能识别各种干涉因素,例如空调压缩机的起动、自动变速器的换挡等,这些需要更大的转矩。为了补偿发动机在低温时较大的内摩擦损失,或者说为了保持较高的怠速转速,需要较大的转矩。所有输出转矩需求的总和传给转矩协调单元,然后由该单元计算出相应的充量密度、混合气成分和点火正时。

4. 加速工况和减速工况

喷入进气管的燃油如果没有及时进入气缸燃烧,会附着在进气管壁上形成油膜,而油膜的多少与供油量有密切的关系,当气缸处于加速工况时,节气门突然增大使进气气流的流速降低,而供油量突然增加,会使部分燃油黏附在进气管壁上,使混合气的实际浓度降低,因此在加速时应该有一个加浓的修正量,保障混合气的浓度。减速时喷油量突然减少,黏附在进气管壁上的燃油蒸发,导致混合气浓度升高,此时需要一个降低混合气浓度的修正。

5. 发动机倒拖工况

倒拖工况是指车速比对应的发动机转速高的工况,在突然松开节气门、降档或下坡滑行时,此时发动机不再对汽车做功,同时还有阻止汽车前进的效果。此时切断供油,发动机在车辆惯性的带动下继续运转。切断供油可以减少油耗和排放污染。当发动机转速降低到该节气门开度下的目标转速后,自动恢复供油。

五、ME—Motronic 系统的其他控制

1. λ 闭环控制

通过氧传感器检测废气中氧的含量,调整供油量将进气充量的过量空气系数控制在 1 附近,使三元催化装置达到最优的转化效率。

2. 蒸发物排放控制系统

通过活性炭罐吸附燃油蒸气,通过活性炭罐电磁阀控制,在合适的工况下进入燃烧室燃烧,消除燃油蒸气的污染。

3. 爆燃控制

通过爆燃传感器检测燃烧过程中的爆燃状态,通过点火提前角调整,使燃烧过程处于接近爆燃状态,以提高燃烧速度,达到提高动力性和燃油经济性的目的。

4. 车速和发动机转速限制

过高的发动机转速可能引起发动机部件的损坏(如配气机构、活塞组件等),发动机转速限制功能可以防止发动机超过最大额定转速。

限制车辆速度和发动机转速的功能是根据同一原理实现的。如果车速或发动机转速超过

笔记

规定的限值,系统就会减少发动机的输出功率。ME—Motronic 的基于转矩的控制功能中包含了输出功率的限制。

5. 转矩和功率限制

为防止传动系部件过载(如变速器、半轴、万向传动装置等),有时必须限制输出转矩。ME—Motronic 的基于转矩控制功能提供了这种限制功能。通过控制发动机转速和转矩,可以限制发动机的最终输出功率。

6. 排气温度限制

排气温度过高可能损坏排气系统的零部件。因此,在发动机控制单元中安装了一个模块,用来限制排气温度过高,安装一个温度传感器可以满足监测排气温度。超过限定温度可通过降低发动机负荷的方法使排气温度下降。

7. 传动系统冲击力抑制

由突然踏下或松开加速踏板引起的正向或反向的负荷突变,会引起传动系的振动。为防止这种冲击力的传递,或至少减弱其强度,可以通过控制转矩上升和下降的速率,以获得较为平稳的过渡。如图 6-28 所示,这种控制方法是依赖点火正时和气缸充量的调节来实现的。

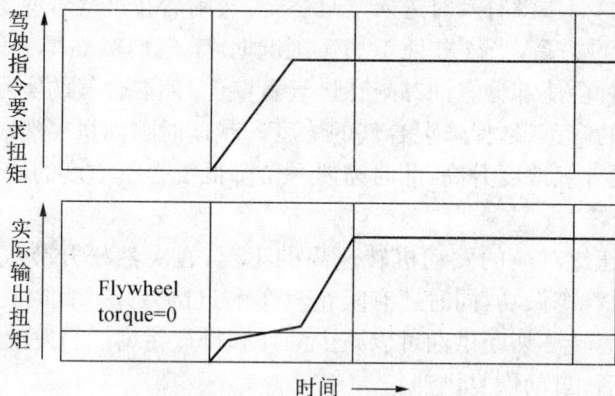

图 6-28 对转矩上升烈度的限制

技能操作

现代发动机管理系统是一个复杂的机电一体化综合控制系统,在诊断故障时,要系统、全面地掌握整个系统的结构和线路布置,同时还要掌握故障诊断的基本方法和步骤。

一、发动机管理系统维修注意事项

发动机管理系统对于高温、高压、高湿度是十分敏感的,因此在诊断与维修时应注意以下事项:

(1) 无论发动机是否运转,只要在点火开关接通时,绝不可断开任何 12 V 的电器工作装置。因为任何线圈都具有自感作用,因此在断开此类装置时,都会产生很高的瞬变电压,有可能超过 7 000 V,使微机和传感器受到致命性破坏。不能断开的部分电器装置如下:

① 蓄电池的任何线缆。

② 混合气控制电磁阀。

③ 怠速控制装置(步进电动机)。

④ 电磁喷油器。

⑤ 二次空气喷射电磁阀。

⑥ 点火装置导线。

⑦ ECM 的 PROM。

⑧ 任何 ECM 的连线。

⑨ 鼓风电动机导线连接器。

⑩ 空调离合器导线。

(2) 当诊断出故障原因,对电控系统进行检修时,应先关掉点火开关,并将蓄电池搭铁线拆下,如果只检查电控系统,则只需关闭点火开关即可。

(3) 跨接起动其他车辆或用其他车辆跨接起动本车时。必须先断开点火开关,才能拆装跨接线缆。

(4) 音响的扬声器应尽量远离计算机,以免对计算机工作产生不良影响。

(5) 在打开点火开关,发动机没有起动时,警告灯亮为正常,起动发动机后灯应熄灭,若灯仍亮,则表示计算机诊断系统已检测到系统中的故障或异常情况。根据指示灯闪烁的次数和故障码的波形,可判断出电子控制汽油喷射装置的故障。

(6) 计算机、传感器必须防潮,不允许将计算机或传感器的密封装置损坏,更不允许用水冲洗计算机和传感器。

(7) 计算机必须防止受剧烈振动。

(8) 除在测试程序中特别指出外,通常不能使用指针式万用表测试计算机及传感器,应使用高阻抗数字式万用表进行测试。

(9) 除非有说明,不要盲目地用试灯去测试任何和计算机相连的电器装置。通常使用高阻抗数字式万用表。

(10) 蓄电池的搭铁极性切不可接错,必须负极搭铁,以免 ECM 受到损坏。

(11) 喷油器上的 O 形圈,是一次性使用的零件,不能重复使用,拆卸喷油器后换新的 O 型密封圈,以保证密封性能良好。

(12) 在车身上进行电弧焊时,应先断开计算机电源。

(13) 电子控制的汽油喷射系统的故障较少,常见的故障往往是接触不良引起的,所以要保持各接头、接线柱的清洁和接触可靠。

(14) EFI 中的 CPU 是高质量的电子器件,本身故障很少,需要检查时,要用专用的仪器,一般不允许在修理作业时盲目拆修。

二、发动机管理系统故障诊断的步骤

对于电控汽车故障的诊断与排除,一般要经过向车主调查、查阅资料、直观检查、调取故障码等步骤来进行,如图 6-29 所示。

(1) 询问。向车主调查故障产生时间、症状、情况、条件、如何产生、是否已检修过、动过什么部位。

(2) 查阅资料。在对汽车进行检测前,一定要掌握该车的有关数据、所要检查部件的准确位置、接线图、接线和检测方法以及检测仪器的使用。

```
        ┌─────────────────────┐
        │      向车主调查       │
        └─────────────────────┘
                  ↓
        ┌─────────────────────┐
        │      直观检查         │
        └─────────────────────┘
                  ↓
        ┌─────────────────────┐
        │      基本检查         │
        └─────────────────────┘
                  ↓
        ┌─────────────────────┐
        │   按规定程序调取故障码  │
        └─────────────────────┘
```

┌──────────────────┐   ┌──────────────────┐   ┌──────────────────┐
│ 有故障码且故障现象明 │   │ 显示正常码但故障现象明 │   │ 有故障码而故障现象不明 │
│ 显,按故障码提示诊断 │   │ 显,无故障码故障诊断 │   │ 显,按间歇性故障诊断 │
└──────────────────┘   └──────────────────┘   └──────────────────┘

```
                    ┌──────────────────┐
                    │  按故障症状一览表和常 │
                    │  见故障诊断方法来诊断 │
                    └──────────────────┘
                             ↓
                    ┌──────────────────┐
                    │   按查明的故障原因检修 │
                    └──────────────────┘
                             ↓
                       ┌──────────┐
                       │   验证    │
                       └──────────┘
```

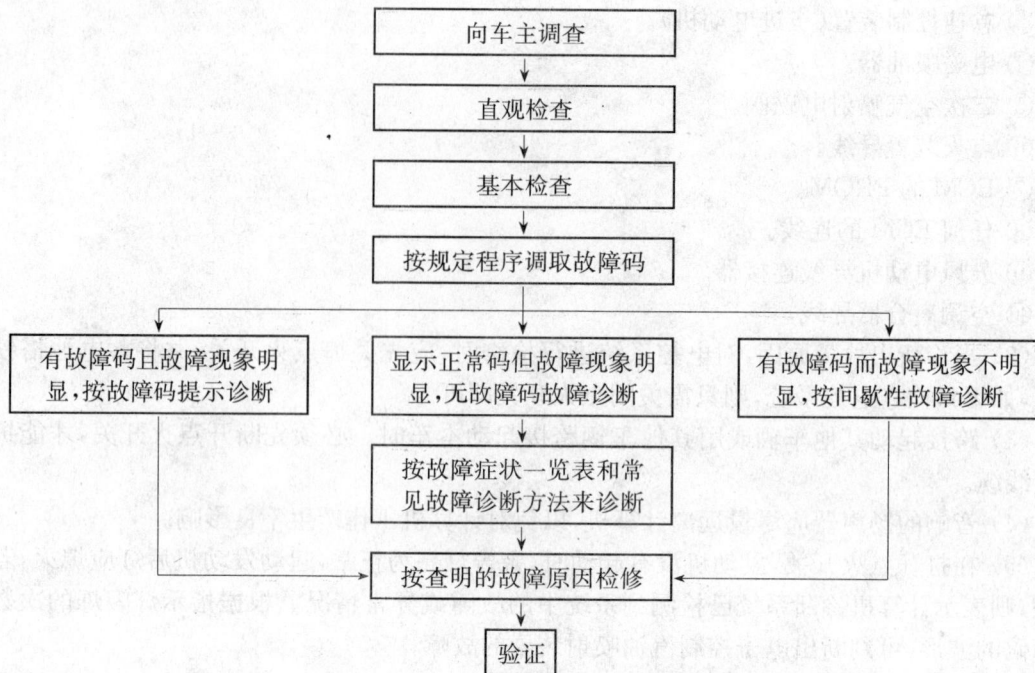

图 6‑29　电控汽车故障的诊断流程

（3）直观检查。直观检查是故障分析最基本的检查,可以确定前面对故障的估计是否正确。其内容包括看、听、摸。

看:看是否有部件丢失,电线是否脱线,接线器是否接合,有无接错线,各种软管的连接状况等。

听:听起动发动机,检查是否有漏气、杂音,可能产生故障的部件能否正常工作等。

摸:通过触摸检查某些部件是否在正常工作,接线是否牢固,软管是否断裂等。

（4）基本检查。基本检查主要包括基本怠速和基本点火正时的检查与调整。在进行基本检查时,必须使发动机冷却液温度达到正常工作温度（约 80℃以上）,同时关闭车上所有附加电器装置,如空调、除霜等。还应在散热器风扇未动作时执行检查与调整,以免风扇动作的电源消耗,影响怠速的正确性。

（5）调取故障码。按照该车所要求的操作程序进入自诊断状态,调取故障码,以作为故障判断的依据。

（6）检测。只有在进行检测后才能最终判定故障的位置和找到产生故障的原因。检测的内容包括信号检测、数据检测、压力检测、执行器动作检测等。

（7）验证。验证故障是否已排除。

三、发动机管理系统故障诊断方法

1. 问诊法

为了能迅速找到故障源,首先应认真倾听客户对故障现象的描述,在此基础上进行分析思考,作出初步判断。随后询问一些与相关问题以帮助进一步诊断或确诊。问诊时应注意防止心理暗示,引导客户说出实际上不存在但符合修理技师主观臆测的某些症状和现象,以免导致错误的诊断。

通过问诊可以获得重要依据,为故障诊断指明方向,同时有些故障可以通过问诊而直接找到答案。问诊的内容很多,但以下几项非常重要:

(1) 车辆的型号与系统的名称,车辆是否已经检修过。

(2) 故障发生的时间、日期和频率。

(3) 故障发生时的道路条件和天气状况。

(4) 当时的运行情况和驾驶状况。

(5) 故障症状。

此外,还应向客户了解曾出现的而与现有症状并不一定相关的问题,以及车辆维修史等情况,尽可能多地收集信息以供排障过程参考,并检查它们是否和症状有关。

问诊的同时,应认真填写一份与表6-1类似的故障调查表。

表6-1 故障车辆调查表

客户姓名			登记号	
			登记日期	/ /
			出厂编号	
接车日期		/ /	里程表读数	km
故障发生日期				
故障发生频率		□经常 □有时(次/日(月)) □一次 □其他		
车况	天 气	□晴 □阴 □雨 □雪 □其他		
	室外温度	□炎热 □温暖 □凉爽 □寒冷(大约 ℃)		
	地 点	□高速公路 □郊区 □市区 □山区(□上山 □下山) □低级路面 □其他		
	发动机温度	□冷机 □正在暖机 □暖机之后 □某一温度 □其他		
	发动机运行状态	□起动 □刚起动 □急速 □空载 □行驶 (□匀速 □加速) □减速 □其他( )		
故障特征	□不能起动	□不转动 □不点火 □不完全燃烧		
	□起动困难	□发动机转动缓慢 □其他( )		
	□急速不良	□首次急速不良 □急速转速异常(□高 □低 (r/min) □急速不稳 □其他( )		
	□动力不足	□揭火 □后燃 □消声器爆响 □喘振 □敲缸 □其他( )		
	□发动机熄火	□起动不久 □加速踏板踩下之后 □加速踏板松开之后 □空调工作时 □N档换到D档时 □其他( )		
	其 他	□		
诊断代码	警告灯状态	□一直亮 □有时亮 □一直不亮		
	静态模式	□正常码 □故障码(码值:)		
	动态模式	□正常码 □故障码(码值:)		

2. 基本检查法

基本检查是最简便实用的诊断技术，是正确诊断不可缺少的重要方法。它又包括人工检查和使用仪器仪表的检查两种。

1）人工直观检查

人工直观检查是指，利用人的感觉器官对车辆的一般状态以及与故障症状相关的系统或部件进行观察、触摸或听诊。人工直观检查最好在自然光线下进行，以利于看清。

人工直观检查供油系统时，一方面要查看系统有无漏油，另一方面要注意油管是否变形、折弯等现象而导致油路不通畅。

进气系统的密封性对燃油喷射系统的影响非常大，在进行检查时应特别注意：

（1）机油尺、加机油口的盖、乙烯塑料管等的脱落都会引起发动机的失调。

（2）当空气流量计以后的进气系统零件出现脱落、松动或开裂时，均会造成空气吸入而导致发动机失调。

对电子控制部分进行人工直观检查时应注意：

（1）检查电线有无破损、烧焦、短路以及断路等现象。

（2）检查传感器、执行器的外观是否异常，安装是否牢靠，有无腐蚀及污染。

（3）检查连接器是否有破损、脱落等，连接是否可靠。将连接器分开再重新插上，改变其连接状况，可能会恢复正常接触。如果在检查配线和连接器时没有发现异常，而检查后故障消失，则很有可能为配线或连接器有故障。

（4）利用振动的方法检查连接器、配线、零部件和传感器。

2）仪器仪表检查

使用仪器仪表的检查是人工直观检查不可替代的，其检查内容可以参考以下几项：

（1）检查发动机熄火时的蓄电池电压，一般来说不应低于 11 V，否则应对蓄电池进行充电或作出更换。

（2）当发动机故障灯亮时，优先使用解码器读取故障码，帮助我们分析故障部位，也可以通过解码器读取数据流，进一步了解发动机的工作状态及传感器的信号。

（3）检查发动机能否起动。若不能起动，进行步骤（7）。

（4）检查节气门组件。

（5）检查发动机的怠速是否正常。

（6）检查点火正时是否正确。

（7）检查燃油压力。如不正常，说明燃油系统有故障。

（8）检查各缸是否点火，通过示波器检测点火波形，分析波形是否正常。

在这里需要指出的是，不同车型的基本检查方法与步骤有别，因此应参阅相应的"维修手册"。

3. 基本检查时应注意的问题

进行直观检查时，应注意以下几点：

（1）态度端正、细致耐心，结合故障症状，做到既系统全面又有所侧重。

（2）有一定的顺序，避免遗漏。

（3）首先应检查记录与电子控制系统有关的车载设备的状况。有一些车辆上装有旅程电脑、防盗音响、防盗系统等，这时则应要求车主提供有关说明书和密码，否则不得拆下搭铁线。

若拆去搭铁线或对应子系统的熔断器等行为,都将会导致上述子系统锁死,给维修带来不必要的麻烦。

(4) 带有乘员辅助保护系统(SRS)的车,更要小心操作。不正确的操作可能会使安全气囊意外张开,造成意外事故。因此在检查时,一定要知道哪些部件属于 SRS 系统,当 SRS 系统无故障时,一定不要去碰它们。即使 SRS 有故障,如无正确全面的维修资料,也不要试图去检修。

(5) 在拆卸电喷系统各电线接头时,首先要关掉点火开关,拆下搭铁线。如仅检查电子控制系统,关闭点火开关(OFF)即可。

拆下搭铁线后,ECM 中所储存的故障代码就会被消除。因此有必要在拆下搭铁线前读取故障码。带 SRS 的车辆,应在拆下搭铁线 120 s 或更长的时间后,才能开始诊断工作。

(6) 安装蓄电池时,特别注意"+"、"−"极不可接反!

(7) 拆装时应注意零件不要弄混,要严防火星!

(8) 如发动机在缺火下工作,TWC 会过热,应检查电池连接。

(9) 车载的功率超过 8 W 的无线电台,如其天线距 ECM 较近,则会对 ECM 造成不良影响。

4. 经验法

经验是维修技师根据以往的维修经历所形成的思维定势。经验法也是一种快速简便的故障检查方法。多数情况下它有助于快速查到故障原因,但有时也会引导人步入误区。因此在应用经验法检修车辆时,一定要配合理性的分析。

四、发动机管理系统间歇性故障诊断

在利用故障码诊断法进行故障诊断时,有时读不出故障码,但故障却确实存在,且没有明显的故障征兆。这类在外界因素(如温度、受潮、振动等)影响下有时存在、有时又自动消失的故障称为间歇性故障。对此类故障,故障征兆模拟法是一种行之有效的诊断方法。

故障征兆模拟法,不仅要对故障进行验证,而且还应找出故障的部位或零、部件。为此,在模拟实验前必须把可能发生故障的电路范围尽可能缩小,然后再进行故障征兆模拟实验,判断被测试的电路是否正常,同时也验证了故障征兆。

(1) 振动法。当振动可能是故障的主要原因时,可使用振动法。振动法主要检查连接器(线束接插件)、配线、零件与传感器,在检查过程中,观察是否再现故障征兆。

① 连接器。在垂直和水平方向轻轻摇动各个连接器。

② 配线。在垂直和水平方向轻轻摇动配线和连接器的接头。振动支架和穿过开口的连接器都是应仔细检查的部位。

③ 零、部件和传感器。用手指轻轻拍打装有传感器的零件,检查是否失灵。在检查时要注意不要用力拍打继电器,否则可能会使继电器开路,产生新的故障。

(2) 加热法。当怀疑某一部位是因为受热而引起的故障时,可用电吹风或类似工具加热可能引起故障的零件或传感器,检查是否出现故障。在使用加热法时应注意以下几点。

① 加热温度不能高于 60℃(温度限制在不致损坏电子器件的范围内)。

② 不可直接加热 ECU 中的零件。

（3）水淋法。当故障可能是雨天或在高湿度环境下引起时，可使用水淋法，用水喷在车辆上，检查是否出现故障。但应注意：

① 不可将水直接喷淋在发动机电控零、部件上，正确的方法是应将水喷淋在散热器前面，间接改变温度和湿度。

② 不可将水直接喷射到电子器件上。

（4）电器全部接通法。当怀疑故障可能是用电负荷过大引起时，可使用此方法。接通所有电气负载，包括加热器鼓风机、前照灯、后窗除雾器、空调以及音响等，检查是否出现故障。

（5）道路试验法：只在特定的行驶状态下出现的故障用此方法。

五、发动机管理系统常见故障的排除思路

1. 电控发动机不能起动故障

起动发动机时，发动机不转，或能转动但不着火。电控发动机不能起动的故障诊断程序如图 6－30 所示。

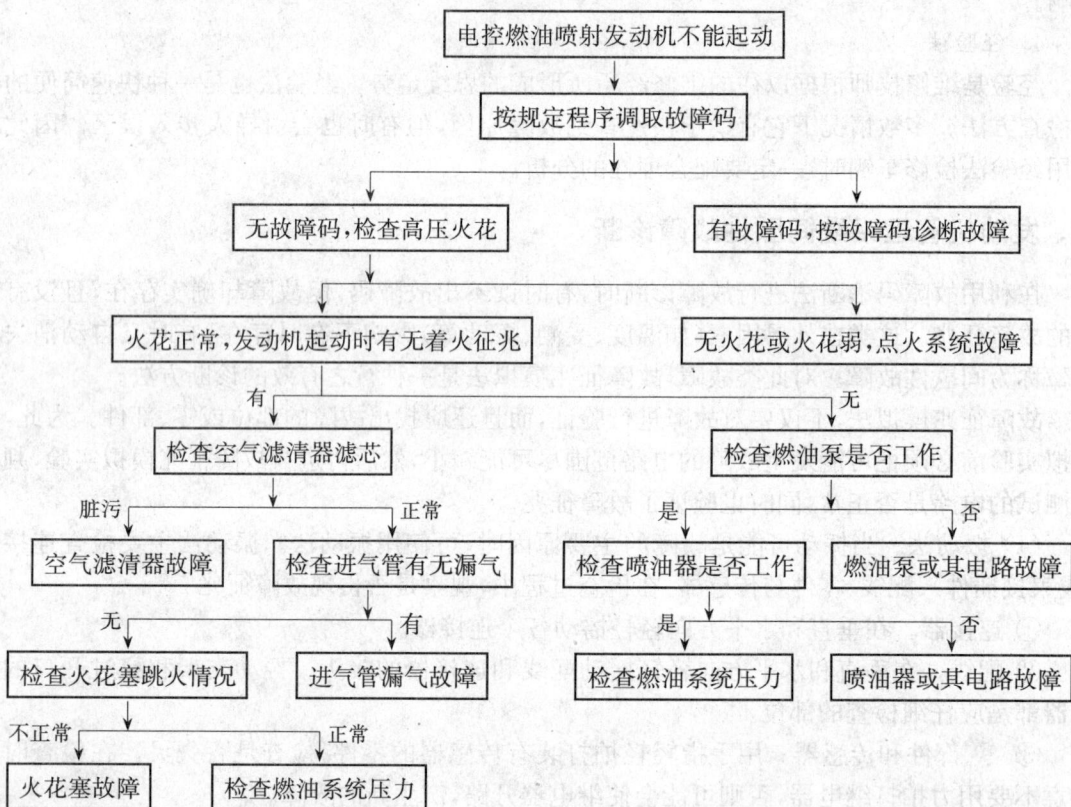

图 6－30　电控发动机不能起动的故障诊断程序

2. 电控发动机起动困难

发动机不易起动，起动着火后很快又熄火。电控发动机起动困难的故障诊断程序如图 6－31 所示。

笔记

发动机起动困难,但曲轴转动正常

检查诊断输出代码 ──故障代码──▶ 按代码表查找原因

↓ 正常代码

踩下油门发动机能转动 ──能转动──▶ 怠速控制阀有故障或其线路、空气管有故障

↓ 不能转动

检查进气管有无密封:
各连接处、加机油口盖、机油尺、各软管的连接,曲轴箱强制通风装置软管有无漏气或破裂 ──不正常──▶ 排除发现的漏气处

↓ 正常

检查高压火花 ──不正常──▶ 检查高压线、分电器点火线圈、电子点火器

↓ 正常

检查点火正时 ──不正常──▶ 调整点火正时

↓ 正常

检查喷油器的燃油供给情况:
① 燃油箱中的燃油
② 燃油管内的压力
　　将检查连接器的端子＋B 和 FP 短接(丰田车系)可以感到冷起动喷油器燃油软管处有压力 ──不良──▶
① 燃油管 — 泄漏 — 变形
② 熔断丝烧断
③ 电路开路继电器
④ 燃油泵
⑤ 燃油滤清器
⑥ 燃油压力调节器

↓ 正常

检查在空气流量计中的燃油泵开关,当空气流量计的测量片张开时,测量端子 FC 和 E1 的连接状况 ──不良──▶ 检查空气流量计

↓ 正常

检查火花塞,必要时检查气缸压力和气门间隙
如果火花塞都是湿的:检查喷油器的电阻和有无漏油、喷油器线路有无短接、冷起动喷油器有无漏油、起动喷油器定时(适度时间)开关有无失效

↓ 正常

检查点火正时 ──否──▶
① 检查点火正时
② 检查点火正时控制系统

↓ 正常

用电压表和电阻表检查 EFI 系统的电路 ──不良──▶
① 线路连接
② ECU 的电源:主继电器、熔断丝
③ 空气流量计
④ 水温传感器
⑤ 喷射信号电路:ECU、连接电路、喷油器电阻

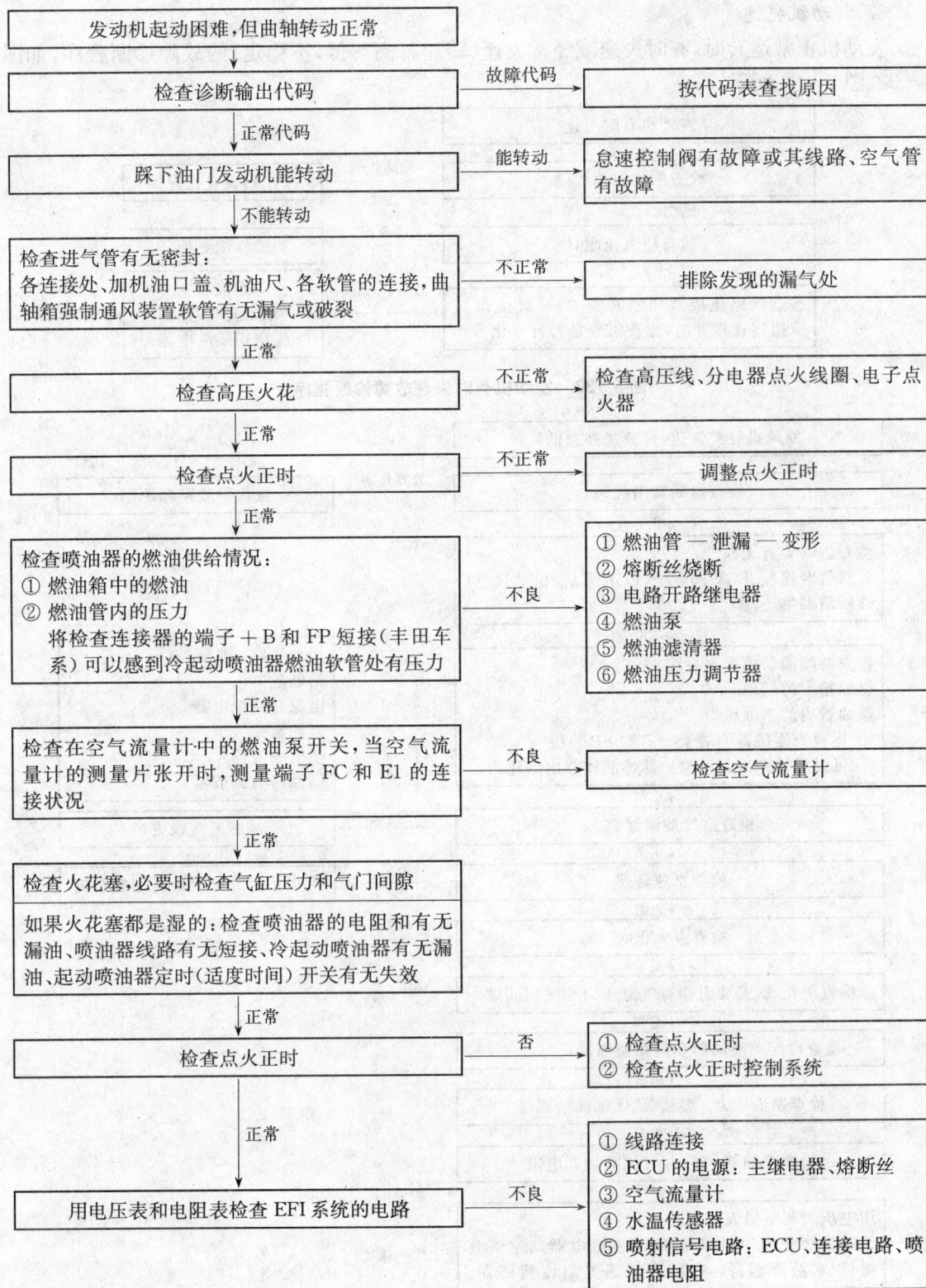

图 6-31　电控发动机起动困难故障诊断程序

3. 发动机失速

发动机正常运转时,有时失速或经常失速(转速忽高忽低,不稳定)的故障诊断程序,如图6-32、图6-33所示。

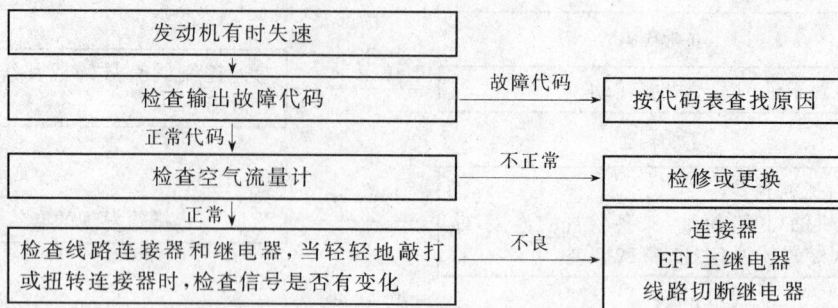

```
┌─────────────────────────┐
│      发动机有时失速        │
└─────────────────────────┘
            ↓
┌─────────────────────────┐    故障代码    ┌──────────────────┐
│      检查输出故障代码      │ ─────────────→ │   按代码表查找原因   │
└─────────────────────────┘              └──────────────────┘
     正常代码 ↓
┌─────────────────────────┐     不正常     ┌──────────────────┐
│       检查空气流量计       │ ─────────────→ │     检修或更换      │
└─────────────────────────┘              └──────────────────┘
       正常 ↓
┌─────────────────────────┐      不良      ┌──────────────────┐
│ 检查线路连接器和继电器,当轻轻地敲打 │ ────────→ │      连接器        │
│ 或扭转连接器时,检查信号是否有变化 │          │    EFI 主继电器     │
│                          │              │   线路切断继电器     │
└─────────────────────────┘              └──────────────────┘
```

图6-32　发动机有时失速故障诊断程序

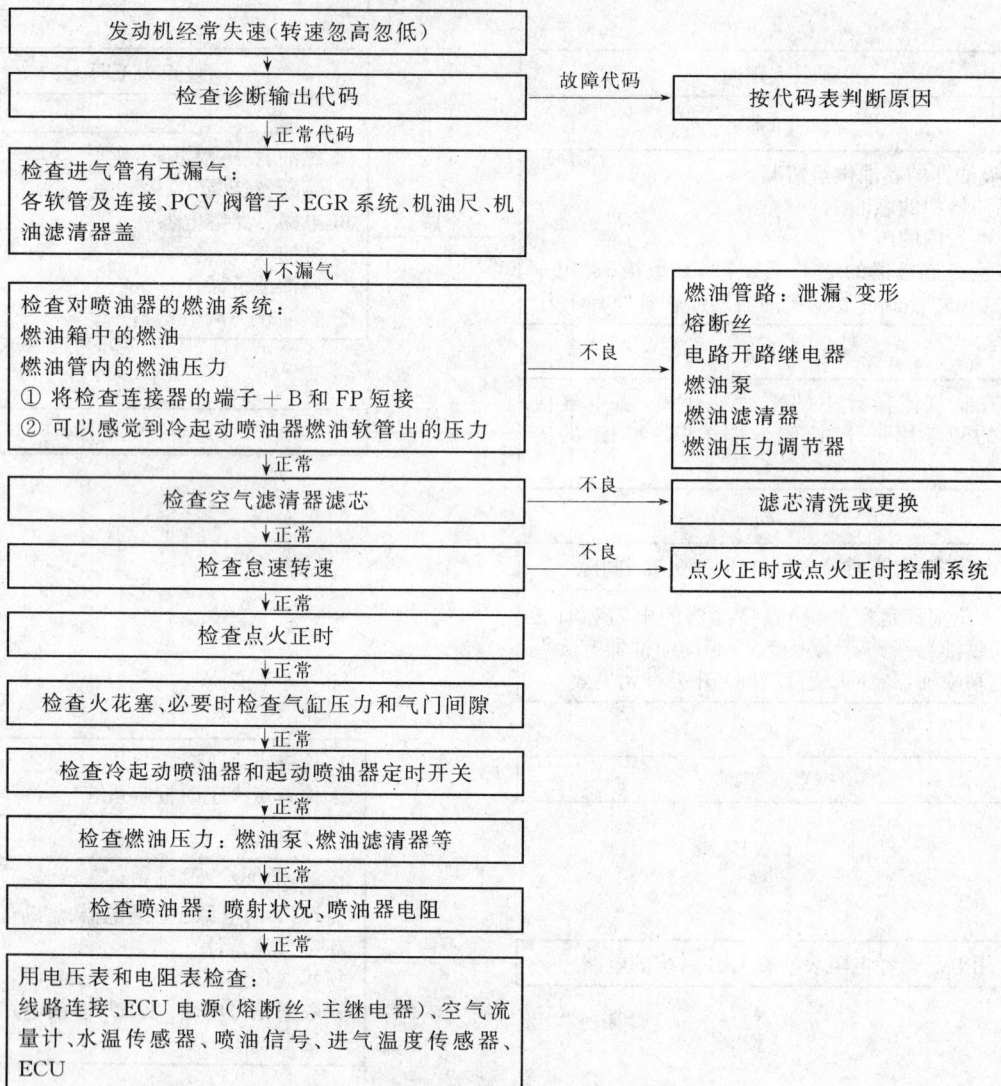

```
┌─────────────────────────────────┐
│    发动机经常失速(转速忽高忽低)      │
└─────────────────────────────────┘
                ↓
┌─────────────────────────────────┐  故障代码  ┌──────────────────┐
│         检查诊断输出代码           │ ───────→ │   按代码表判断原因   │
└─────────────────────────────────┘          └──────────────────┘
         ↓ 正常代码
┌─────────────────────────────────┐
│ 检查进气管有无漏气:               │
│ 各软管及连接、PCV 阀管子、EGR 系统、机油尺、机 │
│ 油滤清器盖                       │
└─────────────────────────────────┘
         ↓ 不漏气
┌─────────────────────────────────┐          ┌──────────────────────┐
│ 检查对喷油器的燃油系统:            │          │ 燃油管路:泄漏、变形      │
│ 燃油箱中的燃油                    │   不良   │ 熔断丝                 │
│ 燃油管内的燃油压力                │ ───────→ │ 电路开路继电器           │
│ ① 将检查连接器的端子＋B 和 FP 短接  │          │ 燃油泵                 │
│ ② 可以感觉到冷起动喷油器燃油软管出的压力 │       │ 燃油滤清器             │
│                                 │          │ 燃油压力调节器           │
└─────────────────────────────────┘          └──────────────────────┘
         ↓ 正常
┌─────────────────────────────────┐   不良   ┌──────────────────┐
│        检查空气滤清器滤芯          │ ───────→ │   滤芯清洗或更换     │
└─────────────────────────────────┘          └──────────────────┘
         ↓ 正常
┌─────────────────────────────────┐   不良   ┌──────────────────────┐
│         检查怠速转速              │ ───────→ │ 点火正时或点火正时控制系统 │
└─────────────────────────────────┘          └──────────────────────┘
         ↓ 正常
┌─────────────────────────────────┐
│          检查点火正时            │
└─────────────────────────────────┘
         ↓ 正常
┌─────────────────────────────────┐
│ 检查火花塞、必要时检查气缸压力和气门间隙 │
└─────────────────────────────────┘
         ↓ 正常
┌─────────────────────────────────┐
│  检查冷起动喷油器和起动喷油器定时开关  │
└─────────────────────────────────┘
         ↓ 正常
┌─────────────────────────────────┐
│ 检查燃油压力:燃油泵、燃油滤清器等      │
└─────────────────────────────────┘
         ↓ 正常
┌─────────────────────────────────┐
│  检查喷油器:喷射状况、喷油器电阻      │
└─────────────────────────────────┘
         ↓ 正常
┌─────────────────────────────────┐
│ 用电压表和电阻表检查:             │
│ 线路连接、ECU 电源(熔断丝、主继电器)、空气流 │
│ 量计、水温传感器、喷油信号、进气温度传感器、 │
│ ECU                             │
└─────────────────────────────────┘
```

图6-33　发动机经常失速故障诊断程序

4. 发动机怠速不良

发动机怠速不良,其诊断程序如图 6-34、图 6-35 所示。

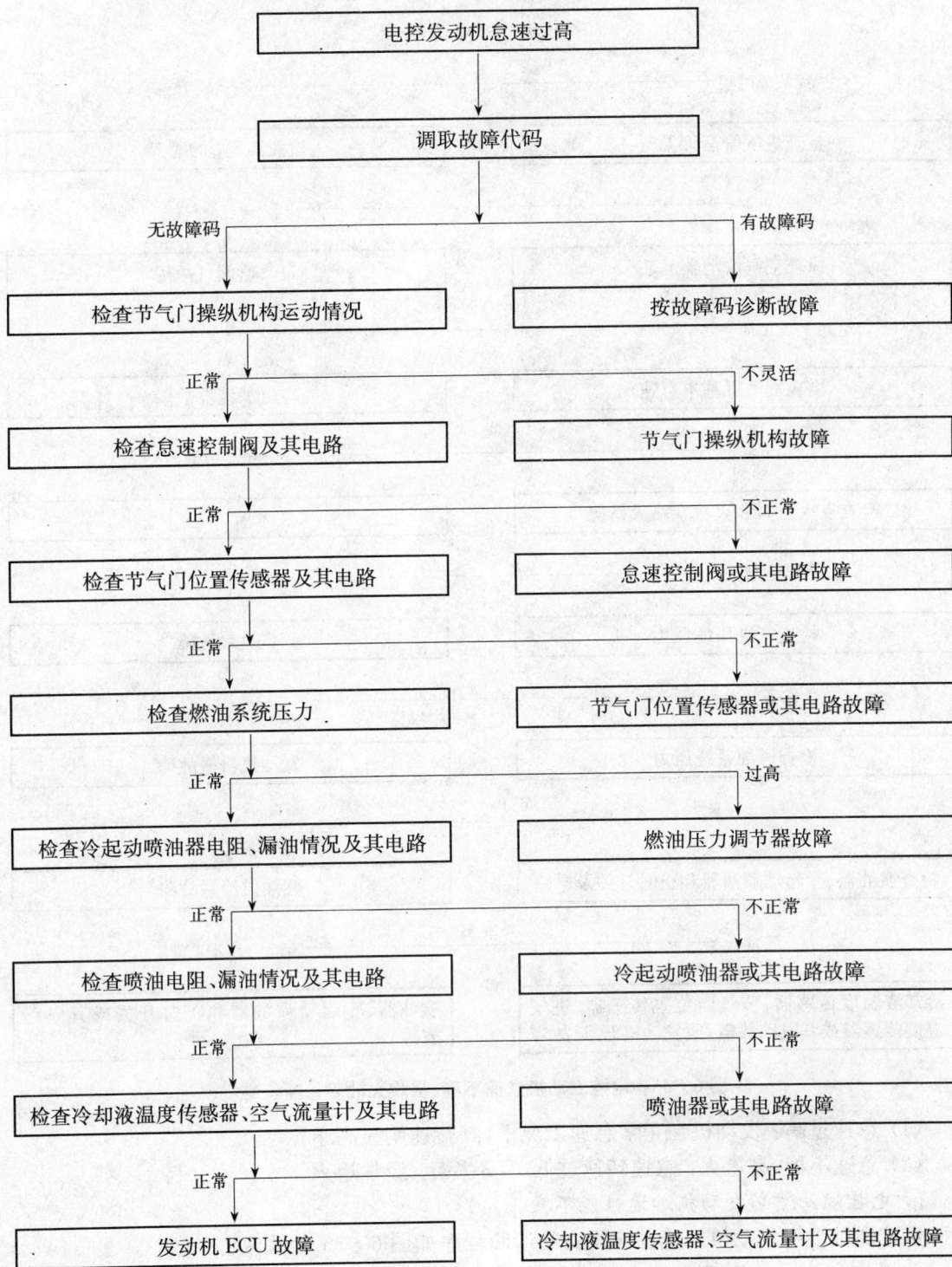

```
                    ┌─────────────────────┐
                    │   电控发动机怠速过高   │
                    └──────────┬──────────┘
                               │
                    ┌──────────┴──────────┐
                    │      调取故障代码      │
                    └──────────┬──────────┘
         无故障码                          有故障码
    ┌──────────────────┐          ┌──────────────────┐
    │ 检查节气门操纵机构运动情况 │          │  按故障码诊断故障   │
    └────────┬─────────┘          └──────────────────┘
      正常           不灵活
    ┌──────────────────┐          ┌──────────────────┐
    │  检查怠速控制阀及其电路  │          │  节气门操纵机构故障  │
    └────────┬─────────┘          └──────────────────┘
      正常           不正常
    ┌──────────────────┐          ┌──────────────────┐
    │ 检查节气门位置传感器及其电路 │          │ 怠速控制阀或其电路故障 │
    └────────┬─────────┘          └──────────────────┘
      正常           不正常
    ┌──────────────────┐          ┌──────────────────┐
    │    检查燃油系统压力    │          │节气门位置传感器或其电路故障│
    └────────┬─────────┘          └──────────────────┘
      正常           过高
    ┌──────────────────────┐      ┌──────────────────┐
    │检查冷起动喷油器电阻、漏油情况及其电路│      │  燃油压力调节器故障  │
    └──────────┬───────────┘      └──────────────────┘
      正常           不正常
    ┌──────────────────┐          ┌──────────────────┐
    │ 检查喷油电阻、漏油情况及其电路 │          │ 冷起动喷油器或其电路故障 │
    └────────┬─────────┘          └──────────────────┘
      正常           不正常
    ┌──────────────────────┐      ┌──────────────────┐
    │检查冷却液温度传感器、空气流量计及其电路│      │   喷油器或其电路故障  │
    └──────────┬───────────┘      └──────────────────┘
      正常           不正常
    ┌──────────────────┐      ┌──────────────────────────┐
    │    发动机 ECU 故障    │      │ 冷却液温度传感器、空气流量计及其电路故障 │
    └──────────────────┘      └──────────────────────────┘
```

图 6-34　电控发动机怠速过高故障诊断程序

```
┌─────────────────────────────────────┐
│     电控燃油喷射发动机怠速不稳、易熄火      │
└─────────────────────────────────────┘
                  │
                  ▼
┌─────────────────────────────────────┐
│          按规定程序调取故障码             │
└─────────────────────────────────────┘
     无故障码 │              │ 有故障码
             ▼              ▼
┌───────────────────┐  ┌───────────────────┐
│   检查进气管有无漏气    │  │   按故障码诊断故障     │
└───────────────────┘  └───────────────────┘
       正常 │            漏气 │
           ▼                ▼
┌───────────────────┐  ┌───────────────────┐
│   检查空气滤清器滤芯    │  │   进气管漏气故障      │
└───────────────────┘  └───────────────────┘
       正常 │            脏污 │
           ▼                ▼
┌───────────────────┐  ┌───────────────────┐
│   检查发动机基本怠速    │  │   空气滤清器故障      │
└───────────────────┘  └───────────────────┘
       正常 │            过低 │
           ▼                ▼
┌───────────────────┐  ┌───────────────────┐
│ 检查点火正时和火花塞跳火情况 │ │   调整不当         │
└───────────────────┘  └───────────────────┘
       正常 │           不正常 │
           ▼                ▼
┌───────────────────┐  ┌───────────────────┐
│   检查气缸压缩压力     │  │   点火系故障        │
└───────────────────┘  └───────────────────┘
       正常 │            过低 │
           ▼                ▼
┌───────────────────┐  ┌───────────────────┐
│   检查燃油系统压力     │  │   发动机机械故障      │
└───────────────────┘  └───────────────────┘
       正常 │            过低 │
           ▼                ▼
┌─────────────────────────┐ ┌───────────────┐
│ 检查喷油器、冷起动喷油器和正时开关及电路 │ │ 燃油供给系故障   │
└─────────────────────────┘ └───────────────┘
       正常 │           不正常 │
           ▼                ▼
┌─────────────────────────┐ ┌─────────────────────────┐
│ 冷却液温度传感器、节气门位置传感器、进气   │ │ 喷油器、冷起动喷油器和正时开关或其电路 │
│ 温度传感器或其电路故障，或发动机ECU故障 │ │ 故障                      │
└─────────────────────────┘ └─────────────────────────┘
```

图 6 - 35　电控发动机怠速不稳、易熄火故障诊断程序

（1）怠速过高：发动机在正常怠速工况下，其转速明显高于标准。

（2）怠速不稳、易熄火：怠速转速过低，且不稳定、经常熄火。

5. 电控燃油喷射发动机加速性能不良

电控燃油喷射发动机加速性能不良的诊断程序如图 6 - 36 所示。

6. 发动机回火亦即混合气过稀故障

发动机回火亦即混合气过稀故障的诊断程序如图 6 - 37 所示。

笔记

电控燃油喷射发动机加速不良

按规定程序调取故障码

无故障码 ┄ 有故障码

检查车轮制动器有无拖滞现象　|　按故障码诊断故障

正常 ┄ 制动拖滞

检查点火正时　|　制动系统故障

正常 ┄ 不正常

检查进气管是否漏气　|　基本正时调整不当或控制系统故障

正常 ┄ 漏气

检查燃油系统压力　|　进气管漏气故障

正常 ┄ 不正常

检查喷油器喷油情况　|　燃油供给系统故障

正常 ┄ 不正常

检查火花塞和气缸压力　|　喷油器或其电路故障

正常 ┄ 不正常

检查冷却液温度传感器、节气门位置传感器、进气温度传感器及其电路　|　火花塞故障或气缸压缩压力过低

正常 ┄ 不正常

发动机 ECU 故障　|　冷却液温度传感器、节气门位置传感器、进气温度传感器及其电路故障

图 6-36　电控燃油喷射发动机加速性能不良的诊断程序

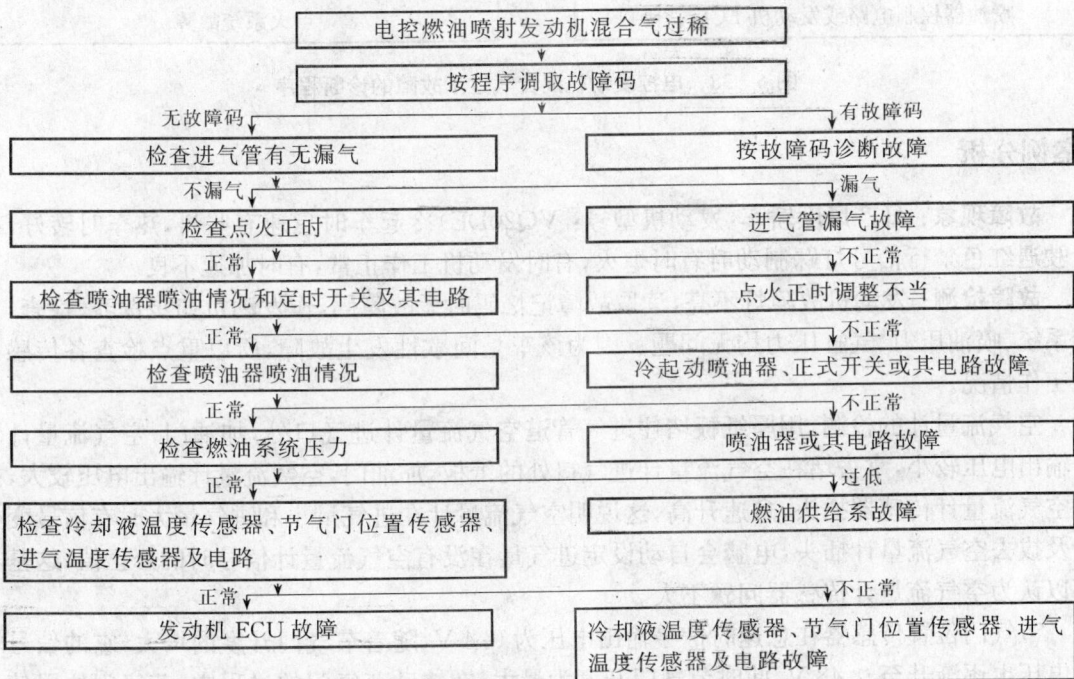

电控燃油喷射发动机混合气过稀

按程序调取故障码

无故障码 ┄ 有故障码

检查进气管有无漏气　|　按故障码诊断故障

不漏气 ┄ 漏气

检查点火正时　|　进气管漏气故障

正常 ┄ 不正常

检查喷油器喷油情况和定时开关及其电路　|　点火正时调整不当

正常 ┄ 不正常

检查喷油器喷油情况　|　冷起动喷油器、正式开关或其电路故障

正常 ┄ 不正常

检查燃油系统压力　|　喷油器或其电路故障

正常 ┄ 过低

检查冷却液温度传感器、节气门位置传感器、进气温度传感器及电路　|　燃油供给系故障

正常 ┄ 不正常

发动机 ECU 故障　|　冷却液温度传感器、节气门位置传感器、进气温度传感器及电路故障

图 6-37　电控发动机混合气过稀故障的诊断程序

7. 发动机排气管冒黑烟或放炮亦即混合气过浓故障

发动机排气管冒黑烟或放炮亦即混合气过浓故障的诊断程序如图 6-38 所示。

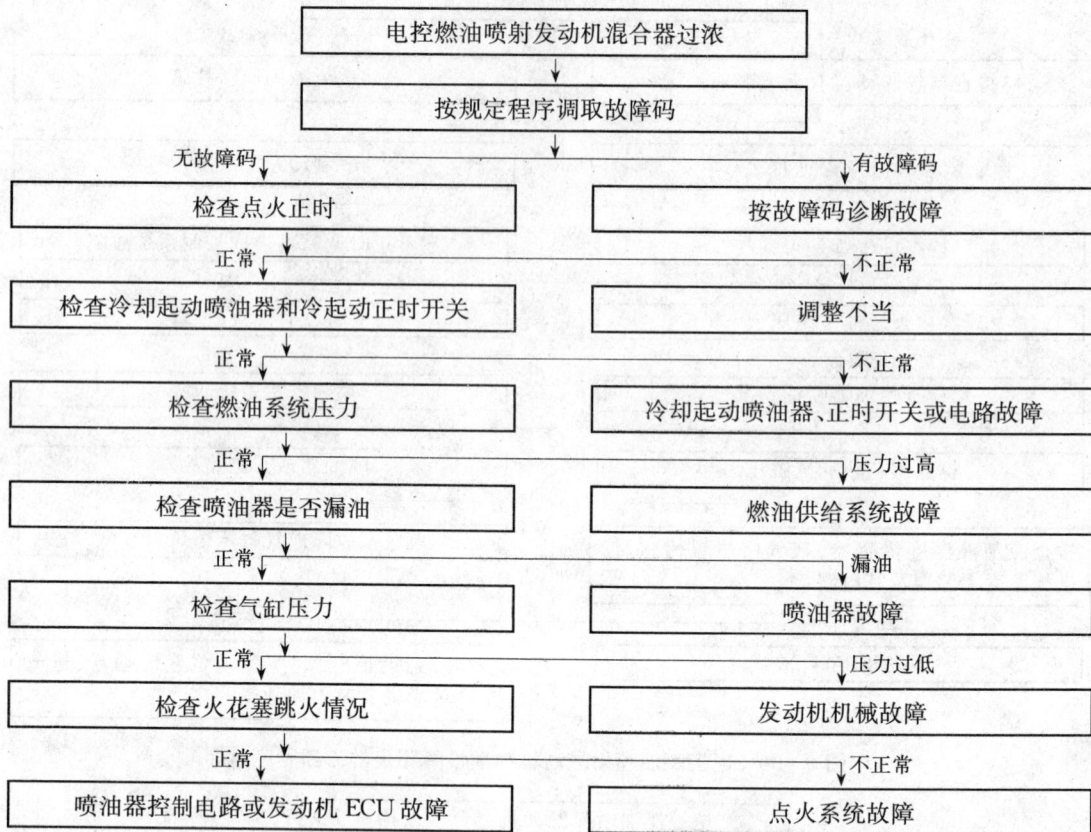

图 6-38　电控发动机混合气过浓故障的诊断程序

案例分析

故障现象： 日产风度轿车（发动机型号：VQ20DE）冷起车时怠速有些抖，热车时转好，在行驶遇红色禁行信号灯踩制动时有时熄火，有时发动机工作正常，有时加速不良。

故障检测： 发动机故障灯不亮，读取故障记忆码时无故障码，作发动机初步保养、检查，点火系统、喷油压力、气缸压力均无问题。因为该车是间歇性发生故障，所以重点检查各传感器的工作情况。

空气流量计的检测，用厚纸板堵住进气管道空气流量计进气口处，加油门，空气流量计信号输出电压较小，拿去堵在空气流量计进气口处的纸板，加油门，空气流量计输出电压较大，拔去空气流量计传感器插头，怠速升高，这说明空气流量计在进气量小和进气量大时有信号变化以及拔去空气流量计插头，电脑会自动设定进气量在没有空气流量计信号时的修正值，这基本可以认为空气流量计传感器问题不大。

节气门位置传感器在怠速时信号输出电压为 0.4 V，随着节气门开度的增大，它的信号输出电压也逐渐升至 0.48 V，此时节气门开度为最大，在转动节气门的过程中，节气门位置信号输出电压无中断或突然变小或突然增大现象。变化较平滑，由此可基本确定节气门位置问题不大。

　　检查水温传感器时,其水温在 80℃时,水温传感器电阻为 300 Ω,基本可认为水温传感器问题不大。

　　使用汽车检测仪检测曲轴位置传感器,发现其波形基本连续,但中间有时会出现杂波。

　　故障分析:观察曲轴位置传感器波形,在两三个波峰之间的波谷与其他波形不一样,可能由传感器信号发生轮变形造成,检查信号发生轮,发现其外圈的信号齿有两个已扭转变形。

　　故障排除:更换信号发生轮,故障排除。

课后练习

　　1. 简述发动机管理系统的构成。

　　2. 简述 ME7 - Motronic 的基本控制功能。

　　3. 简述 ME—Motronic 系统的工况控制内容。

　　4. 总结发动机管理系统的故障诊断方法。

TSI 发动机故障的检修

学习目标

掌握汽油发动机燃油分层直喷技术。

掌握汽油发动机增压技术。

掌握燃油压力的检测方法。

掌握喷油器的更换方法。

相关知识

TSI 是 Twins charger(双增压)和 Fuel Stratified Injection(燃油分层直喷)三个单词的首字母缩写。T 即涡轮增压、S 指机械增压、I 代表分层直喷。简单来说,TSI 是带涡轮增压的 FSI。

一、FSI 燃油分层直喷技术概述

1. FSI 燃油分层直喷技术的概念

为了解决汽油机(特别是车用汽油机)的燃油消耗率高和排污率大的问题,各国都在寻找高压缩比、稀燃和快速燃烧的方案。但是高压缩比受到汽油辛烷值和爆燃的限制,稀燃受到部分负荷时着火和燃烧稳定性的制约。人们从柴油机燃油喷射,副燃烧室首先着火(作为火源)、副燃烧室混合气浓度高以及组织气流运动促进燃烧等思路的启发下,开发了燃油分层直喷技术。

燃油分层直喷技术按照可燃混合气形成的控制方式可分为油束控制燃烧、壁面控制燃烧和气流控制燃烧三类。

油束控制燃烧系统,喷油器安装在燃烧室的中央,火花塞安装在喷油器附近,油束控制对空气的利用率依靠油束的贯穿深度,而后者则受喷油器的喷油压力控制。这种方式可以在低负荷的分层燃烧实现良好的燃油经济性,而当发动机处于中高负荷工况时,ECU 调节高压油泵压力,使油束贯穿深度增大,从而实现均质加浓燃烧。

壁面控制燃烧系统,喷油器和火花塞相隔较远,喷油器把燃油喷入活塞凹坑中,然后依靠

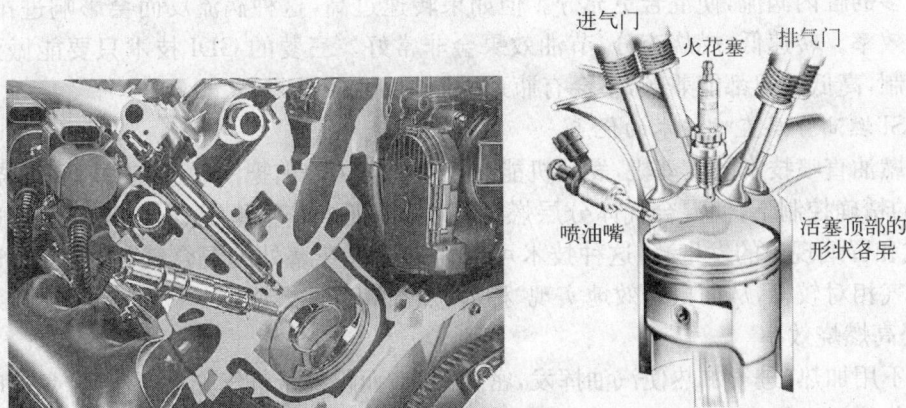

图 7-1　FSI 发动机燃烧室结构

进气流的惯性将油气混合送往火花塞。为了避免喷油器的温度过高，一般安置在进气门侧，活塞凹坑开口对向进气门侧，油气混合后直接流向火花塞。这种类型形成混合气的时间较长，易于形成较大区域的可燃混合气。

气流控制燃烧系统，利用轮廓特殊的活塞表面形状形成的缸内气流和油束相互作用。此种系统不是把油雾朝活塞的凹坑喷射，而是朝火花塞喷，特殊形状的进气道与喷油器成一定的夹角，给混合气在气缸内一定的回旋力，气缸内形成的气流使油气不是直接喷向火花塞，而是在气缸内形成涡流围绕火花塞旋转。这样就使大部分工况都能实行恰当的混合气充量分层和均质化。

"燃油分层直喷技术"目前主要分为三大阵营，日本三菱的 GDI 发动机、丰田的 D-4 发动机和大众的 FSI 发动机。虽然都是达到同样的分层燃烧的目的，但是在实现方法上有所不同。

日本三菱的 GDI 是最早的缸内直喷汽油发动机，其实无论是 GDI 还是 FSI，或者其他的缸内直喷稀燃发动机，它们的设计理念就是想借鉴柴油发动机节油的先天优势，来实现对汽油机的优化，所以他们在结构上有一定的相似点。

GDI 采用的是油束控制燃烧系统，设计师将喷油嘴布置在气缸顶部离火花塞和进气门都很近的地方，在发动机进气行程中，它也会喷油，但是喷油量非常少，在活塞向下运动到底部再向上进行压缩时，气缸内的空气已经得到完全混合，这就如同缸外喷射的道理。但这时的混合气是不能被点燃的，因为浓度实在是太低了，预先达到这种浓度，只是为第二次喷油点燃缸内气体，并充分燃烧做准备。当活塞即将到达上顶点，喷油嘴开始第二次喷油，因为喷出的燃油是漏斗形，越是靠近喷油嘴的地方，浓度就越高，而火花塞离喷油嘴很近，显然，此时在火花塞附近的燃油浓度是很高的，比其他部位的混合气要高，从而实现了不同区域出现不同浓度的混合气，也就是所谓分层。火花塞附近的混合气较浓，很容易被点燃，这部分点燃的气体会继续引燃剩余的混合气，从而达到分层点火燃烧的目的。

丰田 D-4 发动机采用的是壁面控制燃烧系统，在压缩行程末期燃油喷入深碗形活塞顶的燃烧室，与挤气涡流混合成层化，进行分层燃烧。

大众的 FSI 把喷油嘴安装在进气门附近上，同样是两次喷油，但喷油方向是对准活塞，而且在活塞上有个 U 型槽，燃油喷射出来后，会随着凹槽转变方向，目的地也是火花塞附近。因此也实现了在火花塞附近形成较浓的混合气，达到燃油分层的目的。活塞上的 U 型槽，有助于产生更多的缸内涡流,使混合更充分。但如果转速过高,这种涡流反而会影响进排气效率,降低燃烧效率。转速低,燃烧充分,节油效果会非常好。三菱的 GDI 技术只要能做到对喷油的精确控制,高低转速都能兼顾,不会有瓶颈的制约。

2. FSI 燃油分层直喷技术的优点

采用燃油直喷技术的发动机,发动机能在火花塞点火之前把汽油直接喷射到燃烧室,同时在 ECU 的精确控制下,使混合气体分层燃烧(既可保证火花塞稳定点火,又不至于造成过多 NO_x 生成和冒烟现象的发生)。这种技术可以让靠近火花塞处的混合气相对较浓,远离火花塞的混合气相对较稀,从而更有效地实现"稀薄"点火和分层燃烧。

1) 提高燃烧效率

进气不用加热(进气加热使汽油挥发,密度减小)而提高了进气充量,在部分负荷时也没有因为要用节气门进行调节发动机的功率而减小了进气气阻。采用缸内直喷技术的汽油机的空燃比可以调节到比用化学计算法得出 14.7∶1 更稀薄的状态,从而能够将内燃机的燃料效率提高 20%。其局限性主要是因为空气过量而使氮氧化合物(NO_x)排放增加。

2) 提高燃油经济性

采用直喷技术后,燃油以细微滴状的薄雾方式进入气缸,而不是以蒸汽的方式。这也就意味着当燃油雾滴吸收热量变为可燃蒸汽时,实际上对发动机的气缸起到了冷却的作用。这种冷却作用降低了发动机对辛烷值的要求,所以其压缩比可以有所增加。正如柴油一样,采用较高的压缩比可以提高燃料的效率。采用 FSI 技术的另一优点是能够加快油气混合气体的燃烧速度,这使得 FSI 发动机和传统喷射发动机相比,更有利于废气再循环。让发动机燃烧非常稀薄的油气混合气体也就意味着其每个燃烧冲程燃烧的燃料量更少,因而产生的功率也就更小。当汽车在高速或高负荷下行驶时就会出现动力不足的情况,因此要配备一个电子系统,用以检测来自发动机的各种运转情况和探测驾驶员希望在高负载或高车速下操纵汽车,喷射脉冲就会提前在进气冲程进行更多的燃油喷射,以确保提供高负荷时所需要的大功率,而在正常情况下,诸如城市市区的低负载驾驶工况,燃油在压缩冲程延迟喷射,这时喷油系统提供极稀薄的油气混合物分层,从而提高了发动机的燃油经济性。

3) FSI 技术对发动机的排放的影响

FSI 技术对发动机的排放具有很重要的影响。当较少的燃料在一个富氧的环境中燃烧时,HC 和 CO 的产生量会大大减少。另一方面,氮氧化合物的产生却会有所上升。为了避免这个问题的发生,可以利用适当的废气再循环(EGR)来抑制 NO_x 产生,FSI 发动机一般采用了 30% 的 EGR 比率,并配置了 NO_x 存储式催化净化反应器,通过这些措施可以使 FSI 发动机的尾气排放得到很好的控制。

奥迪采用的 FSI 燃油直喷技术在同等排量下实现了发动机动力性和燃油经济性的完美结合,是当今汽车工业发动机技术中成熟、先进的燃油直喷技术,代表了汽油发动机的发展趋势。

FSI 同时也要面临 PFI(Port Fuel Injection 的缩写,意指进气口燃油喷射)所没有的困难。如在要求的工作范围内如何对分层燃烧进行有效的控制;确定怎样的喷油控制策略来保证较好的负荷切换,以适应于 FSI 的喷油器设计,解决小负荷时 HC 排放过高,大负荷时 NO_x 排放过高并有碳烟形成,及由于汽油自润滑性差导致的燃油喷射系统和缸壁磨损等,这些是 FSI 开发中常遇到的困难。此外,原有的三效催化转化器不适用于 FSI,需要开发专用的稀燃 NO_x 催化转化器。

分层燃烧技术对很多部件的科技含量要求很高,像油泵、喷油器、活塞等等。另外,使用分层燃烧技术的发动机压缩比都较高,燃烧室温度相应比较高,且喷油器在燃烧室内,对燃油清洁度及烯烃成分的含量都提出了较高的要求。目前国内的燃油仍然处在国Ⅲ的阶段,在很大程度上阻碍了分层燃烧直喷发动机的普及。配备三菱的 GDI 发动机的车型,到现在还没有一款在国内正式销售,大众的 FSI 则同样让人感觉高高在上,而且 FSI 系统后期的维护也让一些消费者望而却步。中国燃油冶炼企业似乎已经成了汽车新技术发展的掣肘。

二、FSI 燃油分层直喷系统的结构

FSI 的供油系统主要由油泵、油泵控制单元、高压油泵、燃油分配管、喷油器组成,油箱内的电控燃油泵为高压燃油泵提供一个稳定的油压,通常有 4 bar 或 6 bar,油压相对较低,称为低压系统。高压燃油泵为系统提供一个 35～100 bar(取决于负荷和转速)的高压油,通过高压油道将燃油送入燃油分配管,分配管再将燃油分配给高压喷油阀,油压较高,称为高压系统。

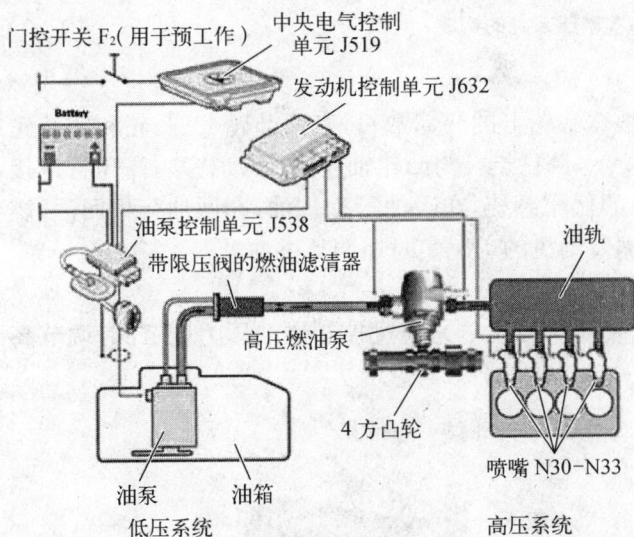

图 7-2　FSI 燃油分层直喷系统的结构

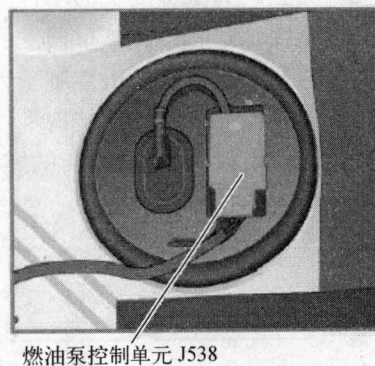

图 7-3　燃油泵控制单元

1. 低压系统

燃油泵控制单元安装在燃油泵上面。通过脉宽调频信号(PWM, Pulse-Width Modulated)来控制电控燃油泵,如图 7-3 所示,是低压燃油系统的油压达到 0.5～5 bar。在冷热起动时使低压燃油系统的压力达到 6.5 bar。

PWM 信号由发动机控制单元传给油泵控制单元。对于燃油泵的供油量是靠发动机控制单元内的特性曲线图来控制的。供油量实际上就是燃油泵电压的函数。系统内压力不会低于 4 bar。

2. 高压系统

高压系统的压力是根据发动机负荷和转速在 35～100 bar 之间调整。系统由带燃油压力高压泵、调节阀、限压阀、高压油管、油轨、高压传感器 G247、高压喷嘴组成。如图 7-4 所示。

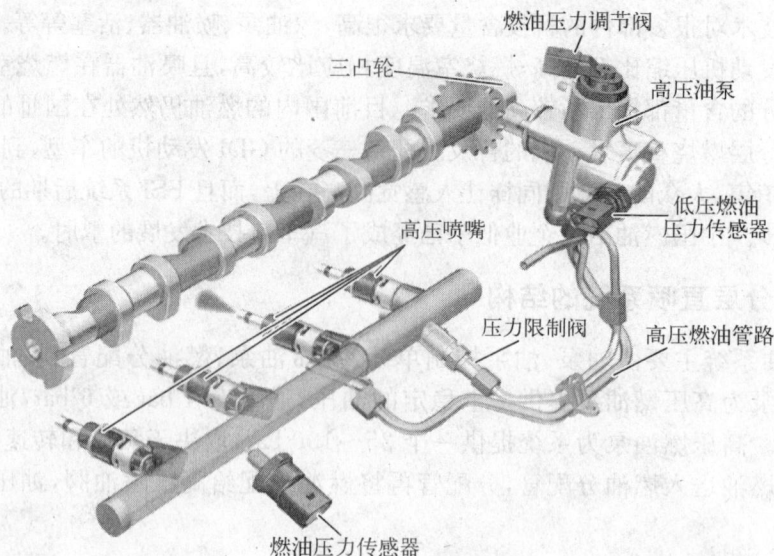

图 7-4　高压系统的构成

1）高压燃油泵

高压燃油泵由凸轮轴上的凸轮驱动，根据凸轮上的凸起数目，有两凸轮、三凸轮和四凸轮几种类型。高压燃油泵的结构如图 7-5 所示，圆柱挺杆与凸轮轴连接，驱动柱塞；高压管连接高压系统，为油泵出油口；回油管连接油泵的低压系统，在吸油行程进油，在回油行程回油；燃油压力调节器由发动机控制单元控制，根据发动机的工况实时地调整供油量。

高压燃油泵的内部结构如图 7-6 所示。

随着负荷的变化，需要的燃油量不同，发动机控制单元通过控制燃油压力调节阀，调节高

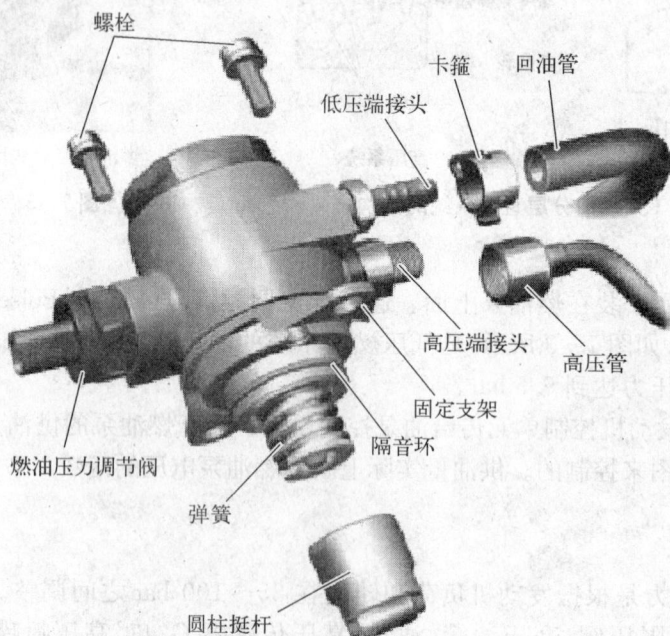

图 7-5　高压燃油泵结构

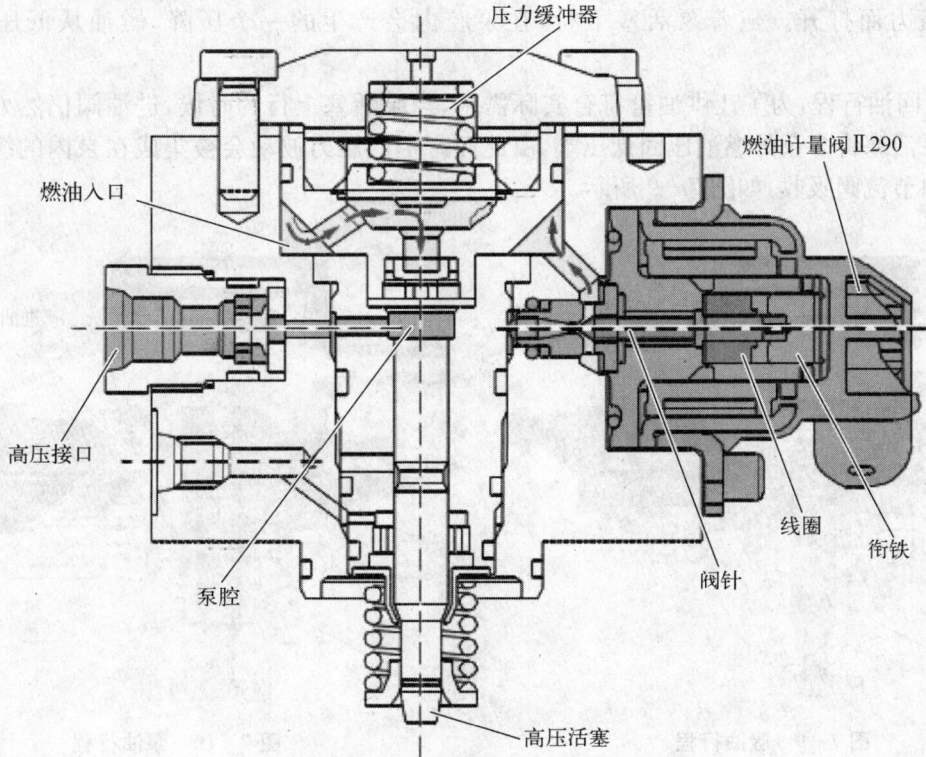

图 7-6　高压燃油泵内部结构

压燃油泵的输出油压,高压燃油泵内安装有限压阀,在发生燃油热膨胀和故障的时候,用于保护工作在高压下的部件,如图 7-7 所示。它是一个机械阀,在压力高于 140 bar 时会打开。限压阀打开时流出的燃油会进入高压泵的供油管内。

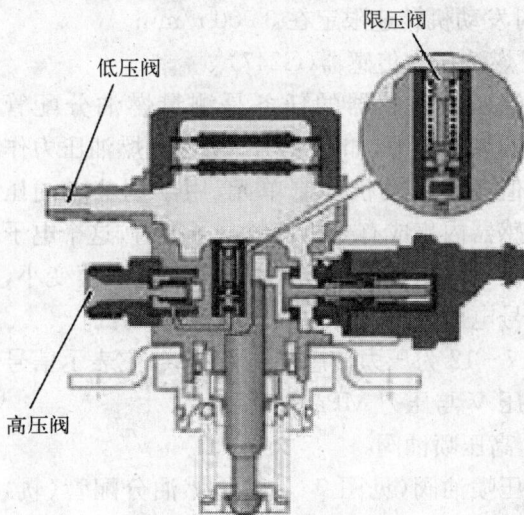

图 7-7　限压阀

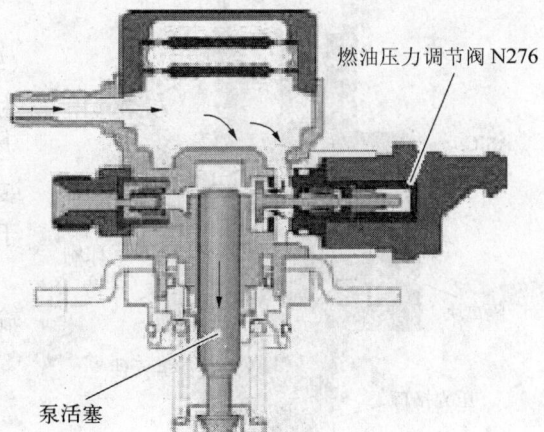

图 7-8　吸油行程

(1) 吸油行程,燃油压力调节阀 N276 通电,如图 7-8 所示。在磁力的作用下,进油阀克服弹簧力而打开。随着泵活塞下行,在泵腔内会产生的一个压降,燃油从低压端流进泵腔。

(2)回油行程,为了让供油量符合实际需求,当泵活塞上行的时候,进油阀仍然处于打开状态。泵活塞将多余的燃油压回低压端,由此而产生的压力波动会被集成在泵内的缓压器和进油管内节流阀吸收,如图7-9所示。

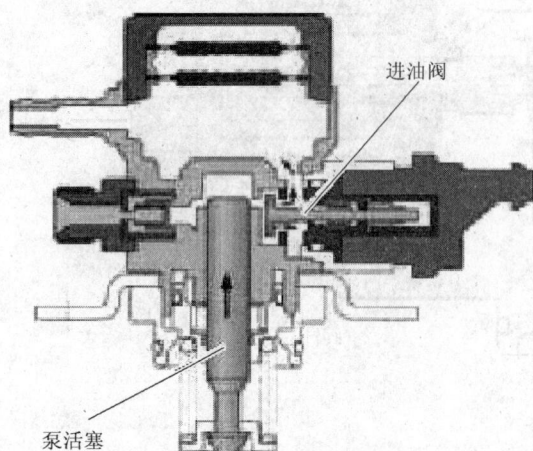

图7-9　吸油行程

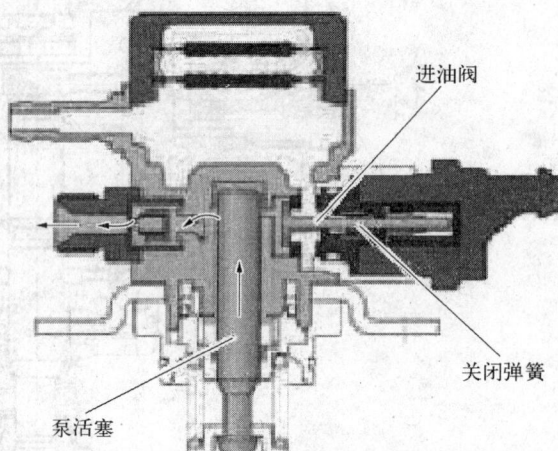

图7-10　泵油行程

(3)泵油行程,在泵油行程的初期,燃油压力调节阀断电,使得进油阀在泵腔内升高的压力和阀内的关闭弹簧共同作用下关闭。泵活塞上行在泵腔内产生压力,当压力超过油轨的内压力时,出油阀就被打开,燃油被泵入油轨,如图7-10所示。

如果燃油压力调节阀失效,会导致燃油压力一直上升,直到达到140 bar时限压阀打开。

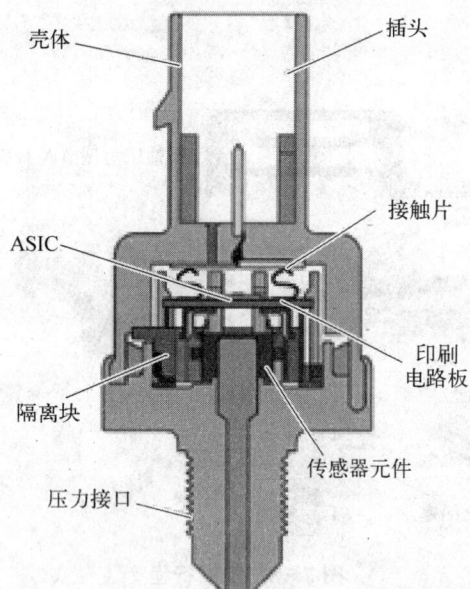

图7-11　燃油压力传感器

发动机控制单元根据高压的情况匹配喷嘴打开时间,同时发动机转速限定在3 000 r/min。

2)燃油压力传感器(G247)

燃油压力传感器的任务是测量燃油分配管(轨)内的燃油压力,如图7-11所示。燃油压力作为电压值送往发动机控制单元,用于调节燃油压力。传感器内集成有分析用的电子装置,这个电子装置的供电电压为5 V。压力增大时电阻值变小,于是信号电压升高。

图7-12为压力传感器特性曲线,它表示信号输出电压V与压力MPa的关系。

3)高压喷油阀

高压喷油阀(见图7-13)是燃油分配管(轨)和燃烧室之间的连接体。高压喷油阀的任务是:计量出一定量燃油,并将这些燃油在燃烧室中的一定区域中雾化,以便形成所需要的均匀燃油—空气

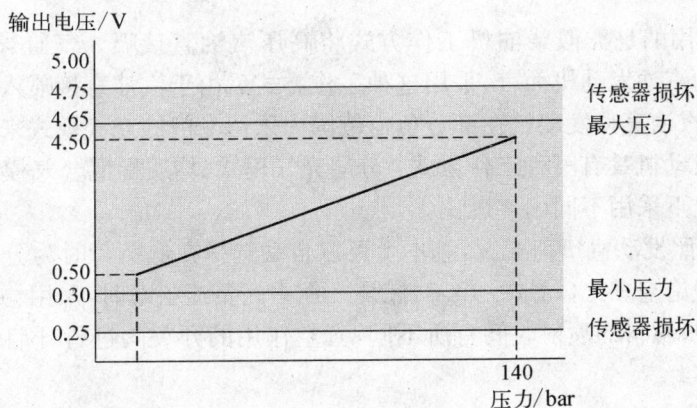

图 7 - 12　压力传感器特性曲线

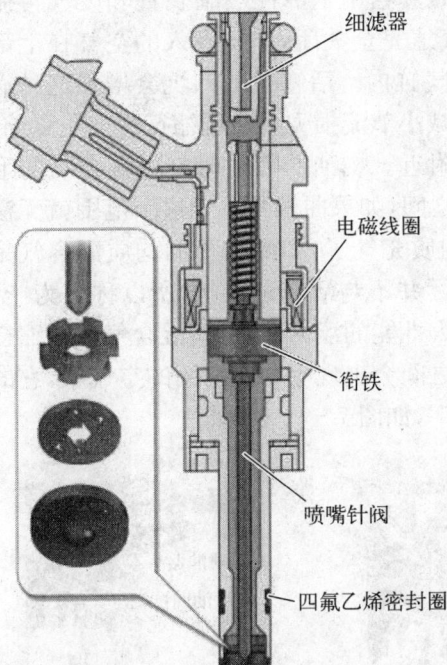

图 7 - 13　高压喷油阀

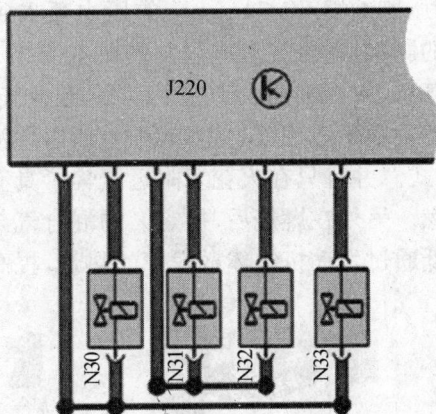

图 7 - 14　喷油器电路

混合气(分层充气或均质充气)。由于燃油分配管(轨)和燃烧室之间有压力差,所以在高压喷油阀动作时燃油就被直接送入燃烧室。

发动机控制单元内集成有两个升压电容器,这两个电容器产生 50～90 V 的起动电压。这个电压用于保证较短的喷油时间(与进气歧管喷射相比)。

拆下喷油阀后必须更换四氟乙烯密封圈。

三、FSI 燃油分层直喷系统的工作原理

FSI 发动机与传统的燃油喷射系统在工作原理上有一定的差异。主要表现在充气系统、燃油系统和排放系统三方面。

1. 充气系统

FSI 发动机采用的是类似柴油机工作方式将高压汽油直接喷入气缸爆发燃烧以获得动力。相对于传统的汽油发动机而言,采用这种工作方式后由于汽油直接喷入每一个气缸,结合稀薄燃烧技术,使汽油直喷发动机在部分负荷范围内采用专门的充气模式来工作成为了现实。

现在的 FSI 发动机具有三种工作方式:分层充气模式、均质稀混合气模式、均质混合气模式。在不同的工况下采用不同的空燃比。

FSI 发动机按照发动机负荷工况,基本上可以自动选择在低负荷时为分层稀薄燃烧,在高负荷时则为均质理论空燃比(14.6～14.7)燃烧。在中间负荷状态时,采用均质稀混合气模式。在三种运行模式中,燃料的喷射时间有所不同,真空作用的开关阀进行开启/关闭来控制进气气流的形态。

1) 分层充气模式

在这种工作模式中过量空气系数为 1.6～3。在分层充气模式下,空气经过接近全开的节气门(节气门不能完全打开,因为总是得保持一定的真空用于活性炭罐装置和废气再循环装置)引入燃烧室。此时,进气歧管翻板会将下部进气道完全关闭,这样吸入的空气在上部进气道流动的速度就加快了,于是空气会呈旋涡状流入气缸内。活塞上的凹坑会增强这种涡旋流动效果,与此同时,节气门会进一步打开,以便尽量减小节流损失。在压缩行程上止点前约 60° 时,高压燃油以 50～110 bar 的压力喷入到火花塞附近。燃油的喷射时刻对混合气的形成有很大的影响,混合气形成只发生在 40°～50° 曲轴角之间,如果曲轴角小于这个范围就无法点燃混合气,如果曲轴角大于这个范围,混合气就变成均质充气了,如此稀薄的均质混合气是无法点燃的。由于燃油喷射角非常小,所以燃油雾气实际并不与活塞顶接触,所以称之为"空气引入"方式。并且只在火花塞附近聚集了具有良好点火性能的混合气,这些混合气在压缩行程中被点燃。另外在燃烧后,被点燃的混合气与气缸壁之间会出现一个隔离用的空气层,它的作用是降低通过发动机缸体散发掉的热量,提高了热效率,如图 7-15 所示。

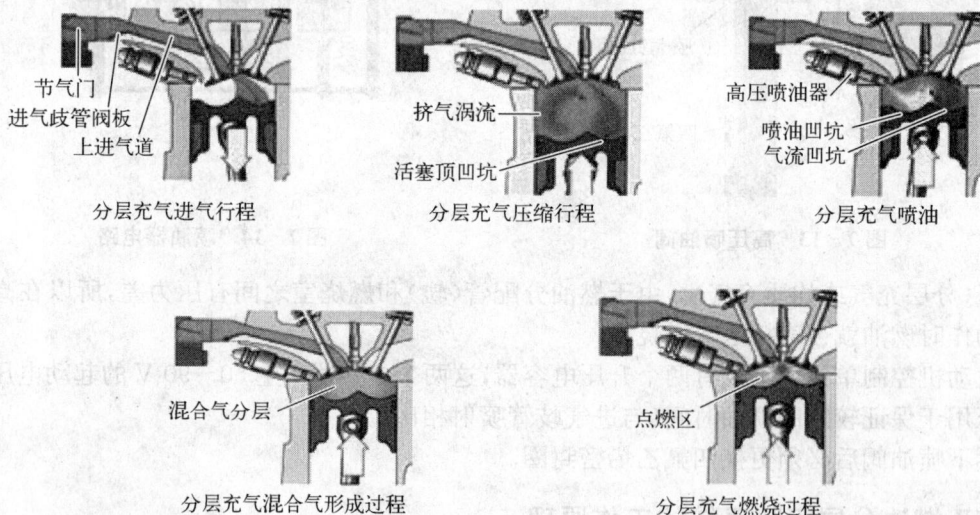

节气门
进气歧管阀板
上进气道

分层充气进气行程

挤气涡流
活塞顶凹坑

分层充气压缩行程

高压喷油器
喷油凹坑
气流凹坑

分层充气喷油

混合气分层

分层充气混合气形成过程

点燃区

分层充气燃烧过程

图 7-15 分层充气模式

分层充气模式并不是在整个特性曲线范围内都能实现的。特性曲线范围受到限制,这是因为当负荷增大时，需要使用较浓的混合气，燃油消耗方面的优势也就随之下降了。另外当空燃比小于 1.4 时，燃烧稳定性就变差了，这是因为转速升高后，混合气准备时间就不足了，且空气的涡旋流动也对燃烧稳定性产生不利的影响。

2) 均质稀混合气模式

这种工作模式的过量空气系数在 1.55 左右，在这种工作模式下也和分层充气一样是节气门开度大，进气歧管关闭。只不过是在点火上止点前 300°左右时喷入燃油，形成混合气的时间也就比较长，有利于形成均匀的稀混合气，此种工作模式称为均质稀混合气模式。均质稀混合气模式是一种特殊的工作模式，像分层充气模式一样也只能在一定的转速范围内正常工作，并且还需要满足以下条件：

(1) 没有与排放系统有关的故障。

(2) 冷却液温度必须超过 50℃。

(3) 氮氧化物催化转换器的温度为 250～500℃范围内。

(4) 进气道翻板必须保持关闭状态。

均质稀薄燃烧，在这种运行模式中，燃油在进气冲程喷射，并且由于产生加速稀薄混合气燃烧的纵涡流，开关阀被关闭。这时，阻碍燃烧的废气再循环（EGR）暂不进行。与均质理论空燃比燃烧不同的是，吸入空气量超过燃油喷射量燃烧的需要，此时的过量空气系数大于 1。

3) 均质混合气模式

均质混合气模式的空燃比为 1。节气门开度按照油门踏板的位置来控制，如图 7-16 所示。在发动机负荷较大且转速较高时，进气歧管翻板就会完全打开，于是吸入的空气就经过上、下进气道进入气缸。燃油喷射并不是像分层充气模式那样在压缩行程时发生，而是发生在进气行程中，这样燃油和空气就有了更充足的时间来混合，并且可以利用空气的流动旋转的涡流来击碎燃油颗粒，使之混合更加充分。均质模式的优点在于燃油是直接喷入燃烧室内，而吸入的空气可抽走一部分燃油汽化时所产生的热量。这种内部冷却可以降低爆燃趋势，因此可以提高发动机的压缩比和热效率。在高负荷中所进行的均质理论空燃比燃烧中，燃油则是在进气冲程中喷射。理论空燃比的均质混合气易于燃烧，不必借助涡流作用，因此，由于进气阻力减少，开关阀打开。而在全负荷以外，进行废气再循环，限制泵吸损失，采用直喷化可使压缩比提高到 12∶1，即使在均质理论空燃烧比混合气燃烧中，仍能降低燃油耗。

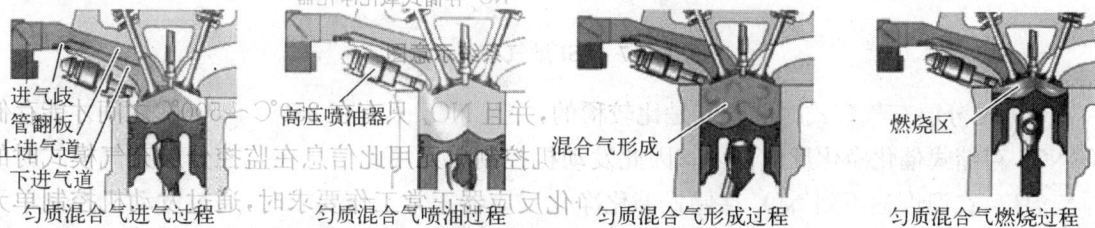

图 7-16　均质混合气模式

2. 燃油系统

FSI 燃料分层喷射技术代表着传统汽油发动机的一个发展方向。传统的汽油发动机是通过电脑采集凸轮位置以及发动机各相关工况从而控制喷油嘴将汽油喷入进气歧管。但由于喷

笔记

油嘴离燃烧室有一定的距离,汽油同空气的混合情况受进气气流和气门开关的影响较大,并且微小的油颗粒会吸附在管道壁上。奥迪轿车 FSI 发动机利用一个高压泵,使汽油通过一个分流轨道(共轨)到达电磁喷油器,然后通过电脑控制喷射器将燃料在恰当的时间直接注入燃烧室,其控制的精确度接近毫秒。其特点是在进气道已经产生可变涡流,使进气流形成最佳的涡流形态进入燃烧室内,以分层填充的方式使混合气体集中在位于燃烧室中央的火花塞周围。稀燃技术的混合比高达 25∶1 以上,按照常规是无法点燃的,因此必须采用由浓至稀的分层燃烧方式。通过缸内空气的运动在火花塞周围形成易于点火的浓混合气,混合比达到 12∶1 左右,外层逐渐稀薄。浓混合气点燃后,燃烧迅速扩散至外层。

3. 排放系统

缸内直喷技术是伴随着稀燃技术的产生而产生的。由于环保的需要,及实现可持续发展的要求,要求除对于如 NO_x、CO、HC 这些有害气体尽可能地减少外,尽量减少能形成温室效应的 CO_2 和相应地减少能源的浪费已成为当今发动机发展的方向。据试验,在空燃比等于 30 的稀混合气模式下发动机依然可以工作,因此采用 FSI 技术其节油效果最高可达 20%。稀薄燃烧技术的一个障碍是 NO_x 的净化,这是因为在富氧环境中会产生大量的 NO_x,为了解决此问题,FSI 发动机配置了 NO_x 存储式催化净化反应器。如图 7-17 所示,FSI 发动机的排气系统中可以看出,在靠近发动机一侧安装有常用的三元催化反应器,反应器的前后各有一个氧传感器来监控工作状态。在 NO_x 存储式催化净化反应器前部的排气温度传感器将测得的排气温度传给发动机控制单元,发动机控制单元用此温度计算 NO_x 存储式催化净化反应器的温度。并将此信息用于下面两种情况:

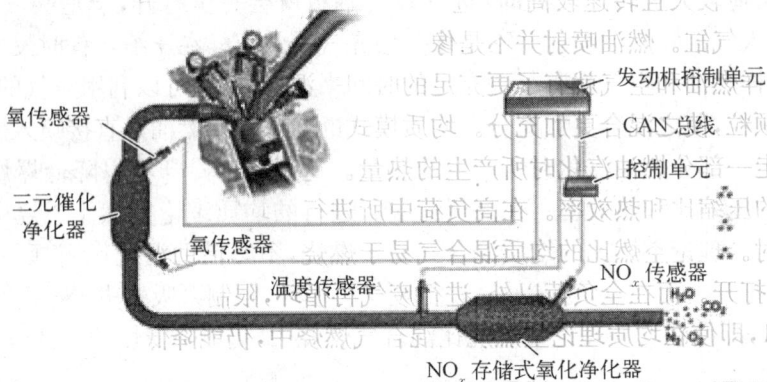

图 7-17 FSI 排气系统示意图

(1) 在分层充气模式时混合气是比较稀的,并且 NO_x 只有在 250℃~500℃之间才能存储在 NO_x 存储式催化净化反应器内。因此发动机控制单元用此信息在监控分层充气模式时的排气温度,在温度达不到 NO_x 存储式催化净化反应器正常工作要求时,通过发动机控制单元推迟点火时刻和工作模式等方法使之迅速达到催化的工作温度。

(2) NO_x 存储式催化净化反应器的结构和三元催化净化器是一样的,反应器的涂层另外用氧化钡处理过,这就可使氮氧化物在温度为 250~500℃时通过形成硝酸盐而存储起来。除了形成硝酸盐外,燃油中所含的硫也会存储起来。NO_x 存储式催化净化反应器的存储能力是有限的,其饱和度由 NO_x 传感器来通知发动机控制单元,发动机控制单元会采取一定的措施

来对 NO_x 存储式催化净化反应器进行还原。还原过程分成两种：

氮氧化物的还原：当 NO_x 存储式催化净化反应器内的氮氧化物的浓度超过发动机控制单元内的规定值时，就会发生氮氧化物的还原过程。发动机控制单元使得发动机从分层充气模式切换到均匀模式，混合气变浓，排放的尾气温度升高，NO_x 存储式催化净化器内的温度也就升高，此时所形成的硝酸盐变得不稳定，当环境条件符合还原时，硝酸盐就可以分解了。这时氮氧化物就转换成无害的氮气，存储的硝酸盐清空后，该循环又重新开始。

硫的还原：这是个单独的过程，因为产生的硫的化学稳定性很高，这些硫在氮氧化物的还原过程中是不会分解的。硫也会占据存储空间，这会导致在较短的间隔内存储式催化净化器就会饱和。一旦超过了规定值，发动机管理系统就会采取从分层充气模式切换到均质模式工作或者是将点火时刻延迟等措施。这就将存储式催化净化器的工作温度提高到 650℃ 左右，产生的硫就发生反应并形成二氧化硫。如果燃油中含硫较少，那么除去硫的时间间隔也长，但燃油含硫多，就会经常进行这种还原过程。在大负荷、高转速行车时会自动去硫。

四、废气涡轮增压技术

废气涡轮增压技术进气增压就是利用废气的动能驱动涡轮增压器为发动机进气气流加压，提高进气压力。进气压力的提高增加了实际进入气缸的空气质量，在大负荷工况时，可以燃烧更多的燃油，提高发动机功率；在中小负荷工作时，混合气可以在比较稀薄的状态下燃烧，使燃料燃烧更充分，提高发动机经济性和排放性能。同时较高的进气压力有利于缸内废气的排空，可以提高充气效率。可见，增压是提高内燃机功率和输出功率、改善经济性、节约能源的一项有效措施。

1. 废气涡轮增压的构成和基本原理

1）废气涡轮增压的基本原理

在涡轮增压系统中，废气推动涡轮机旋转，并带动与其同轴的压气机工作。新鲜空气经压气机增压后进入气缸，如图 7-18 所示。由于涡轮增压器的动力来自废气的气流冲击，不消耗发动机的能量，因此经济性比较好，并可以降低排放噪声。

2）废气涡轮增压系统的构成

废气涡轮增压系统的构成如图 7-19 所示，主要由涡轮增压器、空气冷却器和压力控制系统组成。

2. 涡轮增压器

涡轮增压器安装在进、排气管之间，如图 7-20 所示。

涡轮增压器由涡轮机、压气机及中间体三部分组成，如图 7-21 所示，其原理非常简单，发动机的排气经过特定形状的喷管进入径流式涡轮机。排气流过喷管时降压、降温、增速、膨胀，其压能转变为动能，推动涡轮机旋转，并带动增压器轴和压气机一起旋转。

然而在发动机转速较低时，排气能量小，此时涡轮增压器就会由于驱动力不足而无法达到工作转速，这样造成的结果就是，在低转速时，涡轮增压器就不能发挥作用，这时候涡轮增压发

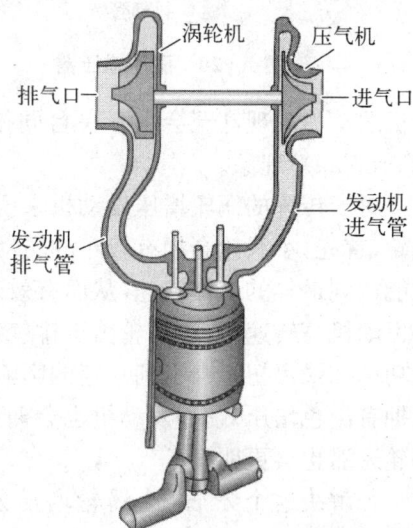

图 7-18　废气涡轮增压的基本原理

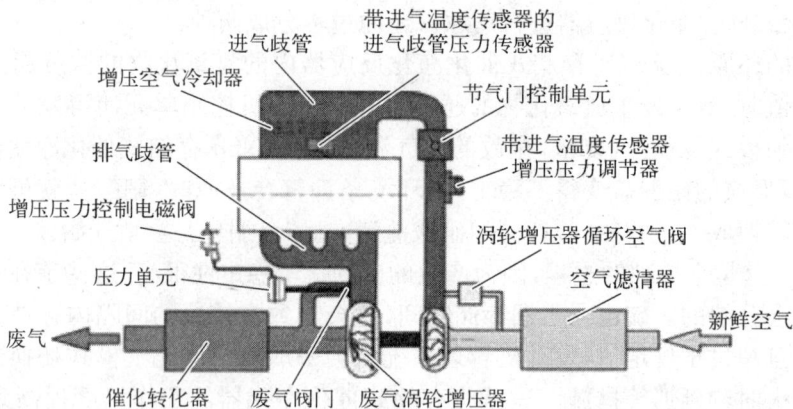

图 7-19　废气涡轮增压系统构成

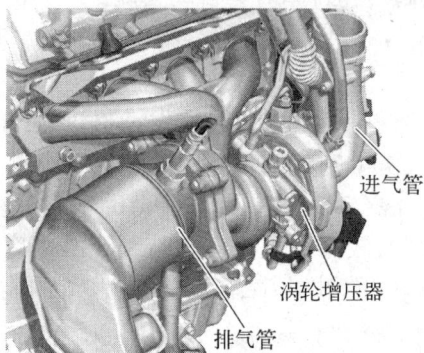

图 7-20　涡轮增压器

图 7-21　涡轮增压器的结构

动机的动力表现甚至会小于一台同排量的自然吸气发动机,这就是我们经常说的"涡轮迟滞(Turbolag)"现象。

对于传统的涡轮增压发动机来说,解决涡轮迟滞现象的一个方法就是使用小尺寸的轻质涡轮,首先,小涡轮会拥有较小的转动惯量,因此在发动机低转速时,在发动机较低转速下涡轮就能达到最佳的工作转速,从而有效改善涡轮迟滞的现象。不过,使用小涡轮也有它的缺点:当发动机高转速时,小涡轮由于排气截面较小,会使排气阻力增加(俗称背压),因此发动机最大功率和最大扭矩会受到一定的影响。而对于产生背压较小的大涡轮来说,虽然高转速下可以拥有出色增压效果,发动机也会拥有更强的动力表现,但是低速下涡轮更难以被驱动,因此涡轮迟滞也会更明显。

为解决这个矛盾,让涡轮增压发动机在高低转速下都能保证良好的增压效果,VGT(Variable Geometry Turbocharger)或者叫 VNT 可变截面涡轮增压技术便应运而生。在柴油发动机领域,VGT 可变截面涡轮增压技术早已得到了很广泛的应用。由于汽油发动机的排气温度要远远高于柴油发动机,达到 1 000℃ 左右(柴油发动机为 400℃ 左右),而 VGT 所使用的硬件材质很难承受如此高温的环境,因此这项技术也迟迟未能在汽油机上应用。近年来,博格华纳与保时捷联手克服了这个难题,使用了耐高温的航空材料技术,从而成功开发出了首款搭载可变截面涡轮增压器的汽油发动机,保时捷则将这项技术称为 VTG(Variable Turbine Geometry)可变涡轮叶片技术。

使用了两个 VTG 可变截面涡轮增压器的保时捷 911Turbo，在仅使用了 3.8 L 的排量的条件下，就压榨出了 368 kW/6 000 r/min 的最大功率和 650 Nm/1 950～5 000 r/min 的最大扭矩。还能在超增压模式下，将功率提升到 390 kW，最大扭矩提升到惊人的 700 Nm，而此时的升功率也达到了骇人的 102.6 kW/L。最难能可贵的是，这台发动机在 VTG 技术的帮助下，从 1 950～5 000 r/min 范围内都可以维持 650 Nm 的最大扭矩输出，在低转速下基本察觉不到涡轮迟滞情况。

从原理上看，柴油机的 VGT 技术和保时捷的 VTG 并没有本质的区别，基本的原理和结构都是相似的。下面，我们就通过保时捷的 VTG 技术来了解一下可变截面涡轮增压器的工作原理。

VGT 技术的核心部分就是可调涡流截面的导流叶片，从图 7-22 中可以看到，涡轮的外侧增加了一环可由电子系统控制角度的导流叶片，导流叶片的相对位置是固定的，但是叶片角度可以调整，在系统工作时，废气会顺着导流叶片送至涡轮叶片上，通过调整叶片角度，控制流过涡轮叶片的气体的流量和流速，从而控制涡轮的转速。当发动机低转速排气压力较低的时候，导流叶片打开的角度较小。根据流体力学原理，此时导入涡轮处的空气流速就会加快，增大涡轮处的压强，从而可以更容易推动涡轮转动，从而有效减轻涡轮迟滞的现象，也改善了发动机低转速时的响应时间和加速能力。而随着转速的提升和排气压力的增加，叶片也逐渐增大打开的角度，在全负荷状态下，叶片则保持全开的状态，减小了排气背压，从而达到一般大涡轮的增压效果。此外，由于改变叶片角度能够对涡轮的转速进行有效控制，这也就实现了对涡轮的过载保护，因此使用了 VGT 技术的涡轮增压器都不需要设置排气泄压阀。

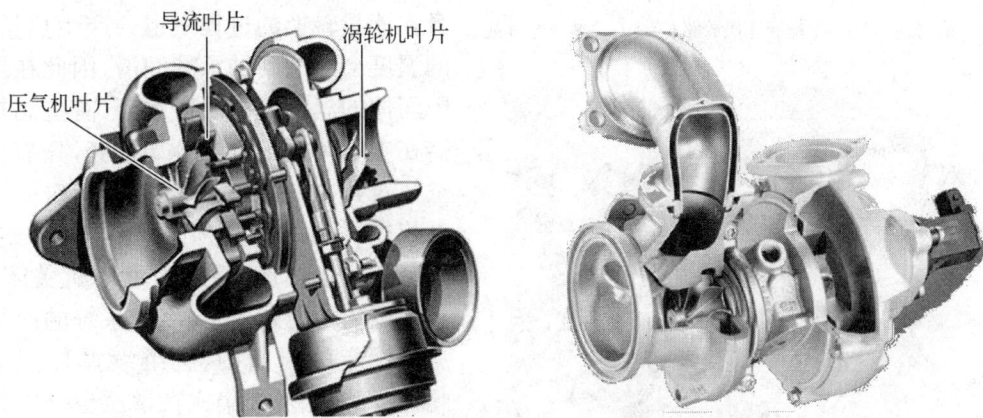

图 7-22　涡轮导流叶片的结构

需要指出的是，VGT 可变截面涡轮增压器只能通过改变排气入口的横切面积改变涡轮的特性，但是涡轮的尺寸大小并不会发生变化。如果从涡轮 A/R 值去理解的话，可变截面涡轮的原理会更加直观。

A/R 值是涡轮增压器的一项重要指标，用以表达涡轮的特性，在改装市场的涡轮增压器销售册上也常有标明。A(Area) 表示区域，指的是涡轮排气侧入口处最窄的横切面积（也就是可变截面涡轮技术中的"截面"），R(Radius) 则是代表半径的意思，指的是入口处最窄的横切面积的中心点到涡轮本体中心点的距离，而两者的比例就是 A/R 值。相对而言，压气端叶轮受 A/R 值的影响并不大，不过 A/R 值却对排气端涡轮有着十分重要的意义。

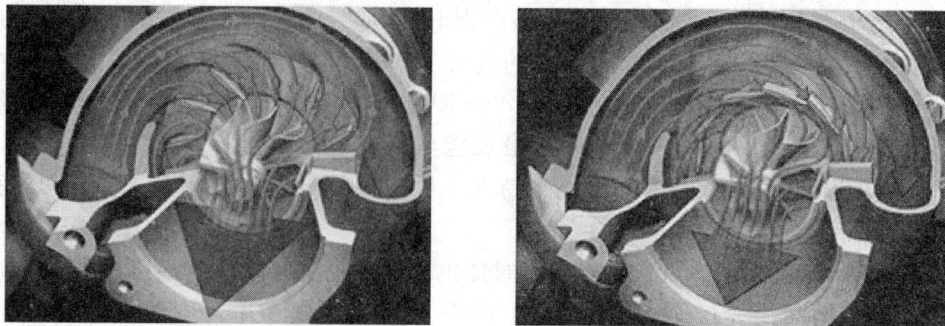

图 7－23　导流叶片的开度能够影响导向涡轮叶片的气流速度

低转速时开度小(右图),提高空气流速,高转速时开度大(左图),减小背压

当 A/R 值越小时,表示废气通过涡轮的流速较高,这种特性可以有效减轻涡轮迟滞,涡轮也就能在较低的转速区域取得较高的增压,而发动机高转速时则会产生较大的排气背压,使高转速时功率受到限制。反之,当 A/R 值越大时,涡轮的响应速度就越慢,低转速时涡轮迟滞明显,不过在高转速时,拥有较小的排气背压,且能够更好地利用排气能量,从而获得更强的动力表现。

而 VGT 技术所实现的截面可变就是指改变 A 值。当叶片角度较小时,排气入口的横切面积便会相应减小,因此 A 值会随之变化,从而拥有小涡轮响应快的特点。而当叶片角度增大时,A 值随之增大,这时 A/R 值增大,从而在高转速下获得更强的动力输出。总而言之,透过变更叶片的角度,VTG 系统可随时改变排气涡轮的 A/R 值,从而兼顾大/小涡轮的优势特性。

涡轮增压器和高温的废气接触,并且自身在能量转换的过程中也会产生热量,过高的温度会影响到轴承的润滑,因此在增压器中间体的涡轮机侧设置水套(有些涡轮增压器在中间体内不设置冷却水套,只靠机油及空气对其冷却),并用水管与发动机的冷却系相连,如图 7－24 所示。

为防止热量的聚集,发动机关闭后,根据预设的特征脉谱图,冷却系统的冷却液在一段设定的时间内,会继续循环流动。为此,冷却液循环泵集成在增压空气冷却系统中。通过辅助的冷却液泵继电器,由发动机控制单元控制。与发动机润滑系统相连的废气涡轮增压器叶轮总成用于润滑和冷却。

3. 空气冷却器

发动机排出的废气的温度非常高,通过增压器的热传导会提高进气的温度。而且,空气在被压缩的过程中密度会升高,必然会导致空气温度的升高,从而影响发动机的充气效率。如果要进一步提高充气效率,就要降低进气温度。另外,如果未经冷却的增压空气进入燃烧室,除了会影响发动机的充气效率外,还很容易导致发动机燃烧温度过高,造成

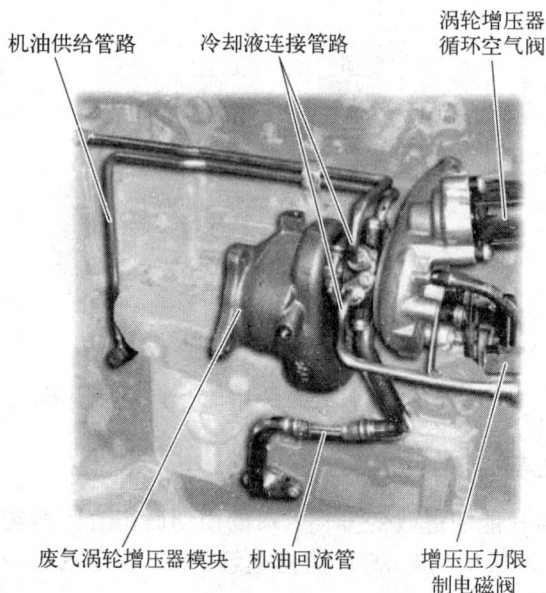

机油供给管路　冷却液连接管路　涡轮增压器循环空气阀

废气涡轮增压器模块　机油回流管　增压压力限制电磁阀

图 7－24　涡轮增压器的冷却与润滑

爆燃等故障,而且会增加发动机废气中的 NO_x 的含量,造成空气污染。为了解决增压后的空气升温造成的不利影响,需要加装空气冷却器来降低进气温度。

中冷器一般由铝合金材料制成。按照冷却介质的不同,常见的中冷器可以分为风冷式和水冷式两种。

1) 风冷式中冷器

风冷式中冷器利用外界空气对通过中冷器的空气进行冷却。它的优点是整个冷却系统的组成部件少,结构比水冷式中冷器相对简单。缺点是冷却效率比水冷式中冷器低,一般需要较长的连接管路,空气通过阻力较大。

2) 水冷式中冷器

增压空气冷却器自带循环管路,集成在发动机冷却系统中。如图 7-25 所示,废气涡轮增压器也是该循环管路中的一个集成零件。附加的冷却液循环泵用作低温系统的输送泵。通过辅助的冷却液泵继电器,由发动机控制单元按需控制。来自进气温度传感器 G42 和 G299 的信号用于计算脉冲周期。

当泵运行时,来自增压空气系统辅助冷却器中经冷却的冷却液,进入进气歧管的增压空气冷却器,同时流过废气涡轮增压器。从这里,加热的冷却液再循环到增压空气系统的辅助冷却器。恶劣条件下,增压空气冷却器后的空气温度和外界温度差会接近 20℃ 左右。

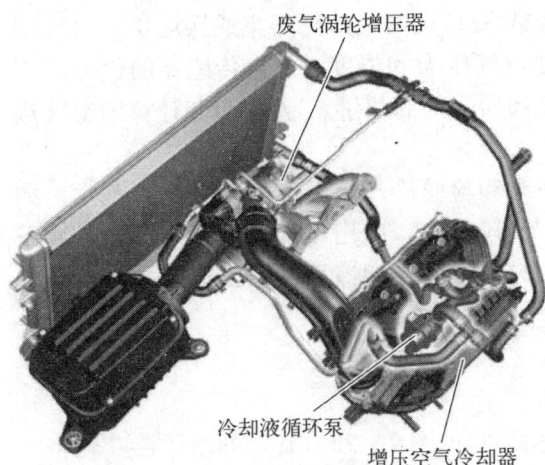

图 7-25　增压空气冷却器

图 7-26　增压空气冷却器的结构

增压空气冷却器的结构和功能类似于常规的水冷式冷却器(见图 7-26)。冷却液流过集成在铝制薄片总成上的管路。热空气流过这些铝片,并把热量传递到铝片上。接着,这些铝片将吸收到的热量传递给冷却液。然后经加热的冷却液流入增压空气系统的辅助冷却器,在那里得到冷却。

4. 增压压力控制

增压压力由废气阀门(旁通阀)进行调节。废气阀门由真空压力罐通过一个连杆操控,如图 7-27 所示。增压压力控制系统决定与调节发动机所需的空气流量。控制系统使用两个压力和温度传感器。

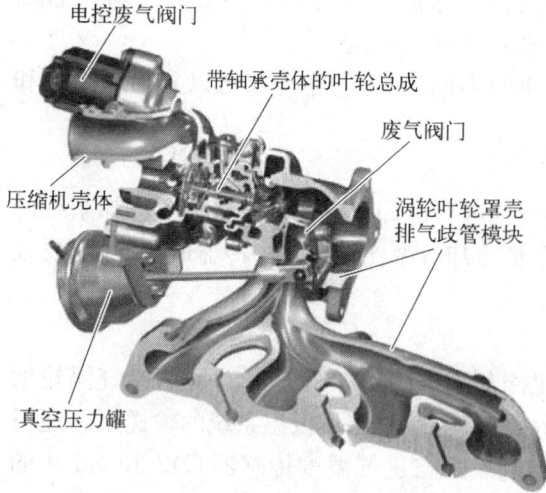

图 7-27　增压压力控制

图 7-28　传感器安装位置

带进气温度传感器 2G299 的增压压力传感器 G31，如图 7-28 所示，该传感器集成在节气门模块的压力管上部，在这里测量涡轮增压器下部的空气压力和温度。发动机控制系统使用来自 G31 的信号来调节增压压力。来自 G299 的温度信号被用来修正温度对增压气体密度的影响和增压空气温度过高时保护零部件。

带进气温度传感器 G42 的进气歧管压力传感器 G71，这两个传感器集成在增压空气冷却器的进气歧管下部，在这里测量涡轮增压器下部的空气压力和温度。来自传感器的信号用于计算空气流量，以确定发动机转速。在增压空气冷却器下部的测量点，经测量和计算的空气流量与发动机实际使用的空气流量相同。

来自 G42 的信号被用来启用冷却液继续循环泵和检验冷却液继续循环泵是否正常。如果增压空气冷却器前部和后部的增压空气温度差别小于 8℃，启用冷却液循环泵。如果增压空气冷却器前部和后部的增压空气温度差别小于 2℃，说明冷却液循环泵出现了故障。排气警示灯打开。

五、机械增压

在机械增压系统中，增压器由曲轴通过皮带轮驱动（见图 7-29），旋转的增压器叶轮将空气压缩后送入气缸。

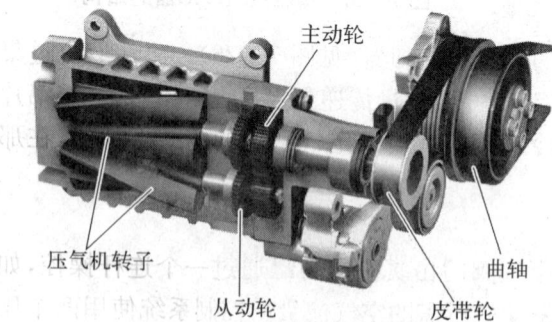

图 7-29　机械增压器结构

机械增压有助于低转速时的扭力输出，但是高转速时功率输出有限；而废气涡轮增压在高转速时拥有强大的功率输出，但低转速时则存在迟滞现象。将机械增压和涡轮增压结合在一起，来解决两种技术各自的不足，同时解决低速扭矩和高速功率输出的问题。这种装置在汽油机上使用称为双增压系统或复合增压系统，大众的 TSI 发动机采用了双增压系统，兼顾了低速扭力输出和高速功率输出。在低转速时,由机械增压提供大部分的增压压力,在1 500 r/min时,两个增压器同时提供增压压力。随着转速的提高,涡轮增压器能使发动机获得更大的功率,与此同时,机械增压器的增压压力逐渐降低。机械增压通过电磁离合器控制,它与水泵集合在一起。在转速超过3 500 r/min时,由涡轮增压器提供所有的增压压力,此时机械增压器在电磁离合器的作用下完全与发动机分离,防止消耗发动机功率。双增压系统使发动机输出功率大、燃油消耗率低、噪声小,但是结构复杂,技术含量高,维修保养不容易,也为其推广普及造成很大的阻碍。

| 技能操作 | 燃油压力的检测和喷油器的更换 |

一、燃油压力的检测

以迈腾1.8T为例介绍燃油压力的检测方法。需要专用维修设备,压力测量装置V. A. G 1318,如图7-30所示。

1. 燃油压力的检测条件

燃油压力的检测需要满足以下条件:

(1) 蓄电池电压至少为12.5 V。

(2) 燃油滤清器正常。

(3) 燃油箱至少应充满1/4。

(4) 燃油泵控制单元 —J538— 正常。

(5) 点火装置已关闭。

图7-30 压力测量装置V. A. G 1318

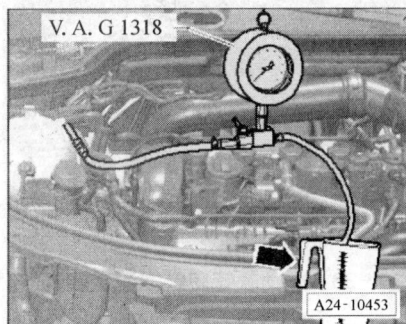

2. 燃油压力检测的流程

在检测之前首先要将系统内残余压力卸掉,戴好防护眼镜并穿好防护服,以免伤害皮肤。打开燃油系统前在连接处周围缠上抹布。然后小心地松开连接处以消除剩余压力。

——按压开锁按钮,脱开燃油供油管路(见图7-31左图箭头处)。

——将K-Jetronic压力测量装置 —V. A. G 1318— 连同合适的适配接头一起安装在燃油供油装置的接头上。

——将辅助软管插在测量容器(见图7-31右图箭头处)。

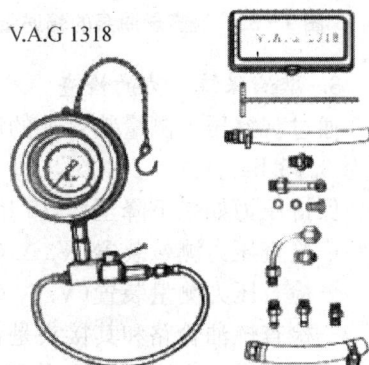

图7-31 将辅助软管插在测量容器内

——关闭K-Jetronic压力测量装置(V. A. G 1318)的截止阀。拉杆与流动方向横向相对(见图7-32箭头处)。

——连接汽车诊断、测量和信息系统(VAS 5051B)。

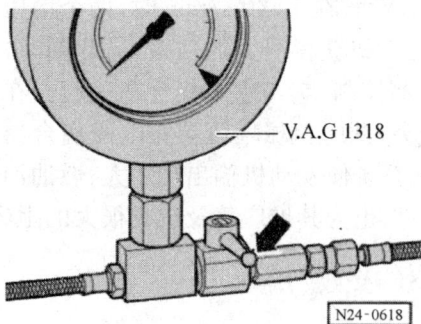

图 7-32　检查燃油泵的输送量

—连续按下显示屏上"汽车自诊断"—"01 发动机电子系统"和"03 执行元件诊断"的按钮。

—按下显示屏上的右侧箭头键,直至显示燃油泵电子系统的执行元件诊断功能。

—燃油泵必须运转。

—读取 K-Jetronic 压力测量装置(V. A. G 1318)上的燃油压力。额定值:约 7 巴(6~8 巴)过压。如果未达到标准值:

—检查燃油泵的输送量 ⇒ 燃油供应装置 — 汽油发动机,如图 7-32 所示。

3. 燃油保持压力的检查

通过观察压力测量装置上的压力下降来检查密封性和保持压力。10 分钟后的过压应至少为 3.75 bar。

保持压力如果下降至 3.75 bar 以下时需检查:

—检查压力测量装置(V. A. G 1318)和燃油供油管路之间的螺栓连接是否泄漏。

—检查压力测量装置(V. A. G 1318)是否有泄漏。

—检查燃油管路和其接头是否有泄漏。

—更换带有内置燃油压力调节器的燃油滤清器 ⇒ 燃油供应装置— 汽油发动机。

—如果燃油滤清器正常,请更换燃油泵 ⇒ 燃油供应装置。

安装以倒序进行,安装过程中要注意以下几点:

(1) 点火开关必须已关闭。

(2) 在拆卸压力测量装置之前,打开截止阀消除燃油压力。将辅助软管固定在测量容器内,如图 7-33 箭头处所示。

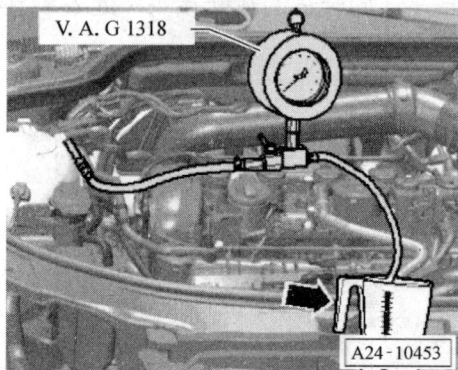

图 7-33　辅助软管固定在测量容器

图 7-34　将燃油供油管路重新插上

— 将燃油供油管路重新插上(检查清洁性和密封性),如图 7-34 箭头处所示。

二、喷油器的更换

1. 喷油器的拆卸

—拆下发动机罩,从空气滤清器罩上部件中旋出螺栓(见图 7-35)。

——将软管 1 小心地拔出（见图 7 - 36）。

——拔下真空软管 2、3、4 和 5。

——将电气插头连接 —箭头— 从点火线圈上松开并将所有的插头连接同时从点火线圈上拔下（见图 7 - 36）。

——用起拔器（T40039）将所有点火线圈从火花塞盒内拔出。

——旋出注油盖。

——旋下 6 个螺栓（见图 7 - 37）。

——将盖板向右抬起并将真空管，从两个夹子（见图 7 - 38 箭头处）中拔出。

图 7 - 35　拆下发动机罩

如果喷射阀卡在燃油分配器管道内，从燃油分配器管道内小心地拉出喷射阀即可。如果喷射阀卡在气缸盖内，将其拆下来需要专用起拔器（见图 7 - 39）。

图 7 - 36　松开连接插头

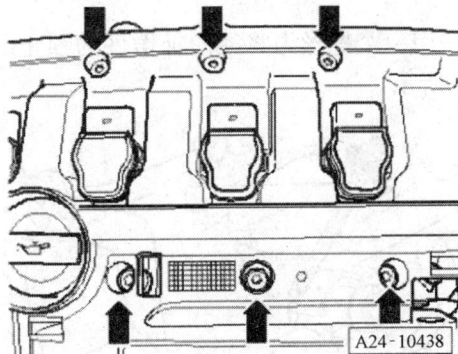

图 7 - 37　旋下螺栓

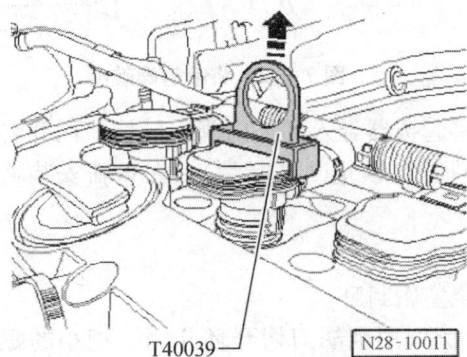

图 7 - 38　拔出真空管

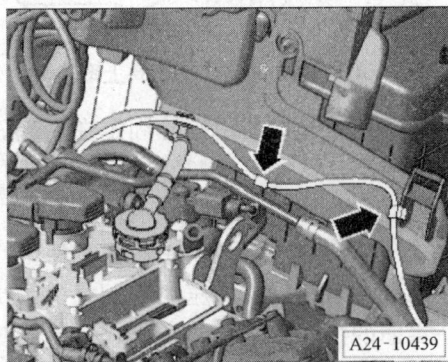

在安装喷油器时，径向补偿件卡在支撑环内。如图 7 - 40 所示，拆卸喷射阀时，必须将支撑环从喷射阀上拆下，以便可以将拉出工具导入到喷射阀的切口中。

——用一块干净的抹布盖住打开的进气通道。

——将须拆卸的喷射阀上的电气插头连接拔下。

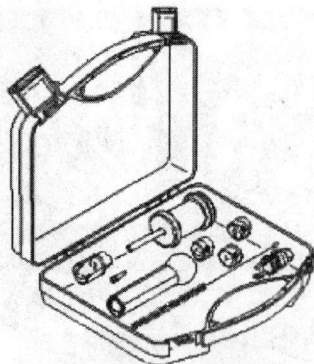

图7-39　专用起拔器

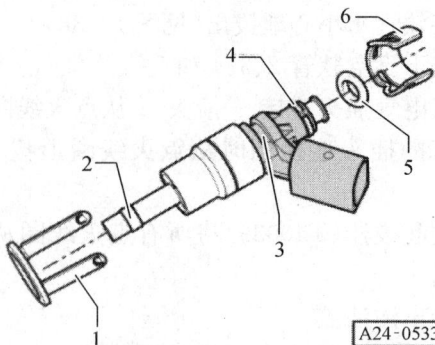

图7-40　喷油器结构

1—径向补偿件,损坏时更换　2—燃烧室密封环(特氟隆密封环)在安装时不得给环上油　3—喷射阀上的切口　4—隔离环(损坏时更换)　5—O形环(更换,在安装时稍稍用干净的发动机油浸润)　6—支撑环(燃油分配器通过该支撑环施加将喷射阀固定在气缸盖内的力)

—用一个螺丝刀将径向补偿件的锁止凸耳向一侧弯曲,并将支撑环从喷射阀上取下,如图7-41所示。

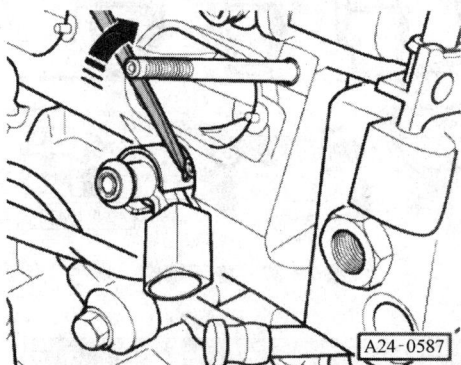

图7-41　将支撑环从喷射阀上取下

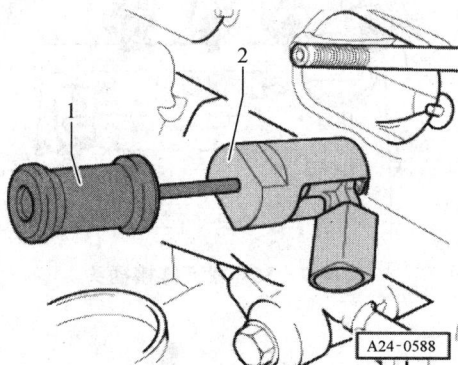

图7-42　将喷射阀敲出

—将锤子与起拔器用螺栓固定在一起。然后将起拔器导入到喷射阀上的切口内并将喷射阀小心地敲出。这样一来,径向补偿件有可能会被损毁(锁止凸耳断裂)。在重新安装喷射阀时,须将其更换,如图7-42所示。

2. 更换燃烧室密封环(特氟隆密封环)

原则上在重新安装高压喷射阀之前须更换燃烧室密封环。

—将旧的特氟隆环小心地用合适的工具拆下(例如用刮胡刀切开环并用一把小的螺丝刀撑开环,然后向前取出)。同时务必注意不要损坏凹槽和周围凹槽底内的连接片。如果凹槽被损坏,喷射阀必须被更换。

—在安装新的特氟隆环前,必须用一块干净的布清除掉密封环凹槽和喷射阀销上的燃烧残留物。

—将装配楔(T10133/5)连同一个新的特氟隆环(1)放在喷射阀(2)上,如图7-43所示。

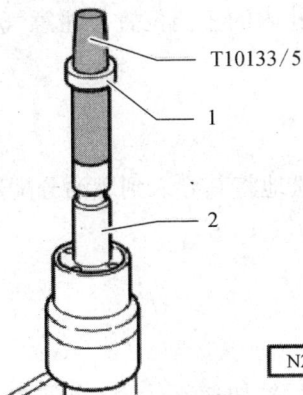

图 7 - 43　特氟隆环安装(1)

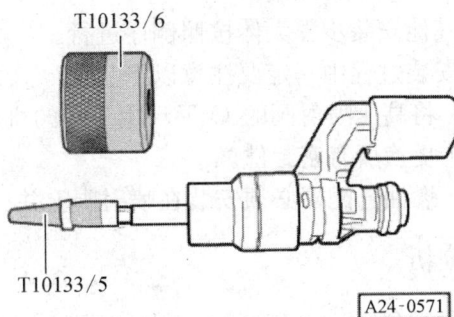

图 7 - 44　特氟隆环安装(2)

　　——将特氟隆环用装配套管(T10133/6)继续推到装配楔(T10133/5)上,直至特氟隆环卡在密封环凹槽内,不得使用润滑剂,如图 7 - 44 所示。

　　——通过旋转(约 180°)并轻压校准套管(T10133/7)将其推过喷射阀直至止挡位置。按照相反方向将校准套管(T10133/7)旋下,如图 7 - 45 所示。

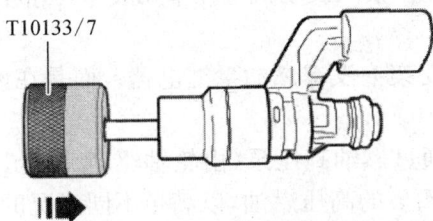

图 7 - 45　特氟隆环安装(3)

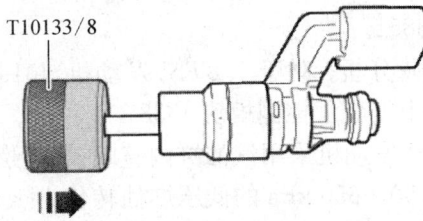

图 7 - 46　特氟隆环安装(4)

　　——通过旋转(约 180°)并轻压校准套管(T10133/8)将其推过喷射阀直至止挡位置。按照相反方向将校准套管(T10133/8)旋下,如图 7 - 46 所示。

　　——更换喷射阀上的 O 形环。在安装之前请用干净的发动机油浸润 O 形环。

　　——特氟隆环不得上油。

　　——在安装喷射阀之前请用尼龙刷彻底清洁喷射阀的钻孔,如图 7 - 47 所示。

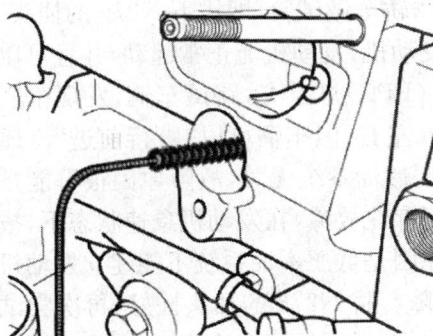

图 7 - 47　清洁喷射阀

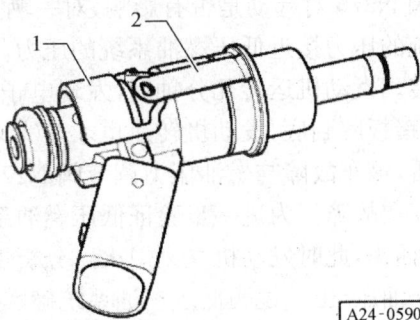

图 7 - 48　安装上支撑环

　　——在喷射阀上重新安装上支撑环 1 并将径向补偿件 2 卡在支撑环内,如图 7 - 48 所示。

笔 记

　　—将喷射阀用芯棒 —T10133/9— 推至气缸盖内指定钻孔内的止挡位置。注意气缸盖内喷射阀的位置是否正确。

　　—其他安装步骤大体按照倒序进行。

　　在安装过程中一定要注意以下几点：

　　（1）将高压喷射阀的 O 形环用干净的机油浸润，以便轻松地将其导入到燃油分配器中。

　　（2）更换所有密封件。

　　（3）燃油分配器必须安装在喷射阀上并被均匀地压入。

案例分析

　　故障现象： 2008 年产的迈腾 1.8TSI 轿车。行驶 4 万里程，加速无力、汽车偶尔熄火故障。此车在多家维修厂进行维修过，但故障还是无规律出现。

　　故障检测： 使用检测仪 VAS 5052 对车辆进行检测，发现在发动机控制单元中存储了故障码 08851（燃油压力调节阀机械故障）。此故障码为偶发故障，清除故障码后试车，此故障码没有再出现。考虑到燃油压力调节阀（N276）出现故障会影响迈腾轿车的加速性能，所以给用户更换了新的燃油压力调节阀（就是高压泵）试车。一切正常，用户把车开走。两个星期后，用户把车开回来，并陈述故障没有排除。再用故障检测仪读取发动机电控单元故障码，故障码仍然是 08851。

　　故障分析： 对于 1.8TSI 发动机，J519 继电器支架上没有燃油泵继电器。而是在燃油泵（低压）上安装了控制模块 J538。

　　TSI 发动机采用汽油缸内直喷技术，燃油系统通过燃油高压泵（由轮轴驱动）把低压燃油系统内 50～650 kPa 的低压燃油转化为 1.1—3.0 MPa 的高压燃油，以满足不同工况的需求。燃油压力调节阀 N276 装在燃油高压泵上，属高频电磁阀（不能进行通电测试），发动机控制单元根据装在高压油轨上的高压燃油压力传感器 G247 监测到的信号控制 N276，以精确调整占空比，从而得到所需的燃油压力。低压燃油系统的压力由燃油箱中的电动燃油泵提供，装在燃油箱上部的燃油泵控制模块 J538 根据脉宽调制信号控制电动燃油泵工作，使低压燃油系统压力维持在 50—500 kPa。在发动机起动时，低压燃油系统的压力能达到 600 kPa 以上，以保证发动机的正常起动及工作。根据上述工作原理可知，发动机正常起动的燃油压力由低压燃油系统提供。所以如果高压燃油系统发生故障，一般不会影响发动机的起动。为了验证燃油压力调节阀 N276 对起动是否有影响，对一辆正常迈腾轿车做试验，即拔下 N276 的插头，使高压燃油系统的压力接近低压燃油系统的压力。起动发动机，发动机能正常起动，并且可以维持发动机运转。发动机运转几分钟后，发现电子节气门（EPC）灯点亮，路试车辆，发现车辆加速缓慢，加速踏板踩到底，发动机转速也才 3 000 转/min 左右，但车辆可以"跛行前进"。通过以上试验分析，该车故障与燃油压力调节阀 N276 及高压燃油系统无关，故障原因很可能是低压燃油系统存在故障。为进一步验证低压燃油系统是否存在故障，在发动机怠速状态下，拔下该车 N276 的插头，此时发动机立刻熄火。分析熄火的原因是低压燃油系统不能建立发动机正常起动及工作油压，由此说明低压燃油系统确实存在故障。将 N276 的插头插好，再次尝试多次起动和熄火，终于使发动机不能起动的故障重现。此时在低压系统中连接 VAGl318 燃油压力测试仪，多次打开点火开关以建立工作油压，发现燃油压力仅为 200 kPa。而正常情况下，发动机起动时，燃油压力应被控制在 650 kPa 左右以保证发动机顺利起动。造成低压燃油系统压力过低的原因应该是燃油系统控制单元 J538 有故障、燃油滤芯堵塞、燃油滤清器上的压力限制阀常开或燃油箱内的电动燃油泵有故障。如果燃油系统控制单元 J538 有故障，一般情况下会有相关故障码被存储，而之前的检查中未发现此类故障码，因此初步判断为电动燃油泵或燃油滤芯有故障。从燃油箱中取出电动燃油泵，在试验台上检测燃油泵的泵油压力，发现燃油泵的泵油压力能达到 700 kPa 以上，这说明燃油泵没有故障，故障原因应该是燃油滤芯。

　　故障排除：更换燃油滤芯后，发动机能够顺利起动，此时测量低压燃油系统的压力为 650 kPa，故障彻底排除。

　　在维修诊断时勿被故障码所迷惑，虽然在该车的发动机系统检查到了燃油压力调节阀的故障码。但实质上并非自身故障，是燃油滤清器压力限制阀出现故障导致了低压燃油系统压力异常，以致调节到极限也无法使压力正常，此时发动机控制单元便会存储有关的故障码。

课后练习

1. 简述 FSI 燃油分层直喷技术的优点。
2. "燃油分层直喷技术"目前主要有哪几种类型？
3. 简述 FSI 燃油分层直喷系统的结构。
4. 简述废气涡轮增压技术的功用。
5. 简述缸内直喷式发动机喷油器的更换步骤。